李步云 著

法理学

人民出版社

李 步 云

1933 年生于湖南娄底。中国社会科学院荣誉学部委员，中国法学会首届"全国杰出资深法学家"。兼任最高人民检察院专家咨询委员会委员，中国法学会学术委员会委员，中国法学会法理学研究会、比较法学研究会顾问，中国行为法学会顾问等。

李步云先生被誉为"敢开第一腔的法学家"，"法治三老"之一，当代中国特色社会主义法治理论与当代中国人权学科的重要奠基人。学术研究聚焦法治、人权、宪法学、法理学、法哲学等领域。以倡导依法治国和提倡保障人权为人生两大志业。

目　　录

第一编　绪　论

第一章　法学与法理学 …………………………………………………… 3

第二章　法的概念 ………………………………………………………… 23

第三章　法律体系 ………………………………………………………… 58

第四章　法的作用 ………………………………………………………… 77

第五章　法的起源和发展 ………………………………………………… 84

第六章　法与其他社会现象 ……………………………………………… 96

第七章　法理学发展的一般规律 ………………………………………… 134

第二编　法理学的核心范畴

第八章　权利与权力 ……………………………………………………… 145

第九章　权利与义务 ……………………………………………………… 152

第十章　国家权力与社会权力 …………………………………………… 202

第三编　法的价值

第十一章　法的人本价值观 ……………………………………………… 213

第十二章　尊重和保障人权 ·· 222

第十三章　自由与秩序 ·· 248

第十四章　公平与效率 ·· 258

第四编　法的实践

第十五章　立法实践 ·· 265

第十六章　法律监督实践 ·· 277

第十七章　守法实践 ·· 293

第五编　建设法治中国

第十八章　法治的概念 ·· 309

第十九章　法治与人治的对立 ·· 327

第二十章　法治与法制的区别与联系 ······························ 358

第二十一章　依法治国与依宪治国 ·································· 384

第二十二章　法治国家与法治社会 ·································· 403

第二十三章　什么是良法 ·· 417

第 一 编

绪　论

第一章　法学与法理学

我们在研究与阐明法理学的各种问题之前,必须首先对什么是法学和法理学作一概要说明。本章作为全书的绪论,将着重论述法学与法理学的研究对象和范围,法理学的意义,以及法学的研究方法。

第一节　法学与法理学的研究对象

一、法学的研究对象

法学,亦称法律学、法律科学。它是研究法律这一特殊社会现象的科学。法学是社会科学的一个门类,其特点是,研究对象为法律,而法律具有两重性。一方面,法律作为一种社会现象,是客观存在的事物;另一方面,法律又是由人制定出来的,具有主观的性质,所以是"特殊社会现象"。

先有法律,后有法学。社会有了法律现象之后,人们的头脑中才会有关于这些现象的思想和观念。但是,作为具有系统知识与理论形态的法学,其出现既需要有法律现象各种材料的累积,也需要有专门从事法律现象研究的一批职业法学家。正如恩格斯所指出:"随着立法进一步发展为复杂和广泛的整体,出现了新的社会分工的必要性:一个职业法学家阶层形成了，同时也就产生了法学。"①

在西方，最早出现的法学（英文 Jurisprudence）一词来源于拉丁语 Jurisprudent，其原意是"法律的知识"或"法律术"。古罗马法学家曾将它解释成"人和神的事物的概念，是正义和非正义之学"。这同推崇正义的自然法观念在西方源远流长密切相关。受罗马法传统的影响，西方法学的兴盛较之东方更为久远。在中国，春秋战国时期的思想家将法学称为"刑名之学"或"法术"，这是因为中国古代民法商法很少，法的类别中刑法占绝大部分和主导地位。商鞅改法为律后，经秦始皇对全国的统一，法的称谓逐步为律所替代。汉代出现了兴盛的律学；三国魏明帝时期出现了律博士的设置，专事对律的解释。自清末法制改革开始，法学一词开始在中国被广泛使用。

法学研究的范围，在历史上是伴随着法律现象的不断丰富、广泛而逐步扩展的。从应然性的意义上讲，所有法律现象包括法的内容（成文法与不成文法的规则、原则、概念）、法的形式以及相关的各种制度，如立法制度、司法制度等，都是法学的研究对象。在西方法学史上，曾出现过不同法学流派相互对立与激烈论争的局面，其中一个重要的分歧是研究的视角与侧重点不同，如自然法学派强调法的价值，规范法学派强调法的形式，社会法学派强调法的社会作用。在论争中就难免出现一派否认另一派研究对象与范围的重要性甚至必要性。"纯粹法学"以法的价值在人们的观念中有不同标准，难以作出判断为由，认为法学不应当去研究法的价值如正义、公平等，就是一个例证。其实，所有法律现象都应当是法学研究的对象与范围。到了现代，西方各派法学有彼此接近的趋势，而"统一法学派"在法学的研究对象和范围这个

---

① 《马克思恩格斯文集》第 3 卷，人民出版社 2009 年版，第 322 页。

问题上有其更多的合理性。在中国法学史上，没有出现过有如西方法学派别林立的现象，因而人们普遍认为，法学应当也可以研究法律现象的所有方面。1978 年以来，中国新的历史时期里法学研究的视野日益宽广，即是证明。

我们这里所说的法律现象，不是指哲学上"现象与本质"中的现象，而是指客观存在于人们意识之外的法律现实，例如，成文的与不成文的法律（法律规则、概念）及其形式，法律制度（立法、执法、司法和法律监督的设置、机构及其活动），法律行为（如签订合同，缔结婚约，履约、侵权、起诉、应诉等受法律所规范的各种合法与非法的行为），法律关系（一般的法律关系与具体的法律关系，后者如原告与被告以及参与诉讼的各种组织与个人所构成的民事的、刑事的和行政的法律关系），等等。法学既要研究法的静态，又要研究法的动态；既要研究法的现象，又要研究它的本质与发展规律；既要研究法的内在结构与社会功能，又要研究法与其他社会现象的联系和相互作用；既要研究法的一般原理、原则，又要研究法的具体制度及其实施；既要研究法的现状，又要研究它的历史过程与未来趋势。研究领域日益扩展，视角日益多元，观察日益深入，方法日益多样，是法学发展的方向。

二、法学体系

什么是法学体系？它是指由法学的全部分支学科所构成的有机联系的整体。在现代，由于法学的研究范围非常广泛，它势必形成许多法学的分支学科，以分门别类、深入细致地研究法的各种现象。这些分支学科并非杂乱无章地堆集在一起，而是在客观上有可能、主观上有必要将它们组合成一个有机联系的统一体。法学体系的内容因学者的见解不同而有差异。笔者认为，法学体系通常由以下七个法学部门所构成：

一是理论法学,包括法理学、法哲学、法社会学、法伦理学、行为法学、比较法理学等;二是法律史学,包括法律制度史学、法律思想史学,其中又包括国别制度史学与思想史学,以及法律、法律思想通史和法律与法律思想专史;三是部门法学,包括宪法学、行政法学、刑法学、民商法学、经济法学、婚姻家庭法学、社会保障法学、环境资源法学、军事法学、诉讼法学等;四是国际法学,包括国际公法学、国际私法学、国际经济法学等;五是应用法学,包括立法学、司法学、法律解释学、法律政策学等;六是边缘法学,包括法律心理学、法律教育学等;七是技术法学,包括刑事侦察学、法医学、司法精神病学等。法学体系是发展的、开放的,而不可能是也不应该是凝固的、封闭的。它随人类物质文明、精神文明与制度文明的发展而不断扩展其外延与丰富其内涵。

法学体系与法律体系是两个既有联系又有区别的概念。法律体系是一个国家以宪法为基础,由不同部门法、不同效力等级的法以及不同法的分类(如实体法与程序法、成文法与不成文法、国内法与国际法)所构成的一个法律的有机统一体。法律体系是法学体系赖以建立与存在的基础。法学体系则对法律体系的建立与发展及其实现起着指导作用。

三、法学分类

由于时代不同以及学者同政治家们的立场与世界观、方法论的不同,法学存在着不同的性质、形态与分类。古代法学与近现代法学存在原则区别与重大差异,这是东西方学者公认的。这两大类法学划分的历史背景是近代资产阶级革命产生的经济、政治、文化和法制条件。近现代法学是建立在市场经济、民主政治、理性文化与法治社会的基础上。两大类法学的区别主要表现为法的内容、法的价值存在根本对立,但在法的形式、法学的调整范围等方面也有重要区别。

在近代与现代的西方,存在众多的法学派别,如自然法学派、规范法学派、社会法学派以及历史法学派、经济分析法学派、批判法学派、行为法学派、西方马克思主义法学派等。这些不同派别也可称之为一种法学分类。它们的区别表现在哲学基础有所不同,研究角度及其侧重点不同,不少基本理论观念不同,因而对立法与司法实践也有不同的影响。

还有一种分类是,马克思主义法学与非马克思主义法学。马克思主义法学具有以下基本观点为其主要特征。一是唯物的观点。它认为生产力的发展是社会进步的最终的决定性力量,是社会的经济制度、政治制度、法律制度、文化制度不断发展与进步的终极原因和主要动力。它把法律促进物质文明的提高作为主要任务,把法律在不同历史时期、不同国度是否促进生产力的发展作为主要价值判断与评价标准。二是阶级的观点。它认为法既有社会功能,也有政治功能;既有社会性,也有政治性。在阶级对立社会里,强调对法律现象作阶级分析。它强调个人与社会、自由与平等、效率与公平的和谐、协调与统一;主张以实现每个人的自由发展、实现所有人的共同富裕,作为法律的最终价值取向与目标。三是发展的观点。它认为法的产生与发展同整个社会的物质文明、精神文明、制度文明的发展相适应,是一个由简单到复杂、由低级到高级、由落后到进步、由野蛮到文明的历史过程,永远不会停止在一个水平上。法学理论也是这样。它的概念、范畴、原理、原则都是永远发展变化的,它不承认法学上有什么永恒真理。

法学与法律一样,既有共性(普遍性),又有个性(特殊性)。在千差万别的法律制度与法学理论中,总是存在着某些共同的、相同的、一致的东西。把某一类法学理论同另一类法学理论绝对对立起来,认为它们之间是水火不能相容,是不正确的。它们之间实际是,"你中有

7

我,我中有你"。过去是这样,现在是这样,将来会更加是这样。在当代,国际经济一体化的格局正在形成之中。国与国之间的政治与文化交往与影响日益密切与增强。在未来,法律理论与观念的多元化将永远存在,不可能没有任何差别。但是,不同法学派别的日益接近和趋同,走人类共同的文明大道,是社会进步的重要标志,是不以人们意志为转移的客观规律。

四、法学与其他社会科学的关系

科学作为人类认识世界的成果和改造世界的武器,根据其研究对象的不同,可分为四大类,即社会科学、自然科学、思维科学和哲学。每一类中又包括一系列学科部门以及各学科部门之间的边缘学科。法学属于社会科学这一大的科学门类,同经济学、政治学、社会学、文学、教育学、军事学、历史学等学科部门,共同构成社会科学的彼此相互独立又密切联系的科学体系或学科群。下面,我们首先分别阐明法学同经济学、政治学、社会学的联系,而后概要分析法学区别于其他社会科学的独特的研究对象和任务。

法学与经济学。经济学是研究各种经济现象如经济关系、经济运行等的本质、特征及其发展规律的科学。它包括政治经济学、市场经济学、宏观经济学、微观经济学等分支学科。经济的发展,既是人类生存与生活的第一需要,也是整个社会发展的推动力量。早在古代社会,法同物质资料的生产、流通、分配就已密不可分。自由资本主义时期自由放任主义的经济理论,曾导致一些学者长期忽视法同经济的相互作用,但 20 世纪以来国家对经济干预、管理的加强,导致了经济立法的加强,从而使经济法逐步成为现代法律体系中一个独立部门。经济方面的立法是一点也离不开经济的规律和经济学的科学理论的。法不仅通过建立、维护经济制度、生产关系来保障经济效率的提高和生产力的发展，同时法也必须与必然成为公平分配的重要手段。不仅经济法同经济直接相关，劳动法、社会保障法以及自然资源保护法等法律也同经济密不可分。即使是政治、文化等领域的法律，也不是同经济毫不相干，因为市场经济是民主政治、理性文化、法治国家的经济基础。由于这一切，法学同经济学的关系是十分密切的。

法学与政治学。政治学是以政治现象，如政治权力、政治结构、政治功能、政治决策、政治文化等的性质与发展规律为研究对象的一门科学。法律是由国家制定，是以国家意志的名义而存在，国家机构及其活动不可能不受法律的规范。这从根本上决定了法律与政治、法学与政治学的密切关系。在西方，古希腊、罗马的思想家们，都是把政治与法律结合在一起而论述的。中世纪，法学、政治学甚至哲学都成了神学的奴婢。17、18 世纪的资产阶级启蒙思想家们的代表性著作如《政府论》《社会契约论》《论法的精神》，虽然已摆脱了神学的桎梏，但法学与政治学仍是融为一体的。19 世纪以后，随着工业化的完成、全球贸易的实现以及科学技术的迅猛发展，特别现代法治国家的出现，法学才完全成为一门独立学科。在中国，先秦法家也都是政治家。以官制为主要内容的有关行政的制度及其理论，很难区分它是仅属于政治还是法律。封建统治者把法律仅仅看成是政治统治的工具，法律与政治不分乃是自然的现象。到了 19 世纪末，随"西学东渐"，法学才独立成自为系统的一门社会科学。现代民主政治是一种法治政治。不仅宪法学、行政法学、立法学等本身是需要法学同政治学共同研究的；而人权保障、权力制约、民主决策，程序公正等，也都是法学与政治学所需要共同探讨与贯彻实施的原理与原则。

法学与社会学。人们对"社会"一词常作多种理解：有时从广义上理解,指整个社会;有时与国家相对应,指国家之外的社会领域;有时从狭义上理解,与经济、政治、文化相对应,指家庭、民族、人口、就业、救济、犯罪等领域中的社会制度与社会关系。因此,关于社会学所研究的领域与问题,学者的观点也不一样。但无论从哪个意义上看,法学同社会学的关系都很密切。例如法有社会关系的调整性,因此法的一些基本问题都同社会有关,如法产生的社会根源,法发展的社会条件,法行为的社会基础,法功能的社会标准,法伦理的社会评价,等等。在与经济、政治、文化相对应的狭义的社会领域中,法学同社会学关系同样密切,因为在这些领域中的问题是社会学所应着重探讨的,也是法律所必须调整的重要领域。

法律分实体法与程序法两类。程序法包括司法程序法(刑事诉讼法、民事诉讼法、行政诉讼法)、准司法程序法、违宪审查程序法以及立法程序法等及其制度与运作,是法学所特有的研究对象。在现代法治社会里,社会生活的一切方面几乎都受法律所调整。实体法所规范的经济、政治、军事、文化、教育、科技等方面内容,既是经济学、政治学、文化学、教育学等社会科学的研究对象,也是法学的研究对象。总之,在当代及未来,法学的研究对象日益广泛,内容日益丰富,法学同其他社会科学的关系日益密切;横跨法学与其他社会科学的边缘学科也将不断出现。从事立法与司法的实际工作者和从事法学研究、法学教育的人,如果不懂得经济、政治、文化等事物的性质、特点和规律,是无法做好工作的。

第二节　法理学的研究任务

一、法理学的研究对象

法理学作为法学的一个分支学科,属于理论法学的范畴。法理学是关于法的一般原理的科学。它是将古今中外各种类型与形式的法律及其相关的各种法现象进行高度的抽象,概括出法的一般概念、共同原理、基本范畴、主要功能、价值取向、内在结构、外部联系和普遍规律等,由此形成最高层次的法学理论形态。我们也可以对它的定义作这样的表述:法理学是将以理论形态存在的有关法的最一般的和普遍适用的概念、范畴、原理、原则与规律作为研究对象的法学分支学科。

新中国成立前,我国的一些大学早已开设过法理学课程。商务印书馆曾于 1928 年翻译出版日本法学家穗积陈重的《法理学大纲》。1983 年出版的马克思主义法学家李达教授的《法理学大纲》,是他在 1947 年写的教学手稿。新中国成立后,20 世纪 50 年代初改用苏联模式,称"国家和法的理论"。它反映了法学与政治学尚未完全区分开来,法学还没有真正成为一门独立的学科。1978 年我国进入改革开放的新时期以后,学者们都同意改这一分支学科的名称为"法学基础理论"(也有学者称"法的一般理论")。20 世纪 80 年代中后期开始,学者们普遍赞同用"法理学"这一称谓。

法理学研究的范围是广阔的。同时,其内容又按照一定的内在联系和逻辑,构成自己的理论体系。这一体系,大体上包括如下四个方面的内容:

第一部分是关于法的一般原理。包括法的概念、法的构成要素、法的本质、法的价值、法的功能、法的分类、法的发展等。这一部分主要是对法是什么,它体现与促进什么价值,它在社会生活中发挥什么作用,它怎样产生与发展变化等,作总的概要考察和阐述。

第二部分是关于法的基本范畴。包括:法律关系、权利与义务、职权与职责、法的渊源、法的规范、法的体系、法的效力、法的责任、法律意识、法治原理等。这些都涉及法的核心内容和内在结构,是法自身的特殊性质的展开,是法之成为法的最基本的内在因素。

第三部分是关于法与其他社会现象的联系。包括:法与经济、法与政治、法与文化、法与宗教、法与道德、法与人权等。法不是孤立地存在于人类社会中,它是在同其他社会现象的相互依存、相互影响、相互制约中存在、发展变化并发挥其作用的。

第四部分是关于法的制定与实施。包括:法的制定、法的解释、法的执行、法的适用、法的遵守、法实施的保障等。这些也都是法理学的重要组成部分,也内涵有一系列重要的原理与原则。法如得不到实现,它们不过是一纸具文。这一部分的关键是如何将这些对象加以科学抽象,上升到法理学的高度,从而同正在逐步独立出来和发展起来的立法学、法解释学、司法学等应用法学分支学科区别开来,并能为其提供理论的指导。

中国不同的法理学者对法理学的体系有不同的理解和主张,也已形成若干不同的逻辑安排和建构。但是,在法理学应当研究的范围及基本概念、范畴、原理、原则、规律上,是大体一致的。从目前已出版的法理学教科书的内容中可以证明这一点。虽然今后继续探究法理学的体系与逻辑结构仍然是重要的,但最根本的问题是伴随时代的进步以及人们认识的提高,如何扩展其研究领域与丰富其科学内涵。

二、法理学与其他理论法学

法理学属于法学体系中的理论法学这一部门和范畴。因此,弄清楚法理学与其他理论法学的相互区别与联系是重要的。对此,学者们的见解也很不一致。

法理学与法哲学。西方学者一般认为,法理学就是法哲学。中国学者多数也持这种观点。但是,中国一部分学者却认为两者应有区别,作者就持这种看法。作者在前面已经说明,法理学的研究对象有如本书及当代各种中国法理学教科书所包含的内容。概括地说,法理学是研究法的最一般的概念、范畴、原理原则和规律。而笔者认为,法哲学的研究对象则是法、法律制度和法律思想中的唯物论与辩证法问题。如果说,唯物辩证法是法理学的总的认识论与方法论原则,那么法哲学则是研究这种法的认识论与方法论本身。就法的唯物论、认识论而言,其理论的基石范畴是法的两重性,即法是主观性与客观性的统一体。因为法是人制定的,所以具有主观性。法被制定出来以后,它的内容与形式、质量与数量;它是什么时候制定的,后来经过什么修改等,都不以人们的认识与评价为转移;同时,它的产生与存在总是这样那样、或多或少地要反映与表现社会关系的现实状态,不可能完全由法律制定者任意杜撰和涂抹。由于以上原因,法律又具有客观性。由此产生如下两对基本矛盾,即:一是法律制度同社会现实关系的又相适应又相脱离的矛盾;二是人们的法律意识同法律、法律制度等各种法律现象又相适应又相脱离的矛盾。正是这两对基本矛盾,推动着法律现象与法律意识向前发展。立法与司法实际工作者的主要任务是解决第一对矛盾,力求使自己制定的法律和作出的判决与裁定符合社会的客观现实;而法学研究工作者的主要任务是解决与处理好第二对矛盾,力争使自己的研究成果、研究所得出的结论,符合法律及其他法律现象的客观状况、性质与规律。因此,研究法与社会现实、法与法律意识的矛盾运动,总结出若干原理原则及其规律性,是法的唯物论、认识论的研究任务。法哲学的另一个重要的组成部分是法的辩证法与方法论。法、法律制度与法律意识同世界上的万事万物一样,存在着对立统一关系。如法的内容与形式、法的本质与现象、法的共性与个性、法的整体与部分、法的应然性与实然性、法的权利与义务、法的秩序与自由、法的确定性与

不确定性、法的独立性与普遍联系、法的稳定性与变动性、法的扬弃与
继承、法的量变与质变等。这些都是法哲学的基本范畴。从法的现象
与法律意识的实际出发,总结出一套原理原则出来,是法的辩证法与方
法论的研究任务。法理学与法哲学势必是相互渗透、互相作用的;同
时,它们又是相互独立、相互制约的。它们都是属于理论法学中最高层
次的分支学科。

　　法理学与法社会学。法社会学在西方国家兴起于 19 世纪末 20 世
纪初。在中国,现在也有不少学者在研究它。法社会学是以法律的实
行、功能、效果等作为主要研究对象的一门法学分支学科。依据英国劳
埃德教授的分析,法社会学的基本观点可归纳为如下几点:(1)不承认
法律的独一无二性,法律不过是社会控制的一种手段;(2)反对概念法
学,即认为法律是一种封闭的逻辑体系的观点;(3)对书本上的规则持
怀疑态度,而关心研究实际上发生的事情,即"行动中的法律";(4)拥
护相对论不承认可以发现最终价值学说的自然主义,现实生活是社会
地形成的,不存在可解决许多矛盾的天然指引;(5)应利用各门社会科
学的技术以及选自社会学的知识,以建立更有效的法律科学;(6)关心
社会正义,尽管对什么是社会正义以及如何实现各有不同看法。① 塞
尔茨尼克认为:"法社会学的广泛目的是扩大关于法秩序的基础、法变迁
的模式、法对实现社会需要和愿望的助力等方面的知识。"②法社会学同
法政策学、行为法学等一些理论法学分支学科一样,是就法的一般原理
的一个侧面、一个角度进行深入研究。它将扩展法理学研究的视野、深
化其内涵,但法理学与法哲学仍应是理论法学的主干分支学科。

---

　　① 劳埃德:《法理学概论》,英国史蒂文斯公司 1979 年版,第 344—345 页。转引自沈
宗灵主编:《法理学研究》,上海人民出版社 1990 年版,第 279—280 页。
　　② 塞尔茨尼克:《法社会学》,见《国际社会科学百科全书》第 8 卷,1986 年,第 360 页。

三、法理学的意义

研究与学习法理学具有如下重要意义：

1. 法理学可以为其他法学分支学科特别是部门法学提供系列需要共同使用的概念、范畴、原理与原则。例如：什么是法，它的内涵与外延是什么，它有什么价值，它有哪些功能，它怎样产生与发展；以及权利与义务、职权与职责的基本原理，法的渊源、效力、责任、制裁等，都是每一部门法学都要使用的共同概念与原理，否则研究就无法进行。又如，我们曾经把法的平等原则说成是没有阶级观点，当然对部门法学的研究消极作用很大，因为部门法学都必须贯彻运用这一原则。再如，在法史学中，一些学者简单地把中国的"例"（实为判例）归结为统治者的一种统治手法，而不分析其存在的科学性与合理性；或把各种法理学与制度笼统地纳入法的历史类型的不同模式，机械地把它们的发展变化都归结为只是生产力发展的结果，否定或忽视政治、文化等其他因素的作用，等等。这些都明显的是受某种有关法的阶级性的片面论断的影响。可以说，法理学既是部门法学的入门向导，也是学习与掌握各法学门类知识的钥匙。

2. 法理学可以为法的制定与实施提供一套科学的原理与原则。例如，立法的根本问题涉及法的价值取向，包括诸如整体利益与个人利益、秩序与自由、公平与效率等价值发生冲突如何平衡与协调，就需要从法理上进行理论概括；立法是一个认识过程，就需要法理学从立法的方法论原则上作出科学探讨与论证。又如，有学者曾经否定法应有继承性，认为它没有阶级观点，自然就会束缚人们在立法中借鉴历史上或其他国家的有益经验为我所用。法理学上关于法的规范（规则）的构成要素的理论，关于法的体系的上下、左右、前后、里外的逻辑结构的理论,对提高立法质量的指导作用也是十分突出的。再如,对程序法的价值以及无罪推定、罪刑法定、法不溯及既往等原则的法理学探讨,对指导司法实践也都是十分重要的。

3. 法理学可以为一个国家的法制建设的全局性、战略性问题提供指导思想和理论原理。例如,关于现代法治的概念及其一系列原则,我国自 1978 年以来,法理学界曾经有过激烈的论争。一些人否认法治概念的科学性,一些人则主张法治与人治相结合,直到 1996 年和 1997 年,"依法治国,建设社会主义法治国家",才被执政党和国家领导机构采纳,被正式确立为治国的指导原则和奋斗目标,并被写入宪法。这一治国方略的采纳已为我国的法制建设开辟了一个新时期。又如,充分保障人权,是人类的理想,是现代时代的时代精神。这一原则应当体现在所有法律之中,并贯穿于法的制定与法的实施的全过程。但是,在我国的很长一个时期里,人权被说成是"资产阶级的口号"。从 1991 年开始,经过法理学界一些学者的努力,在人权的本源、本质、存在形态以及人权的普遍性、主权与人权的关系、社会主义与人权等一系列理论问题取得重大突破后,才被国家领导机构认同和采纳,并在 1997 年被写进党的十五大报告。实际上,国家赔偿法、行政处罚法、行政复议法等法律的制定和刑法、刑诉法的修改的成功实践,都曾受到人权观念取得显著进步的重要影响。法治理论与人权理论在我国的论争及其经历,充分显示了法理学的学术魅力。

4. 法理学可以为国家工作人员和广大公民树立正确的法制观念提供理论保障。理性文化是现代法治社会赖以建立和发展的思想基础。而在人们中广泛地树立起科学的法律观,是理性文化的核心内容。长期以来,不少群众尤其是很多干部法制观念淡薄,是法律得不到严格遵守的重要原因,这已是不争的事实。在树立公民尤其国家工作人员的法律观中,对法理学的了解与掌握,有着法学其他分支学科难以替代的特殊重要作用。正如著名法学家哈特所说,法理学交给学生的不是"知识"而是"思想"。

第三节　法学的研究方法

法学的研究方法,同时也是法理学的研究方法。任何一门科学的发展,都和它的研究方法是否正确有密切的关系。这同"工欲善其事,必先利其器"是一个道理。在西方,一些重要的法学流派之所以能够取得重要成果,同它们各有自己独特的研究方法有关。我国从1949年到现在,法学研究和法制建设的曲折历程中无数事实,都说明研究与观察问题的方法是十分重要的。方法论有两个层次,一是哲学的研究方法,二是某些具体的研究方法。哲学是关于自然界、人类社会和人们思维中的普遍规律的科学。它既是世界观,也是方法论。从一定意义上说,某些具体研究方法是哲学认识论与方法论的具体展开。

一、唯物辩证法

唯物辩证法是马克思继承并发展德国古典哲学所取得的成果,其重大贡献之一,是把机械的唯物论变成辩证唯物论,把唯心的辩证法变成唯物辩证法。中国共产党是以两论("实践论""矛盾论")为基础取得了民主革命的胜利和社会主义建设的重大成就。邓小平也正是依靠以"实事求是"为哲学基础的理论体系,才成就了开辟中国改革开放新时期的伟业。马克思主义法学理论要能够在众多的流派中独树一帜并保持其明显的理论优势,必须依赖唯物辩证法这一科学的研究方法的指导。

运用唯物辩证方法研究法学,必须坚持社会存在决定社会意识的观点,必须坚持研究工作应当从实际出发的原则。一切法学上的结论都应该是依据对国内国际经济、政治、文化等现实条件和法制建设实践的全面把握,对研究对象的特性、本质、发展规律的深刻理解,使自己的主观认识同客观实际相符合。在以往很长的时期里,曾严重阻碍我国法学繁荣和法制建设发展的法学教条主义和经验主义以及法律虚无主义和实用主义,都是以理论与实际相脱节、主观和客观相分离为特征。其中以法学教条主义为害最烈。原则不是研究的出发点,而应该是研究的结果。把马克思主义经典作家的某些语录编在一起,以为这就是马克思主义法学;或者完全不顾社会条件的重大变化而坚持马克思主义领袖人物明显已经过时的个别观点不放,本身就是违反马克思主义的。我们既要摒弃这种"土教条",也要摒弃那种"洋教条"。把西方著作家们的某些自己说不清、别人也看不懂的概念和术语胡乱拼凑在一起,把它当作新潮理论;或者把一些本来是正确的理论观点和主张,却不顾中国的具体国情和发展水平而生搬硬套,把它当作治国良策,这同样是不正确的。

运用唯物辩证方法研究法学,就必须重视社会现象、法律现象的内在矛盾、外部联系和相互作用。要善于用辩证法的对立统一规律等一系列范畴去观察处理问题。背离这一科学分析方法就必然得不出正确结论。例如,有人曾问"人权究竟有没有普遍性",这种提问方法本身就是不正确的,因为任何事物都是共性与个性的统一体。问题只是在于人权的普遍性是由什么因素所决定,它表现在哪些地方。又如,有人说"民主不是抽象的,是具体的"。这也不对。因为"民主"这一概念就是许多具体民主的一个抽象。又如,对立面应该是相互渗透的,但有的人却把资产阶级法制同社会主义法制看成水火不能相容,两者毫无共同之处。再如,自然法学说在两千多年里,在西方法学史上一直有很大的影响。有人却把它说成一无是处,不承认它也包含有一定的科学因素和成分。这种"要么绝对的好、要么绝对的坏",也是一种形而上学的思维方式,辩证的方法不能代替具体科学,但它却能以对具体问题的无用,实现对根本问题的大用。

二、若干具体研究方法

1. 社会调查方法

法是以社会为基础的。社会发展的客观要求是法及相关法律现象产生、存在和变化的根据。人的头脑是个加工厂。要想生产出好的产品,这个工厂的工艺水平即人的研究能力固然重要,但没有足够的和良好的原材料,也生产不出好的产品。这种原材料的获得,一是来自文献资料,二是来自实际调查。而后者的重要性在于,它能获得第一手材料,也更具现实性,而且研究者可以通过对材料的亲身接触、体认,印象和感悟会更深刻。在我国,注释法学的风气一直较盛,倡导社会调查是很有必要的。法学研究所需社会调查课题和范围均极广阔。它可以是宏观的,如有关社会结构、社会组织、社会治安、法律机制、法律文化等方面的调查,也可以是微观的,如有关法律行为、法律职业、法律实效、法律制定、法律运行、法律理论等方面的专题调查。社会调查的方式通常有:普遍调查、抽样调查、典型调查、个案调查等。

2. 历史考察方法

任何社会现象都有它产生和发展的历史。不考察其历史的演变,无论是经济、政治、文化的还是法律的现象,都难以正确理解和把握。列宁指出:"在社会科学问题上有一种最可靠的方法,它是真正养成正确分析这个问题的本领而不致淹没在一大堆细节或大量争执意见之中所必需的,对于用科学眼光分析这个问题来说是最重要的,那就是不要忘记基本的历史联系,考察每个问题都要看某种现象在历史上怎样产生、在发展中经过了哪些主要阶段,并根据它的这种发展去考察这一事物现在是怎样的。"①法律的内容涵盖社会生活的各个领域,法律的发展史是同社会发展史息息相关的,也可以说法律是被凝结的历史。而法的形式(包括程序)的时代感也很鲜明。所以对法律作历史的考察是重要的。历史上有过不少这方面的名著,近现代学生撰写博士、硕士论文,也通常运用这种研究方法。虽然不是对所有问题的研究都定要运用这种方法,但它仍有普遍意义,即研究各种法律问题都不应该忘记它的历史联系。

3. 经济分析方法

按照历史唯物主义的观点,人类历史是在各种社会因素与力量的相互作用的推动下而发展的,其中最终的具有决定性的力量是经济。从全局看,是生产力的发展引起生产关系的变化;而经济基础发生变革,终究会促进上层建筑发生变革。经济之所以成为推动历史发展的最终的决定性力量,道理很简单,是因为物质生活是人类的第一需要;而经济的发展又是政治、文化发展的基础和首要条件。在分析法律和相关法律现象同其他社会现象的普遍联系时,必须特别关注法律与经济的相互制约与促进。同时,应重视运用经济学的原理、范畴与方法来分析法律问题。西方的功利主义法学、利益法学、经济分析法学,都同这个问题密切相关。马克思主义重视对阶级对抗社会中的法律现象作阶级分析,也同经济分析密不可分。阶级意志的核心是阶级利益,首先的根本的是经济利益。在现代,所谓法律问题,无论在国内还是国际

---

① 《列宁全集》第37卷,人民出版社2017年版,第63页。

上，核心问题是利益的分配、调节与保障。

4. 比较分析方法

事物是相比较而存在的。比较方法是指通过比较不同事物的同和异，并分析其原因与条件，以揭示该事物的特性、特点及发展规律的一种研究方法。对事物做纵向比较，和历史考察方法有相通之处，因此进行横向比较是最常用的方法。大到法系，小到某一法的规范，都可比较。有人认为法的价值因人有不同评判和取向，因而认为不能比较，其实不然。对法价值进行比较，找出其异同，分析其主张的不同理由和相同点，同样是有意义的。比较方法的关键，是善于对其同异的各种主客观因素进行深入分析，人们从中可以得到很多新的知识。近几十年来，比较法学著作日益增多，并已形成一个相对独立的法学分支学科，足见比较分析方法的重要性。

5. 逻辑分析方法

任何科学理论的建立都离不开逻辑，包括形式逻辑与辩证逻辑。法学的思维形式是一种逻辑思维。它根本不同于文学艺术的形象思维，也比任何一类社会科学的逻辑思维要求都更高、更严。因为，法是一种行为规则，要求人们切实执行与遵守；它涉及每个人的权利与义务的合理分配以至生杀予夺。因此，从概念、判断到推理，都必须严谨。它的重要性不仅在立法与司法、执法的实践中表现得十分明显；而且我国近 20 年来法学研究与争鸣中的无数事实也证明其成败与得失与此密切相关。以概念为例。任何概念都有其特定的含义，这种含义是历史地、人们约定俗成地形成的，不能望文生义、任意解释。例如，有人说，法是人制定的，也要人去执行，法是死的，怎么治国，任何国家都是人在治，因此所谓"法治"完全是资产阶级骗人的东西。有的人曾批评"无罪推定""有利被告""自由心证""法律至上"等完全不科学，几乎都犯了同样的错误。

　　法学研究的方法应当是多样的、开放的、发展的。任何一种方法，只要它具有科学性，对人们的认识有启迪，对法学的进步与繁荣有帮助，都有存在的价值。

第二章　法的概念

什么是法？它区别于其他社会现象的质的规定性在哪里？这是法理学首先应当回答的。本章将通过对法的基本含义、法的一般特征、法的主要特点、法的构成要素、法的本质属性等方面的分析和论证来阐明这一问题。

第一节　法的基本含义

一、法的词义

中国历史上汉语最早法字的古体是"灋"。依《说文解字》一书考证："灋，刑也，平之如水，从水；廌，所以触不直者去之，从去。"[①] 据说，"廌"是一种在审判时被其触者为有罪或败诉的神兽，此即王充所讲："性知有罪……有罪触，无罪则不触"[②]。其中，"水"表示公平的意思，"去"则表示败诉者必受惩处。

在古代中国很早以前，"法"与"刑"曾通用，而"法"与"律"亦通用。如《说文解字》说："律，均布也。"段玉裁注："律者，所以范天下之

---

① （汉）许慎撰：《说文解字》，中华书局 1963 年影印本，第 202 页。
② 王充：《论衡》，上海人民出版社 1974 年版，第 270 页。

不一而归于一,故曰均布也。"①《唐律疏义》也说,"法亦律也,故谓之为律。"②法与律复合为"法律",主要是近代以后的用法。清末起,法与法律常并用。

在英语里,"Law"同汉语的"法"是对应的。在欧洲的几种主要民族语言中,如拉丁文的 Jus 和 Lex,法文的 droit 和 Loi,德文的 recht 和 gesetz,都用来表示法。但是前者除有"法"的含义外,兼有权利、公平、正义、法则等含义,因此它们有时被理解为是指"客观法"(或理想法、应然法);后者则主要被理解为是指人们依主观认识与意志而制定的法,即"主观法"(现实法、实然法)。这同西方很早就已存在的自然法思想及其传统有密切的联系。

二、法与法律

在马克思主义经典著作中,法与法律有时通用,有时也作类似西方的"自然法"与"人定法"的区分。例如,马克思早期曾提出过,"法"是"自由的无意识的自然规律",而"法律"则是"法的表现"。③ 他认为,"法律只是在自由的无意识的自然规律变成有意识的国家法律时才起真正法律的作用"。④ 当代中国学者中也有人主张分别用"法"与"法律"这两个不同的词来表述这两个密切相关但又有很大区别的问题。应当看到,西方的自然法(与人定法相对应)的理论虽然包含有神秘色彩和不少唯心主义的因素,但也包含着很多科学的合理的成分,不应简单地全盘否定。马克思主张,法律(人定法、现实的法)应当真实反映

①　(汉)许慎撰、(清)段玉裁注:《说文解字注》,上海书店出版社 1992 年版,第 77 页。
②　(唐)长孙无忌等撰:《唐律疏义》,刘俊文点校,中华书局 1983 年版,第 2 页。
③　《马克思恩格斯全集》第 1 卷,人民出版社 1956 年版,第 71—72 页。
④　《马克思恩格斯全集》第 1 卷,人民出版社 1956 年版,第 72 页。

它所调整的各种社会关系的客观性质及其规律,无疑是十分重要的。这一法的应然性与实然性问题,也应成为法哲学的一对重要的基本范畴予以深入探讨。但是,我们不宜也很难用"法"与"法律"这两个不同的词汇来分别表述法的应然与实然这两个不同的范畴。因为,在我国法的理论与宣传工作、立法与司法、执法的实践中,"法"与"法律"是常常通用的。例如,人们常说要"有法可依、有法必依、执法必严、违法必究"。这里的"法"就不是也不应是指法的应然状态,即法所必须真实反映与体现的客观事物的性质和规律,而是也只能是指现实的法。有鉴于此,本书依习惯不作区分,即在一般情况下"法"与"法律"通用。但是,在特定情况下例外,即在需要区分和表述当代中国法的效力等级时,"法律"是特指国家最高权力机关——全国人民代表大会制定的规范性文件,以示同国务院制定的行政法规和地方性法规、部委规章、政府规章等相区别。

三、法的广义与狭义

法是否可作广义和狭义的区分,即国家出现之前的原始社会是否有广义上的法? 直到现在,西方绝大多数法学家和人类学家都主张国家产生以前就有"原始法"。在我国,比较传统的观点是:"法是阶级社会特有的现象",是阶级斗争的产物;换句话说,法的存在是阶级斗争的需要。近些年来,一些著名法学家如张友渔、陈守一等对此传统观点提出了质疑,认为原始社会存在广义的法,并且持这种观点的人越来越多。

广义的法同人类社会共始终。马克思、恩格斯常常在《家庭、私有制和国家的起源》等著作中,称原始社会的习惯为"法"。狭义的法指私有制和国家出现以后的法。两者的共同点主要表现在以下几个方面：首先，它们都是一种具有一定普遍性的社会规范和行为规则，都明确要求社会的成员可以做什么、不能做什么、必须做什么。在原始社会，这三种规范都是存在的。比如，三者分别表现为："氏族一切男女成员在氏族议事会享有表决权"；"氏族的任何成员都不得在氏族内部通婚"；"死者的财产必须留在氏族内，归其余的同氏族人所有"。同我们现在的法相比，在这三类行为规范方面，是最早有"禁忌"，后来发展为其他习俗和习惯。其特点是，禁止性规范多于义务性规范；义务性规范多于权利性规范。这是由当时生产力水平极其低下、社会关系非常简单等条件所决定。其次，它们都是一种以权利与义务为其内容的行为规范。恩格斯说："在氏族制度内部，还没有权利和义务的分别；参与公共事务，实行血族复仇或为此接受赎罪，究竟是权利还是义务这种问题，对印第安人来说是不存在的；在印第安人看来，这种问题正如吃饭、睡觉、打猎究竟是权利还是义务的问题一样荒谬。"[1]这种权利与义务观念的不分，是受当时生产力低下、实行生产资料公有以及观念简单等条件所决定，但这并不是说当时的习惯和习俗没有权利与义务作为它的内容。据恩格斯在那个时候的考证，即使权利大大少于禁忌与义务，但权利也已不少，如生存权、名称权、财产继承权等不下十多种。后来人类学家考证出的还要多得多。再次，原始社会的习惯虽然主要通过舆论来维系，但也具有一定强制遵守的特点，违反它也要招致一定的后果，如实行血族复仇、同态复仇。总之，这三个方面的共同点决定了原始社会的习惯也可称为广义上的法。原始社会的习惯同私有制和国家出现以后的法的主要区别在：前者是自发地形成的，后者是人们自觉地通过国家制定或认可的；前者无专门的司法机关，而主要依靠道德和

---

① 《马克思恩格斯文集》第 4 卷，人民出版社 2009 年版，第 178 页。

习俗的力量,有时也依靠氏族组织或氏族首领的权威,来保证法的实施,后者则有专门的司法机关如侦查机关、法院、监狱等组织机构来保证法的实施。

四、法存在的根据

无论是广义的法(包括原始社会的习惯)还是狭义的法(国家出现以后的法),都不是人们的任意创造,而是人类社会存在与发展的客观要求。任何形态的社会,要想能正常存在而不至于被各种社会矛盾和冲突所毁灭,要想能正常发展而不至于被社会生产与生活的无序状态所困扰而停滞不前以致倒退,就需要有一套社会调控机制。社会调控机制主要有两类,即社会组织和社会规范。社会组织有多种多样,其中最具普遍性和权威性的是原始社会的氏族组织和后来的国家。社会规范也有多种多样,其中最具普遍性和权威性的是原始社会约定俗成的习惯和后来由国家制定的法律。恩格斯曾说:"在社会发展的某个很早的阶段,产生了这样一种需要:把每天重复着的产品生产、分配和交换用一个共同规则约束起来,借以使个人服从生产和交换的共同条件。这个规则首先表现为习惯,不久便成了法律。"①生产、分配和交换活动是人类最基本的实践活动,是社会存在与发展的基础。这是恩格斯从生产、分配与交换需要共同规则这个角度来阐明原始社会的习惯与国家出现后的法律存在的客观基础。当然人类社会的其他领域如政治、文化、社会(如家庭)等领域同样需要共同规则,需要习惯和法律。否则,社会也不能存在和发展。

换一种分析方法,也可以说,人类社会之所以需要法,是为了解决

---

① 《马克思恩格斯文集》第3卷,人民出版社2009年版,第322页。

社会的矛盾和冲突,使其和谐与协调,以保证人类社会的存在与发展。因为人类社会始终存在三方面的主要矛盾:一是社会秩序与人的思想与行为自由的矛盾。如果没有一种共同规则,要么社会将处于无序状态,要么人的自由得不到保障。二是权威与服从的矛盾,即原始社会的氏族组织与氏族成员、阶级社会的国家组织与社会成员的矛盾。如果没有一种共同规则,要么国家组织不能运行,要么个人的权利得不到保障。三是人与人之间(包括个人与群体以及个人与整个社会之间)在利益与道德上的矛盾。如果没有一种共同规则来调整这种关系和解决这种矛盾,要么个人的利益受他人的侵犯,要么个人会侵犯他人的利益。总之,习惯与法律存在的客观依据,应当从社会自身的内在矛盾中去寻找,而不应从神或一些人的主观意志中去寻找。那种认为法的产生是源于神的意旨,是君主的授予,是"自然法"的体现,是"绝对精神"的外化,是"民族精神"的产物,如此等等观点都是不正确的。

第二节　法的一般特征和特点

一、法的一般特征

本节及以后所称的法,都是指狭义的法即与国家相联系的法。法的特征是指法之所以成为法而与他事物相区别的质的规定性。

1. 法是调整社会关系的行为规范

法的规范性具有以下特点:它具有结构性,是由行为模式、行为条件、法的后果所组成。它具有系统性,是由许多具体规范所组成的有机联系与和谐协调的规则体系;它是人们的行为准则,而不是思想准则;它是社会规范,不同于调整人与自然的技术规范;它具有概括性,是种种具体行为的抽象；它具有一般性，是全体社会成员都必须遵守的(一般法)或社会中某一部分成员都必须遵守的(特别法)。人们通常称法为"规范性法文件"，以示同一般的法文件，如法的制定机关就任命或某一特定问题所作出的决定、司法机关就审理某一案件所作出的判决或裁定等，相区别。因为后者不具有行为规范性，又是针对某特定的人和事，也不能反复适用。这些法文件虽然具有法的效力，但不是法。

2. 法是国家制定或认可的行为规范

社会规范的种类很多，除法外，还有道德规范、宗教规范、社会组织规章、行业规章、习惯与礼仪等。法同其他社会规范的一个基本区别是，它由国家制定或认可。国家制定的法，指成文法；国家认可的法，指习惯法和判例法。因此，法同其他社会规范相比，必然具有下列特征：统一性，即一个国家只能有一种法律和法律体系；普遍适用性，即法律在其效力所及的时间与空间范围内普遍适用；权威性，即法的效力高于所有其他社会规范。

3. 法是以权利与义务为内容的行为规范

法是通过规定各法律主体的权利与义务，来影响人们的行为动机、指引人们的行为方式、规范人们的行为准则，以调整各种社会关系。这同道德和宗教不同。后两者一般说来是以规定人对人(或群体与社会)或人对神的义务而调整社会关系。这同政党组织与社会团体等的规章也不同。后者的权利与义务在内容、范围和实现途径等方面，都同法律的权利与义务有重大区别。广义上，法律所规定的权利包括"职权"、义务包括"职责"。但是狭义上，两者是有很大区别的。例如，就公民的权利和政府的权力而言，两者的区别主要在：其性质和地位是，公民的权利产生政府的权力，而不是政府的权力产生公民的权利，权力只是手段，它以保障公民(也包括群体和国家)的权利为目的；其重要特点是,权力同管理与服从相关联,权利则同利益的享有与负担相关联;其表现形式是,职权与职责相对应,权利则与义务相对应;其实现方式是,政府既不可越权,也不能失职;而权利可以放弃,义务则必须履行。因此,不应混淆职权职责和权利义务之间的界限。

4. 法是司法机关可以适用的行为规范

法是司法机关办案的依据。司法机关的职责是根据政权机关所制定的法作为尺度和准绳来衡量其所审理的案件中有关行为是否违法、是否犯罪。一种社会规范如果不能作为司法机关办案的依据,不能在办案中予以适用,就不是法。根据法的这一特征,不仅其他社会组织制定的规范不是法,即使是由某些国家机关所制定的规范性文件也不是法。如在我国,乡级人民代表大会及其政府制定的一些规范性文件就不是法。但是,这并不是说,所有可以作为办案依据的行为准则都是法,或者可作司法机关办案依据的都是法。此即特定情况例外。比如,有时候国家制定的政策也可作为司法机关办案的依据。

提出"法是司法机关可以适用的行为规范"这一法的特征,其重要理论意义之一,是有助于明确法这一概念的外延。在中国,究竟什么是法? 法概念的外延应如何确定? 人们的认识很不一致。例如,不少人认为,凡是国家机关制定的规范性文件都是法,理由是它们都是"国家机关"所制定。这种理解过于宽泛。不少人又认为,部委规章和地方政府规章都不是法,理由是它们并非"立法机关"所制定。这种理解又偏于狭窄。我们认为,依据我国宪法及有关法律的明确规定,我国的"法"是指:"宪法";全国人民代表大会制定的"基本法律";全国人大常委会制定的"法律";国务院制定的"行政法规";省、自治区、直辖市人民代表大会制定的"省级地方性法规";国务院各部委制定的"部委规章";省一级人民政府制定的"政府规章";设区的市的人民代表大会和政府制定的"地方性法规"和"政府规章";自治区、自治州、自治县人民代表大会制定的"自治条例"和"单行条例"。以上这些,有时统称"法律""法规""规章"。它们都是通过法律授权(一般授权与特别授权)所制定,都可被司法机关审理案件所适用,因而都是属于中国"法"的范围。

县和乡的权力机关和政府、地级和县级市的权力机关和政府、国务院各部委所属的司局和省一级人民政府所属的厅局,可以制定一些规范性文件,但它们不应被理解为也是"法"。它们不能作为司法机关审理案件的依据。这类规范性文件决不可同作为"法"的法律、法规、规章相抵触,否则无效;同时也不可太多太滥,以免冲击法的权威和作用以及政出多门。对法的概念的外延理解过于宽泛,不利于维护国家法制的统一和尊严。

依照国际上比较通行的概念,我国的部委规章和地方政府规章是属于"委任立法"的范畴。我国宪法第 89 条和第 90 条、地方各级人大和政府组织法第 35 条,对此作了一般性授权。我国行政诉讼法第 63 条规定,人民法院审理行政案件,以法律和行政法规、地方性法规为依据;地方性法规适用于本行政区域内发生的行政案件;人民法院审理行政案件,参照规章。这里的"参照"应被理解为同"依据"没有实质上的区别,但在适用法的顺序上有所不同。由于现代社会生活日益发展迅速和复杂多变,适当扩大对行政机关的"委任立法权"是一种国际性趋势。我国人口众多、地域辽阔,各地发展很不平衡。权力机关不像西方议会那样可以经常开会,权力机关的专业立法人员的力量也不足。因此,适当加强行政机关的委任立法,是必要的。

5. 法是由国家保证其实施的行为规范

任何一种社会规范,都有一定的强制性,都有某种保证其实施的社会力量。不同在,法的规范是由国家强制力保证其实现,而道德规范是由内心信念以及社会舆论等保证其实施,政治与社会组织的规范是由本组织的纪律来保证其实施。"法依靠国家强制力保证其实施"有其特定含义,它并不意味着法不可以通过人们的自觉执行和遵守来实现,也不是说思想的、行政的、政治的手段,对保证法的实施不起作用。它是指国家强制力是法实施的主要的决定性的力量。

二、法的主要特点

法除了具有以上五个一般特征以显示其同其他社会规范相区别,还具有以下一些重要特点。这些特点也是法这一社会现象所固有的,也是法之所以成为法的重要因素。一是确定性。即法的规则所确立的法的主体客体、权利义务、法律后果等,都必须是具体的明确的肯定的,才能保证法的可操作性和可预测性,使人们在执法、司法与守法中确切知道自己该怎么做、不该怎么做。这是法与道德相区别的一个重要特点。二是程序性。这是法与其他社会规范的一个重要不同点,当然这是相对而言。立法、司法、执法都应有一定的程序,这是保证和体现法的公正性、客观性、科学性的重要手段,是法制文明的一个重要标志。在某种意义上说,程序是法的生命形式。三是公开性。法必须公布周知。它在什么地方生效,它对哪些人有约束力,就应当在什么范围内公布,使人们都能知道它的具体内容和要求是什么,以便其遵守。因此,"内部规定"不是法。如果法律不是公开的,人们不知道国家允许做什么,不允许做什么,而又可以用"内部规定"去惩罚人们的某些行为,不符合法自身的正义原则。四是平等性。这里主要不是指立法上的平等(因为不同性质的法有不同的平等内容),而是指司法上的平等,即当法被制定出来以后,对任何人都应适用同一尺度的准则。这是体现法的普遍适用性和维护法的权威所必须,古今中外概莫能外。至于实现程度如何,那是另一个问题。在封建专制主义的条件下,虽然君主可以一言立法、一言废法;君主的权威高于法的权威,他们常常不按法律办事,这种事情屡见不鲜。但是,任何君主不能宣称,他们可以不受法律的约束。五是不溯既往性。法在一定空间和时间中存在和运动。法必须有它生效的起止时间。如果国家可以随意用现在制定的法,去处罚人们过去发生的行为,显然也是不公平的。当然也有例外,即对极个别的严重违法与犯罪行为,如反人类的罪行可以追溯,但应当由法作出明确规定。

第三节　法的构成要素

任何一种法都由以下三个要素构成,即法的内容、法的形式、法的精神。法的内容构成法的实体,是法的主要成分。在通常情况下,人们讲法,是指法的内容。但事物的内容总要通过一定形式才能表现出来,世界上没有无内容的形式,也没有无形式的内容。因此法的形式不是可有可无或根本不重要的。法的内容与形式又总会内涵、承载与体现一定的法的精神。虽然法的精神有时人们不易感觉到,但它是客观存在的,并在社会生活中起重要作用。

一、法的内容

法的内容主要由法的规范、法的原则和法的概念所构成。某项具体法律、某一具体的法的规范性文件,不一定都有法律原则;但一国的法律体系、主要的法典和重要的法律,必须具有以上三个方面的成分。

1. 法的规范

"规范"一词源自拉丁文 noma,含有模式、规则、标准、尺度等意思。为了建立与维护社会生活的有序状态,人们在总结实践经验的基础上,创制出了种种社会规范,如法律规范,政党与社会组织的规范,宗教规范与道德规范,等等。法的规范是指由国家制定或认可,并由国家强制力保证其实施的行为规则。它除具有一般社会规范所具有的一般性、概括性、确定性、可预测性等特征之外,还具有国家意志性,其效力高于其他社会规范,这是法的规范同其他社会规范的主要区别。

通常认为,法的规范是由以下三个要素所构成:一是行为模式。它包括可以这样行为、应当这样行为、禁止这样行为等行为准则。它们是属于法的规范的核心内容。二是条件假设。指行为模式存在的时间和空间,如法律的时间与地域效力的一般性规定和某一具体行为模式的时间与空间效力;以及行为模式的主客体条件,如民、刑事责任能力。三是行为后果。指法的规范中规定遵守或违反该行为模式所引起的法律后果。其中,否定性后果是指违反法的规范所给予的相应的法律制裁,如追究民事、刑事、行政、经济的责任以及违宪制裁等;肯定性后果是指遵守法的规范应当得到的奖励与保护。

法的规范是法的细胞,是组成法的基本单位。千千万万法的规范,构成一国法律的基础。有鉴于法的规范的结构、特征、分类和存在形式等方面的复杂性和重要性,本书将设专章加以阐述。

2. 法的原则

"原则"是指认识、分析与处理事物、事件的准则。法的原则是法的规范(规则)产生的基础,是法调整社会生活、社会关系、人们行为的准则,是法的制定与实施过程中的指导性要求与标准。它们能够最集中地体现法的本质和法的价值,反映法的调整对象的客观性质与发展规律。

在法的内容中,法的原则同法的规范(规则)相比较,具有以下特性:一是概括性。法的原则是从经济、政治、文化以及法自身等社会关系中抽象与归纳出来的。它既可以是国家政策的定型化,也可以是社会公理的定型化。它不规定具体的权利与义务,不设计特定的行为模式,不明定某种法律后果,不像一些具体的法的规范那样可操作性强,但它可以在更广泛的领域和范围内对指引、规范、约束人们的行为起重大作用。二是稳定性。法的稳定性是法的重要特性,对保证法的权威性具有重大作用。法的稳定性主要是通过法的原则的稳定性来体现和保障的。法的规范的变化可以较多较快,法的原则却相对稳定。因为法的原则集中与概括地体现和反映了事物的性质和规律。法的原则与法的规范在一定意义上也是一般与个别、抽象与具体的关系,因而前者具有更大的稳定性。三是指导性。法的规范主要解决微观方面的问题,而法的原则主要解决宏观方面的问题,即在较大的空间与较长的时间内对人们的行为起目的性、价值性、方向性的指导作用。

法的原则的类型,可作如下划分:一是公理性原则与政策性原则。公理性原则是基于人的本性、人的人格与尊严而产生并发展的得到人们普遍认可的社会伦理观念并被法律予以认可的公理,如法律的人民主权原则、人权保障原则、平等原则、人道原则,民法的"自愿、公平、等价有偿、诚实信用"原则,刑法的"罪刑法定""罪刑相当""罪责自负"原则,等等。政策性原则是指一个国家在一定时期内为了在经济、政治、文化、国防等方面实现一定的发展目标、战略任务而需要执行的路线、方针与政策等政治决策,如我国的"计划生育""可持续发展战略"等。二是法律原则还有宪法原则和部门法原则之分。如宪法上的"法律面前人人平等"原则属宪法原则;民法、刑法、行政法以及诉讼法等"部门法中的平等"原则,就是部门法原则。后者在具体内容和要求等方面彼此之间会有一定差异和区别。部门法原则是宪法原则的具体化,其内涵会更丰富多彩,但它要受宪法原则的精神所指导和约束。凡是属于宪法原则,必有若干部门法原则相对应使其得以落实和具体化;但不是所有部门法的原则都会上升成为宪法原则。

法的原则在法的制定和法的实施中,都有重要作用。在法的制定中,法律原则的作用主要表现在以下几方面:首先,法的原则是在法的规则中设定具体权利与义务、职权与职责的依据与指导。例如,民主、人权、平等等原则,在各种程序法中的指导作用是十分明显的。又如,罪刑相适应原则,在刑事法律规则中表现得非常广泛。其次,法的原则也是创制新的法律规则的动因与准则。例如,我国创制的关于银行存款利息要缴纳税费的规则,其目的是用于对下岗职工的生活补贴,是为了贯彻法律平等原则的需要。又如,我国民族自治地方的自治条例可以变通法律,但不得同法律的基本原则相抵触。再次,法的原则也是维系法律体系统一、和谐与协调的基础。在我国,除了宪法,还有刑法、民法、经济法、行政法等各种部门法,宪法原则是各部门法原则制定的基础;后者则是前者的具体化和展开,并受前者的约束与规定。从宪法到设区的市的地方性法规与政府规章,构成我国法律效力等级体系。下位法的制定,都应以上位法的原则的精神作为依据;所有法规与规章的设计都应以宪法与法律的原则作为基础。从宪法原则到下位法的各种原则所构成的法律原则体系,是维系纵横交错的整个法律体系的核心与基础。

在法的实施中,法律原则的作用主要表现在以下几方面:首先,法律原则体现法的价值,是法官、检察官在适用法律、行政官员在执行法律时,理解与把握法律规则的精神的依据,这有利于将概括性的法律条文准确地运用于千差万别的具体案件或事务上。特别是在复杂与疑难案件中,情况更是如此。其次,法律原则是弥补法律缺陷与漏洞的重要手段。由于事物的复杂多变与人们认识的一定局限性,立法中出现缺陷或漏洞是难免的。人们在适用法律规则时,可以运用法律原则补正法律规则之缺陷,也可以在法律出现空白时适用法律原则。再次,法律原则是合理地掌握与运用自由裁量权的依据。我国司法中有自由裁量权,如量刑幅度。行政法中自由裁量权更大,如有"行政合理性"原则。法律原则可以作为自由裁量的依据,它可防止自由裁量出现重大偏差。

3. 法的概念

概念是人们对认识对象的一般特征的抽象。法律概念是人们对种种法律现象的一般的共同的特征经分析与归纳而抽象出来的一种法的范畴。法的原则与法的规则由一系列概念所组成。它和普通概念不同之处是它的法律性。法律概念中不少是法律所特有的,如法人、诉讼当事人等;有的同普遍概念在语汇上无区别,但在法律上有特定的含义,如故意、过失、善意等。一国法律中的概念,有些概念的内涵与外延是历史传承下来的;有些概念的内涵与外延则由该国法律所明文界定,并因情势的变化而变化。法律概念作为构成法律的基本要素,在法的制定与法的实施中的作用是十分重要的。它是制定种种具体规则的基础,也是正确理解与实施法律的前提。许多法律上的争议,往往同法律概念定义不明确、界限不清晰有关。

法律概念的种类主要有:(1)有关法律关系主体方面的概念,如自然人中的公民、外国人、预备犯、中止犯、犯罪嫌疑人、法定代理人等;法人或其他组织、行政机关、审判机关、检察机关、社会团体、武装力量等,以及权利能力、行为能力、责任能力等。(2)有关法律关系客体方面的概念,如"标的""储蓄""证券""票据""滞纳金"等。(3)有关权利与义务、职权与职责方面的概念,如权利中的选举权、被选举权、婚姻自主权、劳动权、受教育权;职权与职责中的立法权、审判权、监督权;义务中的服兵役、纳税、履行合同、有期徒刑、行政拘留等。(4)有关法律事实与法律行为的概念,如"漏税""偷税""出生""死亡""失踪""违约""侵权""正当防卫"等。

二、法的形式

法的形式是与法的内容相对应的一个概念与范畴。它们可以从各种意义上进行理解与运用。例如,人们常说,"法是社会关系的调节器",这里所说的"社会关系"是法的内容,而"调节器"则是法的形式。法所调整的社会关系,涉及经济、政治、文化、家庭、民族等方面的内容。前面所讲的规则、原则和概念,都直接关涉法所调整的社会关系。而这里所讲的法的形式,则是指法的规则、原则、概念的外在的表现形式,如成文法与不成文法,成文法的结构、体例,法的逻辑特点与文字特征,等等。马克思说,"法律是肯定的、明确的、普遍的规范"①,就涉及法的外部特征。我们在此只对成文法在形式上所涉及的问题作一简要论述,对它们的深入分析论证,是立法学、法逻辑学、法语义学等分支学科的研究任务。

成文法的结构,有法典与单行法之分,其取舍同法的内容及主客观条件是否成熟等因素有关。例如,刑法、民法、诉讼法多以法典形式出现,而行政法、经济法一般只能以单行法(法规、条例等)的形式出现。

---

① 《马克思恩格斯全集》第1卷,人民出版社1995年版,第176页。

我国过去经验不足,没有民法典;现在已经有了民法典。宪法是否要有序言以及序言与总纲的内容是什么,不同国家有不同做法。如我国宪法对经济制度、文化制度规定得具体,而西方国家的宪法一般对这些不作具体规定。法的内容的安排顺序也是有讲究的。例如,我国1982年宪法改变了过去几部宪法的做法,把"公民的基本权利和义务"章,放在"国家机构"章之前,就是考虑到在公民权利与国家权力的关系问题上,应当是公民的权利产生国家权力;国家权力存在的意义是保障和实现公民的经济、政治、文化及社会方面的各种权利。我国的立法法规定:"法律根据内容需要,可以分编、章、节、条、款、项、目。""法律标题的题注应当载明制定机关、通过日期。"(第61条)"法律应当明确规定施行日期。"(第57条)"在常务委员会公报上刊登的法律文本为标准文本。"(第58条)这些规定都是属于成文法结构形式方面的问题。

法律的逻辑必须严谨。从法的宏观到法的微观,都应如此。法律体系必须做到内部和谐与协调,法的位阶要清楚,规则之间不能彼此矛盾和相互冲突。否则,人们在执行、适用或遵守法律时将无所适从。而且,法是发展变化的,应注意在法不断的立改废中保持法体系的和谐与协调。法律规则的事实假定、行为模式与行为后果三个组成要素缺一不可。否则,其规则将不成其为规则:在实践中,人们比较容易忽视对法律后果的设置,从而使法成为仅具指引意义而可以不予遵守的规则,其作用将大大降低。

法的语言文字也有其自身的特殊要求。成文法的规则、原则、概念都必须通过一定的语言文字表述出来。同形象思维的文学艺术不同,法律必须使用科学的语言文字,以符合逻辑思维的要求。法律的操作性强,其实施涉及社会上每个成员的切身利益以至某些人的生死,因此,法律所使用的语言文字包括各种定义,必须准确、明晰、严谨和前后一贯,不能含糊不清、模棱两可、晦涩难懂、前后矛盾。例如,我国 1978年宪法规定:"公民的基本权利和义务是,拥护共产党的领导,拥护社会主义制度,服从中华人民共和国宪法和法律。"这里的三点内容,实际上只是义务而不是权利。1975 年与 1978 年宪法都曾规定,国家武装力量是"工农子弟兵",是"无产阶级专政的柱石",这些都是不确切的或者不是科学的法律语言。同时,我们还应注意法律语言文字的使用环境(时间、地点、条件)以及现实生活和语言文字本身的发展变化。马克思说过,对于科学的概念,"它们不能被限定在僵硬的定义中,而是要在它们的历史的或逻辑的形成过程中来加以阐明"。① 例如,我国1949 年的《共同纲领》使用"国民"一词作为宪法权利与义务的主体。1954 年宪法改为"公民"。但其内涵与外延一直不明确。曾有人认为,在我国凡是被剥夺政治权利的人不是公民。当然这样理解并不正确。因为 1954 年后我国的宪法和法律都使用"公民"这一词汇作为法律关系中权利与义务的主体。如果被剥夺政治权利的人不是"公民"(或称"人"或"国民"),那他们就可以不受宪法和法律的约束,或者必须为这些人另外制定一套法律。这显然是不行的。因此,1982 年宪法作出了一个新的规定:"凡具有中华人民共和国国籍的人都是中华人民共和国公民。"

由于时代与历史条件的不同,政治家们和法学家们对法的内容与法的形式的关注重心就会不同。以近代西方法理学为例。在近代资产阶级革命过程中,自然法学派曾占主导地位,那时他们关注的和历史所要求的,是批判封建主义的非正义性,这一派研究的侧重点是法的内容

---

① ［德］恩格斯:《〈资本论〉第三卷序言》,《资本论(纪念版)》第三卷,人民出版社2018 年版,第 17 页。

及其伦理价值。当近代资本主义经济与政治制度牢固建立起来以后，规范法学派曾兴盛起来，原因是人们需要充分运用法律作为工具来巩固这一制度，这一派研究的侧重点是法的形式。到了现代，社会法学派又应运而生。他们面临的是社会的矛盾冲突日益发展，这一派关注的重点是法律如何协调好各种社会利益。马克思主义法学在法的内容与形式问题上也经历了一个变化。在社会主义革命时代，马克思主义者着重批判的是资本主义法律的非正义性，所追求的是广大劳动人民在社会（首先是经济制度与经济生活）各方面的平等，因而所关注的是法的内容。革命胜利后的一个时期里，他们强调社会主义的政治和法律制度在阶级内容上优越于资本主义的政治与法律制度，而往往把西方政治与法律制度中一些程序上、形式上的本来是合理与科学的东西，斥之为形式主义的甚至是骗人的。在很长一个时期里，由于社会主义在经济与政治制度上权力的高度集中以及其他一些原因，如过分强调法的阶级观点，甚至把社会主义法仍然归结为"阶级斗争的工具"，因而存在只注重法的内容，不重视法的形式的研究和在实际工作中不注意对法的形式的尊重的情况。

三、法的精神

在我国，在法的制定、实施以及法制宣传与教育中，人们常常使用"法的精神"一词。近年来，在一些论著中也已经开始探讨这一概念。但是，在以往法理学的各类教科书中还没有或甚少出现"法的精神"这一概念与范畴。本书作者认为，在法理学的理论体系中，对"法的精神"这一概念与范畴予以科学的定位是必要的。

法的精神似乎看不见、摸不着，但它是客观存在的。它集中反映在法的内容里，同时在法的形式上也有体现。有时候，人们自觉地运用法的精神去观察、分析、解释法律现象,去指导法的制定和实施;有时候,人们则是不自觉地在法学研究或立法与司法的实践中运用它。如果说,构成法的三个基本要素是法的内容、法的形式和法的精神,那么法的内容就是法的骨骼和血肉,法的形式就是法的结构和外表,法的精神则是法的神经中枢和灵魂。

法的精神的外在的集中的表现最基本的有两个:一是立法旨意(或称立法宗旨、立法目的)。无论是古代还是近现代,立法者总会这样或那样地表现出该国某项法律的立法旨意,以反映出该法律的法的精神。在近现代,成文法中比较重要的法律(尤其是法典),都要明文表述立法旨意。如《中华人民共和国民法典》第 1 条规定:"为了保护民事主体的合法权益,调整民事关系,维护社会和经济秩序,适应中国特色社会主义发展要求,弘扬社会主义核心价值观,根据宪法,制定本法。"此外,立法机关在制定过程中进行法律辩论,往往是集中在对法的精神的不同理解和处理上,有时还通过立法者的"法律说明"等方面,用文字的形式表达该法律的法的精神。在判例法制度下,一项法律的法的精神往往反映在法官的判词中。二是法律原则。在一个国家的以宪法为基础及以民商法、行政法、刑法、诉讼法等法律部门为主体的法律体系中,一系列法律原则集中体现出一个国家、一个时期的法的精神。

法的精神同法的内容和形式一样,是一个综合性概念,其内涵与外延十分丰富与宽泛。在法的一般原理的体系中,它主要关涉法的本质特征、法的价值以及权利与义务、职权与职责的相互关系等范畴与领域。例如,立法者和执法者怎样依据以正义为核心的一整套伦理价值观念去分配、协调、保障法律主体的各种权益;怎样在法的制定和实施中贯彻自由、平等、秩序、效率等法的价值并协调与平衡各种价值的相互冲突；怎样处理权利义务职权职责的复杂关系使之符合特定时代、国度、阶级与人群的价值取向；等等。

法的精神是共性与个性的统一、静态与动态的统一。它们根源于法所调整的各种关系自身的规律和法自身的特性，同时又受不同历史时代和不同国家的经济、政治、文化的现实条件的决定、影响与制约。在不同的时代，它的内涵有很大区别，古代法的精神与现代法的精神有时是正相反的。如古代"以义务为本位"，而现代"以权利为本位"。然而，凡是体现客观事物的特性与规律，符合那个时代的经济、政治、文化的现实条件，又促进了那个时代、那个国家的物质文明、精神文明与制度文明的发展的法的精神，就是正确的和进步的。

法的精神是应然性与实然性的统一。法的应然性决定于法所调整的对象的一般规律和法自身的特殊本质。例如，法应当以人为本，应是为人类谋幸福的工具；个人与社会不应绝对分离与截然对立；利益与道德都是人类不可没有的需要与追求；效率与公平应当协调与兼顾；权利与义务应当以权利为出发点和重心；是权利产生权力，权力应以服务于权利为目的，等等。这些都法的应然状态。又如，法体现正义、法要求平等、法必须公开，法应不溯及既往，也都是法之所以是法的必然要求。然而，法的存在与发展又要受时间、空间和条件的限制。它受制于一定国家的一定发展阶段的具体国情，也受制于当时当地人们的各种价值观念和认识水平。法的应然状态与实然状态的矛盾，是推动法发展的一种动力。

法的精神也是客观性与主观性的统一。其客观性有两层含义：一是它有自身的性质、特点和发展规律；二是它具体地存在于一定国家一定时期的法律制度中。这些都不以人们怎样认识它和评价它为转移。其主观性是指，在制定法律和实施法律的过程中，人们（尤其是立法与司法工作者和法学家们）的价值观念和认识能力,对法的精神的形成和实践具有重要作用。

第四节　法的本质属性

法的一般特征是法区别于其他事物如政策、道德以及其他社会规范的标志和因素,是法之所以为法的最一般的质的规定性。法的本质属性是法这一特殊事物的深层的、稳定的内部联系,它深藏于种种法的现象的背后,是法存在的基础和发展变化的推动力量。法的本质属性可以从不同层面和不同角度进行把握,因为事物是多样性的统一。

一、法的意志性与规律性

法律是由人制定的,是人们有意识活动的产物,它必然贯彻、反映、体现人的某种意志（包括愿望、需求、主张、见解等）。法作为社会关系的调节器,作为社会生活中人们行为的共同准则,它具有认识与改造世界的工具性价值,同时也具有维护社会平等、公平、公正、公道等社会正义的伦理性价值。这是人们制定与实施法律的意志的前提。意志和利益不可分离。法的根本性作用是通过权利与义务的形式来调整各种利益关系。如何对极其复杂的各种利益关系进行调整,取决于立法者的意愿。法律必须符合现实生活的需要与可能,这就需要有判断,也就必然反映出立法者对某些事物的见解和主张。所有这些都说明,法具有意志性,意志性是法的重要特性和特征。

法学史上人们在对法的本质特征进行探讨时,一般都会肯定法的意志性,出现过诸如法是"神的意志""民族意志""主权者的意志""公共意志"等学说。马克思主义经典作家则主张"阶级意志",认为"法律就是取得胜利并掌握国家政权的阶级的意志的表现。"①

法律直接表现与反映立法者的意志,但立法者不可能只是反映自己的意志,而必然自觉或不自觉地代表社会上某些阶级、阶层或不同利益集团、不同人群的利益和意志。无论是封建专制主义政治制度下君主"一言立法"或"一言废法",还是现代民主主义政治制度下的议会民主立法,情况都是如此。由于法是以"国家意志"的性质、形式与名义产生和存在的,因而不同历史发展时期和不同国度里的法律总是会或多或少地要反映与体现全体社会成员的利益与意志。这在法调整社会公共生活的领域里表现得比较明显。上述复杂的情况要求人们正确地处理好以下矛盾:一是要协调好立法直接参与者之间的不同意愿与主张,不能独断专行;二是直接掌握立法权的人要合理地反映好他们所代表的人群的利益和意志,不能丧失民意;三是立法者要处理好全体社会成员的共同利益与意愿以及特殊阶层与人群的特殊利益与意愿之间的关系,不能只肯定一个方面而完全否定另一个方面。认为法律只能代表社会上一部分人(如某个阶级)而不可能代表全社会成员的共同利益和意志,或者认为所有法律都会体现全社会成员的公意而不会只反映一部分人(如某些阶层)的利益和意志,都是不对的。

法律既具有意志性,又具有规律性。在一定意义上,两者是相反而又相成的。法的意志性绝不是意味着任意或任性。西方法学史上历史悠久又影响深远的"自然法"观念就包含法具有规律性的内涵。例如斯宾诺莎认为,"理性就是按事物本身的必然性行事,而这种客观必

① 《列宁全集》第16卷,人民出版社1988年版,第292页。

然性便是自然法,自然法就是……一切事物据以成立的自然规律和法则本身"。①　孟德斯鸠在《论法的精神》一书中所写下的第一句话就是:"从最广泛的意义来说,法是由事物的性质产生出来的必然关系。"②他还说:"如果要很好地认识自然法,就应该考察社会建立以前的人类。自然法就是人类在这样一种状态之下所接受的规律。"③

马克思主义法学也重视法的规律性。马克思说:"只有毫无历史知识的人才不知道:君主们在任何时候都不得不服从经济条件,并且从来不能向经济条件发号施令。无论是政治的立法或市民的立法,都只是表明和记载经济关系的要求而已。"④"立法者应该把自己看做一个自然科学家。他不是在制造法律,不是在发明法律,而仅仅是在表达法律,他把精神关系的内在规律表现在有意识的现行法律中。如果一个立法者用自己的臆想来代替事情的本质,那么我们就应该责备他极端任性。"⑤

法的规律性全面地贯穿与体现在法的内容、法的形式与法的精神之中。法在调整经济、政治、文化等各种社会关系时,都要尊重与遵循其自身的规律。如经济关系中的价值规律,选举活动中的竞争规律,违背它就不会有活力。文化教育科技、环保、生态等各种领域,都有自己特殊的发展规律,违背它就要受惩罚。法的体系的上下(效力等级)、左右(部门法划分)、前后(先法与后法)、里外(国内法与国际条约)彼此之间要求做到和谐与协调,不能相互矛盾、冲突与脱节,否则就难以

---

①　[美]伯尔曼:《法律与宗教》,梁治平译,生活·读书·新知三联书店 1991 年版,第64 页。

②　[法]孟德斯鸠:《论法的精神》,张雁深译,商务印书馆 1961 年版,第 1 页。

③　[法]孟德斯鸠:《论法的精神》,张雁深译,商务印书馆 1961 年版,第 4 页。

④　《马克思恩格斯全集》第 4 卷,人民出版社 1958 年版,第 121—122 页。

⑤　《马克思恩格斯全集》第 1 卷,人民出版社 1956 年版,第 183 页。

实施。犯罪构成的几个要素必须讲究,不然就划不清罪与非罪的界限。

法的意志性与规律性是一个有机统一体。规律是客观的,法要反映与体现客观规律,必须通过人的意志的主观能动作用。因此法可以反映与体现客观规律,但有时却不能全部或准确反映与体现,甚至与客观规律完全脱节或违背。正如恩格斯所说:"如果说民法准则只是以法律形式表现了社会的经济生活条件,那么这种准则就可以依情况的不同而把这些条件有时表现得好,有时表现得坏。"①在这个问题上,我们必须防止和摒弃两种错误认识和倾向。一是经验主义和实用主义。它们否认或忽视人们的理性认识能力,一切凭自己的"经验"办事,或一切凭自己的"需要"办事,不尊重法的客观规律性。二是唯意志论。它否认或忽视法的客观规律性,夸大法的意志性和人的主观能动作用。这两种倾向都是在法的认识论上对法的本质特征的背离。

二、法的利益性和正义性

在一定意义上说,法是特定的国家机关制定的,依据以正义为核心的伦理观念,来调整与保障法律关系主体各种利益的社会规范。从法的本体论看,利益性与正义性是法的本质特征。

法以权利与义务的形式来调整各种社会关系和人们的行为。权利与义务问题,本质上是一个利益问题。法律上的权利是指法律权利主体即法律上所允许的权利人,为了满足自己的利益可以采取的,由其他人的法律义务所保证的法律手段。权利一词,由两个要素构成,即权威与利益。受一定的权威所认可与保障的利益就是权利。某一政党党员的权利,是由该党的权威所认可和保障的党员的利益。某一国家公民

---

① 《马克思恩格斯选集》第4卷,人民出版社1972年版,第248—249页。

的权利,是由该国的权威所认可和保障的公民的利益。法律上的义务是指法律所规定的义务人应当依照权利人要求从事一定行为或不行为,以满足权利人的利益的法律手段。简单说,义务就是利益上的某种负担和付出。法律上的义务就是受法律所规定和约束的利益上的某种负担和付出。这里所说的利益,不仅是指物质上的利益,其含义是十分宽泛的。它包括经济、政治、文化及社会各方面的利益,还包括人身人格利益和人们可以或不可以从事什么行为,以及他们的其他种种需要或愿望的满足。利益存在于各种社会关系中,但是在不同的历史时期和不同的社会制度下,利益的内容、性质和分配是不一样的。

在西方法学史上,有不少派别和法学家很重视法的利益性。例如,庞德在谈到法的任务时这样界定利益:"它是人类个别地或在集团社会中谋求得到满足的一种欲望或要求,因此人们在调整人与人之间的关系和安排人类行为时,必须考虑到这种欲望或要求。"[1]马克思主义经典作家也对法的利益性持十分肯定的态度。如马克思指出:"法律应该以社会为基础。法律应该是社会共同的、由一定物质生产方式所产生的利益和需要的表现,而不是单个的个人恣意横行。"[2]法是人们的"利益和需要的表现",这同西方不少法学家的看法是一致的。人们的利益和需要应当如何分配或配置,则不同的阶级、阶层、利益群体以及不同的学派会有不同的主张。而在一定社会中,人们的利益和需要的分配和配置格局,最终是"由一定的物质生产方式所产生",则是马克思主义的独特见解。

法律所表现、反映、认可、调节和保障的利益,是一个复杂的结构。

---

① 〔美〕庞德:《通过法律的社会控制——法律的任务》,沈宗灵、董世忠译,杨昌裕、楼邦彦校,商务印书馆 1984 年版,第 81—82 页。

② 《马克思恩格斯全集》第 6 卷,人民出版社 1961 年版,第 292 页。

依利益是否合法可分为:合法利益和非法利益,即法律所认可与保护的利益和法律所否认与不保护的利益,以及法律地位不明确的利益。后者如由法律可以推定的某些权利(人权)。依利益主体不同可分为:国家的、社会的、群体的与个人的利益;依利益的性质不同可分为:经济的、政治的、文化的、社会的、人身的各种利益。此外,利益还可以作:此地区利益与彼地区利益,生产者、销售者利益与劳动者、消费者利益,社会强者利益与社会弱者(如妇女、老人、儿童、残疾人等)利益以及整体利益与局部利益(如中央利益与地方利益)、多数人利益与少数人利益、长远利益与当前利益等划分。一个国家的立法,其核心问题就是,对这种极其复杂的利益关系如何进行调整,它们如何进行分配和平衡。在一定意义上说,立法就是主权者(或立法者)运用法律的手段对上述错综复杂的利益进行调整和配置。法的实施和法的制定在这个问题上有所不同,但又有一致的地方。行政机关执行法律与司法机关适用法律,实质上是把法律所体现与确立的利益分配的规则和原则具体落实到个案上,落实到特定的个人与群体上。同时,在法律所允许的空间里,司法官员与执法官员还可以对利益的分配作出某些独立的考量。

法律对错综复杂的利益进行调节和配置必须有一定的标准。正如庞德所说,在法律调整和安排背后,"总有对各种互相冲突和互相重迭的利益进行评价的某种准则。"①这种准则就是以正义为核心的一定的法律价值体系。

法与正义的关系问题始终是古今中外法学中一个永恒的问题。尽管人们对正义有各式各样的理解与解释,但正义被普遍承认是人类一个崇高的价值、理想和目标,这是没有疑义的。因此历来的主权者总是

① [美]庞德:《通过法律的社会控制——法律的任务》,沈宗灵、董世忠译,杨昌裕、楼邦彦校,商务印书馆1984年版,第55页。

会自觉或不自觉地、程度不同地、真实地或仅标榜将正义作为立法与司法的一项指导原则。除了这一原因,法律史上,不少法学家对法的正义性有过精辟的论述。早在古罗马,法学家凯尔苏斯说,"法是决定善良和公平的一种艺术。"①乌尔比安则认为,"法学是正义和非正义之学"。② 马克思主义法学同样重视法的正义性,充分肯定法应当是正义的,因为共产主义的最终理想是建立一个人人都得到"全面解放"、平等、自由与富裕的社会。不过它在正义概念上十分强调它的具体性、历史性、阶级性与相对性。

正义概念有着广泛的含义,包括平等、公平、公正、公道、正直、合理、善良、人道、宽容等诸多内容。它在本质上是个伦理概念,但正义必然会存在于各种社会关系和经济、政治、法律、文化等各种制度的现实生活中。关于这一点,庞德有过很好的见解:"在伦理上,我们可以把它看成是一种个人美德或是对人类的需要或者要求的一种合理、公平的满足。在经济和政治上,我们可以把社会正义说成是一种与社会理想相符合,足以保证人们的利益与愿望的制度。在法学上,我们所讲的执行正义(执行法律)是指在政治上有组织的社会中,通过这一社会的法院来调整人与人之间的关系及安排人们的行为;现代哲学的著作家们也一直把它解释为人与人之间的理想关系。"③

在这里,我们还将具体分析法的物质性与正义性之间的相互关系。

中国从古代到近代,一直存在义利之争。这里所说的"义"指正义,也泛指道德,利则指物质利益。这比我们在本书前面所讲"利益"含义要窄。但在利益中,物质利益是主要和基础的东西。春秋战国时

---

① 《学说汇纂》1,1,1。
② 《学说汇纂》1,1,10,2;《法学阶梯》1,1,1。
③ [美]庞德:《通过法律的社会控制——法律的任务》,沈宗灵、董世忠译,杨昌裕、楼邦彦校,商务印书馆1984年版,第73页。

孔子等儒家主张重义轻利,其名言是"君子喻于义,小人喻于利"。① 而商鞅、韩非等法家则主张重利轻义,认为统治者应当"不务德而务法"。② 当时倡导义利并重的有墨子。他提出:"义,利也",主张"兼相爱,交相利"。③ 自汉以后,由于"罢黜百家,独尊儒术",中国封建社会持续二千多年,均以重义轻利为主导。其中朱熹的"存天理,灭人欲",是其理论的极端表现。这同西方有很大区别。中国没有出现过像古希腊、古罗马那样比较发达的商品经济,没有存在过像罗马法那样影响深远的民法传统,因此个人的权利始终得不到尊重。一直到清末,由于"西学东渐",情况才发生变化。

西方在法的利益性与正义性问题上,最具影响的流派有两个。一是自然法学派。它以重视法的正义性为其主要特征。它的理论基础是"自然法"原理,而所谓自然法是同正义概念息息相关的。"圣多玛斯说:'自然法的第一条诫律,就是行善避恶';葛休斯则宣称:'自然就是理性之一项命令,这个理性能够指出一个行动本身合乎道德基础或道德必然性的性质'。不论新旧自然法学派,都是从这个普遍命题出发,着手建立一套完整而精确的法规。"④二是实证法学派。它以倡导功利主义为主要特征。其创始者边沁认为,人的本性是"避苦求乐",功利应是善恶、是非的标准;立法的任务应是实现"最大多数人的最大幸福";它的四个目是生存、富裕、平等与安全。后来,耶林的利益法学发展了这派的思想;庞德的社会学法学和经济分析法学,也是功利主义思潮的继承与发展。

---

① 《论语·里仁》。
② 《韩非子·显学》。
③ 《墨子闲话》卷十、十一。
④ ［意］登特列夫:《自然法:法律哲学导论》,联经出版事业公司1992年版。

综观古今中外的学说,大体可得出如下几点有关法的利益性与正义性相互关系的基本认识。第一,利益性与正义性像一根红线贯穿在法的各个方面及其始终,是法的目的与意义最集中的表现。第二,利与义是人类两个最基本的也是永恒的需求;我们不能只要或只重视一个,不要或轻视另一个。第三,两者的基本结合点是在:要运用以正义为核心的一整套价值准则去分配人们需要的各种利益,调节利益之间的冲突和矛盾,以满足最大多数人的最大利益为根本立足点。第四,在不同领域或不同具体条件下,两者强调的侧重点会有所不同。例如,法在调整经济制度与秩序时通常应以"效率优先,兼顾公平"为主,因为只有生产出更多更好的物质与精神的产品,人们才有可能达到普遍富裕。但是在司法领域,公平应优先于效率,这是由司法的性质和特点所决定的。

三、法的社会性与阶级性

法的社会性与阶级性,是从法的基本功能上对法的本质特征所作的一种概括。有的教科书把它归结为是"法律的阶级性与共同性"①;有的称为"法的阶级统治职能和社会公共职能"②。对此,国内学者在认识上直到现在仍有很大分歧。

法的规范是法的细胞。一个国家的法律,是由许许多多的法律规范所构成的。在阶级对立社会里,各种法律规范根据其具体性质和作用的不同,大致可以分为以下四类:第一类是调整统治阶级与被统治阶级之间关系的规范;第二类是调整统治阶级内部关系的规范;第三类是维护社会公共生活秩序以及保障人们的人身安全等方面的规范;第四

---

① 参见孙笑侠主编:《法理学》,中国政法大学出版社 1996 年版,第 9 页。
② 参见孙国华主编:《法理学》,中国人民大学出版社 1999 年版,第 66 页。

类是法律化了的各种技术规范。法的阶级性,主要是由前两类法律规范的性质和作用决定的。这些法律规范的存在,以阶级矛盾和阶级斗争的存在为前提;它们的作用,是调整阶级关系,进行阶级斗争,维护阶级统治。这两类法律规范,在原始社会并不存在,到了将来的共产主义社会,它们将会消亡。我们说,在阶级对抗社会里,法是统治阶级意志的体现,是阶级统治或阶级斗争的工具,主要是由这两类法律规范具体体现出来的。而法的社会性,则主要是由后两类法律规范的性质和作用所决定的。这两类法律规范并不以阶级和阶级斗争的存在为前提,是管理社会生产,管理社会公共事务,维护社会公共秩序和保障社会成员的权利所必需。它们的存在同整个社会的存在共始终。从总体上说,这样的法律规范体现着全体社会成员的共同利益和意志。

概括地讲,法律具有两种基本职能:一是政治职能,二是社会职能。我们在前面所列举的四类法律规范,前两类是执行政治职能的法律规范,后两类是执行社会职能的法律规范。这同国家的两种基本职能是完全一致的。马克思在谈到剥削阶级国家时曾指出:"政府的监督劳动和全面干涉包括两方面:既包括执行由一切社会的性质产生的各种公共事务,又包括由政府同人民大众相对立而产生的各种特殊职能。"[1]恩格斯也说过:"政治统治到处都是以执行某种社会职能为基础,而且政治统治只有在它执行了它的这种社会职能时才能持续下去。"[2]马克思和恩格斯的论述清楚表明,国家执行着两种性质不同的职能即政治职能与社会职能,这就决定了法律也要担负这两种职能。我们讲法的社会性,就是指法具有执行社会职能这样的特性。执行法的社会职能、体现法的社会性的那一部分法律规范,本身是没有阶级性

---

[1] 《马克思恩格斯全集》第 25 卷,人民出版社 1974 年版,第 432 页。
[2] 《马克思恩格斯选集》第 3 卷,人民出版社 1972 年版,第 219 页。

的。但是,在阶级对立社会中,由于统治阶级和被统治阶级之间存在着经济上和政治上的根本利害冲突,这些法律规范总会不同程度地打上某些阶级的烙印;在这些法律规范制定和执行时,往往会受到不同阶级利害的不同阶级观念的一定影响。当然,具体情况还应当具体分析。从横的方面看,前述第三类法律规范同第四类法律规范相比较,则前者的阶级烙印自然要深一些。从纵的方面看,由于奴隶社会、封建社会和资本主义社会是从低级的社会形态向高级的社会形态演变和进步,因此执行社会职能的那一部分法律规范,其阶级影响是在逐步减弱。从广义上说,执行社会职能的那一部分法律规范的阶级烙印,也是法的阶级性的一种表现,但这一部分法律规范本身是没有阶级性的,它同执行政治职能的法律规范,在性质上是根本不同的,必须加以区别。我们应当承认,执行社会职能的法律规范的实施后果,从总体上说,有利于全社会,能给每个社会成员带来各种好处。

在社会主义社会里,这种情况发生了很大变化。这时,执行法的社会职能、体现法的社会性的法律规范,其阶级烙印和影响已经消失。这是由社会主义社会的经济和政治条件决定的。在阶级社会中,由于在经济上存在剥削与被剥削的关系,制定和实施那些法律化的技术规范的实际结果,是更多地有利于剥削阶级。在社会主义社会,由于建立了公有制,实行了按劳分配,全体社会成员在经济上实现了平等,制定和实施那些技术规范的结果是可以使全体社会成员在经济上都能得到同样的好处。因此,这一部分技术规范是没有阶级性的。在社会主义制度下,维护社会公共秩序、保障公民人格尊严、人身安全等方面的法律规范,其阶级影响也已消失。像保障公民人格尊严、人身安全这类规范不再具有阶级性,是因为公民的这些权利受到法律的同样保护。像资源与环境保护、交通法规这类规范不再具有阶级性,是因为不论什么人违反这类规则,都应受到同样的惩罚。

在社会主义社会里,由于剥削阶级已经被消灭,阶级斗争只是在一定的范围内存在,法律的政治职能情况也发生了很大变化。在这种社会条件下,我们不能再在政治、政治职能同阶级、阶级斗争这两组不同的概念之间简单地画等号。政治与政治职能的含义很广泛。在这个领域里,直接同阶级与阶级斗争有关的法律规则只占一小部分,绝大多数的法律规则,如调整立法、行政、司法机关之间及其内部关系的法律规范、调整广大人民群众同政府之间政治关系的法律规范已经不再具有阶级斗争的性质,因而不再具有阶级性。由于社会主义社会是由阶级社会向无阶级社会的过渡,社会主义法律中那些体现阶级性、执行政治职能的规范,将随着阶级斗争、阶级差别的逐步消亡而消失,而体现社会性、执行社会职能的那些法律规范,其内容与作用的范围将越来越扩大。因此,法向未来理想社会的发展,本质上是一个法的阶级性在深广两个方面逐渐缩小与减弱,而法的社会性则不断扩展并在各个领域逐步取代法的阶级性的过程。

有一种观点认为,社会主义法律的任何一个规范都具有阶级性。这是没有从唯物辩证法的发展观看问题,而是从静止的观点来考察法的阶级性与社会性。因此,他们也就不能很好地分析法的阶级性与社会性在社会主义制度下已经发生和将会发生怎样的变化,不能很好地解释法律将怎样向未来的理想社会发展,其特征是什么。我们不能设想,到将来共产主义社会建成的某一天,法的阶级性会突然消亡,而在此以前,社会主义法律的每一个规范都具有阶级性。事实上,这是根本不可能的。

有一种观点认为,社会主义法律的任何一个规范都具有阶级性,主要理由之一,是认为法律是一个整体;既然整体具有阶级性,因而构成整体的每一个具体法律规范也都具有阶级性。这是没有正确理解整体与部分之间的辩证关系。在一个统一体内,存在着两种彼此矛盾和对立的因素或成分,是一个普遍现象。例如,在社会主义社会这个统一体中,就存在着社会主义和资本主义这样两种对立的因素或成分。"一国两制"的存在就是一个典型的例证。从整体上说,法律具有阶级性;但从各个具体法律规范来看,有的有阶级性,有的没有阶级性。这是合乎辩证法的。

有一种观点认为,社会主义社会的各种社会关系都具有阶级性,因而调整各种社会关系的法律规范也都具有阶级性。这是不符合客观事实的。党的十一届三中全会以来,党中央已经对我国现阶段的阶级和阶级斗争状况作了科学的分析,认为剥削阶级已经消灭,阶级斗争只是在一定范围内存在。如果这一结论是正确的,我们就不能认为,阶级斗争无所不在;就应当承认,我国的绝大多数社会关系已经没有阶级性。法律所调整的社会关系的范围是十分广阔的。例如,就婚姻和家庭关系来说,它包括千千万万个具体的婚姻与家庭关系。其中有极少数的婚姻、家庭关系可能带有某种特殊的阶级的烙印或影响,但绝不能说,我国所有的婚姻、家庭关系都具有阶级性。法律是社会关系的调整器。在一定意义上说,法律规范是否具有阶级性,决定于它的调整对象各种社会关系是否具有阶级性。我们说,社会主义法律中的不少规范不具有阶级性的重要根据之一,是由于我国的阶级斗争只是在一定范围内存在,现在绝大多数的社会关系已经没有阶级性。

正确阐明法的阶级性与社会性,不仅具有重要的理论意义,如有利于科学地说明法的本质、法的作用、法的发展以及新旧法律之间的继承等,而且有着重大的实践意义。如果否认法律具有社会性,或者认为社会主义法律的每一个规范都具有阶级性,那就势必给我国法律的制定和实施带来各种不良影响。在实行"以阶级斗争为纲"的那些年代里，其不良影响是很明显和突出的。从这样的观点出发，也就会妨碍我们去吸取和借鉴古今中外法律中对我们有用的各种东西；就会引导我们在适用法律时不能很好地坚持法律面前人人平等的法制原则。

第三章　法律体系

　　一个国家的法律规范(规则)成千上万,但它们并非是杂乱无章地拼凑在一起,而应当以宪法为基础,构成一个法的部门界限清晰,上下、左右、前后的关系相互协调、和谐与衔接的有机联系的统一整体。这就是法的体系。究竟"法的体系"的具体含义是什么? 构成法的体系的基本原则有哪些? 法的部门的划分根据与具体界限何在? 法的效力等级体系怎样确定? 实体法与程序法彼此之间如何配合? 这些都是法的体系的原理与原则需要研究的问题。

第一节　法的体系的概念

　　法的体系作为一个国家的法的有机联系的统一整体,它的构成基础不是法律文件,而是法律规范(规则)。在一个法的规范性文件中,可能包括不同性质的法的规范。例如,我国曾经有若干刑事法律规范散见于一些经济法、军事法等法的规范性文件中。1997 年刑法修订后,才将它们集中在刑法里。现在类似情况仍然存在。例如,在某些属于实体法的法的规范性文件中,包含不少有关程序法的规范。

　　依据系统论的观点,一国的法律体系,是由若干子系统所组成的。主要有以下三个子系统:一是部门法体系。它以法调整的社会关系的不同性质作为主要的划分标准,是一种横向关系。二是法的效力等级体系。它以法的效力位阶的不同作为主要划分标准,是一种纵向的关系。三是实体法与程序法体系。程序法的设定以实现实体法为目的,其相互关系具有目的和手段、内容与形式的性质,具有纵横交错的特点。无论是在以成文法为主的国家里,还是在以判例法为主的国家里,这三个主要的子系统都是客观存在的,只是具体形态不同而已。国内不少学者一直沿用苏联的观点,把法的体系仅仅理解与解释成法的部门的划分。这种观点未能完全揭示法的体系在结构上的立体性、系统性和内容上的复杂性和丰富性,需要发展和完善。

　　法律体系与法制体系不是一个概念,但有密切的联系。究竟什么是法制,虽然现在人们的认识很不一致,但法制就是法律及其相关制度或法律制度,这一点大家的看法是比较统一的。它包括全部法律以及与法律的制定和实施有关的各项制度,包括立法制度、审判制度、检察制度、监狱制度、律师制度等。这些制度的建立当然是以现行法律作为依据和基础,但其中有的具体制度是按照内部规定或政策或习惯建立的。因此,法律与制度不仅内涵不同,其外延也是交叉重叠存在的,即有的法律规范同制度无关,而有的具体制度不一定需要依据法律的明确规定来建立。法制当然应当包括法律在内,没有法律,也就无所谓立法制度与司法制度。立法与司法等制度,都应当有它们自身的逻辑与体系。而法律体系是指法律规范以法的部门划分为基础而构成的一个和谐的有机整体。因此,法制体系比法律体系的内容要广泛,它应包括法律体系以及立法体系、司法体系、法律监督体系等。在整个法制体系中,法律体系是核心,是基础,立法和司法等体系的原则和主要内容应当以现行法律为依据。

　　法律体系与法学体系既有联系,也有区别。法学体系(也叫法学理论体系、法律科学体系），是以理论法学为主导、以部门法学为基础而组成的一个有机联系的统一整体。法学研究的对象是法这一社会现象。概括说来，两者的相互关系是：法律体系是法学体系赖以建立和发展的前提与基础；法学体系则是法律体系完善化的理论指导。先有法律，后有法学。正如恩格斯说："随着立法发展为复杂和广泛的整体，出现了新的社会分工的必要性：一个职业法学者阶层形成起来了，同时也就产生了法学。"①因此，没有法律体系，也就不可能有法学体系。同时，法律体系中各部门的法的划分是建立法学体系中各部门法学的基本依据。例如，法律部门有宪法、刑法、民法、诉讼法之分；法律科学则有宪法学、刑法学、民法学、诉讼法学之别。法律体系的内容与形式发展变化了，法学体系的内容与形式也就随着发生改变。例如，我国古代是"诸法合一"，到了近代，部门法才纷纷独立出来。与此相适应，法学体系也发生了根本性变化。但是，法学相对于法来说，又有它相对的独立性和特有的发展规律。两者的区别，除了它们的性质不同，即分别属于上层建筑中不同的范畴以外，还有以下两点：一是，在同一国家同时期法律体系只有一个，因为法律是国家统一制定的；而在阶级社会里，除了统治阶级有自己的法律理论与法学体系以外，被统治阶级也可能有自己的法律理论和法学体系。例如，奴隶社会末期有新兴地主阶级的法学体系；封建社会末期有新兴资产阶级的法学体系；资本主义社会里有无产阶级的法学体系。二是，两者的构成要素与内部关系不同。例如，在法学体系中，有理论法学（包括法理学、法哲学、比较法理学等）、历史法学（如法律制度史学、法律思想史学等）、应用法学（如立法学、司法学等）以及各边缘法学（如法医学、司法鉴定学、司法精神病

---

① 《马克思恩格斯选集》第2卷，人民出版社1972年版，第539页。

学、刑事侦察学、法律逻辑学、法律心理学、法律教育学等）。但是,在法律体系中并没有这些相应的法律部门。在法律体系里,在各部门法的相互关系以及法律效力的等级序列中,宪法处于统帅的地位;而在法学体系中,理论法学（主要是法理学）则处于主导地位,它的一套原理原则是各部门法学的理论依据。由此可见,搞清楚法律体系和法学体系之间的联系与区别是必要的,它有助于保证两者的相互促进和日益完善。

　　法的体系是实然性与应然性的统一。法的体系不仅是一国现行法律规范的总和,而且还应当是以现行法律为基础,同时要求充分考虑包括正在制定或需要制定的法律规范在内的有机的统一整体。建立社会主义的法律体系,不仅要求对现有法律按照一定标准和原则进行分类、组合、归纳,以构成一个科学的法律体系,而且要求根据法律体系的总体要求以及适应现实斗争和调整各方面社会关系的需要,有步骤地建立门类齐全、体系严谨的各种法律。"文化大革命"以前,我国没有公布刑法和刑事诉讼法以及劳动法等,但我国的法律体系无疑应当包括这些最必需的法律部门在内。尽管在不同的时代和不同的国家,法律体系的内容会有很大的不同,但是同一时代的某类国家其法律体系所包括的法律部门,根据需要调整的社会关系的基本要求,是可以确定的。例如,宪法、刑法、民法、刑诉法、民诉法、行政法、劳动法、经济法、婚姻法等,是一国法律体系所必不可少的。尽管现行法律中这些基本的法律部门有一个制定颁布的过程,这些部门也应当是法律体系的组成部分。如果一个国家已经制定出了两个法律部门的法,就说这个国家的法律体系由这两个法律部门构成;过一个时候,这个国家有了三个法律部门,就说这个国家的法律体系由这三个法律部门构成,这样显然是不行的。党的十五大报告指出,我们应当在2010年建立起社会主义法律体系。说明当时这一体系尚未完全建成,还不完备。从实践看,如果采取有些学者的观点,所谓法律体系只是对一个国家现行法律作为一个整体加以客观的描述,这种法的体系的理论就没有多大用处。如果我们采取后一种观点,就能更好地发挥法律体系的概念以及它的一整套原理和原则对完善立法工作和司法工作的指导作用。

我们应当注意把"法律体系"同"关于法律体系的概念"区别开来。法律体系的概念或理论,是马克思主义法学基础理论的一个重要内容,属于法律意识这个范畴,因此它是主观的。关于法律体系的理论,包括法律体系的概念、划分法律部门的根据和标准、法律体系的特征和基本要求等,都是人们对法律体系这一客观存在、客观社会现象的科学认识和科学抽象,是客观见之于主观的东西。法的体系则不同,它具有两重性。一方面,法是人制定的,法与法的体系都是人们意识的产物。但是另一方面,法和法的体系是人们活动的产物,它一经制定出来和形成,又成为一种客观事物,一种社会现象。人们关于法的体系的理论是从法的体系这一社会现象中总结、抽象出来的,但这种理论对于法的体系的科学化、完善化,又起着巨大的能动的指导作用。然而,人们又不能随心所欲地创造法律体系,它必须适应经济基础的客观要求,充分考虑社会的客观需要与可能,充分注意"体系"本身的特性和逻辑。由此,我们可以得出两个结论:一是要十分重视法律体系理论的探讨,并善于运用这种理论指导社会主义法律体系的建立和完善;二是我们在建立和完善法律体系时,一定要从实际出发,从我国具体国情出发,反对那种脱离客观存在与实际需要的主观主义和形式主义的方法。

法的体系的科学原理,对法制建设实践有着重大的指导意义。首先,它对法的制定具有指导作用。在制定立法规划时,应充分考虑法的体系的要求,以保证一国法律能成为一个有机联系的统一整体;可避免立法时只见树木、不见森林,不注意左右上下前后的关系。其次,它对法的实施具有指导作用。司法体制的设计与审判权限的分工同部门法的科学划分密切相关。法的适用也同法律效力等级的科学划分密切相联;法的位阶不清楚或彼此冲突,判案将无所适从。如果实体法与程序法脱节,实体法的实现将缺少程序的保证。最后,它对法典编纂、法律清理、法规汇编、法学教育与法学研究的规划与实施等具有指导作用。它能保证其系统性和科学性;可避免其盲目性和杂乱无章。

第二节　法的体系的基本特征

法的体系的基本特征可以概括为以下五个方面,即内容完备、结构严谨、内部和谐、形式科学、协调发展。如果一个国家的法律不具备或不完全具备这些基本特征,就表明这个国家尚未建立起法的体系或法的体系不完善。

一、内容完备

要求做到法律各部门门类齐全,以保证社会生活的各个领域都有法可依。如果法规零零星星、支离破碎,一些最基本的法律部门都没有建立起来;或者所编织的法网尚未做到"疏而不漏",体系不完备而且漏洞不少,也就无所谓法律体系或体系不完备。法律的完备,这在任何国家都有一个过程。在我国 20 世纪 50、60 年代,刑法、刑事诉讼法这样的基本法规都没有,因此只能说,那时我们国家的法律还没有形成体系。现在我们在立法方面已前进了一大步,在政治经济文化生活等重要方面,现在基本上已经是有法可依,法的体系已初步建立起来。但是在公法和私法领域,尤其在市场经济法律方面,还有不少重要法律需要制定。现在我国立法工作的侧重点是提高立法工作的质量。然而我们还不存在西方有些国家法律过于庞杂烦琐的情况。有人认为,现在我国法律过多,是搞立法"浪漫主义"。这是不符合实际情况的。我们今后的立法任务仍然很重,应当尽快使法律之网臻于完备。

二、结构严谨

要求各种法规配套,做到上下左右紧密配合,以构成一个有机整体。例如,仅有宪法不行,还要制定一系列法律,以配合与保证宪法的实施。我国现行宪法有不少这样的条文:"人民法院的组织由法律规定"(第 129 条)。这样的规定都要求制定出具体法律与之配合。据统计,现行宪法共有这样的规定 29 处。到目前为止,我们还有少数这样的法律尚未制定出来。又如宪法规定,公民享有言论、出版、结社和宗教信仰等自由。这就要求制定新闻法、出版法、结社法和宗教法等法律使之具体化。在一国法律体系的三个子系统中,部门法体系中的各法律部门之间,法律效力等级体系中上位法与下位法之间,其界限要明确,上下左右要配合与协调。程序法与实体法要配套,不能只有实体法而无程序法。例如,我国宪法规定:全国人大常委会有权"解释宪法,监督宪法的实施",但在很长时期里没有相应的具体程序,因而是不严谨的。2000 年通过的立法法,设置了"法律解释"节,才为解决这一问题迈出了第一步。

三、内部和谐

要求法的各个部门、各种规范之间彼此和谐,既不能相互重复,也不能相互矛盾。恩格斯说,"法不仅必须适应于总的经济状况,不仅必须是它的表现,而且还必须是不因内在矛盾而自己推翻自己的内部和谐一致的表现。"①彭真同志也曾指出："立法要从实际出发,但也要有自己法的体系,前后、左右不能自相矛盾"。② 一个国家只能有一个法的体系。地方性法规、部委规章和地方政府规章,都应当是对中央一级立法(法律和行政法规)的补充。国务院各部门和地方的权力机关和政府,需要考虑各自所立的法的相互配套,但必须从整个国家的法的体系的总体结构出发成龙配套,各地方各部门不能各搞各的相互割裂、矛盾、重复的所谓"法律体系"。现在地方立法中相互攀比、重复立法的现象比较严重。有的实施细则几千条,多数内容是照抄上位法,新的内容只有几条,既浪费人力物力,影响上位法的权威,也造成国家法律体系庞杂和混乱。现在有的地方制定的"法规制定程序"明确规定不能重复立法,需要几条就定几条,是个好经验。此外,我们每制定一个新的法,必须对照以前制定的法,看是否在内容上有矛盾。凡旧法与新法相抵触的规范,都要明令废止,否则人们就会无所适从。这也是需要明确作出规定的。同时,要解决部门立法以克服部门利益保护主义倾向。有的部门为了扩大自己部门的权力与利益,而不顾整体利益或其他部门的权力与利益,这不仅有违立法的宗旨,也是造成法律法规彼此矛盾、冲突的重要原因,这需要从制度上予以解决。

四、形式科学

要求法的形式,包括法规名称、法的术语、法的技术性结构、法的公布、法的生效等要科学与统一。实现法规名称的规范化,可以使人们从法的不同称谓上比较清楚地看出一个法的规范性文件是由哪一级国家

---

① 《马克思恩格斯选集》第 4 卷,人民出版社 1972 年版,第 483 页。
② 彭真:《发展社会主义民主,健全社会主义法制——在中国法学会成立大会上的讲话》,《法学杂志》1982 年第 5 期。

权力机关或行政机关所制定,它具有何等法律效力,可以适用于什么范围,哪一级国家机关有权解释、修改或废除。这对国家机关工作人员和广大公民掌握法律,对于法的实施、法制宣传、法学教育、法规汇编等,都会带来方便和好处。鉴于过去法的名称较为混乱,我们建议可作如下规定:法律称"法""决定";法规称"条例""实施条例""规定";规章称"办法""实施办法""实施细则";自治条例称"自治条例""单行条例""变通规定"。法律和行政法规的标题应当冠以"中华人民共和国"或者制定机关的名称;地方性法规和地方政府规章的标题应当冠以本行政区域的名称;部委规章的标题应当冠以制定机关的名称。法律、法规、规章的题注应当载明制定机关和通过时间。在法的结构上,根据法律、法规、规章的内容需要,可以分编、章、节、条、款、项、目。条的序号可用中文数字表述,款可不用序号,项的序号可用中文数字表述,目的序号则可用阿拉伯数字表述。这样,就能使法的结构清楚、划一。法的生效日期也有改进的必要。不少法直接涉及公民的权利与义务,是要求广大公民普遍遵守的。我国地域辽阔,有些地方交通也不方便,有的法还不能在公报或报纸上及时公布。过去往往规定:"法自通过(或公布)之日起生效"。如果在广大公民无法知晓法的具体内容的情况下,要求其遵守或处罚其"违法行为",有欠科学和公道。因此,似可作出规定:"凡需要公民普遍承担义务的法律、法规、规章至少应当在签署公布一个月后施行。"此外,法的公布方式,法的中外文标准文本,都应有相应的规定,以便使法的形式达到科学和统一。以上要求,我国的立法法已作出部分规定,今后还有待进一步研究解决。

五、协调发展

法的体系并不是僵化凝固的,而是发展变化的。法也不是一种孤立现象。在法体系的发展变化中,要求在宏观上和微观上一并做到法同外部条件的上下、左右与前后的协调发展。从宏观的角度看,首先,要做到法与执政党政策的协调发展。从总体上说,党的政策是社会主义法律的指导原则,法是党的政策的具体化和条文化、规范化(在个别情况下,权力机关、党外人士等可以提出某些新的具体政策或补充、丰富党的政策)。党的路线、方针、政策发展了,法的制定机关应及时反映和体现出来,以避免两者脱节或冲突。其次,要做到"改革、发展、稳定"三者之间的协调发展。改革是前提,发展是中心,稳定是保证。综合这三方面的因素,法的体系在总体上的科学性才有可能。最后,就要求做到法的制定与法的实施的协调发展。立法必须十分重视并善于掌握和总结法在执行、适用、遵守中的现实情况,即法在实施中有何新鲜经验、有哪些规定行不通,在哪些问题上法有漏洞,等等,以作为法的制定和解释的重要依据。

第三节　部门法体系

一、部门法的概念与划分标准

部门法亦称法律部门,即通常所指宪法、民法、刑法、诉讼法等,是依据一定的标准与原则所划分的同类法律规范的总称。在把握部门法的概念及其划分时,要注意以下几方面的关系。(1)部门法同法的规范性文件有联系也有区别。有的部门法有自己的一个总的规范性文件,如刑法、民法、几个主要诉讼法等,但它们也可能包括同类的法的规范性文件,或出现在少数其他法的部门中。有的部门法如行政法、经济法等则通常没有一个纲领性或总的规范性文件,而仅是许多同类的单行的成文法规范性文件的总称。（2）在各类部门法之中或之下，还存在诸如所有权制度、合同制度、法人制度、量刑制度、证据制度、审级制度等，它们通常属于某一法部门，但也可能渗透到其他法部门。（3）法部门的划分同法渊源、法形式的分类之间，有些密切相关，如实体法与程序法、根本法与普通法、公法与私法；有些关系不大，如一般法与特别法、成文法与不成文法。

区分法律部门的标准是什么？法学界有各种不同看法。我们认为，归根结底，根本的标准只有一个，就是法律所调整的社会关系，即法律调整对象的不同性质和特点。有的同志认为标准应是两个，即调整对象和调整方法。这种看法值得商榷。因为方法是由调整对象派生出来的，法律调整对象的性质和特点决定着法律调整方法的特点。法律关系的主体不同，也取决于法律关系的关系等。这应当是一条规律和原则。刑法的任务是调整由于犯罪所引起和发生的社会关系，刑法的处罚形式是由这种需要调整的社会关系的特殊性质决定的。刑事诉讼法和民事诉讼法所调整的是刑事诉讼与民事诉讼活动中产生的各种社会关系，宪法则调整国家经济、政治、文化等方面在一些根本性问题上发生的各种社会关系。这里有两种不同情况：一种是其调整社会关系的领域不同，如婚姻法、民法、经济法、劳动法、行政法；另一种是其调整的社会关系的特点不同，如刑法、诉讼法、宪法等。但两者都是从调整对象着眼。狭义上的调整方法是指法律的制裁形式。据传统的分类，制裁形式只有刑事制裁、民事制裁、行政制裁三种（本书认为还有违宪制裁），但法律部门却可以也需要划分为八个、十个或许更多。可见，调整对象和调整方法是交错、重叠的。划分部门法并不绝对排除要考虑其他因素，如调整方法和社会关系广泛程度和相应法律法规的多寡等。但是必须肯定，根本的标准应当是法所调整的对象即社会关系的不同性质和特点。如果我们提出两个或更多的标准，并且把它们并列起来，可能是欠妥的。

二、中国法律部门的划分

在划分中国法部门的时候，应注意尊重国际上多数国家的通常认识与做法，又要适当考虑本国一个长期内的特殊国情，如军事法、特别行政区法。有的法的调整对象可以归于这个或那个法的部门，应以其主导因素而决定其归属，如专利法；或独立出来，如家庭婚姻法等。划分部门法的基本目的应是有利于部门法体系的系统化、清晰化、科学化，有助于法的制定和实施，有利于人们了解与掌握本国全部现行法和将要制定的法。依据前述划分标准、原则与目的，我们主张将中国法律划分为以下主要部门：

1. 宪法

宪法规定国家的各种根本制度、原则、方针、政策；公民的基本权利和义务；主要国家机关的地位、职权、职责等。宪法是国家的根本大法，是各项普通法律的立法基础和依据。现行宪法在 1982 年制定，并于1988 年、1993 年、1999 年、2004 年和 2018 年五次公布了《中华人民共和国宪法修正案》，对《中华人民共和国宪法》进行修改。

2. 政治法

政治法包括：国家机构组织法、选举法、国籍法、民族区域自治法、特别行政区法、公民政治权利与自由保障法、立法法、监督法等。依照传统的观点，这些法律都属于宪法这一部门，称为"宪法性法律"，或"宪法这一部门法"中"几个附属的较低层次的法律"。考虑到这些法律中的绝大多数，国务院可以制定相关的行政法规，地方人大可以制定相关的地方性法规包括"实施办法""实施细则"等，将所有这些法律、法规甚至规章都称为"宪法性法律"是不妥当和不确切的。如果只将全国人大制定有关基本法律看作"宪法性法律",那么其他有关的法规、规章又归入哪一法律部门?将这一类法律、法规、规章归为一类,从宪法中独立出来,比较符合逻辑,有利于维护宪法的崇高地位和尊严。

3. 行政法

行政法包括:行政区划法、公务员法、司法行政法、公民身份证法、治安管理法、工商管理法、城市管理法、交通管理法、边境管理法、行政处罚法、行政许可证法、行政复议法、行政程序法等。行政法同"行政法规"是两个不同的概念。根据现行宪法第89条规定,国务院有权制定行政法规。这一规定赋予了"行政法规"以特定含义,是我国的法律渊源的一种,其地位仅次于宪法与法律。行政法规中除了行政法,还有其他法律部门的内容。由于行政法调整对象的范围非常广泛,因此很难像民法、刑法那样制定法典,而通常由单行的许多法律、法规所组成。

4. 刑法

刑法是指规定有关犯罪和刑罚的法律规范的总和。在古代"诸法合体""刑民不分"时,刑法曾是一门起主导作用的法律。在现代,它也是国家十分重视、人们普遍关注的一个部门法。它包括刑法典、监狱法、国家安全法等法律、法规。在我国,这一部门法中占主导地位的第一个规范性文件是1979年颁布的《中华人民共和国刑法》。后来,全国人大常委会先后作出了有关犯罪与刑罚的十多个"决定"或"补充规定"。1997年3月刑法经重大修改后重新颁布,并将以前作出的有关刑法内容的单行条例、决定和补充规定的内容吸收进了刑法。

5. 民商法

民法是调整作为平等主体的公民之间、法人之间、公民和法人之间的财产关系和人身关系的法律。西方自古罗马法开始,大陆法系形成了自己的法典化传统,其调整范围日益广泛。我国在 1986 年制定了《民法通则》,并在以后制定过多类合同法,颁布了商标法、专利法等知识产权法律。为了适应我国实行市场经济的要求,已经通过统一合同法,即 1999 年通过的《中华人民共和国合同法》。2020 年 5 月 28 日,《中华人民共和国民法典》公布,之后仍将存在配套法规。

商法调整平等主体之间的商事关系和商事行为。我国在计划经济体制下,商法曾长期被否认。20 世纪 80 年代以来,已制定了公司法、破产法、海商法、证券法、期货法、票据法、保险法等法律法规。商法的许多概念、规则和原则同传统民法是一致的。不少学者主张,在我国可将民法与商法合称"民商法"。

6. 经济法

经济法是指有关调整国家管理经济、实行宏观调控而产生的各种社会关系的法律法规。它包括诸如工业企业法、农业法、对外贸易法、银行法、计划法、统计法、会计法、物价管理法、产品质量法、基本建设投资法、反不正当竞争法等方面的法律、法规。随着自由资本主义时期的结束和国家对经济干预和调控日益加强,经济法在西方逐渐出现。在我国,经济法兴起于 20 世纪 80 年代初。经济法同民法的基本区别在于,前者以调整纵向管理关系为主,后者以调整横向平权关系为主。

7. 劳动法与社会保障法

劳动法是调整有关劳动关系的法律规范的总和。社会保障法是调整有关社会保障、社会福利方面的法律规范的总和。这两类法律归为一个法的部门,是因为两者内在地联系在一起。它们包括劳动法、社会保险法、社会救济法、工会法等方面的法律、法规。我国的劳动法制定于 1994 年。除这一法典外,还有不少有关配套法规。在现代西方,社会保障方面的法律法规日益庞大与完善。我国随着市场经济的发展,这方面的立法任务繁重而迫切。

8. 科教文卫法

科教文卫法是调整有关科学技术、文学艺术、教育、卫生和体育等领域的社会关系的法律规范的总和。这一领域的法律、法规数量非常之多。它们虽然同行政管理关系密切,但随着市场经济的发展和国家职能的转变,这一领域中出现了不少民办性质的事业和企业组织,其中很多社会关系已不单纯或完全属于纵向的行政管理与被管理的关系。而且这一领域的专业性、技术性很强。因此,它们从传统的行政法中独立出来而组成一个独立的法律部门,是有益的和可行的,也有利于解决以往行政法这一部门法的内容过于庞杂的不足。

9. 自然资源与环境保护法

自然资源法主要指有关各种自然资源的法规,包括土地法、矿藏法、渔业法、水法、草原法、森林法等。环境保护法是指关于保护环境、防治污染和其他公害的法律法规。在后现代,这方面的法越来越多也日益重要,是全球性现象。这一方面的法律直接涉及人和自然的关系,也逐步突破单纯行政管理的视野和范围,因此它从传统行政法中脱离出来,独立成为一个法的部门,是合理的。

10. 婚姻家庭法

婚姻家庭法是指调整有关婚姻与家庭的社会关系的法律规范的总和。这方面的法律主要有婚姻法、收养法、计划生育法、健康法、继承法、保护妇女儿童老人权益法等。婚姻家庭关系既有社会属性,又有自然属性。这方面的法律涉及社会上每个人的生活,关系到他(或她)的根本利益和切身利益,它还有自己的一套独特的法律原则,如婚姻自由,一夫一妻,男女平等,保护妇女、儿童、老人等。因此,它从传统民法中独立出来成为一个部门法,更为可取。

11. 军事法

军事法是指有关国防建设和军事管理方面的法律法规。各国通常的理解和做法是将军事法列为行政法部门。在我国,军事法律由全国人大制定,军事法规由中央军委制定,军事规章则由军委各部门等制定。此外,国务院和中央军委还联合制定军事行政法规,军委各部一级机关同国务院有关部门联合制定军事行政规章。考虑到军事法调整对象的特殊性,它的数量繁多和自成体系,以及我国的具体国情和宪法体制(中央军委由全国人大选举产生,受它领导和监督),军事法独立成为一个法律部门是合理的。

12. 诉讼法

诉讼法又称诉讼程序法。它是指有关诉讼方面的法律法规,调整诉讼过程中各种社会关系。诉讼法通常包括刑事诉讼法、民事诉讼法和行政诉讼法。在有些国家里,还包括其他诉讼法,如宪法诉讼法。中国尚未建立宪法诉讼制度。诉讼法是程序法,但程序法不一定是诉讼法,如立法程序、行政程序等。除刑事、民事和行政三大司法程序外,还有准司法程序,如调解程序、仲裁程序、公证程序等。律师的功能同司法程序密切关联,律师法也可列入诉讼法这一部门法中。

13. 特别行政区法

特别行政区法是我国独具特色和异彩纷呈的法律制度。现在我国有香港特别行政区法和澳门特别行政区法。它以香港特别行政区基本法和澳门特别行政区基本法作为主导的、纲领性的法律,还包括中央权力机关制定的有关配套法律和法律解释,也包括由两个基本法所认可的香港和澳门两个行政区的各项法律、法规、条例以至习惯。它们都是中华人民共和国法律体系的组成部分,并自成一个独立性很大的子系统。以往中国学者通常将"特别行政区基本法"作为我国的宪法性法律或宪法的二级法。这是不妥当与欠严谨的。因为不能把除两个"基本法"以外的香港与澳门的其他法律、法规,都排除在我国法律体系之外。如若将两个特别行政区的所有法律法规均视为宪法性法律,势必损害我国宪法的权威与尊严。

第四节　其他体系

一、法的效力等级体系

法的效力即法的普遍约束力。这是法的重要属性。法没有约束力也就不成其为法。它的具体内容,包括法的时间效力、法的空间效力和法的对人效力。世界上很多国家特别是那些地域辽阔、人口众多的大国,各种法律和法规必然形成一个效力等级体系,其上阶位法与下阶位法的界限必须明确,整个法律体系才能正常运作。它同一个国家中央与地方、立法机关与行政机关的权力配置有着密切而不可分离的关系:后者是前者的基础,前者是后者的主要内容和重要保障。例如,中央与地方的权力划分中,除立法权外,还有人事权、财政权、重大问题决策权、制定具体政策权等。其中立法权是最重要的。在现代法治国家,情况就更是如此。法律法规的效力等级同这种权力配置是紧密相关的。因此,法的效力等级体系就其内容言,涉及中央与地方、立法机关与行政机关之间以至地区之间与部门之间权力与利益的合理配置;就其形式而言,则涉及一国法律体系是否科学。

在我国,法的效力等级大体区分为如下层次:(1)宪法;(2)法律(全国人大和全国人大常委会制定);(3)行政法规(国务院制定);(4)省级地方性法规(省级人大制定),部门规章(国务院各部委制定);

（5）省级政府规章（省级人民政府制定）；（6）设区的市的地方性法规（设区的市人大制定）；（7）设区的市的政府规章（该级人民政府制定）。此外，还有两种情况：一是授权立法；二是五个民族区域自治区及其自治州和自治县（包括其他一些省的自治州、自治县）享有制定自治条例和单行条例的权力。我国立法法已经对上述效力等级作了详细规定，并明确上位法优于下位法。同时，还提出了如下原则：特别法优于一般法，新法优于旧法和法不溯及既往。立法法的一个突出贡献是，建立了一个法律冲突的裁决机制，这对保障法律体系的统一、和谐与协调，将起重要作用。

二、实体法与程序法体系

作为法的一种分类，实体法与程序法的划分具有普遍性，即一国的法律不是实体法，就是程序法。从法的体系的角度看，它们之间必须统一、配套、和谐与协调。这对法的制定和实施都具有重要意义。一般说来，实体法与程序法之间的复杂关系具有以下几个特性，并应注意避免它们之间的脱节与矛盾：一是法内容的关联性。它是指，有实体法就应有程序法，反之亦然。例如，我国宪法规定，全国人大常委会有权（也是职责）解释宪法和监督宪法实施，有权撤销同宪法和法律相抵触的行政法规和地方性法规。但在很长时期里没有这方面的实施程序，这在很大程度上影响了这一实体权力的实现。直到 1999 年制定立法法才初步建立起这一机制。又如，在行政法领域缺少权力行使的程序，就难以避免行政机关滥用权力，因而制定行政程序法在当前就显得十分重要与迫切。造成这种状况的原因之一，是立法者对这种关联性的重要意义在理论上缺少充分的认识。此外，对实体法与程序法的这种配套与衔接，在立法上应尽量做到综合考虑与同步进行。例如，我国的民事诉讼法(相当完备)制定于 1991 年,而民法通则(过于原则)制定于 1986 年。这种状况今后应设法避免。二是法形式的交叉性。我国同其他成文法国家一样,法的规范性文件在设定实体性和程序性法律规范时,采取两种基本形式:有的法文件单独设定程序性规范,如三大程序法和某些立法程序法;有的法文件则既设定程序性法规范,也设定实体性法规范,这在行政法领域最为常见。由于我国长期存在重实体法、轻程序法的传统和现实倾向,因此实体法和程序法的规范设定在同一法文件时,应注意避免与克服程序过于原则和简单的问题。因为程序贵在可操作。三是法实施的对应性。它是指何种实体法适用何种司法程序,何种司法程序适用何种实体法。通常情况下,答案是明确的;但在有些情况下答案并不清晰。在司法实践中,这个问题是存在的。

第四章　法的作用

　　法的作用是法理学上的概念，是指法对人与人之间所形成的社会关系所发生的一种影响，它表明了国家权力的运行和国家意志的实现。法的作用可以分为规范作用和社会作用。

　　规范作用是从法是调整人们行为的社会规范这一角度提出来的，而社会作用是从法在社会生活中要实现一种目的的角度来认识的，两者之间的关系为：规范作用是手段，社会作用是目的。

第一节　法的规范作用

　　法的规范作用可以分为五个方面：

　　其一，指引作用。这是指法作为一种行为规范，为人们提供某种行为模式，指引人们可以这样行为、必须这样行为或不得这样行为，从而对行为者本人的行为产生影响。

　　其二，评价作用。这是指法作为一种社会规范具有判断、衡量他人行为是否合法或有效的作用。

　　其三，教育作用。这是指通过法的实施，法律规范对人们今后的行为发生直接或间接的诱导影响。

　　其四，预测作用。这是指人们可以根据法律规范的规定，事先估计到当事人双方将如何行为及行为的法律后果，从而对自己的行为作出合理的安排。

其五,强制作用。这是指法为保障自己得以充分实现,运用国家强制力制裁、惩罚违法行为。法的强制作用是法的其他作用的保证。

一、法的指引作用

1. 对本人行为的指引

对人的行为的指引可分为两种:一种是个别指引(或称个别调整),即通过一个具体的指示就具体的人和情况的指引;另一种是规范性指引(或称规范性调整),即通过一般的规则就同类的人或情况的指引(指引作用的对象是每个人本人的行为)。

2. 确定的指引和有选择的指引

法律规范可以分为义务性和授权性两种。这两种规范分别代表了规范性指引的两种指引形式。义务性规范代表确定的指引,即法律明确规定:人们应该这样行为(如应履行合同)或不应该这样行为(如在履行合同时不应有欺诈行为);并且一般还规定,如果违反这种规定,就应承担某种否定性的法律后果(如国家不予承认、加以撤消或予以制裁等)。授权性规范代表一种有选择的指引,即法律规定:人们可以这样行为;而且一般还规定,如果人们这样行为,将带来某种肯定性的法律后果(如国家承认其有效、合法并加以保护或奖励等)。

确定性指引是指人们必须根据法律规范的指引而行为;有选择的指引是指人们对法律规范所指引的行为有选择余地,法律容许人们自行决定是否这样行为。

二、法的评价作用

作为一种社会规范,法律具有判断、衡量他人行为是否合法或有效的评价作用。这里讲的评价作用的对象是指他人的行为。

在评价他人行为时，总要有一定的、客观的评价准则。法是一个重要的普遍的评价准则，即根据法来判断某种行为是否合法。此外，作为一种评价准则，与政策、道德规范等相比，法律还具有比较明确、具体的特征。

三、法的教育作用

作为一种社会规范，法律还具有某种教育作用。这种作用的对象是一般人的行为。有人因违法而受到制裁，固然对一般人以至受制裁人本人有教育作用，反过来，人们的合法行为以及其法律后果也同样对一般人的行为具有示范作用。

四、法的预测作用

法律的预测作用，或者说，法律有可预测性的特征，即依靠作为社会规范的法律，人们可以预先估计到他们相互之间将如何行为。预测作用的对象是人们相互的行为，包括国家机关的行为。

五、法的强制作用

法的另一个规范作用在于制裁、惩罚违法犯罪行为。这种规范作用的对象是违法者的行为。法的强制作用不仅在于制裁违法犯罪行为，而且还在于预防违法犯罪行为，增进社会成员的安全感。

第二节　法的社会作用

法的社会作用是指维护特定人群的社会关系和社会秩序。

在阶级对立的社会中,法的社会作用大体上可归纳为以下两大方面:维护阶级统治和执行社会公共事务。

其一,维护统治阶级的阶级统治。在阶级对立的社会中,法的目的是维护对统治阶级有利的社会关系和社会秩序。维护统治阶级的阶级统治是法的社会作用的核心。维护阶级统治方面的作用,主要表现在调整统治阶级和被统治阶级的关系,调整统治阶级和同盟者之间的关系,调整统治阶级内部之间的关系。

其二,执行社会公共事务的作用。社会公共事务是指与阶级统治相对称的活动,在各个阶级对立的社会中,这种社会公共事务及有关法律的性质、作用和范围是很不相同的。总地来说,执行这些活动的法律大体上有以下几种:

1. 为维护人类社会基本生活条件的法律,如有关自然资源、医疗卫生、环境保护、交通通信以及基本社会秩序的法律;

2. 有关生产力和科学技术的法律;

3. 有关技术规范的法律,即使用设备工序、执行工艺过程和对产品、劳动、服务质量要求的法律;

4. 有关一般文化事物的法律。

维护阶级统治的作用和执行社会事务的作用这两方面的法律之间存在着明显的区别。首先,顾名思义,前一种法律的对象是阶级统治,后一种是阶级统治以外的事务。这两种法律都是调整社会关系,即人与人之间的关系,但其保护的直接对象是不同的。其次,维护阶级统治的法律当然仅有利于统治阶级,对被统治阶级则是剥夺和压迫;执行社会事务的法律,至少从客观上说,有利于全社会而不是仅有利于统治阶级一个阶级。最后,执行社会公共事务作用的那些法律,即使在不同社会制度下,往往是相似的,是可以相互借鉴的。

其三,关于执行社会公共事务的法律的性质。关于法的阶级性和社会性的争论,大体上说有以下两种观点:一种是,凡法都有阶级性,即使是那些在客观上对整个社会有利的、执行社会公共事务的法律,也有阶级性;法的社会性与阶级性是一致的,社会性是有阶级性的社会性,法的阶级性也是有社会性的阶级性。另一种观点是:从整体上看,法是有阶级性的,但具体到各组成部分说,有的阶级性强,有的阶级性弱,有的仿佛很难看出它与阶级的联系。

在当代中国社会主义初级阶段,法的社会作用主要体现在如下四个方面:

1. 保障和促进社会主义经济建设和经济体制改革;

2. 保障和促进社会主义精神文明建设;

3. 保障和促进社会主义民主建设和政治体制改革;

4. 保障和促进对外交往。(政治理论角度)

从法学角度出发,将当代中国法的社会作用归纳为以下六个方面:

1. 维护秩序,促进建设和改革开放,实现富强、民主与文明;

2. 根据一定的价值准则分配利益,确认和维护社会成员的权利、义务;

3. 为国家机关和国家公职人员执行公务(即行使权力)的行为提供法律根据,并对他们滥用权力或不尽职责的行为实行制约;

4. 预防和解决社会成员之间以及他们与国家机关之间或国家机关之间的争端;

5. 预防和制裁违法行为;

6. 为法律本身的运行与发展提供制度和程序。

其四,正确认识社会主义法的作用。近几十年来,我国对法律重要性的认识逐步加深,这是经验的总结,我们必须正确理解法律的作用,

注意改正对法的作用的局限性认识。总之,认为法律无用、可有可无,
或认为法律万能,都是错误的。

第三节　中国法律的作用

一、当代中国法律在构建和谐社会中的地位

构建社会主义和谐社会,是全面建设小康、开创中国特色社会主义
事业新局面的一项重大任务,适应了我国改革发展进入关键时期的客
观要求,体现了广大人民群众的根本利益和共同愿望。在历史上,有过
各种各样关于和谐社会的构想和实践,我们所要构建的是社会主义和
谐社会,其基本特征是:民主法治、公平正义、诚信友爱、充满活力、安定
有序、人与自然和谐相处。社会主义和谐社会的这些基本特征是相互
联系、相互作用的。和谐社会绝不会自发地生成,也不会自然地实现。
和谐社会的构建必须借助于法律制度的推动与保障。如果法律制度完
善而且合理,社会成员就可能和睦相处,社会关系就可能和谐顺畅。反
之,如果法律制度欠缺失当,社会成员之间则可能冲突频发,社会关系
必然扭曲动荡。因此,法律是整个社会关系调节器的中心,在构建和谐
社会的进程中居于支配地位,起着关键作用。

二、当代中国法律在构建和谐社会中的作用

就其本质而言,社会主义和谐社会应当是一个法治社会,构建社会
主义和谐社会的过程就是建设社会主义法治国家的过程。只有依照法
律规则来治理社会,人们和政府的行为才会有章可循、有法可依,社会
才有和谐的基础。这是由法律本身的特点决定的。作为法治社会最主

要的规则,法律是所有社会规范中最具有明确性、确定性和国家强制性的规范,法律规范的这些特征使得法律成为社会控制的主要手段。因此,法治可以而且应该成为社会和谐发展的基石和保障,社会主义和谐社会的本质应该是一个法治社会。

社会主义法对和谐社会的保障主要体现在四个方面:首先,法制对构建社会主义和谐社会的保障作用体现在立法方面。有法可依是实行社会主义法治的前提,有了完备的法律体系作为保障,才能更好地引导、规范和约束公民和政府的行为,使之依法办事、循章而为,为构建和谐社会创造良好的基础。其次,法制对构建社会主义和谐社会的保障体现在司法方面。公正、高效的司法是构建和谐社会的有力保障。司法往往被视为社会公正的最后一道防线,而社会公正则是和谐社会的内在要求。只有建立一个公正、高效的司法体制,真正形成公平和公正的社会环境,各个社会阶层人民群众才能各得其所、和谐相处,才能实现社会安定。再次,法制对构建社会主义和谐社会的保障体现在守法方面。社会成员遵纪守法,政府严格依法办事是构建和谐社会的内在要求。最后,法制对构建和谐社会的保障还体现在法律监督方面。法律监督可以通过对立法、司法和守法三个方面的作用,来间接保证和促进构建和谐社会的进程。

第五章　法的起源和发展

第一节　法的起源

一、法的起源学说

法是通过社会或者政府机构创设并实施的一套规则体系,是用来规范人的行为的。但对法的定义和起源一直都是有争议的。法(法律)常常被描述为一种实现正义的科学和艺术。①

从古到今,无数哲学家、思想家、法学家都对法的起源问题进行过讨论,形成了不同的学说,这些哲学家、思想家、法学家对法的起源问题进行了探讨,提出了关于法的起源的各种学说,主要有神创说、社会契约论、暴力斗争说、自然发展说等。

1. 神创说。这一学说认为法是人格化的超人类力量的创造物,各种各样的神为人类创造法。中世纪神学政治的鼻祖奥古斯丁提出:秩序和安排来源于上帝的永远的正义和永恒的法律,即神法;人法服从神法,是从神法派生出来的。② 中国古代也有类似的认识。神创说的盛

---

① Berger,Adolf(1953),*Encyclopedic Dictionary of Roman Law*,American Philosophical Society,p.525.

② 参见[古罗马]奥古斯丁:《上帝之城》,王晓朝译,人民出版社 2006 年版。

行源于对神的崇拜,也是宗教与法的关系的一种表现形式。比如,汉谟拉比国王就将美索不达米亚太阳神沙玛什(Shamash)尊为正义之神,并以该神的名义颁布了著名的《汉谟拉比法典》。该法典是人类历史上最早的法典之一。

2. 暴力斗争说。这一学说认为法是暴力斗争的结果,是暴力统治的产物。比如,中国的法家代表人物韩非子就认为:"人民众而财货寡,事力劳而供养薄,故民争",[①]有斗争有暴力才需要解决冲突的规则。

3. 社会契约论。这一学说是古典自然法学派的经典学说,该学说认为,在进入政治社会之前,人类所处的是一种自然状态,为了克服自然状态的缺陷或更好地生活,人们相互间缔结契约,通过缔结契约人们放弃、让与部分自然权利,组成政府,而这最初的契约就是法律。17、18世纪的古典自然法学者大部分都持此说。社会契约论的影响非常大,可以说影响了一代又一代的政治学理论和法学理论,但是不同学者之间对于契约论的阐释和演绎又有所不同,甚至存在着冲突和矛盾。但是,这些理论内部的冲突是显而易见的。应用在自然状态上,霍布斯认为因为人性本恶,所以人类在自然状态下会陷入全面战争,只有君主才能带来和平;卢梭却截然相反地认为人性本善,自然状态是美好的,随着私有制的出现,人们才开始陷入杀戮当中,因而需要社会契约来保证自由。在政体上,霍布斯主张君主制是最好的制度,主权应该集中于一人,而且人们没有权利推翻君主;而卢梭几乎又一次站在了霍布斯的对立面,他认为人民推翻暴君是完全正当的。在自然权利上,洛克认为自然权利并非完全让渡给了主权者,人们依旧保留了生命权、自由权和财

---

① 《韩非子·五蠹》。

产权。在分权原则上,洛克和孟德斯鸠都认为要防止权力的滥用,必须对权力进行分离,以权力来制衡权力;而卢梭则认为主权是一个有生命的有机体,拒绝任何形式的分割。

4. 发展说。发展说具体包括两个分支学说:

(1)人的能力发展说。该学说认为,随着社会的进化,人的能力有了发展,例如,火的作用,弓箭的发明等,财富有了增加,社会关系开始复杂,因而需要法。

(2)精神发展说。黑格尔就认为绝对精神在自然界产生之前就已存在,绝对精神发展到自然界阶段,才有了人类,人类精神的发展产生法。民族精神论者提出法来自民族的精神或历史传统。[1]

5. 合理管理说。许多法社会学者持此说,如美国当代法的社会学家塞尔茨尼克认为,一个群体的法律秩序,是基于合理性管理的需要而发展起来的。[2]

马克思主义认为,法不是从来就有的,也不会永恒存在,而是人类社会发展到一定历史阶段才出现的社会现象。简而言之,法是随着生产力的发展、社会经济的发展、私有制和阶级的产生、国家出现而产生的,经历了一个长期的渐进的过程。

法的起源的各种学说及其与法的本质学说之间存在内在的一致和对应的关系,如神创说就与法的本质的神意论观点一致,是神学法学的主要内容;契约说则是自然法学派的观点,与法的本质的理性论观点紧密联系。

而根据马克思主义学说,法产生的根源、法产生的主要标志,以及

---

① 参见[德]乔治·威廉·弗利德里希·黑格尔:《哲学科学全书纲要》,薛华译,北京大学出版社 2012 年版。

② 转引自王飞、马雁:《道德、习俗与规范的文化表达:纳西族社会的法律变迁研究》,云南大学出版社 2009 年版,第二章。

法与原始氏族规范的区别也都是有自己特定的阐释标准和内容的。

二、法产生的根源

随着生产力的发展,产品有了剩余,出现了私有制和阶级剥削,原始社会的氏族联盟和氏族习惯就逐渐被国家和法所代替。法的产生有着经济的、阶级的、社会的根源,同产品的生产、分配、交换以及私有制和阶级的出现、社会的发展是分不开的,具体而言:

1. 私有制和商品经济的产生是法产生的经济根源。从法的最初起源看,正是私有制和商品经济的产生导致了法的产生。法是为了维护某种所有制、调整一定经济关系和秩序的需要而产生的。

原始公社制度解体以前,生产资料是公有的,产品实行平均分配,个人与集体浑然一体。利益基本一致使他们只需依靠传统习惯就可以把经济关系调整好了。

在原始社会后期,随着生产力的提高,发生了三次社会大分工,出现了产品的交换,逐渐促进了生产资料私有制的形成和发展,进而使得财富向少数人积累,公有制因此逐渐地解体了。

后来到了父系氏族公社时期,随着公有制的解体,私有制的产生,出现了各种不同形式的所有制。在这些所有制的背后,存在着各种不同利益的集团,其中在对抗性的所有制经济关系中,还存在着两个对抗性的社会利益集团——奴隶主阶级和奴隶。各个不同利益的社会集团为了自身利益而进行着保护一种所有制和反对另一种所有制的斗争,这就使社会的经济秩序陷入混乱之中。如何才能调整这些经济关系呢? 如何才能迫使广大劳动者——奴隶服从当时奴隶主所有制的劳动条件进行生产呢? 靠原来的习惯显然是不行了。经济上占统治地位的奴隶主阶级为了维护自己赖以生存的经济条件,同时也是为了避免社会各集团在毫无限制的冲突和争夺中同归于尽,于是就根据本阶级的利益和意志,制定或认可一些特殊的并依靠国家强制力保证实施的行为规则,来维持社会秩序,以保护奴隶制经济的发展,限制甚至消灭那些不利于奴隶制发展的经济,这种特殊的社会规范就是法。可见,法是为了维护某种所有制、调整一定经济关系和秩序的需要而产生的。

2. 阶级的产生是法产生的阶级根源。法是为了维护和调整一定阶级关系的需要而产生的,它是阶级矛盾不可调和的产物和表现。原始社会母系氏族公社以前,人们的关系是平等、互助的关系,那时的习惯也是符合氏族公社全体成员利益的,人们能自觉遵守。后来到了父系氏族公社时期,随着公社制度的解体,私有制和阶级开始产生。私有制的发展促使私有者吸收更多的劳动者为其创造剩余产品,战俘不再被杀死而是作为奴隶保留下来,奴隶制开始萌芽了,随着个体劳动发展成为普遍现象,产生了个体家庭私有制和子女继承制,社会逐渐向两极分化:一些氏族部落首领通过剥削和掠夺而成为贵族和奴隶主,而广大自由民由于货币、高利贷以及土地所有权和抵押的开始出现而沦为债务人,进而沦为奴隶,社会逐渐分裂为奴隶主与奴隶、贵族与平民、剥削者与被剥削者,他们由于根本利益冲突而进行着不可调和的斗争。在这种情况下,原来的习惯已不能调整他们之间的矛盾和关系了,奴隶主阶级为了维护它的统治地位,除了组织国家镇压被剥削阶级的反抗外,还把它的阶级意志制定为法,把被统治阶级的活动约束在一定范围内,并调整统治阶级内部矛盾以及统治者与同盟者的关系。显然,这种维护统治阶级根本利益的特殊社会规范,没有国家强制力作后盾是不行的。私有制和阶级的形成需要有表现为凌驾于社会之上的力量来调整新的社会关系,需要一种特殊公共权力来确定和维护社会成员的权利和义务,于是法就应运而生了。

3. 社会的发展是法产生的社会根源。社会的发展,文明的进步,需要新的社会规范来解决社会资源有限与人的欲求无限之间的矛盾,解决社会冲突,分配社会资源,维持社会秩序。适应这种社会结构和社会需要,国家和法这一新的社会组织和社会规范就出现了。

三、法产生的主要标志

特殊公共权力系统即国家的产生、权利和义务观念的形成与法律诉讼和司法的出现是法产生的三个主要标志。

1. 特殊公共权力系统即国家的产生。国家的产生彻底改变了社会规范的特征。在原始社会,社会规范即习惯是人们在共同生产和生活中自然形成的,是凭借氏族成员内心的信念、自幼养成的行为惯性以及氏族首领的威信来保证实施的,其作用的范围限于本氏族,而现在社会规范中的法则是国家这种凌驾于社会之上的特殊公共权力系统认可、制定、实行并用强制力保证实现的,法的适用范围则依国家权力所及的地域来界定。

2. 权利和义务观念的形成。原始社会的习惯是从维护氏族生存的共同需要中形成的、世代沿袭并变成人们内在需要的行为模式。依习惯行事,是无所谓权利和义务的。

现在,社会成员之间却形成了权利和义务观念,出现了权利和义务的分离。这种分离,首先表现为在财产归属上有了"我的""你的""他的"之类的区别;其次,在利益(权利)和负担(义务)的分配上出现了不平等,即出现了特权;再次,在享有权利、履行义务上出现了明显的差别,有的人(贵族和富人)仅享受权利,而大多数人仅承担义务。

3. 法律诉讼和司法的出现。在原始社会,氏族内部围绕着生产、分配、婚姻的纠纷或争执,一般情况下由氏族成员即当事人自己自行解决,氏族之间的争端和冲突如边界争执、人身伤害、财产抢夺,则往往通过战争来解决。

在法产生之后,一切当事人不能自行解决的严重冲突而要通过法律诉讼来解决,由此出现了司法活动和不断专门化的司法机关。法律诉讼和司法的出现,标志着公力救济代替了私力救济,文明的诉讼程序取代了野蛮的暴力复仇,使得人们之间发生的争端可以通过非暴力方式解决,从而避免或极大地减少了给人类造成巨大灾难的恶性循环的暴力复仇现象,社会的发展建立在理性基础上。

四、法与原始社会规范的区别

法与原始社会规范都是一定社会经济基础之上的上层建筑,两者有着许多共同点:

1. 两者都属于社会规范,是调整一定社会关系和社会秩序的重要手段;

2. 都要求人们普遍遵守,并且有一定约束力;

3. 都根源于一定的社会物质生活条件,由各自的经济基础所决定。

但两者又有根本的区别,主要表现在:

1. 两者产生的方式不同。法是由国家制定或认可的;原始社会规范是人们在长期的共同生产和生活过程中自发形成的。

2. 两者反映的利益和意志不同。法反映统治阶级的利益和意志;原始社会规范反映原始社会全体成员的利益和意志。

3. 两者保证实施的力量不同。法是以国家强制力保证实施的;原始社会规范是依靠社会舆论的力量、传统力量和氏族部落领袖的威信保证实施的。

4. 两者适用的范围不同。法适用于国家主权所及的地域内的所有居民;原始社会规范只适用于同血缘的本氏族部落成员。

总的来说,法的产生是一个长期的社会历史过程,有其独特的发展规律,这主要表现在以下几方面:

1. 法的产生经历了从个别调整到规范性调整、一般规范性调整到法的调整的发展过程。原始社会初期的社会调整往往是个别调整,即针对具体人、具体行为所进行的只适用一次的调整。当某些社会关系发展为经常性、较稳定的现象时,人们为提高效率、节约成本而为这一类社会关系提供行为模式,于是个别调整便发展为规范性调整,即统一的、反复适用的调整。以后随着社会的发展,社会形成两个利益对立的阶级,统治阶级需要一种特殊的社会规范来维护其利益,迫使社会成员按照统治阶级意志行事,于是法的调整从一般的规范性调整中分离出来,法的调整逐渐成为社会关系的主要调整方式。法的调整的主体是政治社会中最具权威的组织——国家,国家创制法并保证法的实施。

2. 法的产生经历了从习惯到习惯法、再由习惯法到制定法的发展过程。原始社会时期的社会规范主要是习惯,随着私有制和阶级的形成,习惯打上了阶级的烙印,具有了阶级性,逐渐转变为习惯法。统治阶级有选择地利用原有的习惯,由国家加以确认,使之成为对本阶级有利的社会规范,而赋予法的效力,从而形成最早的习惯法。随着社会关系的复杂化和社会文明的发展,国家机关根据一定的程序把体现统治阶级意志和利益的规范以明确的文字形式表现出来,逐渐产生了制定法。最早的制定法,主要是习惯法的整理和记载,还有个别立法文件和最主要的判决的记载。以后,国家适应社会需要主动地制定新的法律规范,制定法成为法的主要渊源。因此,法的产生过程,是一个由简单到复杂、由不完善到完善、由自发形成到自觉形成的长期发展过程。

3. 法的产生经历了法与宗教规范、道德规范的浑然一体到法与宗教规范、道德规范的分化进而相对独立的发展过程。原始社会的习惯融道德、宗教等社会规范于一体,国家产生之初的习惯法与宗教规范、道德规范等没有明显的界线,三者相互渗透、浑然一体。随着社会的进化、法的发展成熟,法与道德规范、宗教规范开始分化,法在调整方式、手段、范围等方面自成一体、相对独立,在社会调整体系中占有独特的地位,发挥特殊的作用。

第二节　法发展的简要情况

法律的历史与文明的发展密切相关。可追溯到公元前 3000 年的古埃及法律中"Ma'at"的概念,这一概念中蕴含着传统、修辞、社会平等和公正的特征。① 到公元前 22 世纪,古代苏美尔统治者乌尔纳姆(Ur-Nammu)制定了第一部法律法规,其中包含了诡辩语句("如果……那么……")。公元前 1760 年左右,汉谟拉比国王进一步发展了巴比伦法律,将其编纂并刻在石头上。汉谟拉比在整个巴比伦王国放置了几份他的法典副本作为石碑,供全体公众查看,这被称为《汉谟拉比法典》。这些石碑中现存最完整的副本是在 19 世纪由英国亚述学家发现的,此后被完全音译并翻译成多种语言,包括英语、意大利语、德语和法语。②

很多西方国家的法律发展史都受到了基督教《旧约》的深重影响。而《旧约》的历史可以追溯到公元前 1280 年,其以道德命令的形式作出

---

① See generally Théodoridés, "Law", *Encyclopedia of the Archaeology of Ancient Egypt*.

② M.E.J.Richardson, *Hammurabi's Laws: Text, Translation and Glossary*, T&T Clark, 2005, p.11.

对良好社会的建议。《旧约》中的很多道德律令在法律中都有所体现。

公元前 8 世纪左右的希腊小城邦古雅典是第一个以其公民的广泛包容性为基础的社会,虽然不包括妇女和奴隶阶级。然而,雅典却没有法律科学或"法律"一词,而是依靠神法（thémis）、人类法令（nomos）和习俗（díkē）来维持社会秩序,并将这三者进行有机结合,加以运用。① 不可否认的是,古希腊法律包含了民主发展中的重大宪法创新,为后世民主性法律的发展打下了基础。②

罗马法深受希腊哲学的影响,但其详细规则是由专业法学家制定的,而且非常复杂。③ 在罗马帝国兴衰之间的几个世纪里,法律适应了不断变化的社会形势,并在狄奥多西二世和查士丁尼一世的统治下进行了重大的编纂。罗马法作为一种法律体系,影响了世界范围内法律的发展。它还构成了欧洲大陆大多数国家的法律法规的基础,并在创造共同的欧洲文化理念方面发挥了重要作用。④ 虽然在中世纪早期,罗马法的法典化传统被习惯法和判例法所取代,但在 11 世纪左右,当中世纪的法律学者开始研究罗马法典并将罗马法中的概念适应教规时,罗马法被重新发现,催生了欧洲普通法（*jus commune*）。众多拉丁法律格言（被称为 *brocards*）被编纂为法律指南。在中世纪的英格兰,皇家法院发展出了一系列的遵循判决先例的规则,后来形成了普通法的传统。随后,整个欧洲的商业习惯法（Law Merchant）形成了,使得商人可以按照共同的实践标准进行交易,而不是按照当地法律的许多支离破碎的规定进行交易。商业习惯法作为现代商法的先驱,强调了自

---

① J.P.Mallory, "Law", in *Encyclopedia of Indo-European Culture*, Routledge, 1977, p.346.

② Josiah Ober, *The Nature of Athenian Democracy*, Princeton University Press, 1996, p.121.

③ J.M.Kelly, *A Short History of Western Legal Theory*, Clarendon Press, 1996, p.39.

④ Peter Stein, *Roman Law in European History*, Cambridge University Press, 1999, pp.104-107.

由和财产的可转让性。① 随着民族主义在 18 世纪和 19 世纪的高涨,
商业习惯法被纳入了欧洲各国的新的民法典之中。在这个时期,法国
的各类法典以及德意志的各类法典成为了欧洲大陆最具影响力的法律
规范。与由大量判例法组成的英国普通法相比,欧洲成文法更容易被
输出,也易于被法官适用。然而,今天有迹象表明,法典法传统和普通
法传统中的要素正在趋同。② 比如,欧盟法律的编纂是通过成文法式
的条约编纂进行的,但在实践中的发展却是通过欧洲法院形成事实上
的(*de facto*)判决先例而完成的。③

相比起西方法律的发展而言,东方法律的发展则具有自己的特色。

古印度和中国代表了不同的法律传统,历史上有着独立的法律理
论和实践流派。在印度,奠基性的法律典籍有《政事论》(*Arthashastra*)
(可能在公元 100 年左右被编译,尽管其中包含有较旧的材料))和
Manusmriti(公元 100—300 年),它们被认为是权威法律指导的文本。④
古印度摩奴法典的制定者摩奴(Manu)信奉的哲学是宽容和多元主义,
并在整个东南亚被引用。⑤ 今天,印度宪法是一个全世界最长的成文
宪法,共包含 444 条、12 个附表、众多修正案和 117369 字。

在穆斯林征服印度次大陆期间,伊斯兰教法对东方产生了巨大的
影响。伊斯兰教法是由穆斯林各个苏丹国和各个帝国建立的,最著名
的是莫卧儿帝国的"Fatawa-e-Alamgiri",该教法由奥朗则布皇帝(Au-

---

① Clarke,M.A.;Hooley,R.J.A.;Munday,R.J.C.;Sealy,L.S.;Tettenborn,A.M.;Turner,P.
G.,*Commercial Law*,Oxford University Press,2017,p.14.

② Ugo Mattei,*Comparative Law and Economics*,University of Michigan Press,1998,p.71.

③ Karen McAuliffe,Precedent at the Court of Justice of the European Union:The Linguistic
Aspect,in *Law and Language:Current Legal Issues*,Oxford University Press,2013,15(29).

④ Patrick Olivelle,*Manu's Code of Law*,Oxford University Press,2004. pp.18-25.

⑤ Patrick Glenn,*Legal Traditions of the World: Sustainable Diversity in Law*,5th edition,
Oxford University Press,2014,p.276.

rangzeb)和诸多伊斯兰教学者编写。① 当印度成为大英帝国的一部分
时,印度教法律传统和伊斯兰教法都被普通法所取代。② 由于种种历
史原因,马来西亚、文莱、新加坡也采用了普通法制度。而在东亚,法律
传统则反映了世俗和宗教影响的独特融合。③ 比如,日本是第一个开
始沿西方路线开始其法律体系现代化进程的国家,其法律制度的发展
部分借鉴法国,但主要是借鉴德国民法典。④ 这在一定程度上反映了
一个事实:德国在 19 世纪后期获得了世界崛起大国的地位。同样,在
中国,清朝末年,当时的中国传统法律以六项私法典的形式开始了西化
的过程,而这六部重要法典的编纂走的实际上是日本借鉴德国法律的
模式。⑤ 新中国 1949 年成立之后,最初的法律建设受到了苏联社会主
义法律的影响,而苏联法律的一个重要特点就是以牺牲私法为代价扩
张行政法的适用范围。⑥ 随着中国工业化的快速发展和改革开放的不
断深入,今天的中国正在经历着法律变革的时期。1999 年新的《合同
法》的颁行就代表着私法的觉醒。此外,经过持续 15 年的长期谈判之
后,中国于 2001 年加入了世界贸易组织,这对于中国法律的发展无疑
起到了巨大的推动作用。今天,中国法律正在朝着现代化、科学化、规
范化、系统化的方向大步前进着。

---

① Chapra, Muhammad Umer, *Morality and Justice in Islamic Economics and Finance*, Edward Elgar Publishing, 2014, pp.62-63.

② Patrick Glenn, *Legal Traditions of the World：Sustainable Diversity in Law*, 5th edition, Oxford University Press, 2014, p.273.

③ Patrick Glenn, *Legal Traditions of the World：Sustainable Diversity in Law*, 5th edition, Oxford University Press, 2014, p.287.

④ Patrick Glenn, *Legal Traditions of the World：Sustainable Diversity in Law*, 5th edition, Oxford University Press, 2014, p.305.

⑤ Patrick Glenn, *Legal Traditions of the World：Sustainable Diversity in Law*, 5th edition, Oxford University Press, 2014, p.307.

⑥ Patrick Glenn, *Legal Traditions of the World：Sustainable Diversity in Law*, 5th edition, Oxford University Press, 2014, p.307.

第六章　法与其他社会现象

第一节　法与文化

在市场经济蓬勃发展的今天,法治在发展和解放社会主义生产力和保障公民权利中的作用越来越重要。所以,党的十六大报告继续强调"依法治国是党领导人民治理国家的基本方略",并指出其三个必要性——依法治国是"发展市场经济的客观需要","社会文明进步的重要标志"以及"国家长治久安的重要保障"。而"依法治国,建设社会主义国家"的前景在很大程度上有赖于一个社会的法律文化。

一个社会立法的价值取舍、立法之内容及水平,执法的力度,守法的状态,监督机制的完备与否,是这个社会法治化程度的重要标志。同时,从另一个角度看,也是这个社会的法律文化的主要体现。法律文化与社会的法治化程度是密切联系的,甚至可以说有什么样的法律文化,就有什么程度的法治状态。法律文化是社会法治的内在精神要素,而法治又是社会主义市场经济客观规律的内在要求,因此,社会主义市场经济与法律文化有着密不可分的关系。

一、社会主义市场经济决定法律文化的变化

马克思主义关于社会基本矛盾及其推动社会发展的理论认为:社

会基本矛盾运动是推动人类社会发展的根本动力。而生产力的发展则是社会基本矛盾运动的原动力,是决定人类社会发展的最终动因,具有永恒的进步性。生产关系和生产力、上层建筑和经济基础的矛盾仍然是社会主义社会的基本矛盾。这是不以人们意志为转移的客观存在。只是由于社会主义社会消灭了剥削制度和剥削阶级,使社会主义社会的基本矛盾具有不同于资本主义社会基本矛盾的性质。生产关系和生产力、上层建筑和经济基础是基本相适应的,在一定的时期和一定的条件下,有力地推动了生产力迅速发展。我国社会主义社会的基本矛盾的性质决定了我国经济体制改革的道路和方式,社会主义市场经济法律文化才逐渐有了根植的土壤。一般来说,经济的市场化必然伴随着社会的法治化,同时也会产生与之相适应的法律文化。

因为经济及社会结构或社会发展水平的不同,历史传统的差异,不同历史时期的不同国家或民族的法律文化往往具有不同的特点和属性。而与社会生产力发展水平相适应并代表社会经济结构发展方向的经济构成又决定着法律文化的发展趋势。我国的社会主义市场经济是与社会生产力发展水平相适应并代表我国社会经济结构发展方向的经济模式,所以它决定着法律文化的发展趋势,决定着必须与之相适应的法律文化或早或迟会随之变化。

社会主义市场经济是以先进技术武装起来的社会化、集约化、国际化、大生产的现代市场经济,公有制成份为主、多种经济成分并存,提倡效率、竞争,推崇公正、共同富裕的社会主义性质的市场经济。社会主义市场经济是严格按照体现人民意志、反映社会主义市场经济规律的法治经济,绝非像有的人所想象的那样是什么无法无天的经济、为所欲为的经济、坑蒙拐骗的经济、唯利是图的经济。社会主义市场经济与其他市场经济一样,必须有与之相适应的法律加以规范、引导、制约和保障。没有规矩,不成方圆。市场经济渴望法治、呼唤法治。同时又呼唤与之相适应的法律文化。这不仅是市场经济客观规律的内在要求,也是国家社会稳定、政治稳定的客观需要,是我国社会主义市场经济与国际市场、国际经济接轨的客观需要。所以,不仅建立、完善社会主义市场经济法律制度具有紧迫性,建立与之相适应的法律文化更具有紧迫性和必要性,即建立社会主义市场经济法律文化。由此可见,社会主义市场经济的建立与发展,必须是与社会主义市场经济法律制度的建立与完善密切相关的,也是与之相适应的法律文化的形成和发展密切相关的。也就是说,社会主义市场经济的建立、完善和发展决定社会主义市场经济法律文化的形成和发展。

反过来说,社会主义市场经济法律文化的形成和发展又有赖于社会主义市场经济的建立、完善和发展。法律文化具有发展性,它随着人类社会的发展而发展。

市场经济是法治经济,市场经济与其说是一种现代经济体制和模式,不如说是阶级社会先进生产力的特殊载体和外现形态。社会主义市场经济法律文化离不开与先进生产力相适应的物质基础,社会主义市场经济法律文化及社会主义法治必须建立在社会主义市场经济的基础上,法治及观念形态的法律文化实际上是市场经济的反映装置、维持装置和推进装置。没有市场经济就没有近代和现代法治,就没有作为法治前置条件的近代和现代法律文化。没有社会主义市场经济就没有社会主义法治,也就没有作为社会主义法治前置条件的社会主义市场经济法律文化。一个社会法治化程度在很大程度上依赖于经济的市场化。市场经济愈发达,法治愈发展,作为法治前置条件的法律文化也随之而发展。社会主义市场经济法律文化是在社会主义市场经济的发展和完善过程中根植和培育的,所以说,社会主义市场经济法律文化的形成和发展有赖于社会主义市场经济的建立、完善和发展。

任何社会的经济基础发展变化总是决定与之相适应的上层建筑发展变化,这是历史发展充分实践的不争事实。法律文化的变化总是与社会经济形态和政治结构的变革相伴随,这一规律与马克思主义关于经济基础决定上层建筑的基本原理是完全一致的。所以说,社会主义市场经济决定法律文化的变化,即社会主义市场经济的确立、完善和发展决定社会主义市场经济法律文化的形成和发展。

二、社会主义市场经济受法律文化的影响和制约

社会主义市场经济与计划经济截然不同,它是一种法治经济,这就决定了社会主义市场经济法律模式是一种法治模式。之所以如此,这是社会主义与市场经济内在规律相统一的必然要求。离开了法治,社会主义市场经济就无法形成和发展。社会主义市场经济是法治经济,关键的是它的经济秩序是通过法律来形成和维持的,或者说,是一种法律秩序。要使社会主义市场经济生活秩序正常化,社会主义市场经济法律制度有效运转和法律秩序有序化,就离不开法治,也离不开作为法治前置条件的法律文化。特别是在经济体制转轨处于关键时刻的今天,为了堵塞不法之徒可以利用的法律漏洞,杜绝权力进入市场、权钱交易现象得以滋生的条件,防止计划经济的弊端和市场经济的消极面结合起来成为一种落后经济的可能性产生,使社会主义市场经济健康有序地发展,社会主义市场经济不仅需要法治,更需要与之相适应的法律文化。因为法律文化是文化的一种具体形态,它反映的是法律生活中群体化的思想观念、理想人格、行为趋向、情感倾向。它是社会群体关于权利与义务的价值选择、思想模式、情感模式和行为模式。法律文化是人们对法律的情感和需求的观念模式的沉淀。实际上,只有人们

的思想观念和情感对法律有自觉的需求时,社会群体的行为模式自觉选择法律时,法律才会被人们自觉遵守,法治才能真正实现。所以,社会主义市场经济更需要与之相适应的法律文化。

这是因为法律的运行必须要有文化的支持。法律的生命深藏于文化之中。对于世界和社会秩序的看法决定了社会权力的分配,决定了社会制度的确立。法律的运行并不是国家单方面的行为,更多的是整个社会,包括个人、社会、组织和国家机构按照各自对法律的理解和态度所进行的法律生活。因此,法律的运行不仅仅是国家意志的实现,从更大环境来说,也是文化的实现。社会主义市场经济是法治经济,要使这种法治经济能实现,就必须要有与之相适应的法律文化的支持,如果没有与之相适应的法律文化的支持,社会主义市场经济的发展必然受制约,社会主义市场经济生活秩序也要受影响。也就是说,法律文化适应社会主义市场经济时,法律文化就能维护社会主义市场经济生活秩序,就能促进社会主义市场经济正常、健康、迅速地发展;如果法律文化不适应社会主义市场经济时,法律文化就会影响和制约社会主义市场经济的发展。所以说,社会主义市场经济受法律文化的影响和制约。

社会主义市场经济与法律文化的关系,证实了法律文化对法律实践的潜在指引作用和对社会主义市场经济的作用与反作用,所以我们要重视建立和发展这种与社会主义市场经济相适应的法律文化。随着我国社会主义市场经济的完善和发展,特别是建立"社会主义法治国家"目标的确立,培植与之相适应的法律文化已是势在必行。由于社会主义市场经济体制的本质是一种以人格实质平等和独立为基础的社会秩序,因而与之相适应的法律文化只能是一种以历史唯物主义为指导,以个人权利为本位,以符合社会活动规律的法律制度为行为规范、为基本内容的法律文化。这是不同于我国目前已有的法律文化而亟须发展的新型法律文化,即社会主义市场经济法律文化。因此,建立、完善和发展社会主义市场经济必须建立和发展社会主义市场经济法律文化。只有这样,我国的社会主义国家才能成为文明的法治国家,我国的社会主义市场经济才能成为文明的法治经济。

第二节　法与道德

法是国家制定或认可并由国家强制力保证其实施的行为规范的总和。道德是评价人们行为的善与恶、光荣与耻辱、正义与非正义的行为规范的总和。道德与法律是社会规范最主要的两种存在形式,是既有区别又有联系的两个范畴。

一、法与道德的区别

二者的区别至少可归结为:

1. 产生的条件不同。原始社会没有现代意义上的法律,只有道德规范或宗教禁忌,或者说氏族习惯。法律是在原始社会末期,随着氏族制度的解体以及私有制、阶级的出现,与国家同时产生的。而道德的产生则与人类社会的形成同步,道德是维系一个社会的最基本的规范体系,没有道德规范,整个社会就会分崩离析。法是阶级社会所特有的历史现象,始终具有阶级性。道德则贯穿于整个人类社会,在原始社会和将来的共产主义社会中,道德不具有阶级性;只在阶级社会中,道德才具有阶级性。

2. 表现形式不同。法律是国家制定或认可的一种行为规范,它具有明确的内容,通常要以各种法律渊源的形式表现出来,如国家制定法、习惯法、判例法等。而道德规范的内容存在于人们的意识之中,并通过人们的言行表现出来。它一般不诉诸文字,内容比较原则、抽象、模糊。总的来说,法通常由国家制定的宪法、法律、法规等规范性文件和国家认可的习惯表现出来,成为国家意志。道德通常存在于人们的意识中,是通过社会舆论确立的。只有统治阶级的意志才能成为法,因而一国内的法律是统一的。而道德则不然,不同的阶级有不同的道德。统治阶级的道德与被统治阶级的道德常常是相互对立的,而居于支配地位的总是统治阶级的道德。

3. 调整范围不尽相同。从深度上看,道德不仅调整人们的外部行为,还调整人们的动机和内心活动,它要求人们根据高尚的意图而行为,要求人们为了善而去追求善。法律尽管也考虑人们的主观过错,但如果没有违法行为存在,法律并不惩罚主观过错本身,即不存在"思想犯";从广度上看,由法律调整的,一般也由道德调整。当然,也有些由法律调整的领域几乎不包括任何道德判断,如专门的程序规则、票据的流通规则、政府的组织规则等。在这些领域,法律的指导观念是便利与效率,而非道德。法与道德调整的范围不完全相同。有些关系只宜由道德来调整,不宜由法来调整(如爱情关系、友谊关系)。有些问题必须由法来规定,而不属于道德评价的范围(如国家机关的职权划分,诉讼程序上关于计算期限等规定)。更多的社会关系由法和道德共同调整,但具体的要求可能又各有不同。

4. 作用机制不同。法具有鲜明性的特点。它是人人必须遵守的行为准则,依法作为或不作为,就会产生法律上的权利与义务。所以,法所规定的许可、命令和禁止必须明确、具体。而道德规范往往只就人们行为作一般原则性的规定,不像法律规范那样明确、具体。法律是靠国家强制力保障实施的,违法行为会引起相应的法律制裁;而道德主要靠社会舆论和传统的力量以及人们的自律来维持。不道德行为会受到人们的谴责,从一定意义上说,这也是一种强制,但同国家强制有重大区别。

5. 内容不同。法律是以权利义务为内容的,一般要求权利义务对等,没有无权利的义务,也没有无义务的权利。而道德一般只规定了义务,并不要求对等的权利。比如说,面对一个落水者,道德要求你有救人的义务,却未赋予你向其索要报酬的权利。向被救起的落水者索要报酬往往被视为不道德。

二、法与道德的联系

道德与法律又是相互联系的。它们都属于上层建筑,都是为一定的经济基础服务的。它们是两种重要的社会调控手段,自人类进入文明社会以来,任何社会在建立与维持秩序时,都不能不同时借助于这两种手段,只不过有所偏重罢了。两者是相辅相成、相互促进、相互推动的。其关系具体表现在:

1. 法律是传播道德的有效手段。道德可分为两类:第一类是社会有序化要求的道德,即社会要维系下去所必不可少的"最低限度的道德",如不得暴力伤害他人、不得用欺诈手段谋取利益、不得危害公共安全等;第二类包括那些有助于提高生活质量、增进人与人之间紧密关系的原则,如博爱、无私等。其中,第一类道德通常上升为法律,通过制裁或奖励的方法得以推行。而第二类道德是较高要求的道德,一般不宜转化为法律,否则就会混淆法律与道德,结果是有些被转化成法律的道德要求将由于标准太高而无法执行。法律的实施本身就是一个惩恶扬善的过程,不但有助于人们法律意识的形成,还有助于人们道德的培养。因为法律作为一种国家评价,对于提倡什么、反对什么,有一个统一的标准;而法律所包含的评价标准与大多数公民最基本的道德信念是一致或接近的,故法的实施对社会道德的形成和普及起了重大作用。

2. 道德是法律的评价标准和推动力量,是法律的有益补充。第一,法律应包含最低限度的道德。没有道德基础的法律,是一种"恶法",是无法获得人们的尊重和自觉遵守的。第二,道德对法的实施有保障作用。"徒善不足以为政,徒法不足以自行"。执法者的职业道德的提高,守法者的法律意识、道德观念的加强,都对法的实施起着积极的作用。第三,道德对法有补充作用。有些不宜由法律调整的,或本应由法律调整但因立法的滞后而尚"无法可依"的,道德调整就起了补充作用。

3. 道德和法律在某些情况下会相互转化。一些道德,随社会的发展,逐渐凸显出来,被认为对社会是非常重要的并有被经常违反的危险,立法者就有可能将之纳入法律的范畴。反之,某些过去曾被视为不道德的因而需用法律加以禁止的行为,则有可能退出法律领域而转为道德调整。

总之,法律与道德是相互区别的,不能相互替代、混为一谈,也不可偏废,所以单一的法治模式或单一的德治模式不免有缺陷;同时,法律与道德又是相互联系的,在功能上是互补的,都是社会调控的重要手段,这就使得德法并治模式有了可能。

第三节　法与宗教

法律与宗教都是规制人们行为的社会规范。在现代的今天,我们似乎可以很清晰地区分法律与宗教:法律解决现实问题,宗教负责精神领域;法律具有强制性,而宗教是信仰自由。但在历史上的很长一段时间里,法律和宗教是高度交织在一起的。尤其在漫长的中世纪,当基督教成为欧洲很多国家的国教时,以基督教教义为指导的教会在国家政治生活中扮演着非常重要的角色。

政教分离的步伐从 1075 年才开始,欧洲世界从此逐渐将法律和宗教分别归于了两个不同的领域,宗教逐步开始退出世俗社会。对于中国现代的法律和宗教关系观影响非常深刻的是美国著名法学家伯尔曼,他在 20 世纪 70 年代形成的演讲集《法律与宗教》中指出,法律不只是一套规则,它是人们进行立法、裁判、执法和谈判的活动。它是分配权利与义务并据以解决纷争、创造合作关系的活生生的程序。宗教也不只是一套信条和仪式,它是人们表明对终极意义和生活目的的一种集体关切——它是一种对于超验价值的共同直觉与献身。法律有助于为社会提供维持其内部团结所需要的结构和完型;法律以无政府状态为敌。宗教则有助于给予社会它面对未来所需要的信仰;宗教向颓废开战。法律以其稳定性制约着未来;宗教则以其神圣观念向所有既存社会结构挑战。然而,它们同时又互相渗透。一个社会对于终极之超验目的的信仰,当然会在它的社会秩序化过程中显现出来,而这种社会秩序化的过程也同样会在它的终极目的的意识里看到。法律赋予宗教以其社会性,宗教则给予法律以其精神、方向和法律获得尊敬所需要的神圣性。在法律与宗教彼此分离的地方,法律很容易退化成为僵死的法条,宗教则易于变为狂信。①

可以肯定的是,无论在东方还是西方,无论是中国还是其他国家,法律自诞生之日起,在其发展的每一个环节中,都受到过宗教深刻的影响。因此,法律和宗教总是存在着一些共同的要素,比如仪式性、权威性、传统性和普遍性。所有的宗教中都存在着法律的要素,没有这些要

---

① 参见[美]伯尔曼:《法律与宗教》,梁治平译,中国政法大学出版社 2003 年版。

素,宗教就会退化为迷信,而所有的法律中也都含有宗教中的仪式性、权威性和传统性,没有这些要素,法律就会变成僵化的教条。法律和宗教都是人类历史上最为古老而普遍存在的一种社会建构,"是社会经验的两个向度","任何一方的繁盛发达都离不开另外的一方","没有(我所谓)宗教的法律,会退化成一种机械的法条主义。没有(我所谓)法律的宗教,则会丧失其社会有效性"。①

第四节　法与经济

"经济"一词的含义很广,因此人们经常从不同的意义和角度使用这一概念。本章将从广义上使用"经济"这一概念,既指物质资料的生产,也指各种经济制度。马克思主义法学十分重视法与经济的关系,并提出了很多有价值的重要观点,为世人所称道,并为世界法学宝库的丰富作出了重要贡献。

一、法与生产力

(一)发展生产力是法的首要目的

人类生活在这个世界上,要能活下去并生活得好,首先要从事物质资料的生产。人的生存与发展有许多需求,包括享有物质的与精神的文明成果以及制度方面的文明成果,但首要的需求是解决自己的衣食住行问题。这是人类生活的第一需要。同时,在任何社会中,生产力始终是最活跃、最革命的要素,物质资料的生产又是整个社会发展的基础,物质文明是精神文明与制度文明进步的主要动力。恩格斯说:"马

---

① ［美］伯尔曼:《法律与宗教》,梁治平译,中国政法大学出版社2003年版,第1页。

克思发现了人类历史的发展规律,即历来为繁茂芜杂的意识形态所掩盖着的一个简单事实:人们首先必须吃、喝、住、穿,然后才能从事政治、科学、艺术、宗教等等……"①因此,发展生产力是法的首要目的。

马克思主义的一个基本观点是,衡量政策、制度和法律好坏的主要标准,是看它们促进还是阻碍当时当地生产力的发展。对社会主义法律也应作这样的评价。邓小平在理论上的一个重大贡献是关于社会主义本质的学说,即它的本质是解放生产力、发展生产力、消灭剥削、消除两极分化,最终达到共同富裕。他同时提出了三个"有利于"(即是否有利于生产力的发展、是否有利于综合国力的增强、是否有利于人民生活水平的提高)作为政策、法律和制度好坏的标准。不仅直接调整各种经济关系的法律,而且调整并非经济关系的各种社会关系的法律,都应坚持这一标准。

"法的生产力标准"的提出,是对法的本质与作用理论的重大发展。它的产生,同对"以阶级斗争为纲"的反思和否定,是联系在一起。中国在"文革"期间,其理论是"宁要社会主义的草,不要资本主义的苗",其后果人所共知。因此邓小平提出"贫穷不是社会主义",党和国家全部工作都要以"经济建设为中心"。而实行"一国两制"的一个根本出发点,是保持香港的繁荣稳定。由于它能做到这一点,资本主义的香港可以 50 年不变,50 年后也没有理由变。

(二)生产力的发展是法发展的主要的和最终的决定力量

社会经济要发展,就必须进行物资资料的生产、流通、交换和分配。这就出现各种经济关系需要法去调整,这是法存在的一个重要根据。同时,生产力的发展又是法由低级向高级发展的主要的和最终的决定

---

① 《马克思恩格斯选集》第 3 卷,人民出版社 1972 年版,第 574 页。

力量。第一,生产力的发展推动生产、流通、交换、分配方式的变化和由低级向高级的演变,从而推动法的内容与形式的发展变化。第二,在经济关系和其他社会关系的相互作用中,经济关系的影响起主导作用。生产力通过影响经济关系反作用于其他社会关系而推动法的内容与形式的发展。第三,生产的发展水平直接影响法的发展水平。例如,在奴隶社会和封建社会,由于生产力发展水平不高,因而在中国就出现"刑民不分"和"诸法合体"现象。近代工业社会的产生,使民商法成了法的重要部门,法的部门法划分逐步形成。而知识产权法、航空法、核工业法等法的出现则是现代科技进一步发展的产物。第四,生产力的不断提高,还直接或间接引起人们法的观念的发展变化。在人们吃不饱穿不暖的条件下,他们从事政治、法律活动的条件和兴趣,都会受到极大的限制。"仓廪实,知礼节;衣食足,知荣辱",好的生产生活水平,有利于提高人们的道德水准和守法观念。

二、法与生产关系

(一)法与生产关系的一般原理

法是社会关系的调节器。社会关系是多种多样的,如经济关系、政治关系、文化科学教育关系、民族关系、家庭关系、宗教关系等。这些不同性质的社会关系是相互影响与制约的。其中经济关系的影响与制约在总体上起主导作用。原因就在于人首先要吃饭穿衣,而经济关系对生产力的发展起着直接的决定性的作用。马克思主义从经济基础决定上层建筑的原理出发,又提出了法决定于经济基础、法的不同社会性质及类型主要是由经济基础所决定的原理。这一原理的理论依据,就是经济关系在诸多社会关系的相互作用中起主导作用。马克思主义认为,法的历史类型有奴隶制法、封建制法、资本主义法和社会主义法,其依据和划分标准由该时代不同生产关系的性质所决定。这一原理的实践意义,就是要重视法与经济关系的作用与反作用,并把两者的关系放在一个十分重要的地位来加以研究和处理。

（二）生产关系变化的主客观因素

生产关系(即经济制度)的内容是广泛的,主要包括生产资料的所有制关系、流通关系、交换关系、分配关系以及生产组织中人与人的关系等。这种种关系形成制度后(主要通过法律手段),就构成一定社会的经济制度。生产关系中诸要素是相互依存、相互促进和相互制约的。其中生产资料所有制关系起着基础性、决定性的地位和作用。从总体上说,有什么样的所有制形式,就会有什么样的流通、交换、分配的形式和人与人在生产中的不同地位。其次是产品的交换形式。历史上出现过自然经济、简单商品经济、商品经济、市场经济、计划经济。它主要是依照不同交换形式所作的一种分类。一般说,商品经济是相对于自然经济而言,市场经济是相对于计划经济而言。在奴隶社会和封建社会里,以自给自足的自然经济占主导地位,以简单商品经济为补充,其特点是"为买而卖",以使用价值的交换为目的。在资本主义制度下,商品经济具有普遍意义,其特点是"为卖而买",以追求利润为目的。从一定意义上看,市场经济是商品经济发展到一定阶段的产物,其特点是以市场对资源配置起基础性作用,实行利益主体多元化、经济产权明晰化、运行机制竞争化、市场行为规范化、宏观调控科学化等。生产资料所有制和商品交换形式的发展演变,是一个由低级形态向高级形态的上升过程,它的根本推动力量是生产力的发展与提高,同时又受经济自身的价值、竞争等规律以及生产关系必须适应生产力的发展水平等规律所决定。人们不能改变这些规律,但可以认识和运用这些规律以改革生产关系。中国自 1978 年开始改革单纯的全民所有制和集体所有制为以公有制为主体、多种所有制经济共同发展,由实行计划经济转变为实行市场经济,就是例证。这同生产力的发展变化有很大不同。生产力的提高虽然也是人们自觉活动的产物,但它受各种复杂条件的限制,不像改变生产关系那样可以有那样大的自由度。这就决定了法在改革经济制度中有很大的作用。

(三)经济制度在终极意义上是手段而不是目的

当人们将改变所有制形式、商品交换形式等经济制度作为一项任务时,它是目的。但从人类的最终需求的意义上看,所有制形式和商品交换形式本身只是手段,其目的是解放和发展生产力,提高人们的物质生活水平。理由是,首先,人类的需求,主要包括两方面,一是要求享有最好的物质文明与精神文明(如文化、艺术、科学、教育)的成果;二是人的全面解放,人人自由、人人平等,这是从制度文明和人与人的相互关系来说的。其次,根据马克思主义关于生产关系与生产力相互关系的原理,生产力发展水平决定生产关系的形式,生产关系必须适应生产力的发展要求,两者是形式与内容、手段与目的的关系。归根到底,生产关系是为生产力的发展和人们生活水平的提高服务的。一个国家、一个时期,采取什么所有制形式,是计划多一点还是市场多一点,一切应取决于是否有利于生产力的发展。再次,从"共同富裕"这一终极目的看,分配形式也是手段,分配形式应当也能够具有多样性和可选择性。把生产关系看作形式和手段而不是终极目的,有利于我们深入进行经济体制改革。这样的观念,是法学家和法律实务家应当研究和把握的。法是内容与形式的统一。我们不仅要合理地运用法律确认和保护现行经济制度,而且要科学地运用法律手段促进经济体制的改革,以解放和发展生产力作为根本出发点,而不应以某种所有制的固有模式作为目的本身,束缚经济体制的改革。党的十五大确认公有制可以有多种实现形式,就是体现了这一原则。这一精神也是立法时应当理解和贯彻的。

三、法与商品经济——市场经济的关系

（一）商品交换与法的产生

法的产生是一个从无到有,从简单到复杂,从低级到高级的长久发展过程。它经历了由自发到自觉,由习惯到习惯法,由个别调整到一般调整,而后成文法出现的演变。广义上的法根源于人类社会各种社会关系和社会矛盾,它们在客观上要求一种人人都需遵守的行为规则加以调整。人类要生存和发展,生产和交换是一种最基本的实践活动。随着人类社会早期生产力发展引起的社会三次大分工,生产交换日益经常化,逐步形成了"契约"这种法的重要形式。历史表明,法的起源有其深刻的社会经济根源,其中商品交换是个重要的社会因素和条件。正如马克思所指出:"先有交易,后来才由交易发展为法制。我在分析商品流通时就指出,还在不发达的物物交换情况下,参加交换的个人就已经默认彼此是平等的个人,是他们用来交换的财物的所有者;他们还在彼此提供自己的财物,相互进行交易的时候,就已经做到这一点了。这种通过交换和在交换中才产生的实际关系,后来获得了契约这样的法的形式,等等。"①在原始社会里,纠纷的解决主要依靠氏族酋长个人的威望,后来逐渐靠规则。到了父系氏族末期,对违约者可拘禁、出卖、罚为家奴或处死。对此,恩格斯曾指出:"后世的立法,没有一个像古雅典和古罗马的立法那样残酷无情地无可挽救地把债务者投在高利贷债权者脚下,——这两种立法,都是纯粹由于经济强制,作为习惯法产

---

① 《马克思恩格斯全集》第19卷,人民出版社1963年版,第423页。

生的。"①但是应当注意,这里所说的契约,其内容主要是经济的,它只是法的一种形式,是法的一个方面的内容,不能等同于法。因此可以说,商品交换是法产生的一个重要根源,但不能由此归结为法律产生于商品交换,商品交换出现以前没有法。原因之一在于,契约是法的一种形式,但不能等同于法。

(二)商品经济——市场经济与法的发展

商品经济——市场经济是推动法律丰富、发展、进步的一个十分重要的社会基础和经济动力,这可以从西方与东方不同的法律历史传统中明显地看出。

西方古代的法以罗马法最具代表性。它同当时各国的民商法律相比较,内容丰富,形式科学、体系完备。它对商品经济中的各种社会关系,都有详尽规定。该法有关物权、债权、继承权和亲权的规范,都全面反映了当时商品经济的性质和要求;它的规范结构严谨、概念清晰,法律后果明确。当时五大著名法学家的有关理论及其著作,甚至被确认为同法律具有同等的效力。罗马法产生的背景就是当时古罗马商品经济的繁荣和发达,已出现了专门从事工业和商业的富有阶层,商品经济已扩展到地中海沿岸各国。

资产阶级革命取得胜利后,1804 年的《法国民法典》,被普遍认为是典型的资产阶级社会的法典。拿破仑为了制定该法典,曾先后召开80 多次讨论会,其中有 40 多次由他亲自主持。该法典共 2281 条,内容完备,体系严谨,所有权无限制使用、契约自由和过错责任原则,贯穿其中;体现了近代市场经济法律的权利本位。它成了近代市场经济法律体系的代表作。这部法典产生的历史背景和社会基础,是科学技术和

---

① 《马克思恩格斯选集》第 4 卷,人民出版社 1972 年版,第 163 页。

生产力的迅猛发展,世界性贸易的出现,商品经济进一步扩展和完善,市场已成为国家资源配置的主要方式。到了 19 世纪末 20 世纪初,近代市场经济演变为现代市场经济。其特点是加强国家宏观调控,以"国家干预"代替"自由放任",相应地实行个人社会权利本位以替代纯粹个人权利本位。这一转变的历史背景是,完全的"自由放任"发展到一定时期必然给经济的发展带来某些负面效应,社会平等的要求则日益提高,因而一定要适度加强宏观调控以保持经济的稳定增长;一定会出现"福利国家"的趋势以实现社会公正。而科学技术与生产力的进一步发展,则为这两个方面的变化,提供了需要和可能。

同西方国家的经济背景有很大区别,东方国家从古代到近代,土地国有制尤其是自给自足的自然经济一直占据统治地位,商品经济始终发展缓慢,因而在法律上"重刑轻民""刑民不分",习惯法适用很广,窒息了法律的发展。由于商品经济和民商法不发达,它所必然带来权利观念、平等思想、自由观念,东方国家远不如西方国家深入和普及,因而限制了现代法的精神的出现和弘扬。

（三）市场经济是法治经济

市场经济是商品经济发展到一定阶段的产物。它是以市场对资源配置起基础性作用的经济体制,是商品经济的进一步市场化、社会化、制度化、普遍化和国际化,是商品经济的高级形态。现代市场经济中,资本主义市场经济与社会主义市场经济又有一定区别,后者的特点是:以公有制和按劳分配为主体;更重视宏观调控;效率优先兼顾公平,防止两极分化。它将力图在两个方面显示出比资本主义市场经济具有更大优越性:一是它应使生产力得到更平稳、更迅速的发展;二是它应使社会的公平分配得到更普遍更切实的实现。

从某种意义上说,市场经济是法治经济,计划经济则是人治经济。

在市场经济条件下,经济主体是独立的自主的,它们之间各自的物质利益得到尊重,商品进行自由的平等的交换,各种资源依客观价值规律来优化配置,推动经济运行的力量是利益驱动和竞争机制,维护商品交换的方式是契约,因此市场经济在本质上是权利经济,它内在地要求法治。在计划经济条件下,经济主体之间是从属和隶属关系,经济主体的物质利益被忽视,作为资源配置手段的计划有一定的主观随意性,经济的价值规律等基本规律被漠视,推动经济运行的力量是行政手段,因此计划经济在本质上是权力经济,它内在地要求人治。市场经济是开放型经济,国内市场国际化是其重要特征,它要求依照公认的国际法律原则、规则和惯例在国际市场上交换,要求有完备的和相互接轨的法制作保障。市场经济难以避免出现的不正当竞争、假冒伪劣等腐败现象和贫富两极分化的趋势等负面效应,也需要有完备的法制去解决。法的规范性、明确性、公开性、公正性、稳定性、权威性等特性,使法律在规范、引导、制约、保障、服务于市场经济的建立与运行中具有其他手段都无法替代的功效。总之,我国现在实行的市场经济,对实行依法治国这一方针提出了客观要求。

同时,我国实行市场经济,也为实行依法治国提供了现实的经济条件。实行市场经济必然引起社会关系和人们观念的变化。在市场经济条件下,各经济主体具有自主性,并非一切依附于国家;劳动者及国家工作人员的自由度将扩大,势必用契约关系来替代过去的"人身依附"关系。同时,国家职能势必发生根本变化,改革过去那种国家什么都管的状态。这就为依法治国提供了社会条件。在思想观念方面,由于市场经济是一种经济主体独立自立,以权利为中心,进行等价交换的自由经济,因此日长月久后,必然导致人们权利意识、平等思想、自由观念的生成和增长,从而塑造出现代法的精神,为实行依法治国提供思想基础。

四、法与社会物质生活条件

（一）社会物质生活条件对法的作用

法与社会物质生活条件的关系十分密切，是马克思主义法律观的一个重要原理。"社会物质生活条件"是马克思主义的特有术语，是其著作中经常使用的一个重要概念。它是指与人类生存相关的地理环境、人口和物质资料的生产方式，其中生产方式是具有决定性意义的内容。生产力与生产关系的结合，构成一定的生产方式。从根本上说，是生产力决定生产关系、生产关系又反作用于生产力。其中生产力是推动社会向前发展的最终决定力量。从历史长河看，社会物质生活条件的性质、状况和发展变化，是影响法的性质、状况和发展变化的主要的和最终的因素和原因。这一原理，对批判各种形式的唯心主义法律观具有重要意义。以往一切法律观，总是把决定法的性质、影响法的发展的因素和条件，说成是神的意志、民族精神、绝对精神、人的理性、自由意志等，因而不能科学地说明法的产生和发展规律。这是马克思主义法学为世界法学宝库作出的独特的和最大的贡献。

（二）社会物质生活条件不是法的本质

恩格斯曾指出："政治、法律、哲学、宗教、文学、艺术等的发展是以经济发展为基础的。但是，它们又都互相影响并对经济基础发生影响。并不是只有经济状况才是原因，才是积极的，而其余一切都不过是消极的结果。这是在归根到底不断为自己开辟道路的经济必然性的基础上的互相作用。"[1]可见，马克思主义是从原因与结果、作用

---

① 《马克思恩格斯选集》第4卷，人民出版社1972年版，第506页。

与反作用、影响与反影响的意义上,阐明社会物质生活条件和法的相互关系,而不是说物质生活条件是法的本质。法的本质应从法自身的内容、法的形式和法的精神中去寻找。法的内容也不仅是调整各种经济关系,而且还调整政治、文化、教育、科技、民族、家庭、宗教等社会关系。因此,认为"社会物质生活条件是法的更深层次的本质",是不正确的。

五、法对经济的作用

（一）法对生产关系的作用

我们可以将法对生产关系（经济制度）的主要作用归结为以下几种:一是指引作用。它主要是通过宪法或某些基本法律作出国家政策性、原则性的规定,引导建立某种新的经济制度。如我国现行宪法第15条规定:"国家实行社会主义市场经济。""国家加强经济立法,完善宏观调控。"第16条:"国有企业在法律规定的范围内有权自主经营。"这是一些指导性原则,并非具体规范。二是规范作用。这是最基本的作用。它主要是通过大量的直接同经济制度有关的各种法律,如公司法、合同法、银行法、税法等,具体规定哪些事情有权做,哪些事情不能做,哪些事情必须做,来调整同经济制度有关的社会关系,以促进各种已过时的旧制度的改变、有利于生产力发展的新制度的建立、须作部分变动的制度的规整。三是保障作用。它主要是通过设定各种民事责任、同经济有关的各种刑事责任和行政责任,来否定和惩处那些违反或破坏法定经济制度的行为。同时,通过设定各种奖励性规范,来肯定和奖励那些对科技和经济的发展作出贡献的行为。四是制约作用。它主要是通过各种专门法规和有关法的条款,来预防和制止国家机关、经济组织对权力的滥用;来预防和纠正公民和法人对权利的滥用。当然,法的统一、预测、评价、教育等作用在经济领域同样适用,但主要是以上几方面。

（二）法对生产力的作用

同法对生产关系的作用有很大区别,法对生产力的作用不是直接的,而是通过调整经济、政治、文化等各个领域的各种社会关系而间接实现的。生产力表现为人与自然的关系,法律则是调整人与人的关系。但是,毫无疑问,促进生产力的发展以提高人民的生活水平,并为精神文明与制度文明建设奠定物质基础,则是古往今来法的根本任务。不同仅在于,对法的这一作用的认识以及这一作用的实现程度,是一个从不自觉到自觉、从不突出到突出、从不充分到充分的发展过程。法对生产力的作用有不同角度、不同方式之分。它们主要有:一是有关自然资源如土地、矿藏、水、森林等利用、开发、保护等方面的法规。其作用的特点是最为直接,但它们也是通过调整人与人的关系而实现。二是有关生产资料所有制以及生产、流通、交换、分配等方面的法规。其作用的特点是最为重要。因为这些制度的确立,除必须体现一定历史条件下应有的正义、公平等道德价值准则外,其根本目的是在于促进生产力的发展,而其功效又最为关键。三是有关文化、教育、科学等方面的法规,它们能为生产力的发展提供重要条件,因为经济的发展同文化、教育、科学是密不可分的。四是有关政治方面的各种法规,其作用的特点主要是体现为在经济领域的科学决策和对社会成员各项权利的保障。总之,一个国家一定时期的法律都同生产力发展有这样那样的联系。由于各种法对生产力的作用相当复杂,因此其正面作用或负面作用的显示有时快有时慢,对其评估的方式也应是多种多样的。

六、法与科学技术

（一）科学技术对法的影响

"科学技术是第一生产力"。它渗透在生产力的一切方面,并推动生产力的发展。科学技术又不单纯是一个经济问题,它具有观念形态的性质,它有自身的特点和特殊发展规律。科学技术对立法的影响,主要表现为,随着科学技术的发展,出现一些新兴的法律门类,如环境保护法、航空法、原子能法、太空法;大量的技术性规范被规定到各种传统的法律部门中,如婚姻法中禁止近亲结婚的规范,食品卫生法中的技术性规范,国际法关于领空领海的规范中有关科技的规定;法律形式和立法手段,也受科技影响。科技对司法的影响,主要表现为,证据形式的演变;获取证据手段如刑事侦察学和物证技术学的发展;司法手段和司法协助与使用中科技(如电子计算机)的广泛应用等。

（二）法对科学技术的作用

随着近代与现代科学技术的迅猛发展,科技对法的需求日益迫切,一个独立的科技法部门也正在形成和不断完善中,出现了科技的管理制度、专利制度、著作权制度、科技合同制度、科技市场制度、科技鉴定制度等各种法律制度。国际科技使用和科技贸易制度也日益发展起来。科技能造福人类,同时也已带来新的社会问题,如环境污染问题、人口问题、生态平衡问题、利用技术手段犯罪问题,各国和国际间正在运用法律手段来消除和预防其消极后果。

中华人民共和国自成立以来,科学技术取得了举世瞩目的成就。但由于当今国际上科学技术的迅猛发展及其对经济、政治、文化与社会生活的深刻影响,中国在这一领域正面临严峻挑战。我国进入20世纪90年代后,"科教兴国"战略被正式确定为一项基本国策。这就为中国的法学研究和法制建设实践提出了一项十分重大的任务。

第五节　法与政治①

在社会主义制度下,国家法律同执政党政策的关系,是一个十分重大的理论与实践问题。新中国成立以来,我们在这个问题上,有着正反两方面的经验教训。党的十一届三中全会以来,经过思想理论上的拨乱反正和认真总结几十年来的经验教训,在政策与法律的关系问题上,我们得出了一些重要结论,并且正在用这些结论来指导我们的立法和司法实践。

一、国家法律必须以党的政策为指导,但党的政策只是在原则上指导法律,而不能取代法律

中国共产党在社会主义国家中处于执政党的地位,这种地位是由社会主义国家的阶级性质决定的,是在革命斗争历史中形成的。历史已经证明,没有共产党就没有新中国;没有共产党,我们的国家就不可能沿着社会主义道路前进直到最终实现共产主义。党对国家的领导,主要是路线、方针、政策的领导,党通过制定正确的政策,并且通过国家政治生活的民主程序,使这些政策为国家权力机关和其他国家机关所接受,成为全国人民的行动指南。这是党对国家实行领导的基本方法。坚持国家法律以党的政策为指导,这是保证我国法律符合人民利益,不偏离社会主义轨道的根本条件,是保证党对国家实行政治领导的重要手段。因此,以党的政策指导我国法律的制定和实施,这是我们坚定不

---

① 本节部分内容曾以《政策与法律关系的几个问题》为题,发表于《法学季刊》1984年第3期,收入本书时,略有修改。

移的一项原则,任何否定和反对这一原则的思想和行为,都是错误的和不能允许的。

但是,党的政策只能是原则上指导法律,而不能取代法律。自1957年以后,由于在指导思想上的"左"倾错误,我们没有能够正确处理好党的政策和国家法律的关系,其主要表现就是以政策代替法律。当时认为,法律容易束缚自己的手脚,是可有可无的,只要有党的政策就行了。因此,在很长一个时期里,我们没有重视法律的制定,也没有重视维护法律的权威与尊严,致使我国的法制建设遭受了重大损失。而民主与法制不健全,终于成了"文化大革命"得以发生和发展的一个重要条件。党的十一届三中全会以后,我们认真总结并吸取了这一沉痛教训,抛弃了以党的政策代替国家法律的错误观念,提出了健全社会主义法制的口号和任务,采取了各种实际步骤来加强立法工作、完善各项法律,并且从各方面采取措施来维护法律的权威和尊严。我们制定了刑法、刑事诉讼法等一系列重要法律,用了两年多时间对1978年宪法作了全面修改,这种立法工作的规模和速度是空前的。它充分说明,我们的国家已经摆脱了政策取代法律的旧轨道,进入了一个依法治国的新时期。

从理论上说,党的政策只能指导法律,而不能取代法律,其原因,一方面是由于法律同政策相比,具有自己的特性。它的作用是党的政策所绝对不能代替的,概括地说,法律具有国家意志的特性、具有强制执行的特性、具有行为规范的特性、具有相对稳定的特性。这些特性,把法律同党的政策区别开来。法律的重大社会功能,也是由法律的这些特性所决定的。把党的政策和国家法律简单地等同起来,以为党的政策可以取代法律,就势必导致法律虚无主义,使国家的政治、经济、文化和社会生活各个领域都无法可依、无章可循,容易造成各级国家机关工作人员在工作中滋长主观随意性,不能严格按照客观规律办事;容易造成那种把领导人的话当作法律,国家的治理完全随领导人的看法的改变而改变的局面,使国家不能得到稳定的发展。另一方面,既然党的政策对法律起指导作用,法律是党的政策的具体化、条文化、规范化,那么,从某种意义上说,国家的法律是实现党的政策的重要手段。以政策取代法律,实际上不利于党的政策在全国人民中间贯彻执行,不利于真正加强党的领导。

党的政策不能取代法律,但法律需要有党的政策作指导。在我国,法律是党的主张和人民意志的统一。这里所说党的主张,实际上也就是指党的政策。党的政策、主张只有通过国家权力机关一定形式的民主立法程序,为人民代表大会所接受和采纳,才能转化成法律。在这个过程中,党的正确政策被国家权力机关完全接受,个别不正确的政策被否定,一些不够完善的政策则得到修正和补充使其更为完善。例如,1982 年 12 月 4 日通过的《中华人民共和国宪法》,就是按照这一原则制定出来的。这部宪法不仅是由宪法修改委员会具体主持起草,由全国人民代表大会认真讨论和庄严通过,而且还组织了近四个月之久的全民讨论。通过全民讨论,充分发扬了民主,更好地集中了群众智慧,使得党的主张和人民意志在新宪法中达到高度统一。我国的其他法律,如刑法、刑事诉讼法的制定,也是这样。总之,我国的宪法和法律体现了党的政策的原则精神,但又不是简单地照搬党的政策,是党的政策同全国人民意志的有机结合。

二、法律一旦生效后,在适用范围上比党的政策更广泛,并具有相对的独立性和稳定性

在我国,法律同党的政策相比,它的适用范围更广泛,这有两方

面的含义。首先,党的政策大致可以分为两部分:一部分是调整党组织自身的各种关系的政策,例如,关于党的组织建设的政策,关于党的思想建设的政策,关于执行党的纪律的政策,等等。这些政策只适用于党内,只对各级党组织和全体党员有约束力。另一部分是党的关于国家的政治、经济、军事、文化以及社会生活等各方面的政策,各级国家机关就应当接受,作为开展各项工作的指导原则,认真贯彻执行。只有这一部分政策才适用于全国。其次,即使是这后一部分政策,通过国家权力机关的认可,可以成为国家政策,其中有的可以制定成为法律,但是这要经过法定的立法程序。而且,党的政策往往是比较原则的规定或号召。法律则不同,它具有严格的规范性。它明确地、具体地规定人们应该做什么、不应该做什么。因此,它比政策更便于遵守和切实执行,这也决定了国家法律比党的政策适用范围更广。

在我国,国家法律同党的政策相比,在适用时间上更为稳定。这是因为,第一,并不是党的所有的政策都要制定成法律,而只是那些被认为是比较成熟的政策和具有相当稳定性的政策才被制定成法律。第二,党的政策在制定成法律的过程中将日益完善而更具有稳定性。因为国家法律一般是在总结贯彻党的政策的实践经验基础上,更加集中群众的智慧而制定出来的。因此,总的说来,国家法律同定型为法律之前的政策相比,总是更为成熟。从分析客观形势,总结实践经验,提出党的政策,到总结执行政策的经验,制定成某些法律,再到总结实施法律的经验,修改和完善各项法律,这是党的政策运动发展的过程,是一个实践——认识——再实践的过程。在这一过程中,党的政策发展到定型化为法律的时候,就具有了更为成熟因而也更为稳定的性质。由于上述两个方面的原因,国家法律比党的政策在适用时间上更为稳定。

当然,这是相比较而言的。法律的稳定性,自然具有相对性。随着客观条件的变化和客观需要的出现,随着人们认识水平的不断提高和实践经验的逐渐积累,法律总会发展变化。但是,注意和保持法律的稳定性是十分必要的,因为它对维护法律的权威与尊严具有重要的意义。现在,我们的党和国家很重视法律的稳定性。1982 年宪法的制定就是一个例子。本来,该宪法计划在 1981 年的五届人大四次会议上通过。后来时间延长了一年,即在 1982 年 12 月的五届人大五次会议上才通过,这主要是为了使这部宪法制定得更为成熟,从而使它具有更大的稳定性。

在我国,国家法律还具有相对的独立性。中国共产党是我们国家的领导核心,国家法律的制定和实施,都必须坚持党的领导,但是,党又不能自己制定或修改法律,这一权力,只有国家的权力机关才能行使。法律具有国家意志的特性,它是统治阶级意志的体现。我国社会主义的法律是无产阶级和广大人民的利益和意志的集中反映,而不是统治阶级中某个人、某个集团的意志的表现。在我国,国家的一切权力属于人民,人民行使国家权力的机关是各级人民代表大会。党的主张和人民的意见只有经过全国人大和它的常委会讨论通过,才能成为法律,成为国家意志。法律一旦制定,也只有国家权力机关才能修改。这就是法律的相对独立性。随着客观条件和主观认识的发展变化,当党提出了新的政策,需要对某些法律进行修改时,就应当通过一定的民主程序,以新的政策为指导及时地修改法律。如果对法律不作及时修改,而让党的新政策和现行法律产生重大矛盾,势必影响法律的尊严,也势必影响政策的权威。这种情况是我们应当力求避免的。过去,我们在这方面存在不少问题。现在,我们的党和国家已经总结和吸取了这一教训。国家法律同党的政策的关系是这样,国家法律同党政领导人的关系就更应当是这样。正如邓小平同志所指出的:"为了保障人民民主,必须加强法制。必须使民主制度化、法律化,使这种制度和法律不因领导人的改变而改变,不因领导人的看法和注意力的改变而改变。"①过去,我们在这方面也存在不少问题,往往把领导人说的话当作"法",不赞成领导人说的话就叫作"违法",领导人的话改变了,"法"也就跟着改变。在这种情况下,当然就谈不上有什么法律的相对独立性,谈不上法律有什么权威和尊严。现在,我们的党和国家已经总结和吸取了这一教训。

三、党要在宪法和法律的范围内活动

中国共产党十一届三中全会通过的《关于建国以来党的若干历史问题的决议》明确指出:"党的各级组织同其他社会组织一样,都必须在宪法和法律的范围内活动"。② 党的十二大报告也强调,这是"一项极其重要的原则","从中央到基层,一切党组织和党员的活动都不能同国家的宪法和法律相抵触"。③ 而且党的十二大还把这一原则庄严地写进了党章。这一原则是中国共产党总结了新中国成立三十二年来正反两方面历史经验所得出的一个崭新的结论,也是我们决心采取的一条十分重要的方针。坚持这一原则,对于正确处理党同国家的关系、党同法律的关系、政策同法律的关系,具有决定性意义。

坚持党的组织在宪法和法律的范围内活动,就能正确处理好党和国家的关系。党的政策和国家法律的关系问题,实质上是一个党和国家的关系问题。要正确处理好政策和法律的关系,关键是必须正确处

---

① 《邓小平文选》第二卷,人民出版社 1994 年版,第 146 页。
② 《中国共产党中央委员会关于建国以来党的若干历史问题的决议》,人民出版社 1981 年版,第 59 页。
③ 《中国共产党第十二次全国代表大会文件汇编》,人民出版社 1982 年版,第 46 页。

理好党和国家的关系。党是国家和人民的领导力量,但它不能也不应当凌驾于国家和人民之上。党政不分、以党代政,是过去我们国家在政治体制上的一大弊病。党的十一届三中全会以来,我们的党和国家认真地总结了这一教训,并积极采取措施来改正这方面的失误。1982 年宪法的制定,就体现了这一精神。例如,宪法在序言中强调了我们的国家必须坚持党的领导,但是在具体条文中又果断地取消了 1978 年宪法的第 2 条——"中国共产党是全中国人民的领导核心。工人阶级经过自己的先锋队中国共产党实现对国家的领导";第 19 条——"中华人民共和国的武装力量由中国共产党中央委员会主席统率";第 22 条——"根据中国共产党中央委员会的提议,决定国务院总理的人选";第 56 条——"公民必须拥护共产党的领导"。这些具体条文表面看来是有利于加强党的领导,实际上是党政不分、以党代政的法律化,客观上有损于党的领导。

要坚持党组织在宪法和法律的范围内活动,正确处理好政策与法律的关系,一个十分重要的条件,是提高各级人民代表大会的权威,使它们成为名副其实的国家权力机关。我国的最高国家权力机关是全国人民代表大会及其常务委员会,宪法和法律(这里是指狭义上的法律)是由这一权力机关制定的;地方性法规则是由各省、市、自治区的人民代表大会及其常务委员会制定。在各级人民代表大会中,不仅有党员代表,而且有众多的非党员代表。只有各级人民代表大会充分发扬民主,独立决定一切国家大事,才能保证这些机关所制定出来的法律真正是党的主张与人民意志的统一。过去,我国的人民代表大会制度不够健全,有时长期不召开会议,开会时也没有充分发扬民主。党的十一届三中全会以来,我们认真总结了这方面的教训。《关于建国以来党的若干历史问题的决议》在谈到我国新的历史时期建设高度民主的社会主义政治制度的任务时,曾明确指出:"必须根据民主集中制的原则,加强各级国家机关的建设,使各级人民代表大会及其常设机构成为有权威的人民权力机关。"1982 年宪法也采取了一系列健全人民代表大会制度的措施。例如,扩大全国人大常委会的职权;充实全国人大代表权利;在全国人大增设财政经济委员会,外事委员会,教育、科学、文化、卫生委员会,华侨委员会等专门委员会;扩大省一级人民代表大会及其常委会的职权,赋予它们以制定和颁布地方性法规的权力;等等。所有这些规定,都有利于进一步完善人民代表大会制度。

党组织必须在宪法和法律的范围内活动,不仅表现在立法上,而且应当体现在法律实施的过程中。按照这一原则,不仅每个党员(不管他们现在地位多高,过去功劳多大)都要严格依法办事,切实遵守法律,而且各级党的组织(上至党的中央,下至党的基层支部)的活动都不能同国家的宪法和法律相抵触。过去,我们强调过党员个人应当守法,但是很少讲过各级党组织也要严格依法办事。而事实上,过去有不少党组织缺乏法制观念,它们只重视对党的方针政策的宣传与贯彻执行,却十分轻视对国家法律的宣传与贯彻执行;他们不大注意自己做出的各种决议和下达的各种指示是否和国家的宪法和法律相抵触,有的甚至认为即使相抵触也是允许的,这就有损于国家法律的统一与尊严。现在,我们的党中央和各级党组织正在采取各种措施来改变这种状况。

由于党中央采取了正确的方针,通过法学界的认真讨论,对于以上几个问题,人们的认识已经基本一致。但是,在政策与法律的相互关系上,有些问题大家的认识还不尽相同;有些问题只是刚刚提出,未作深入研究;有些问题则尚未提出,或没有引起人们重视。下面,我就其中的几个问题,谈谈个人的一些看法。

1. 当党的政策和国家法律发生矛盾时,是按党的政策办事,还是按国家法律办事？

首先应当肯定，从全局和整体来说，党的政策同国家法律是完全一致和高度统一的，在内容上不会发生太大的矛盾。今后，随着法制的日益健全，政策规定与法律规定不一致的情况将越来越少。但是，要绝对避免出现这种情况是不可能的。因为政策与法律既相统一，又相矛盾，它们是在对立统一中运动着，在不断解决矛盾的过程中得到统一并不断向前发展。如果它们之间出现不一致，应当怎样办。现在人们有三种不同的回答：第一种意见是主张按政策办；第二种意见是主张按法律办；第三种意见则认为，要"从实际出发，具体情况，具体分析，既不能在法律已有明显错误的情况下，坚持执行法律，也不应在政策有着明显错误而又与法律相违背的情况下，坚持执行政策，而是应该在分清是非的前提下，加以妥善解决"。这后一种意见表面看来十分稳妥，实际上是回避了问题。如果你不能判断政策与法律谁是谁非，那又怎么办呢？如果自己认为哪个正确就按哪个办，也势必影响执行政策与法律的严肃性，并出现各自为政、自行其是的混乱现象。我们认为，从原则说，当政策与法律出现矛盾的时候，应当按法律办。早在 1949 年，党中央就明确指出："在人民的法律还不完备的情况下，司法机关的办事原则应该是：有纲领、法律、命令、条例、决议规定者，从纲领、法律、命令、条例、决议之规定；无纲领、法律、命令、条例、决议规定者，从新民主主义的政策。"①这一指示很明确，有法律时从法律，无法律时才从政策。党的十二大通过的党章规定，"党必须在宪法和法律的范围内活动"，这一原则也是明确要求党不能推行与现行宪法和法律相抵触的政策，要求党的现行政策和国家的现行法律发生矛盾时，应当按宪法和法律办事。

---

① 《中共中央关于废除国民党的六法全书与确定解放区的司法原则的指示》。

之所以必须这样做,根本的原因在于,党虽然在国家的政治生活中处于领导者的地位,国家制定法律要以党的政策为指导,但党是国家的一部分,是处于国家之中,而不是凌驾于国家与法律之上的。法律是党的政策和人民意志的统一,党的政策只有通过民主程序,为国家权力机关所接受,才能上升成为国家意志,被制定成法律。因此,就其适用效力来说,国家法律当然要高于党的政策。政策和法律都不是一成不变的,都要随着客观条件和形势的发展变化而发展变化。一般说来,法律比政策具有更大的稳定性。如果党组织认为根据客观形势和条件的发展变化或者实践经验的不断丰富与认识的不断提高,需要变更某项政策,或制定新的政策,就应当及时建议国家权力机关,通过法定的程序,修改或废除过时的法律。如果在法律没有正式修改前,党的组织可以随意把法律抛在一边而推行与现行法律完全相抵触的新政策,或允许党员可以借现行法律的某些内容已不适应新的情况而擅自加以废弃,就势必破坏法律的权威和尊严,从而也损害党的威信。党的政策与国家法律是在对立统一的矛盾运动中向前发展的。党领导法制建设的重要任务之一,就是要根据它们的发展规律,采取措施,以经常保持党的政策与国家法律的和谐一致。解决新的政策与过时法律的矛盾的办法主要是,加强日常的立法工作,使党的新的政策能够及时地体现在国家的法律中,而这一点是应该做到也是不难做到的。在现实生活中,现行政策与现行法律出现某种矛盾,而领导机关并没有注意到,这种情况也是有的。因此,每一个干部和群众都有义务向各级党的组织和国家机关反映这种情况,以便及时地妥善地解决这种矛盾。

2. 党的政策与国家政策有什么联系和区别?

有的同志认为两者完全是一回事,没有任何不同,这种看法值得商榷。我们的党是执政党,这种领导地位得到宪法的认可与保障。党的政策是国家一切活动的依据。为了实现党对国家的领导,根据实际需要,党的政策一般都要由国家机关制定或认可为国家政策。因此,党的政策与国家政策是密切联系和不可分割的,它们在本质上、内容上都是一致的。但是我们不能把党的政策和国家政策完全等同起来。党的调整党内各种关系的政策,同国家政策无关,它们也只对各级党的组织和广大党员有约束力。党关于治理国家的政治、经济、文化、外交、军事等各方面的政策(这是党的政策中的主要的基本的部分)则要通过一定形式转变为国家政策。这部分党的政策和国家政策的区别在于:党的政策是由党的领导机关所制定的,国家政策则是由国家的领导机关所制定的;党的政策表现在党的各种文件以及党的领导人的政策声明中,国家政策则表现在国家机关的各种文件(如政府工作报告、决议等)以及国家领导人的政策声明中。关键的问题是,这里需要有一个党的政策通过一定的民主程序,为国家机关所接受和采纳(包括全部接受、部分接受、作若干补充修改等),从而转化为国家政策的过程。这一过程的程序是否民主,是国家政治生活民主化的一个重要内容,它将随着整个国家政治生活民主化的进程而日益走向完善。党是国家的领导力量,但党不是向群众发号施令的权力机关,也不是行政机关或司法机关,党不能代替国家组织去执行国家机关的职权。如果我们在党的政策和国家政策之间简单地画等号,就势必产生"党政不分"和"以党代政"的弊端。

3. 怎样辩证地理解党的政策是制定法律的依据?

共产党的领导是我们国家必须坚持的四项基本原则之一,而且是其核心。党的政策是党对国家实行领导的重要手段之一,它对国家机关的一切活动都起着指导作用,立法也要以党的政策为指导。党的政策是制定法律的依据,这是从总体上来说的。在这里,还需要作具体分析。党的政策与国家法律都是一个具有多层次的结构体系。党的政策有总政策和具体政策之分,国家法律也有宪法和具体法律之别。我国新的历史时期全党的总任务和总政策是,团结各族人民,自力更生,艰苦奋斗,逐步实现工业、农业、国防和科学技术的现代化,把我国建设成为高度文明、高度民主的社会主义国家。党的具体政策是党在某一方面为贯彻总政策而制定的行动准则。它由总政策所决定,从属于总政策。如我国现阶段党的经济政策、统一战线政策、知识分子政策、外交政策、文化政策、民族政策、华侨政策、军事政策等,相对于总政策来说,都是具体政策。但这些具体政策又分为若干等级层次。如按劳分配是经济方面的一项根本性政策,而资金发放政策,则是从属于按劳分配这一根本政策的具体政策。法律也是这样,它有宪法、基本法律、法律、行政法规、地方性法规的等级层次。宪法的制定要以党的总政策和党在经济、政治、文化、外交、军事等方面的根本性政策作为依据,而党的关于各个领域的一些具体政策的制定,又必须以宪法和基本法律作为依据。这样讲,比单纯说党的政策是制定法律的依据要全面,也有利于贯彻执行"党必须在宪法和法律的范围内活动"的原则,有利于维护法制的权威与尊严,有利于使党的政策与国家法律保持和谐一致。

4. 就党的政策与国家法律的相互关系来说,哪是目的,哪是手段?

党的政策与国家法律都是社会主义上层建筑的重要组成部分,都建立在社会主义经济基础之上,它们的内容归根到底是由社会主义经济基础决定的。反过来,它们又共同为社会主义的经济基础服务,积极地帮助自己的经济基础的建立、巩固和发展。就巩固、发展经济基础和提高社会生产力来说,党的政策和国家法律都是一种工具和手段。党的政策和国家法律都是在马列主义、毛泽东思想的指导下,集中广大人民的共同意志,根据事物发展的客观规律制定的。它们的作用,都是为了统一人们的思想和行动,以更好地指导人们认识世界和改造世界,更好地治国安邦。它们的历史任务都是要消灭剥削、消灭阶级和阶级差别,建设社会主义和实现共产主义。从这个意义上看,党的政策和国家法律也都是一种工具和手段。

但是,就党的政策和国家法律彼此之间的相互关系来说,两者是互为手段与目的的。党的政策是制定国家法律的依据,国家法律体现了党的政策的精神和内容,因此,从实质上讲,执行国家法律,就是执行党的政策。法律比政策明确、具体,法律是政策的具体化、条文化、规范化、定型化,因此,制定和实施法律,就能更好地使所有国家工作人员和广大人民群众理解、掌握、执行和遵守党的政策。法律是国家意志的体现,具有普遍约束力,因此,党的政策一旦被具体化为法律,政策本身也就具有了国家意志的特性,这有利于党的政策在全国范围内更好地得到一体遵行。法律还具有强制执行的特性,因此,政策一旦被制定成法律,政策就不仅可以依靠党的纪律来保证实施,而且还可以依靠国家强制力来保证实施。党的政策被具体化为法律的过程,是一个不断总结实践经验,集中党内和党外各方面人士的意见,使党的政策更加完善的过程。从上述意义来说,国家法律是实现党的政策的一种手段和工具。但是,我们也要看到,党的政策同时又是实现国家法律的一种手段。党的政策不仅指导法律的制定,而且指导法律的实施。有了一套比较好的和成熟的党的政策,我们制定法律就有了比较可靠的依据,就在很大程度上能够保证制定出比较符合事物发展的客观规律、比较符合现实情况的法律来。党是整个革命和建设事业的战斗司令部,是国家的领导核心。没有党的政策作指导,我们在制定国家法律的时候,就难以统一思想和认识,就会出现讨论无中心、工作效率不高的情况。有党的政策作指导,就能更好地保证我国法律的社会主义性质。同时,以党的政策作指导,也有利于国家法律的正确执行。从上述意义来说,党的政策又是实现国家法律的手段和工具。现在,我们的法学讲义和文章,只讲国家法律是实现党的政策的一种工具,不讲党的政策同时也是实现国家法律的一种工具,是不全面的。这种片面性,本质上是反映了我们在这个问题上的观念还没有从过去那种轻视法律的旧轨道上完全摆脱出来。这种观念没有全面地正确地反映出党的政策和国家法律的相互作用,不利于恰当地确切地认识党和国家、党的政策和国家法律的地位及其相互关系,不利于加强社会主义法制。

　　5. 怎样认识实施法律也应以党的政策为指导?

　　有的同志以制定法律时已经体现党的政策为理由,否认实施法律也应以党的政策为指导,这是不妥当的。由于党的政策是国家法律的灵魂,因而只有理解党的政策,才能使我们正确地、全面地掌握法律的基本精神和内容,帮助我们更好地实施法律。同时,由于法律同政策相比具有更大的稳定性,因此,在执行法律时以党的政策为指导,才能够保证我们根据不同时期不同形势的需要,正确地执行和运用法律。这里有两种不同情况:一种情况是,法律规定有一定适用的幅度,在法律规定的幅度内,需要按照政策的精神来灵活掌握。例如,我国刑法分则中对各种罪行都规定有一定的量刑幅度。根据社会治安状况不好的形势,党会提出了严厉打击刑事犯罪、依法从重从快惩处那些严重危害社会治安的现行刑事犯罪分子的政策。这是完全必要的。但是,我们也不能不顾法律的规定,不按刑法和刑事诉讼法的规定办事,随意改变诉讼程序和突破量刑幅度。另一种情况是,法律的规定比较死,但在执行和掌握法律的规定时,可以按照一定时期党的政策精神,通过宣传教育工作来贯彻执行。例如,我国法律规定的结婚年龄是男二十二岁、女二十岁。但党又提出有晚婚政策。这一政策的贯彻执行,就只应通过说服教育来实施。总之,我们要把严格依法办事同坚持党的政策为指导统一起来,而不能把两者割裂开来。我们既不能以强调严格依法办事而否定党的政策的指导作用,从而影响法律的正确实施;又不能以强调党的政策的指导而否定严格依法办事,从而破坏宪法与法律的权威和尊严。

第七章　法理学发展的一般规律

法理学是发展变化的。凝固的、僵化的法理学必然失去其自身的价值。法理学的发展变化有一定规律可循。深刻理解与熟练地运用这些规律，具有重要意义。

一、法理学同法现象的相互作用

（一）法理学来源于法现象

法理学是研究法律这一特殊社会现象一般原理的科学。法理学是法律这一社会现象在人们头脑中的正确映象。它不是人们头脑中固有的，也不是脱离现实的纯主观臆想的产物。从认识根源和历史长河看，是先有法律现象，后有法学和法理学。法的产生和存在的合理性、必要性，是人类社会中各种复杂的社会关系需要法去调整的客观要求，而不是人们的法律观念的任意创造和主观好恶。法理学的一系列原理原则，是从法的现实和现象中抽象出来的，而不是先天的。正如恩格斯所说："原则不是研究的出发点，而是它的最终结果；这些原则不是被应用于自然界和人类历史，而是从它们中抽象出来的；不是自然界和人类去适应原则，而是原则只有在适合于自然界和历史的情况下才是正确的。"①法

① 《马克思恩格斯选集》第3卷，人民出版社1972年版，第74页。

现象包括法的规范、法的制度、法的设施、法的关系、法的行为、立法活动、司法活动、执法活动、守法活动、法律监督活动、法的职业、法学教育等,是正确的法学与法理学的认识来源,也是后者的反映对象、研究对象和服务对象。有人在法与法律意识之间简单地画等号,或认为法律意识来源于"社会物质生活条件"是不正确的。"社会物质生活条件"即生产方式和人口、地理等社会现象对法的发展和一定时期法的性质与特点的形成有重大影响,但它们分别是经济学、人口学、地理学的研究对象,而不是法学的研究对象。

（二）法理学的相对独立性

法理学对法现象一般特点和规律的映像并不是简单的机械的,而是具体的能动的。它有自己的相对独立性,即还有自己特有的形成规律(如逻辑思维规律);它可以比较深刻地反映法现象,也可能是部分正确以至错误地反映法现象;它能在历史上发展继承;它能预见未来法律制度的发展;它能指导法的制定和实施。建设法治国家,涉及一系列观念的更新和制度的变更,而理论是制度变革的先导。

（三）法学教条主义与法律经验论

任何新的有价值的法理学的思想观点,都是来自对法现象的科学抽象和概括。任何前人的有关法理学的思想观点,只能作为我们研究法理学的思想资料,而不能作为判断结论正确与否的标准。把马克思主义经典作家有关法律和法学的一般原理原则的语录加以摘编整理和注解,以为这就是马克思主义的法理学;或者不顾社会条件的发展变化,而死抱住社会主义运动领袖人物和某些已经过时的观点不放,是教条主义。对西方学者的观点不加分析,照抄照搬,以为句句是真理,也是教条主义。只注重零碎的实际经验,否认或不重视理论的意义和指导作用,或只重视自己国家当代的经验积累,否认借鉴国外的和历史的各种正确的或包含有一定科学成分和合理因素的思想观念的必要性,是法律经验论。在中国,这两种倾向是长期存在的,阻碍了法学理论的发展。在这两种倾向中,以教条主义危害最烈。1978 年以来,邓小平同志一再强调,要防"右",但主要是反"左"。左的哲学基础就是教条主义。可以说,没有"实事求是"的思想路线,就没有邓小平理论;没有这一正确思想路线,也就没有改革开放以来法学理论的发展和进步。对于两种倾向,理论工作者应着重防止和克服教条主义;法律实际工作者应着重防止和克服经验主义。克服的办法有多种,使理论工作与立法、司法、执法工作密切结合起来,如学者参与立法,研究课题吸收实际工作者参加,是一种有效的方法。扩大法制建设的透明度,让研究工作者能充分掌握各种资料和数据,也是重要的。

二、法理学同其他社会科学的相互影响

(一)哲学对法理学的影响

任何科学的发展,都同一定世界观、认识论和方法论密切相关。法理学也是这样。一定的哲学思想对一定的法理学的指导作用,有时是自觉的,有时是不自觉的。法理学是对法的一般理论问题的哲学思考。它同部门法学相比,更受哲学的影响与制约。西方法理学各大流派如自然法学、规范法学、社会法学等的产生和演变,既同那个时代的社会条件密切相关,又同那个时代哲学流派的兴衰紧密相连。马克思主义法理学的哲学基础是辩证唯物论与历史唯物论。各种法理学问题的论争,它的结论正确与否,都同哲学观念的正确与否密切相关。

(二)其他社会科学对法理学的影响

法的形式有它自身的特点、规律和逻辑构成。法的内容则有所不同,它是调整各种经济的、政治的、文化的以及家庭、民族的各种社会关

系,因而它同经济学、政治学、社会学以及文化学、民族学等社会科学不可分离。法理学的一系列概念、范畴、原理、原则,都是历史的产物,因而它同研究人类社会发展的具体过程及一般规律的历史学密切相关。只有通古今之变,明盛衰之道,法理学方可从历史发展的轨迹中得到启迪。

（三）法理学同其他社会科学经历了一个"合—分—合"的过程

在古代,法学同哲学、政治学、经济学、历史学等社会科学是合为一体的。在各种著作中,它们的观点往往交织在一起,学科的界限并不明晰。到了近代,随着生产力水平的迅速提高,社会生活日益复杂化和多样化,科学技术与文化艺术日益发展,社会科学的各个门类开始分化和独立,学科分工也越来越细密。20 世纪以来,人类开始进入电子时代和信息时代,各国之间经济、文化、政治交往也日益密切,因而科学又出现新趋势,即自然科学与社会科学、社会科学各门类之间出现相互渗透与融合。法哲学、法社会学、经济分析法学、法文化学、法心理学等新兴学科的出现是必然的,也是有价值的。这种趋势今后还会持续下去,人们也应当促进这一趋势的发展。但是,与此同时,法学视野日益展开、深入和分工日益细密的进程仍然会继续。如立法学、民法解释学、刑事政策学等分支学科分别从法理学、民法学、刑法学和刑事诉讼法学中逐步独立出来,就是例证。现代法学与法理学的这两种发展趋势是相辅相成的,都有时代的背景,都有利于法学与法理学的发展。

三、法理学同法学其他分支学科的相互依存

（一）法理学同部门法学的相互依存

部门法学需要有法理学作为自己的理论基础,法理学也需要部门法学为自己提供思想资料。这是共性与个性、一般与特殊的关系。部

门法学的研究越深入、越广泛,法理学就可以从中得到更多的思想启发、科学依据和实际材料。如果一个研究者对部门法的内容及其立法与司法、执法实践知之不多,对部门法学的研究成果了解甚少,要想在法理学上取得较多和较有科学价值的成果是困难的。

（二）法理学同法律史学的相互依存

法律史学需要有法理学作为自己的指导思想;法理学也需要法律史学为自己提供历史经验的科学依据。任何法律制度和法律思想都有自己的产生和发展演变的历史。认为法律没有自己的发展历史,是不正确的。任何现今法理学的研究成果,都要建立在前人已有思想资料的基础上,即使是那些前人从来没有探讨过的问题,也需要有该事物产生的历史背景作为依据,以他人处理类似问题的思维方法作为参考。中外法律制度史和中外法律思想史的研究越广泛、越深入,法理学就可以从中得到更多资料的和思想的科学积累。"掌上千秋史,胸中百万兵",一个研究者只有在法律制度和法律思想上,明中外之理,通古今之变,才能在法理学的探究上得到较多的和较好的成果。

四、各种法理学相比较而存在、相论辩而发展

（一）不同法理学学派的相互渗透

"你中有我,我中有你",是事物存在和发展的一般规律。西方法理学出现的各种流派,其主要区别是研究对象的侧重点不同,即从法的这一复杂社会现象的某一个侧面,如法的价值、法的形式或法与社会的联系及其作用进行研究。同时,它们的区别,也往往是基于研究方法上的差异。其中一些结论虽然截然对立,但从总体上看,它们彼此之间在不少问题上仍有共识。对法的一般原理进行综合性研究,运用多种方法对法律现象作理论分析与综合,不完全排斥对立学派中一些合理的判

断和科学的结论,是现今西方法理学发展的一个重要趋势。近代中国沈家本、孙中山等人的法律思想有不少创见,但也是对古代中国和近代西方法律理论进行"扬弃"与继承的结果。马克思主义法理学有它自己鲜明的特点,但它也是建立在批判地继承以往一切人类文明成果包括法理学研究成果的基础上。认为它同古代和近代中国和西方的法理学是"井水不犯河水",是不正确的。"唯我独尊"是左派幼稚病。把自己看成是一个"封闭的体系",拒绝借鉴古今中外各种法律理论中一切合理的因素和科学的成分来丰富自己,不可能发展马克思主义的法理学。

不同法理学学派相互渗透的理论基础,是哲学上的共性与个性相统一的原理。法的一般原理与原则及其发展规律,有其共性。它们反映在人们的思想中,就必然会存在不同法理学学派中在认识上的某些共同的、一致的方面。深刻理解事物的共性与个性的关系,对不同法理学学派的彼此借鉴是十分重要的。

(二)法理学在彼此辩论中发展

真理是相比较而存在,相斗争而发展的。没有比较就没有鉴别。真理愈辩愈明。法理学的发展也是这样。任何一种法理学都需要同别的派别的法理学在比较和论辩中表明自己的真理性,完善自己的内容和体系,修正某些不正确的结论与论据,拓展自己的视野和视角。真理是不怕批评的,害怕批评就不是真理,就表明自己的脆弱。在这里,宽松的学术环境是重要的。春秋战国时期的百家争鸣,造就了中国古代法理学发展的一个辉煌的时代。西方古代柏拉图和亚里士多德在法治问题上的自由论争和现代各派法理学之间平等论辩的良好学术环境推动了法学与法理学的发展,也证明了这一点。在这里,研究者个人的学术品德也是重要的。要勇于坚持真理、修正错误;不能人云亦云、见风使舵。

五、法理学必须具有自己独立的品格

（一）法理学的独立品格

任何科学都是客观地反映事物的性质和发展规律，法理学也应当是这样。研究者的立场、观点和方法是主观的，其立场和出发点往往受自己的经历和社会地位的影响，但他们必须是站在尊重客观事实的基础上，其结论的真理性也必须符合事物的本来面目，合乎逻辑，并受实践的检验。法理学能够指导法的制定和实施，其理论的根据和功能的发挥，正是在于它的客观性和科学性。不唯书，不唯上，只唯实，法理学的研究才有可能得出科学的结论。法理学的功能之一，是为制定政策服务。但法理学必须坚持自己的客观性、科学性和独立品格，不应把法理学当作注释现行政策的工具，不应用现行政策去任意剪裁法理学的科学结论。

（二）政治家需要客观的科学的法理学

法理学同政治有密切的关系，但它同时有超政治性的一面，即它应是法的一般原理、原则的科学概括，是人民共同意志和利益的体现，而不以政治家们个人或少数人的意志为转移和评价标准，不能任意随他们的看法和注意力的改变而改变。法的最一般的规律甚至是超时空的，并不以任何阶级、政党的政治主张为转移。执政党和国家运用政策去指导法的制定和实施时，需尊重法理学的客观性和科学性。在法律领域之外的政治与政策，本身也应是客观的、科学的。政治是一门科学，因此任何政治问题也都是可以探讨的。政治家们采用什么样的法理学观点作为制定政策的依据，是他们应当享有的权力。但开明的和聪明的政治家总是尊重法理学的客观性和科学性，并善于对不同的观点和主张进行比较和选择。

六、法理学的重大进步总是发生在社会历史的转折关头

（一）社会经济制度的变化是法律制度和法律思想变化的决定性力量

科学技术与生产力的发展，推动社会经济制度的演变；而社会经济制度的演变则是推动法律制度和法律思想变化、发展和进步的决定性力量，这是历史已充分证明的一条马克思主义法律观的定律。中国春秋战国时期百家争鸣和法学理论的繁荣与进步，是以封建制代替奴隶制为经济背景。近代资本主义在中国的萌芽与生长，则有王夫之、洪仁玕、孙中山等为代表的近代法学思想的萌芽与生长。古希腊、罗马法制与法学的出现与发展，是同城市国家的兴起和商品经济的繁荣密不可分的。从那时以来西方各种法学理论的兴衰演变，都有其经济的深厚根源。

由于法学理论具有相对独立性和巨大的能动作用，先进的思想家们的高明和成功之处在于，他们总是能够最先感悟到正在和将要发生的经济制度以及由此引发的政治、法律制度的变化，从而形成先进的法学理论。这种理论反过来又必然对当代和未来法律制度的变革起着有力的指导作用。洛克、孟德斯鸠、卢梭、杰斐逊、潘恩等人的法律理论对西欧、北美近代法律制度的形成和发展所起的导向作用是有目共睹的。在这个意义上可以说，任何先进的法学理论，都是时代的产物。在社会变革时代，这种情况迟早会发生。理论创新的重任落到哪些人身上，除个人的素质外，能否认清时代的潮流和把握历史的机遇是十分重要的。

（二）21 世纪法理学的发展面临前所未有的历史性机遇

两极和冷战结束后，21 世纪进入了一个经济、政治与文化的多极化世界。和平与发展已成为时代的特征和主流。随着科学技术的迅猛发展，全球经济一体化的进程加快，国与国之间经济上的相互依存、政

治上的相互影响、文化上的相互交流日益加强,其发展趋向已不可逆转。任何一个国家如果不适应这时代的潮流,不把发展生产和改善人民生活放在首位,就会落后、被动、挨打。西方工业发达国家,由于科学技术与生产力已发展到一个空前的高度,以及长期受社会主义思潮的影响,它们正在朝着建设福利国家以增进社会公正的方向发展。第三世界国家包括社会主义国家在内,则正在致力于发展市场经济、建设民主与法治国家。中国自1978年党的十一届三中全会以来已进入一个崭新的历史时期。在邓小平理论指导下,先后作出了四个具有全局性和深远历史意义的战略决策,即:从以阶级斗争为纲转变为以经济建设为中心;从实行计划经济转变为实行市场经济;从闭关锁国走向对外开放;从人治向法治过渡,实行依法治国,建设社会主义法治国家。在这种国际与国内新形势的背景下,中国国内的学术环境空前宽松,学术思想空前活跃。这就为马克思主义法学理论在中国的发展与繁荣提供了前所未有的条件。法理学一系列基本概念、范畴、原理、原则的视野将日益拓展,认识将日益深化,其价值将日益符合时代的精神和人民的利益。这是毫无疑义的。

第 二 编

法理学的核心范畴

第八章　权利与权力

权利和权力是法理学的核心范畴,原因就在于整个国家法律制度都是为了实现和调整权利和权力之间的关系而进行的,都是为了更好地对这两者做出规划和调整。

一、权利的概念

权利,指法律上的权利,是宪法和法律赋予公民享有的某种权益。这种权益,可以表现为权利享有者有权自己作出或不为一定的行为,财产所有人在法律允许的范围内,可以占有、使用和处分自己的财产;也可以表现为权利享有者有权要求他人作出一定的行为或抑止一定的行为。权利是近代由英语中的"right"和德语中的"Recht"一词翻译而来的。1864 年美国传教士丁韪良在翻译惠顿的《万国公法》时使用了"权利"一词[①],后日本也开始使用这个译名[②],包括日本学者西周助及法学家箕作麟祥的译本也使用了这个译名。后来,箕作麟祥的译本传到了中国,影响了这一词汇在中国的用法。但是,中文语境中的"权利"和"right"这个词从一开始在含义上就存在着不相同的地方。英语"right"的本义是正当、合理、合法、合乎道德的东西,比如生存、生育、受

---

①　李贵连:《〈万国公法〉:近代"权利"之源》,《北大法律评论》1998 年第 1 卷第 1 辑。
②　郑玉波:《民法总则》第 11 版,三民书局 1979 年版,第 47 页。

教育、宗教信仰自由等，而并非权力和利益（英语：jurisdiction and benefit）含义的复合，也不意味着任何牟取利益的权力。当然，随着时代的发展，权利一词在中国语境中的意义也逐渐向西方意义上的"right"靠拢。

正如学者王泽鉴所言，人和人共处的时候，分别有自己不同的主张，涉及不同之利益的时候不免发生冲突，为维护社会生活的秩序，必须要界定一些各自行使自己主张的界限，而法律就是界定在一定条件下那些主张具有合理性和正当性，从而赋予个人某种力量以享受其利益，因此权利就是得以享受特定利益之法律上之力。权利为主观化之法律；法律为客观化之权利，行使权利就是为法律而奋斗，且具有伦理上之意义。① 从这个意义上而言，权利是一种可以享受特定利益的"法律上之力"，因此，对于这种人民所享有的利益，如果只是被一个国家的法律设定为"权利"，但法律却没有对这些"权利"设置相应的救济法则，或者虽然进行了设置，但形同虚设而无实效，就形同剥夺或未曾赋予人民权利。此即法治国原则下"有权利有救济"的基本法理。反过来说，对于人民所享有的利益，如果国家认为不值得保护而没有赋予救济的管道，则该项利益并没有被实质性地赋予"权利"的地位。

二、权力的概念

相对于权利的概念而言，权力作为人类社会的普遍现象，在东西方古代哲学文献中即被广泛探讨。柏拉图、亚里士多德、马基雅维利、霍布斯、孔子、韩非子等人的言论或著作，都曾直接或间接讨论到权力的要素、正当性或非正当性权力的评价、权力的取得与丧失等伦理与现实

---

① 参见王泽鉴：《民法总则》第 12 版，作者 1993 年自版，第 40 页。

问题。例如柏拉图与亚里士多德认为,哲学性的知识或公民制定的法律,都可为政治权力的来源,而由一人、少数寡头或多数人所掌握。孔子在《论语》曾提出"足食、足兵、民信"三项统治者的权力资源,即经济条件、军事实力和政治正当性。韩非子则以"势"的概念定义权力资源,区分了物质性资源("天造之势",如国土资源等)与非物质性资源("人设之势",如政体、法令、统治策略的优劣)等。现代政治学的兴起与对权力的分析密不可分。美国政治学家哈罗德·拉斯韦尔在 20 世纪 50 年代提出,分析权力即研究"谁、赢得何物、何时、如何赢得?"(Who get what,when and how)的主题。美国国际政治学家摩根索也在 20 世纪 50 年代提出"作为利益的权力"观念,区分了包括人口、地理、经济、战略等在内的权力资源,并断言国际政治的本质即对此等资源的无止境的追逐。此等见解大致奠定了现代政治学研究权力的主要方向。政治学上对权力的界定,注重于权力双方所具有的不平等性而带来的控制性与强制性。个体对权力的遵从不是来自于恐惧,而是权力的合法性所带来的反抗权力可能导致的惩罚。但是国家对权力的行使只依赖暴力的话,则会形成暴政,无法使权力稳固,社会稳定。

中文的"权力"一词来自对英语 power 的翻译。而 power 来自拉丁语 potestsa 或 potentia,引申自拉丁语动词 potere,意为可以做某件事,权力则指通过意志的运用以达到某种目的的能力。但古汉语里的"权"是公平、平衡的意思,并没有英语 power 中能力的含义。英语 power 翻译成"权力"是该词在中国使用的过程中逐渐被赋予的含义。①

由此,权力的含义有两种,一种是政治上的强制力量,如国家权力;另一种是职责范围内的支配力量,即职权,如行使大会主席的权力。关

---

① 参见孙关宏:《政治学概论》,复旦大学出版社 2003 年版,第 44—50 页。

于拥有权力的主体,历来存在颇多争论。一般性的看法是,行使权力的主体可以是个人或团体。团体性的权力单位最大的是"国家"(state),国家对权力的行使的合理化理由是主权理论。然而从个人到国家中间,仍存在大小不同的权力单位。

埃济翁尼认为权力的基础是武力手段、物质奖励和合法性象征(例如声望或爱戴)。[1] 丹尼斯·朗把权力基础分为财富、声望、专长等个人资源,以及集体资源。[2]

三、权利与权力的区别与联系

总的来说,权力与权利是法的两个相对应的基础范畴,权力有国家权力和社会关系权力之分。在公法领域,法主要是通过职权与职责来调整与规范国家机关(包括立法、执法、司法、护法机关)自身和国家机关相互之间以及各类国家机关同公民个人之间的关系;在私法领域,法主要是通过权利和义务来调整社会组织相互之间以及各社会组织与自己成员个人之间的关系。要搞清楚两者的科学内涵及其相互关系,先撇开权力有国家权力和社会权力之分,权利有公权利和私权利之别不谈。仅从国家权力、公民权利这一角度考察,两者有以下几个方面的区别及联系:

第一,两者的外在特征不同。权力包括职权和职责两方面,二者是同一的,即有权必有责。在宪法与法律对其规制时,有时用职权,有时用职责。权利则与义务相对立,法律上权利是权利,义务是义务,不能既是权利又是义务。

---

① Amitai Etzioni, *The Active Society*, New York: The Free Press, 1968, pp.356-357.
② [美]丹尼斯·朗:《权力论》,陆震纶等译,中国社会科学出版社 2001 年版,第167 页。

第二,内在特征也不同。国家权力的行使,行为相对人必须服从。权利人与权利人彼此之间则是平等的。近代以来,国家机关的职权与职责相比较,职责是本位,即不作为也是违法,造成极严重后果的,可以构成犯罪,同时也不许乱作为。而权利与义务相比较,权利是本位,人活在这个世上,理应享有各种权利,而义务是第二位的,不尽义务,也享受不了权利。

第三,本质属性有别。首先,权力的本质是社会"权威",即恩格斯所说的,"能最清楚地说明需要权威,而且是需要专断的权威的,要算是在汪汪大海上航行的船了。那里,在危急关头,大家的生命能否得救,就要看所有的人能否立即绝对服从一个人的意志"①。而权利的本质是利益(包括物质的、精神的、人身人格的利益等),权利是利益的享有,义务则是利益的付出。其次,近代以来与此相关联,出现了以下两条原则:"对政府,法不授权不得为;对公民,法不禁止即自由"。

第四,行为主体与行为属性不同。权利主体一般是公民与法人和其他社会组织(国家机关进行民事行为时,也是权利主体)。权力主体则只能是被授予权力的国家机关及其特定的工作人员。按其行为属性来讲,权利行为一般是民事行为与社会政治行为;权力行为则一般是立法行为、行政行为、司法行为等属于公务的行为,又称"职权",是一种公共权力。

第五,强制性不同。权利和权力都对相对人具有强制性。法律上享有权利的主体可以依法要求相对人为或不为一定的行为,这也是一种强制性,但它与权力的强制性不同。权力具有国家的直接强制力。权利则只是以国家强制力为后盾。当权利不能实现或遭到侵犯时,权

---

① 《马克思恩格斯文集》第3卷,人民出版社2009年版,第337页。

利人可以请示国家行使权力予以保护或救济,但权利人不得自行对相对人施以强制力。如不得因为讨债而拘留、殴打债务人。因此,权力的强制性是直接的,权利的强制性则是以权力为中介,是间接的。

第六,法律地位不同。权利可由权利人独自享有,可以是一种有特定相对人的权利(如债权),也可以是有一般相对人的权利(如财产所有权)。在存在与这相对应的义务人的双边关系的条件下,双方的法律地位是平等的。权利主体对其享有的某些权利还可以转让。权力则只存在于与具体相对人的关系中。单独的主体无法行使其权力,因权力须以对方的服从为条件,是管理与服从关系。因此,权力是单向的,自上而下的,双边关系是不平等的。权力主体对授予它的权力都不得放弃或转让,政府权力对国家也是一种责任(职责),即不得怠用、不用,否则就是失职。

第七,它们之间的相互关系。首先,不是国家权力产生公民权利,而是相反。国内学术界就曾有人错误地认为人权是国家赋予的而不是依据人的本性所应当享有的。而国家权力是公民通过行使选举权产生权力机关,通过宪法和选举所产生的。其次,国家权力是手段,公民权利是目的。国家机关及其权力的产生,目的是为人民谋利益,否则,它就没有任何存在的意义和价值。

因此,我们可以说,权力来源于权利,权力受制于权利,同时,权力具有相对独立的强制支配性。这一点在我国的宪法中就有非常明确的反映,如宪法第 2 条规定:"中华人民共和国的一切权力属于人民。人民行使国家权力的机关是全国人民代表大会和地方各级人民代表大会。人民依照法律规定,通过各种途径和形式,管理国家事务,管理经济和文化事业,管理社会事务。"这说明我们认可权力是来源于权利的。

宪法第 3 条规定："中华人民共和国的国家机构实行民主集中制的原则。全国人民代表大会和地方各级人民代表大会都由民主选举产生,对人民负责,受人民监督。国家行政机关、监察机关、审判机关、检察机关都由人民代表大会产生,对它负责,受它监督。中央和地方的国家机构职权的划分,遵循在中央的统一领导下,充分发挥地方的主动性、积极性的原则。"该条规定说明了国家权力受到人民权利的制约。

而我国宪法第 80 条、第 81 条、第 89 条、第 93 条、第 107 条、第 125 条、第 132 条、第 137 条分别确定了国家主席、国务院、中央军委、地方各级政府、监察委员会、人民法院和人民检察院的相应职权。以国家主席为例,宪法第 80 条规定:中华人民共和国主席根据全国人民代表大会的决定和全国人民代表大会常务委员会的决定,公布法律,任免国务院总理、副总理、国务委员、各部部长、各委员会主任、审计长、秘书长,授予国家的勋章和荣誉称号,发布特赦令,宣布进入紧急状态,宣布战争状态,发布动员令。这说明权力是一种强制性支配力,具有相对独立性。

第九章　权利与义务

第一节　权利与义务的辩证统一

人权具有权利与义务的不可分割性。实现人权在权利与义务上的高度统一,合理地、科学地处理人的权利和义务之间的相互关系,是先进的人权制度的一个重要特点。马克思认为:"没有无义务的权利,也没有无权利的义务"①。这一般原理,为现代人权观念所公认。正如《世界人权宣言》所强调:"人人对社会负有义务,因为只有在社会中他的个性才可能得到自由和充分的发展"②。人们在行使权利和自由时,只受法律的限制,确定此种限制的唯一目的在于保证对别人权利和自由给予应有的承认和尊重。权利与义务的统一性,是由人权自身的社会属性所决定的。因为人权只能在人与人的社会关系中存在。在个人与个人,群体与群体,个人、群体与社会之间的相互关系中,某一主体享有某项权利,就意味着要求其他主体有尊重并不得侵犯这项权利的义务。否则,任何人的人权都无法得到保障。因为你不尊重或任意侵犯别人的权利,别人也可以不尊重或任意侵犯你的权利。但是,权利与义务又有可分性的一面。因为权利与义务是两个相对独立的概念。本质

---

① 《马克思恩格斯全集》第16卷,人民出版社1972年版,第16页。
② 《世界人权宣言》第29条。

上,权利是利益的享有,而义务则是利益的负担。就具体行使而言,有的主体可能只享有权利而不尽义务;有的主体则可能只尽义务而不享有权利。

权利与义务相分离,是一切私有制社会所共有的特征。它反映了阶级剥削与阶级压迫的不平等关系。不过,这种分离的性质与程度在奴隶制社会、封建制社会和资本主义社会里又有很大区别。它随着人类社会的不断进步而不断改变自己的形态。权利与义务由完全分离逐步走向统一,是人类社会文明不断发展与提高的一个重要标志。

社会主义社会应当是权利与义务实现高度统一的社会。在这里,任何人在法律上既应是权利主体,也应当是义务主体;任何人在法律面前,既应享有平等的权利,又应承担平等的义务。社会主义公有制的建立,经济剥削与政治压迫的废除,阶级对立的消失,使权利与义务的根本性分离失去了社会根基。但是,这并不是意味着在社会主义制度下不再存在任何权利与义务相分离的情况。社会主义社会经济制度与政治、法律制度为权利与义务实现高度统一提供基本的社会条件与法律保障,但有的人并不一定按法律规定行使权利与履行义务。旧社会特权制度和思想的传统影响,新社会经济、政治和文化权力的高度集权以及民主自由和法制建设的不完善,人权观念还未深入人心是其根本原因。反对只享有权利而不尽义务的特权思想与特权人物,是所有社会主义国家都面临的一项重要任务。如何从制度上、法律上防止与杜绝这类特权人物的存在,是社会主义制度改革的一项重要课题。

人权的认可与享有不是绝对的;权利与义务的设定与实现是有界限的。这种界限应由法律作出明确具体的规定。如果国家可以任意剥夺或肆意侵犯人应当享有的权利,那是专制主义;如果允许权利主体可以超越人权的合理界限而滥用权利,那是无政府主义。这两种倾向都是应当防止和反对的。在缺少民主与法治传统的国家里,关键在于防止与反对各种形式的专制主义。具体说来,法律上权利与义务的辩证统一关系,可以具体归结为以下三个方面的主要内容。

一、结构上的对应关系

权利与义务既相互区别,又相互联系;既是不可分的,又是可分的。它们是体现与处理各种复杂的社会关系中利益享有、分配、调节的两种不可或缺的法律形式。从结构上看,其相互关系有以下几种情况。

在抽象法律关系中,某一主体所享有的某一权利(如人身自由),就意味着和隐含着其他主体承担有不得侵犯这一权利的义务。这是不需法律明示的。在抽象法律关系中,一方面,法律关系的主体享有某种权利,如公民应享有一些经济、社会、文化权利;另一方面,国家则有义务(职责)保障公民经济、社会、文化权利得以实现。法律关系的一方应尽某种义务,如公民有纳税的义务,国家则有权力(即职权)监督这些义务得以履行。这也是不需法律予以明白宣示的。

在抽象法律关系中,法律关系主体所应享有的某些权利(如公民享有劳动权、受教育权)同时也是权利主体自己应尽的义务。当然,这种权利与义务完全同一的情况并不多。而且,劳动和受教育是否既是权利又是义务,学术界也有不同看法。

在某些具体法律关系中,如在借贷关系中,债权人与债务人之间的权利和义务是对等的。而在另一些具体法律关系中,权利与义务是不对等的。如某甲立下遗嘱将遗产遗赠给某乙,某乙并不一定承担对某甲的义务。在一般情况下,权利与义务不可分离,即"没有无义务的权利,也没有无权利的义务"。但在特殊情况下,权利与义务又是可分的。例如,在封建制度下,国家公开维护等级特权,几乎把一切权利赋予一个阶级,而把一切义务推给另一个阶级。

二、功能上的互补关系

法以权利与义务指引人们的行为,调整社会关系,规范社会秩序,并在相互依存、制约与互动中运行,其功能是彼此独立而又相互补充的。

权利与义务各以对方的存在作为自己存在的前提。正如黑格尔所说:权利与义务的"每一方只有在它与另一方的联系中才能获得它自己的[本质]规定,此一方只有反映了另一方,才能反映自己。另一方也是如此;所以,每一方都是它自己的对方的对方"①。实践中,如你不履行尊重别人的权利与义务,别人也会有不尊重你的权利与义务。在此种情况下,任何人的权利都将失去保障。权利允许一些人可以获得某种利益、作出某种行为;义务要求一些人不可以获得某种利益、作出某种行为,这都是维护社会秩序、安全与整体利益以及保障个人自由、安全与利益所必需的。权利直接体现法律的价值目标。例如,近代出现的宪法,以全面保障人应当享有的各种权利作为自己的主要内容和基本任务。列宁指出:"宪法就是一张写着人民权利的纸"②。这是"人民主权"代替"君主主权"之后的必然要求,是实行"代议制"条件下,人民保障自己权利的可靠基础和基本条件。义务则保障法律权利与法律价值目标的实现。不对他人、社会或国家尽自己应尽的义务,社会秩序和社会正义都将无法维系,法律保障人权的价值目标也就无法实现。

三、价值上的主次关系

权利与义务的关系在价值取向上,存在着是权利本位还是义务本

---

① ［德］黑格尔:《小逻辑》,贺麟译,商务印书馆 1980 年版,第 254—255 页。
② 《列宁全集》第 12 卷,人民出版社 1987 年版,第 50 页。

位的问题。

　　法律权利与义务这一对矛盾统一体,必然有一方占主导地位。当然,在一定条件下,矛盾的主要方面可以转化。就权利义务关系而言,所谓权利本位,是指权利在这一矛盾统一体中,占主导地位,它是出发点与归宿,是重点与重心,是基础与中心环节。所谓权利本位,即"法应当是或实际是以权利为本位或主导"是这一原理与原则的概括表述。反之,"义务本位"亦然。从应然的意义上说,法律权利与义务应当以权利为本位。首先,从根本上看,这是法与权利这两个概念自身的本性或本质所决定的。人不是为法而存在,而是法为人而存在。法是社会正义的体现,法的目的应当是为人服务的,是为全人类谋利益的。人生而平等,在法律上所有人都应当是平等的主体。法律以权利与义务为内容来调整规范人们的行为,调整各种社会关系,目的是为全人类谋幸福。法的精髓在于对权利的认可与保障,而权利的基础是利益。法的本性与目的应当是对权利的认可与保障,通过对权利之间冲突的协调、对权利之间互相侵犯的制约、对主体权利实现的促进与保护,来实现它自身的价值。其次,权利本位论,还可从人权理论得到证明。在现代,从宪法到各种基本法律,所有对公民权利的设定,包括人身人格权、政治权利与自由、经济文化社会权利,都是属于人权的范畴。而在各种具体法律关系中,权利的保护无不是人应当享有的各种权利的衍化与派生。因而,在权利与义务的关系上,权利是目的,义务是手段,权利是义务存在的依据和意义,法律设定义务的目的就在于保障权利(即保障人权)的实现。

　　在奴隶制与封建制条件下,从广大人民群众的立场看问题,那时的法律是以义务为本位的。其表现,一是法律公开认可与维护等级与特权;二是当权者把法律看作统治人民的工具,以设定人民应尽种种义务为立足点。这是由当时的经济和政治制度所决定的,是在当时历史条件下法律与权利的本性与本质的异化。在近现代,随着物质文明、精神文明与制度文明的发展,随着市场经济、民主政治、法治国家、市民社会和理性文化的出现和完善,法律与权利的本性与本质开始实现回归。以法律来保障平等权利,权利(人权)应得到法律最广泛最充分的保护,已成为全人类最强烈的呼声,成了现时代的时代精神。在这种条件下,法律以权利为本位,是历史的必然。权利本位有个人权利本位与社会权利本位之分。早期资本主义是以个人权利为本位,这同资本主义的价值取向和当时的放任自由主义政策有关。20世纪以来,随着资本主义世界社会矛盾与冲突的加剧以及社会文明水准的提高,特别是全人类权利意识的加强,个人权利本位发生了变化,"个人—社会权利本位"的观念与实践开始成为西方世界的发展趋势。在一个很长的时期里,社会主义的价值取向以社会权利本位为其基本的理论与实践的特点。随着计划经济体制向市场经济体制的过渡,个人权利的保障越来越受到重视,"个人—社会权利本位"的观念与实践也已开始成为东方世界的发展趋势。个人与社会的和谐,个人权利与社会权利的协调,个人权利本位与社会权利本位的统一,是未来世界的基本走向。这符合事物的本性,符合文明发展的要求,符合全人类的愿望。在这一转变过程中,西方世界和东方世界遇到的困难与阻力一样多。这一走向同社会主义的基本理论与实践是相符的。因为共产主义的最高理想是建立一个"以个人自由发展为一切人自由发展的条件"的联合①。

　　在今天中国的具体历史条件下,强调"权利本位"具有重大现实意义。这不仅是现今时代精神的要求,也是由中国的具体国情所决定的。

---

① 《马克思恩格斯选集》第1卷,人民出版社1972年版,第273页。

在西方发达国家里,由市场经济等条件所决定,尊重个人权利包括个人自由,已有 200 多年的历史,已成传统。因此那里着重需要解决的问题是社会平等,需要着重强调的是每个人应尽自己对社会应尽的义务,包括建立福利国家,以实现社会公正。中国现在的情况不同。它经历过几千年封建专制主义的历史,把法律看作统治人民的工具,只强调人民要尽自己的义务,而十分轻视和漠视人民的权利。这种传统影响是根深蒂固的,而搞市场经济在我国只有近几十年的历史,而且正在建设过程中。因此,直到今天,把宪法和法律看作只是约束老百姓的手段,只强调公民应当尽遵守法律的义务,而忽视公民权利的保障,依然是很多干部的思维定势。在立法中,这种思维模式也表现得非常明显,即在法的制定中,只重视公民应尽的义务,而忽视对公民权利的保障;只重视政府管理权力的强化,而轻视行政相对人权利的保护。我们应当清醒地认识到,在中国实行市场经济已成为不可逆转的历史潮流;市场经济是一种建立在经济主体形式多样、行为自主、利益多元、尊重权利基础上平等地自由地进行交换的经济。它从根本上决定了在权利与义务的相互关系中,应以"权利为本位"的理论与实践。我们从广阔的视野上还应看到,市场经济必将带来两大社会关系和五大思想观念的转变。这就是,实现"从身份到契约"的转变,极大地扩展个人、企事业单位和地方的自由度;实现"国家职能"的转变,由过去的"大国家小社会",变为"小国家大社会",扩大国家权力之外的社会活动空间及其自由度。同时,市场经济还必将逐步改变人们的旧观念,促进人们的自主意识、权利意识、自由思想、平等观念和民主思想的健康发展。所有这些,势必为整个社会尊重个人权利的理念与制度的形成和发展起基础性作用。

第二节　权利与义务的历史考察

一、没有权利与义务之分的原始社会

权利与义务是一个历史的范畴。它在人类社会形成之初并不存在,也不会永远伴随着人类社会的发展而发展,而只和人类社会发展史上的一个特定阶段相联系。这个阶段就是阶级社会的阶段。在人类社会的幼年时代——原始社会,没有权利与义务之分,因而也不存在任何权利与义务的观念。等到将来阶级、阶级斗争和阶级差别在地球上完全消灭了,人类进入共产主义社会之后,权利与义务这种阶级社会特有的现象就会消失,反映它的社会观念也就会随之从人们的头脑中逐步消亡。

原始社会的生产力十分低下,每个人都必须辛勤劳动:打猎、采果、觅食,一点也不能偷懒,才能勉强维持生存。任何人的劳动只能维持自己最简单的生活,而不能创造除自己温饱以外的任何剩余物品。在这种生产力发展的水平上,任何形式的剥削与被剥削的关系都不能产生,因为在那里谁也没有任何物品可供他人无偿占有、掠夺和剥削。相反,为了共同求生存,人们彼此之间不得不结成真正的友爱和协作关系。大家齐心合力,一起与大自然作斗争,一起狩猎,一起觅食,才能提高劳动效益,增强与大自然抗争的力量;才能使大家共同获取较多的食物,免除饥饿。众人合起来的力量当然要比单个个人分散的力量大得多。在大自然面前,孤立的个人是软弱无力的,难以维持自己的生存。一个原始人拿着原始棍棒、石头追捕野兽,很难获取猎物。几十个人、上百人围追野兽,就比较容易获得。社会生产的这种需要把人们紧密地团

结在一起。共同劳动、相互配合、同甘共苦是这个社会唯一可行的信条。

与这种原始社会生产力相适应的是原始社会的人与人之间的相互关系。人们共同参加生产劳动,谁也不能例外;共同享受劳动果实,谁也不能特殊,这就不可能产生剥削与被剥削的关系,不可能产生统治与被统治之间的关系,因而也就不可能产生不平等关系。大家的社会地位都必然是平等的。每个人都参加劳动是维持自身生存的唯一手段。劳动成了由自我生存的需要作为推动力的自觉行为,用不着他人强迫。文明社会所必需的任何强制机关在这里完全多余,任何强迫人们遵守的法律规范既不可能产生,也没有存在的意义。因此,原始人没有什么法律观念,权利与义务作为一种法律观念不可能产生和存在于原始社会。用我们现在的权利与义务的观念去衡量原始社会,根本看不到权利与义务之间有什么差别。人人都是权利的主体,也都是义务的主体。人与人之间权利和义务是完全平等的,没有任何差别,人们的权利也同样就是人们的义务,人们的义务也同样就是人们的权利。两者完全融合。正如恩格斯所说:"在氏族制度内部,还没有权利和义务的分别;参加公共事务,实行血族复仇或为此接受赎罪,究竟是权利还是义务这种问题,对印第安人来说是不存在的;在印第安人看来,这种问题正如吃饭、睡觉、打猎究竟是权利还是义务的问题一样荒谬。"[①]权利与义务在原始社会没有任何区别,因此,它们也不可能在人们的脑海里形成一种观念。

二、奴隶社会的权利与义务的本质和特点

人类历史上的第一个阶级社会是奴隶社会。权利与义务的相互对

---

① [德]恩格斯:《家庭、私有制和国家的起源》,人民出版社 2018 年版,第 177 页。

立关系正是从这个社会开始发生的。

奴隶社会之所以产生了权利与义务的对立关系,是由奴隶社会的经济基础决定的。人类经历了数万年的原始社会生活,在这漫长的历史阶段中,人们逐渐积累了一些生产经验,不断改进生产工具,生产力得到了缓慢的发展。在原始社会中,人们用以维生的食物主要是猎物和天然植物果实两种。随着社会的发展,人们获取这两种食物的手段也不断改进,渐渐地能用少量的气力获取较多的食物。后来人们发明了弓箭,猎捕飞禽走兽就容易多了。以后人们又学会了驯养家畜,从消极猎捕发展到饲养牲畜。在原始社会末期,人们已学会了驯养马、骆驼、羊、牛和猪等牲畜。对畜群只需简单照管就能使它迅速地发展起来,足够人们随时享用。这时打猎对人类的生活已经没有多大意义,从而变成了人们的消遣活动,而畜牧业则成了对人类生存具有重大意义的生产行业。人类的另一种食物——植物果实的取得方法也逐步得到了改进。起初原始人纯粹靠用手工摘取自然生长的植物果实。后来人们学会了培植玉米、瓜类等易种的作物。最后由于冶炼铁矿的发明,铁铧成功地制造出来了,这就为大规模耕种土地和田间作业奠定了基础。人们把驯养的家畜用来拉铁铧,使农业生产得到了迅速的发展,使它成了对人类生存至关重要的生产行业。

畜牧业和农业的诞生标志着人类已经和原始社会告别了。生产力提高了,驯养的大批家畜当然不能在一天之内吃光,吃用之外有了剩余。农业更是这样,一次收获可吃多时。但是,一旦有了剩余物品,就有可能产生一个人的剩余物品被他人无偿占有和剥夺的现象。这种现象果然发生了。一部分人不再愿意从事辛苦的生产劳动,而是依靠占有他人的剩余物品生活。这就导致了阶级、阶级对立的产生,导致了剥削与被剥削关系的产生,导致了人与人之间的不平等关系的产生,导致了权利与义务的区分。

生产力的进步,剩余物品的形成,为奴隶制的诞生铺平了道路。最初的奴隶是战俘。在原始社会,战俘对于胜利者是毫无用处的。一个氏族战胜另一个氏族后俘获的男子,要么杀掉,要么把他们作为兄弟收编入胜利者的氏族,成为该氏族平等的一员,俘获的女子要么杀掉,要么收入胜利者的氏族成为妻子或姐妹,同样成为这个氏族平等的一员。此时个人可以生产除维持自身生存以外的剩余物品了,战俘对胜利者来说则有了巨大的意义;前者可以成为后者的剩余物品生产者,后者可以靠前者的剩余物品过优裕的生活,又可不从事辛苦的劳动。这样,战胜者对战俘的处置方法完全改变了,既不将他们收编入族,也不将他们随意杀掉,而是把他们沦为奴隶,强迫他们劳动,以生产可供胜利者掠夺的剩余物品。战胜者就成了不劳而获的奴隶主。

剩余物品就是社会财富。奴隶可以生产剩余物品,而且可以生产不断增殖的财富,奴隶自身也就成了奴隶主的财富。奴隶社会的法就这样直截了当地规定:奴隶等同于财富。奴隶主可以像对待任何商品一样对待奴隶,可以将他们出卖,可以把他们用于抵债。另外,债务人一旦不能偿还债权人的债务,债权人则可以把债务人也变为自己的奴隶,以抵偿债务。甚至父亲负债不能偿还时,把自己的儿女出卖为奴隶,换钱还债。这种残酷的法律使大批的穷人、债务人沦为奴隶。过去战俘是奴隶的主要来源,现在多数奴隶则是由穷人、无力还债的债务人演化而来的。社会的财富不断聚敛到少数富有的奴隶主手中,结果使社会的绝大多数人变成了奴隶。例如,奴隶社会的雅典,有男女奴隶三十六万,而自由民(包括男女老少)只有九万。每个成年公民至少占有十八名奴隶。

在从原始社会到奴隶社会的演进过程中,权利与义务不断分离,最后两者之间形成了尖锐的对立。恩格斯说:"如果说在野蛮人中间,像我们已经看到的那样,不大能够区别权利和义务,那么文明时代却使这两者之间的区别和对立连最愚蠢的人都能看得出来,因为它几乎把一切权利赋予一个阶级,另方面却几乎把一切义务推给另一个阶级。"①

奴隶社会是人类历史上的第一个阶级社会。奴隶主阶级为了巩固自己对奴隶的占有和统治,保障其阶级利益的实现,建立了奴隶制国家政权,并制定了一系列法规,规定了各种权利与义务的关系。奴隶制社会的权利与义务通常具有三个最基本的特点。

1. 奴隶的人格被剥夺,在法律上没有任何地位

在奴隶社会中,奴隶主不把奴隶作为人看待,而把他们视为会说话的工具。奴隶社会的法规定奴隶没有人格,奴隶在法律上没有任何地位,不受法律的任何保护。从法律上说,人才是权利与义务的主体,有人格才有权利能力,才能享受权利、承担义务。奴隶在法律上没有人格,也就失去了享受任何权利的资格,连生命权也没有。奴隶和牲畜完全一样,不是权利的主体,而是权利的客体,是可以任意买卖的商品,可以任意处置的物品。奴隶主可以任意买卖奴隶,这在中外史籍上都有大量记载。我国《舀鼎》铭文中记有西周时期可以用五名奴隶换取"匹马束丝"的史实。古罗马法典也有大量买卖奴隶的法律规定。在古罗马,买卖奴隶曾是兴旺的商业,奴隶市场曾是重要的商业市场。奴隶作为奴隶主的一种财产,奴隶主对奴隶有充分的处分权,如同他对其他财产享有充分的处分权一样。强迫奴隶劳动,打骂奴隶,自然不必说了。就是杀死自己的奴隶也是奴隶主的权利,法律亦允许,就同一个人把他自己的财产损害掉、扔掉一样完全合法。

---

① ［德］恩格斯:《家庭、私有制和国家的起源》,人民出版社 2018 年版,第 197 页。

奴隶的唯一用途是为奴隶主服劳役。这并不是奴隶对奴隶主的义务,正如牛马为主人干活并不是为主人履行义务一样。奴隶既然没有人格,他们也就不能作为义务的主体。奴隶被买来卖去并不要奴隶本人同意画押。奴隶被主人买来做什么奴隶自己并不知道,奴隶主也无需让他知道。奴隶主和奴隶之间并没有任何契约关系,没有任何权利与义务的关系,正如主人和牛马之间并没有任何契约,没有任何权利与义务的关系一样。奴隶是奴隶主的所有物,他们之间是物与物主的关系。奴隶主对奴隶享有所有权,奴隶则具有所有权客体的一切特征。奴隶主可以对奴隶行使占有权、使用权、处分权。为了有效地占有奴隶,防止奴隶逃亡,他们可以给奴隶戴上锁链,关进牢房。奴隶主也给奴隶饭吃,但这并不是奴隶主的仁慈施舍,也不是奴隶主应负之义务,而是为了保护奴隶的存在,使之继续能够为奴隶主服劳役。为了驯服地使用奴隶,奴隶主可用棍棒。奴隶主处分奴隶也是随心所欲的。把奴隶卖了、租出去、杀了、埋了,全听奴隶主自由。奴隶制的法律就是这样残酷无情。一小部分人享有权利是以牺牲绝大部分人的人格为代价的。

2. 公开规定贵族与平民的不平等

在奴隶社会,奴隶以外的人并不都是奴隶主,还有相当一批既不是奴隶也不是奴隶主的平民。在古希腊和古罗马,除奴隶以外的人统称为自由民。自由民又分为贵族与平民两种人。贵族才是奴隶主。平民则是那些从事独立经营的农民、手工业者和商人等。他们基本上自食其力,同时也在某些方面受到奴隶主的压迫和剥削。在古代中国也有这些差别。西周和春秋时期,称平民为"国人",即住在国城之内的六乡之民。在商朝则称平民为"小人"。当时的贵族——奴隶主就是史籍上所称的"王侯""王族""百姓王""公侯"。

　　平民与贵族都有独立的人格,都有权利能力,都是权利与义务的主体,都受法律的保护。这一点平民与贵族没有差别。平民所享受的权利主要是生命权、人身权和财产权,对国家负有缴纳税赋的义务,有时还要为国家服劳役和军役。平民在法律上有地位,任何人不能无故加害平民的人身。

　　但是,平民的法律地位要比贵族低得多,他们所享的权利要比贵族少得多,承担的义务要比贵族多得多。古罗马早期的法律规定平民不能享受政治权利,不能担任公职,不能参与国家统治。平民也无权占有和使用国有土地。平民享受的只是有限的民事权利。而且,平民一旦负债不能偿还,就可能沦为奴隶。各国古代的法律都规定了贵族与平民的不平等。例如印度的《摩奴法典》把人分为四个种姓,形成四种不同的等级,享有不平等的权利。婆罗门是最高种姓,他们是大奴隶主,享有一切特权。第二种姓是刹帝利,他们是武士贵族,是地位较低的中小奴隶主。他们虽然不能享受婆罗门的特权,但享有政治权利,拥有军事权。第三种姓是吠舍,他们就是平民,享有某些民事权利,承担繁杂的义务。第四种姓是首陀罗,他们是奴隶。我国商朝奴隶制时期,实行亲贵合一的君主独裁政治制度。国王是奴隶主阶级的总代表,享有对全国的土地和奴隶的最高所有权。"溥天之下,莫非王土,率土之滨,莫非王臣"。与国王有亲缘关系的就是当然的贵族。这就形成了以国王为核心的贵族集团。他们独揽国家的军政大权,参加国家管理,担任国家官职,并且世袭相沿。平民不得参与国家政治,不得过问政事,不得担任官职,也不得与贵族通婚。平民与贵族之间是一种统治与被统治的关系。

　　3. 权利与义务具有鲜明的宗法特点

　　原始社会是以氏族为基本组织形式的社会。氏族是以血缘为纽带的人的集合体。到了奴隶社会,有了国家。国以地域为界划分居民,是同一地域内的居民集合体。一个国家内可以包含众多的氏族,但国家组织形成后,氏族组织就逐步解体了。不过,这个解体经历了相当长的过程。奴隶社会直接产生于原始社会,因而它保留了大量的氏族组织的习俗。氏族的力量仍然作为传统的力量起作用。这就决定了奴隶制政治必然是亲贵合一的政治,奴隶社会的权利与义务必然具有鲜明的宗法特点。

奴隶制国家内既然包含了众多的旧氏族,那么,国王的宗族必然要优越于其他宗族。也就是说,与国王有血缘关系的人必然会因为这种关系而显贵起来。这在中国奴隶社会表现得极为突出。商朝和周朝的国家政权都是亲贵合一的政权,是王权和族权相结合的政权。国王既是国家政权的总揽者,又是王族的家族长。国王的家族也就是最大的贵族之家。那时的贵族基本上是皇亲国戚,都与国王有一定的血缘姻亲关系。《墨子·尚贤》一书中说:"今王公大人,其所富,其所贵,皆王公大人骨肉之亲、无故富贵、面目美好者也。"以国王为轴心的贵族垄断了全部国家权力。只有贵族才有资格担任国家官职,参与国家管理,享受政治权利和其他特权。

与王室的血缘远近亲疏也是决定贵族集团内部地位的高下、享受权利多寡的主要标准。例如周朝,周王是天下第一大宗,同姓诸侯则为小宗。诸侯在其封国内是大宗,卿大夫则为小宗。卿大夫在其采邑内又是大宗。无论王位、诸侯国君位,还是卿大夫之位,都由嫡长世袭。因此,贵族的嫡长子总是不同等级的大宗。大宗既按其等级享受国家的特权,又在本宗内享受绝对的统治权。与周王的血缘关系越近的人,其贵族等级则越高,其身份则越显,享受的特权越多。周初分封的七十一国中,武王兄弟和周族同姓王之国占了绝大多数。因而封国与周王之间的关系,既是血缘关系,又是政治从属关系。这就形成了"王臣公,公臣大夫,大夫臣士"的政治等级阶梯。贵族相对奴隶和平民来说,几乎只享受权利,不承担任何义务。但在贵族内部却有着严格的权利与义务关系。等级较低的贵族对等级较高的贵族负有纳贡、遵守盟誓、服从裁判、接受军事指挥等义务。等级较高的贵族则负有庇护等级较低的贵族的义务。

三、封建社会的权利与义务的本质和特点

奴隶社会进入到封建社会是生产力和生产关系进步的结果。封建社会的权利与义务的新特点是封建社会的特殊统治形式的反映。

奴隶社会末期,铁制生产工具大量出现,生产力发展到了一个新的水平。过去奴隶们必须集体劳动,才能有效地耕作,现在有了大量的小型铁制生产工具,一家一户为单位的小生产已经有可能了。这种一家一户的小生产的生产方式要比奴隶式的集体耕作方式先进得多。奴隶们的劳动纯粹是被迫的,是在棍棒的强制下进行的,劳动的成果与奴隶没有任何联系。奴隶非但没有劳动的积极性,而且还经常破坏生产工具,消极怠工,以反抗奴隶主的压迫和剥削。一家一户为单位的生产显然提高了农民的积极性。土地耕种得好坏与农民的经济利益发生了直接的联系。农民耕种得越好,缴租以外的剩余就越多,反之就要减少。这就促使农民进行精耕细作,从而推动了生产力的发展。

生产力决定生产关系,生产力的进步必然要推动生产关系的发展。奴隶制生产关系已经不能适应新的生产力了,奴隶制必然要被封建制所代替。奴隶主对奴隶的残酷、野蛮的剥削和压迫激起了广大奴隶的强烈反抗。他们举行了一次又一次的暴动,沉重地打击了奴隶主的统治。他们一次又一次有组织地逃亡,使得奴隶制的统治无法维持。奴

隶制终于土崩瓦解了,封建制作为一种新型的社会制度最终确立了。我国春秋时期是奴隶制向封建制过渡的时期。那时各诸侯国纷纷废除束缚奴隶的井田制,改土地国有为土地私有,租给农民耕种,实行税田制。西欧各国大约也于公元 5 世纪起开始向封建社会过渡。

封建制代替奴隶制只不过是用一种剥削制度代替另一种剥削制度。但是,封建制要比奴隶制进步得多。在权利与义务方面也充分显示了这种历史的进步性。这主要体现在以下几个方面。

1. 农民在法律上有独立的人格

封建社会的主要社会成员是农民。与奴隶社会不同,封建社会把农民视为人。农民在法律上具有独立的人格,是权利的主体,而不是权利的客体。农民有权利能力,可以享受一定的权利。

2. 农民享有人身权利

农民的人身是受法律保护的。法律禁止无故加害农民的人身,剥夺农民的生命,即便是官吏和贵族,无故杀害农民也要负一定法律责任的。不论是谁,也不能无故打骂、凌辱农民。当然,农民的人身没有官吏、贵族的人身那样贵重,受不到特别的保护,但农民的人身比起奴隶来毕竟要好得多了。

3. 农民有了一定的人身自由权

与奴隶主对待奴隶不一样,地主对农民的人身没有占有权和处分权。地主不能随便买卖农民的人身,也不能随意关押农民的人身,农民的人身不受地主的拘束。相对说来,农民是个自由的人。但农民的人身自由不是完全的,因为农民的人身被束缚在小块土地上,造成了对地主的某种程度上的人身依附。欧洲许多国家在中世纪通行农奴制,农奴的人身完全依附于封建领主,可以随同庄园一起被封建领主出卖、转让。农奴的法律地位要比农民低得多,他们介于奴隶与农民之间。

4. 农民有一定的财产权

农民分为自耕农、佃农、雇农三种。自耕农耕种的是自己的土地，不需向地主缴租，只需向国家纳税、服役。自耕农的财产权较多，它包括自己的小块土地、生产工具及纳税后的所有劳动产品。佃农租种地主的土地，他们除要向国家纳税、服役外，还要向地主交地租，剩余之物及其少量农具才是佃农的财产。雇农一贫如洗，既无土地也无生产资料，他们只得替地主打长工或短工度日。他们的所谓财产仅是一点工钱。农民的财产多寡不一，但都受到法律保护。

5. 政治权利的享受范围有所扩大

在奴隶社会，只有贵族才能担任国家官职，享受政治权利。官职也只能在贵族中世袭。平民永远不得为官。到了封建社会，贵族政治被官僚政治所替代。中国封建社会普遍实行科举制度，从原则上说，一切有才能的人，包括农民在内，只要能通过科举，都可做官，享受政治权利。当然真正能通过科举获取官职的多数仍是地主阶级分子。

封建社会的权利与义务的法律规定虽然优越于奴隶社会，但是，封建社会的法律在本质上是剥削阶级的法律，它所规定的种种权利与义务都是为了维护封建统治、维护地主阶级的利益的。封建社会的法律的最大特点是公开规定人与人之间的不平等关系。它是地地道道的特权法律。它规定不同的阶级、不同的阶层、不同类型的人在法律上享有不平等的权利、承担不平等的义务。在封建社会主要有四种不同范畴的不平等关系。第一种是统治阶级与被统治阶级的不平等关系，例如地主与农民之间的不平等关系、官民之间的不平等关系、主奴之间的不平等关系。第二种是统治阶级内部的不平等关系，例如君臣之间的不平等关系。第三种是被统治阶级内部的不平等关系，例如良贱关系。第四种是家庭内的不平等关系，例如尊卑之间、男女之间、长幼之间的不平等关系。在封建社会中,无论是统治阶级的家庭还是被统治阶级的家庭都存在这些不平等关系。整个封建社会就是由各种不平等关系垒起来的金字塔。

1. 统治阶级与被统治阶级之间的不平等

(1)地主阶级与农民阶级之间的不平等

地主阶级和农民阶级是封建社会中的两大基本阶级,是两个尖锐对立的阶级。两者之间存在着巨大的差别,极不平等。在政治上,农民无权过问政事,国家的大权完全操纵在地主阶级手中。在经济上,农民受到地主阶级的种种剥削。地租、雇工、高利贷是地主剥削农民的三种基本形式。农民终年劳苦,还难以糊口。地主却可坐享其成,不劳而获,只享受经济权利,不承担劳动的义务。农民不但要供养地主,还要通过缴税的形式供养庞大的官僚集团,负担巨大的军队开支。农民的义务不胜枚举,苛捐杂税数不胜数。不仅如此,农民还要经常为地主阶级的国家无偿地服劳役、服兵役。地主阶级则可按不同的等级享受各种相应的特权,同时也可依其等级相应地减少其义务。最大的地主——皇帝则完全享受权利,不承担任何义务。

(2)官民之间的不平等

官民之间的不平等是另一种统治阶级与被统治阶级之间的不平等关系。封建社会的官僚机构甚为庞大。以中国为例,官僚分为文臣、武将两大体系。每个体系内部又分为若干等级森严的官职。除官职官僚以外,还有众多封有各种不同等级的爵位的贵族。他们或掌管一部分权力,或无官而受禄。在西欧,贵族有世袭的领地,在其领地内可以行使立法权、司法权、行政权、军事权。贵族的领地就是贵族的相对独立的王国。

官吏和贵族与平民相比享有众多的特权。在政治上,官吏和部分贵族直接行使国家权力。在经济上,他们享有厚禄,他们还依官爵的大小减免税务。我国唐朝的法律明文规定:"太皇太后、皇太后、皇后缌麻以上亲,内命妇一品以上亲,郡王及五品以上祖父兄弟,职事、勋官三品以上有封者若县男父子,国子、太学、四门学生、俊士,孝子、顺孙、义夫、节妇同籍者,皆免课役。"①在司法上,他们也享受众多的特权。以我国为例,官吏和贵族可享受请、议、赎、官当等司法特权。所谓"请",就是具有一定等级的官吏和贵族犯罪之后,司法机关不能逮捕和审讯他们,必须先奏请皇帝裁决。皇帝不批准逮捕,则不能逮捕治罪。这就是说,普通司法程序只适用于老百姓,对高官贵族则要适用特别司法程序。在审讯中也是如此,封建法庭对被告通常要刑讯,但不得对身为高官贵族的被告刑讯。如果原告是平民,他们还可以免除出庭对证的义务。所谓"议",就是说对触犯刑律应当治罪的官吏、贵族,要按照他们的官职大小和爵位高低进行法定减刑或免刑。我国封建社会中盛行"八议"制度。一议亲,就是皇帝的亲戚眷属若犯罪可以减刑或免刑;二议故,即皇帝的老朋友犯了罪可以减刑或免刑;三议贤,即封建社会的所谓贤人君子若犯了罪可以减刑或免刑;四议能,即有大才干,能整军治政,为帝王辅佐者若犯了罪可以减刑或免刑;五议功,即对封建王朝有过重大功勋的人若犯了罪可以减刑或免刑;六议贵,即有爵位的贵族和高官若犯了罪可以减刑或免刑;七议勤,即勤劳谨守官职者若犯了罪可以减刑或免刑;八议宾,即前朝皇亲国戚若犯了罪可以减刑或免刑。所谓"赎",就是经过八议减刑后所定之刑,还可用金钱去赎,不必服刑。所谓"官当",是指当官的犯了罪,经过八议减刑后所定之刑,如没有钱赎刑或不愿以钱赎刑,可以以官抵刑,官位可以折抵刑罚。官品

①　《新唐书·食货志》。

愈高所抵之刑愈多。如果一个大官犯了罪,先经八议减刑,再以官当刑,最后不但不需服刑,仍可当官,只不过降点职而已。

官吏和贵族不仅享有广泛的政治、经济、司法上的特权,他们的人身也都受到特别的法律保护。这种保护还要荫及家属。几乎各国的封建法律都规定,平民如伤害了官吏和贵族的人身,要加重处罚。加重的标准以官爵的高低而定。高官显爵受点轻伤,甚至受点惊,伤害他的平民就有掉脑袋的危险。相反,如他们伤害平民则要减轻处罚。大官杀死了平民,常常是给几个钱了事。

（3）主奴之间的不平等

贱人又分为若干等级,其中奴婢的法律地位、社会地位最低。他们通常是穷得无法生活被迫投靠主人为奴,或是家穷无力抚养,父母将儿女出卖为奴。《唐律疏义》规定,"奴婢同资财","奴婢贱人律比畜产"。他们可以被主人买卖。奴婢必须绝对服从主人的意志。法律规定,"奴婢部曲身系于主",一旦为奴婢就失去了人身自由,完全处于主人的控制之中。奴婢逃离主人要受重刑处罚。奴婢的婚姻也要由主人操办。奴婢所生子女也是当然的奴婢,同属主人所有。奴婢除了生命权和有限的人身权利以外,几乎没有什么权利可言。他们的义务则是无穷无尽的,主人要他们做什么,他们就必须做什么,不得讨价还价。主人可以责骂、鞭打、处罚奴婢,只要事出有因,主人都可不负责任。奴婢事主要谨敬,不得稍有侮慢,更不得有犯主行为,否则要处极刑。主人无故责打奴婢,造成奴婢身体残疾,法律才予以处罚,但处刑也极轻。而且,主人犯罪,主人打骂奴婢,奴婢还不得告发公门(告谋反罪除外),否则不但不受理,还要受处罚。总之,主奴之间有天壤之别。

2. 统治阶级内部的不平等关系

君臣之间的不平等关系是统治阶级内部的一种典型的不平等关

系。封建社会的统治形式基本上是君主专制。皇帝是地主阶级的最高统治者,是地主阶级的总代表。皇帝个人总揽全国的政治、经济、行政、立法、司法、军事大权,实行个人独裁。皇帝的话是金科玉律。一切法律的立废改皆由皇帝决定。皇帝的身份至尊,皇帝的权力至高,皇帝的威严至极,但皇帝的义务则等于零。虽然皇帝与众臣同属统治阶级,可是封建统治阶级内部并没有任何民主、平等可言。皇帝高高在上,一切大权独揽,不与他人分享。朝臣只能辅佐皇帝。在任何重大问题上,朝臣的奏议只能作为皇帝决断的参考。"天下之事,无大小皆决于上"。国家的大大小小的朝臣都受命于皇帝,为皇帝效劳,对皇帝负责。

皇帝历来把国家视为家天下。朕即国家。皇帝对众臣以天子自居,操生杀大权。皇帝对所有官吏具有至高无上的权威。文官武将不论职位多高,必须绝对效忠皇帝,俯首听命于皇帝,稍有冒犯皇帝之举则获大罪。君叫臣死,不得不死,是封建社会的一条不成文法。官吏贵族犯罪虽可请、议,但一旦犯了十恶之罪,触犯皇权统治,就不能减刑免刑。皇帝也可不顾法律自行定大臣之罪。

3. 被统治阶级内部的不平等关系

良贱之间的不平等是被统治阶级内部的典型不平等关系。平民百姓中的大多数是被统治、被压迫的人,但他们又有良贱之别,在权利与义务上也有相当差别。以中国为例,《清会典》上说,"四民为良",良人即指农民、手工匠人、商人、以学谋职的知识分子。贱人即指奴婢、仆人、卖艺人、妓女以及在衙门里当低级差役的人。良人和贱人在法律上有严格的区分。在每个人的户籍上必须载明是良是贱。贱人冒充良人要受刑罚。贱人与良人的生活方式不得相同。良贱之间不能通婚。良人可参加科举考试,贱人则不能应考出仕,也就是贱人永世不得出人头地。良人伤害贱人应从轻处罚,贱人伤害良人,要从重处罚。贱人奸良

人妻女是大逆不道,要处以极刑,良人奸贱人妻女,则不是什么大不了
的事情。总之,贱人处处低人一等。

4. 家庭内的不平等关系

封建社会认为天下之本在国,国之本在家。家庭是社会的基本构
成单位,是一个独立的经济、生产、社会组织。家庭内人与人之间也有
严格的等级区分,权利与义务也不相同。在中国,家庭内的不平等关系
表现得特别明显。

尊卑之间不平等。家长是一家之内至高无上的主宰,在家庭内具
有最高的权威。封建社会是父权社会。一家之中如有父子两代,父亲
是当然的家长,一家之中如有祖孙三代,祖父则是当然的家长。在家庭
中,晚辈要服从长辈,全家要服从家长。家长的权力在家中是无限的。
家庭的财产掌握于家长手中,家长对家庭成员、长辈对晚辈有责打、教
训之权。子女违犯教令,家长或长辈可送他们到法院治罪,甚至可将子
女逐出家门或处死。子女的婚配必须由长辈作主。他们自己必须遵
命。父母有罪,子女有义务为其隐罪,不得告发。而家长甚至可出卖儿
女为奴。

男女之间的不平等在家庭内集中表现为夫权。父权制的确立就是
对女权的漠视。男尊女卑,以男为贵,女子必须服从男子。中国封建社
会通行三从,女子未嫁从父(父死从兄),嫁后从夫,夫死从子。女子对
外无权代表家庭,"女不言外"。女子没有家庭财产权。娘家的财产女
子无份。婚后的家庭财产属于丈夫。丈夫死了,家庭财产属于儿子。
儿子未成年时,母亲代为儿子监护财产。丈夫打妻子采用轻刑主义,而
妻子打丈夫则采用重刑主义。

长幼之间的不平等是指同辈兄弟姊妹中,以长为尊,幼必须服从
长。父死以后,长子即为家长。在继承权方面,长子享有优先权。皇位

和爵位都是以长幼的顺序继承。平民百姓的家中,虽然财产不多,长子也要多占一点。

四、资本主义社会的权利与义务的本质和特点

在资本主义社会,权利与义务的本质和特点是由资本主义经济基础决定的。在漫长的封建社会中,生产力得到了缓慢的发展。工具不断改良,生产技术不断提高,生产经验逐渐丰富,自给自足的自然经济得到了充分发展。在此基础上,人们把自给有余的产品用于交换,商业在封建社会得到了发展。商业的发展促进了作为商业中心的城市的发展;城市的发展又为工业生产创造了条件,工业的发展又反过来促进了商业的发展。到中世纪末期,欧洲的工场手工业和商业已经相当发达。在城市中成长起来的市民阶级——资产阶级的前身,拼命扩大视野,开拓新市场,寻求商品的销路。这种动机导致了航海业的迅速发展。美洲被发现,新的海上航道被打通,世界性市场开始形成。这就使商品的交换超出了国界、洲界,得到了巨大的发展。商品的需求量越来越大,它有力地推动了工业生产的发展。封建社会内部主要靠手工生产的产品很快发展到较高水平。后来手工业生产再也不能满足日益增长的需要,而被工场手工业代替了。蒸汽机的发明标志着现代大工业的诞生,工场手工业随即被机械化的现代化大工业替代了。生产力得到了空前的发展。封建的生产关系再也容纳不下如此巨大的生产力了。正如马克思和恩格斯所说:"资产阶级赖以形成的生产资料和交换手段,是在封建社会里造成的。在这些生产资料和交换手段发展的一定阶段上,封建社会的生产和交换在其中进行的关系,封建的农业和工场手工业组织,一句话,封建的所有制关系,就不再适应已经发展的生产力了。这种关系已经在阻碍生产而不是促进生产了。它变成了束缚生产的桎

梏。它必须被炸毁,它已经被炸毁了"。① 封建社会在资本主义生产力面前土崩瓦解,资本主义的生产关系正式确立了。

与资本主义经济基础相适应的资本主义社会的权利与义务,从本质上说,是为维护资本主义所有制关系服务的。由于资本主义的生产关系是实行生产自由竞争,劳动力自由买卖,商品自由交换,这就决定了资本主义社会的权利与义务的最大特点是以法律形式上的人人平等,掩盖着经济上的事实上的不平等。

1. 资本主义社会的权利与义务在形式上的平等

恩格斯说:"在封建的中世纪的内部孕育了这样一个阶级,这个阶级在它进一步的发展中,注定成为现代平等要求的代表者,这就是资产等级"②,也就是后来的资产阶级。资产阶级之所以能成为平等权利的要求者并愿意为此浴血奋战,这是由资产阶级的生产方式所决定的。资本主义生产是大规模的工业生产,它是以资本家提供资本,无产者提供劳动力为前提而进行的生产。这种生产方式需要一个自由、平等的劳动力交易市场。它必须使无产者的劳动力作为自由的商品在市场出卖,让资本家自由选择和购买。在劳动力买卖的市场上,无产者和资产者必须作为平等的商品所有者,否则就不能达成买卖。所不同的是,无产者所拥有的是一种特殊商品——劳动力。劳动力的所有者——无产者,和货币的所有者——资产者,两者作为平等的双方订立劳动力买卖合同,这是资本主义生产的首要条件。

大规模的生产需要大规模的贸易,甚至需要跨国度的世界性贸易。这种贸易也要求有自由的、在行动上不受限制的、不论国籍的平等的商品所有者。交换必须是等价的,商品持有者的法律地位必须是平等的。

----

① 《马克思恩格斯文集》第 2 卷,人民出版社 2009 年版,第 36 页。
② 《马克思恩格斯文集》第 9 卷,人民出版社 2009 年版,第 110 页。

从资本主义商品交换的方式来说,资产阶级也必然要提出平等权利的要求。恩格斯说,"社会的经济进步一旦把摆脱封建桎梏和通过消除封建不平等来确立权利平等的要求提上日程,这种要求就必定迅速地扩大其范围……由于人们不再生活在像罗马帝国那样的世界帝国中,而是生活在那些相互平等地交往并且处在差不多相同的资产阶级发展阶段的独立国家所组成的体系中,所以这种要求就很自然地获得了普遍的、超出个别国家范围的性质,而自由和平等也很自然地被宣布为人权"。① 资产阶级思想家提出了一系列关于平等权利的主张,向封建不平等宣战。他们鼓吹人生而自由,生而平等,权利天赋,不可剥夺,不可转让;人人都是平等的公民,公民在法律面前一律平等。资产阶级的平等观正如他们的商品一样没有国界,很快取得了世界性意义。各国纷纷进行各种形式的资产阶级革命。资产阶级的权利平等主张也得到了广大农民和无产者的热烈拥护,因为平等对他们来说意味着解放,资产阶级的平等观客观地代表和反映了他们的利益。因此,资产阶级革命取得了他们的同情和支持,很快取得了胜利。

资产阶级革命胜利后,立即用法律的形式把它们已争得的成果记载下来。这样,公民的平等权利至少在法律形式上得到了肯定。法国大革命胜利以后通过的《人权宣言》是第一部规定公民具有平等权利的法律。宣言开宗明义第 1 条就明确规定:"在权利方面,人们生来是而且始终是自由平等的。"这就把权利平等原则作为资产阶级法律的总原则规定下来了。接着宣言又规定:"法律是公共意志的表现。全国公民都有权亲身或经由其代表去参与法律的制定。法律对于所有的人,无论是施行保护或处罚都是一样的。在法律面前,所有的公民都是

---

① 《马克思恩格斯选集》第 3 卷,人民出版社 1995 年版,第 447 页。

平等的,故他们都能平等地按其能力担任一切官职,公共职位和职务","自由传达思想和意见是人类最宝贵的权利之一,因此,各个公民都有言论、著述和出版自由"。这就把公民的主要的平等权利列举出来了。其他各资本主义国家也相继仿效法国,用法律的形式规定了公民的各种各样的平等权利。随着时代的发展,资产阶级用法律的形式规定公民的平等权利也达到了完善程度。1949 年联邦德国宪法第 3 条鲜明地规定:"在法律面前人人平等。男女享有同等的权利。任何人均不得因性别、世系、种族、语言、籍贯、出身、信仰、宗教或政治观点而受到歧视或享特权。"日本宪法第 14 条也明确规定:"一切国民在法律面前一律平等。在政治、经济以及社会的关系中,不得因人种、信仰、性别、社会身份及门第不同而有所差别。"这些规定表明公民的权利能力是平等的,任何公民之间都是平等的,公民在各个方面也都是平等的。

封建社会的法律只强调人的义务,漠视人的权利。资产阶级为了反封建的需要,特别注重权利的规定。在资产阶级上升时期尤其是这样。早期的资产阶级宪法和法律都比较详尽地规定了公民的权利,却很少规定义务,甚至有的几乎没有规定公民的义务。随着资产阶级政权的稳固,资产阶级开始重视对义务的规定。在法律上,资产阶级也强调公民的义务均等,例如规定公民有平等的纳税义务、服兵役的义务、遵守法律的义务,任何人的义务都不得豁免。

资产阶级针对封建专制对人权的任意践踏,不仅十分注意在法律上详尽地规定公民的权利,而且要求建立能够保障这些权利的政府。资产阶级鼓吹人权至上,响亮地提出政府的设立在于保障人民的权利和自由,并且宣称,人民有权推翻任何不能保护人民的权利和自由的政府。美国《独立宣言》直截了当地宣布:"人人生而平等,他们都从他们的'造物主'那边被赋予了某些不可转让的权利,其中包括生命权,自由权和追求幸福的权利。为了保障这些权利,所以才在人们中间成立政府。而政府的正当权力,则系得自被统治者的同意。如果遇有任何一种形式的政府变成损害这些目的的,那么,人民就有权利来改变它或废除它,以建立新的政府。"

资产阶级用法律形式规定公民享有平等权利,并且设立资产阶级政府保障这些权利,这在历史上有着伟大的进步意义。资产阶级用平等的民权推翻了封建君权。资产阶级利用民主平权的思想普遍建立了民主共和国,取代了君主专制的封建王国。资产阶级用平等的世俗人权,亵渎了高高在上的神权,否定了僧侣特权,把人从神的统治中解放出来了。资产阶级用平等权利否定了封建特权,一大批无功而受封、无劳而受禄、无能而做官的封建贵族被扫进了历史的垃圾堆。资产阶级用平等的人格权解除了任何形式的人身束缚和人身依附关系。在资本主义条件下,无产者至少在形式上有了人身自由,比起奴隶社会、封建社会无疑是一个巨大的历史进步。

2. 权利与义务在事实上的不平等

资产阶级用法的形式规定公民享有平等的权利、承担平等的义务。但是,这些平等的权利和义务仅仅停留在形式上;资产阶级并不打算实现,或不打算彻底实现。资产阶级之所以要在法律上规定种种平等,目的在于欺骗、安抚、麻痹无产阶级。资产阶级正是要通过这些形式上的平等掩盖事实上的不平等。他们在平等的幌子下把无产阶级的权利化为乌有,确保资产阶级享受种种特权。资产阶级实现这一目的的手段有三种:

第一,抽象肯定,具体否定。就是在原则上规定公民享有这样那样的平等权利,但对行使这些权利又加上这样或那样的具体限制和禁令,使无产阶级无法享受到这些权利。例如意大利宪法一方面规定,"所有公民均有不经许可而自由结社之权利",另一方面又规定"但其所追求的目的应以未为刑事法律所禁止为限。"一方面规定"任何人均有以言论、著作及其他任何传播思想之方法,自由表达其思想之权利。出版无须得到准许或经过检查",另一方面又规定"在绝对紧急而司法当局又不可能及时干预的情况下,司法警察官员得对定期出版物实行查封"。联邦德国宪法一方面规定公民有集会自由,另一方面又规定"如进行露天集会,此权利将受法律限制或依法予以限制"。无产阶级没有会议厅,当然只能露天集会,上述限制实际上就取消了无产阶级的集会自由。马克思指出,资产阶级的宪法"每一条本身都包含有自己的对立面,包含有自己的上院和下院:在一般词句中标榜自由,在附带条件中废除自由……不管这种自由在日常的现实中的存在怎样被彻底消灭,它在宪法上的存在仍然是完整无损、不可侵犯的"。①

第二,在法律上规定公民的平等权利,在事实上不提供实现这些权利的手段,使无产阶级无法享受这些权利。只有那些拥有行使权利的条件和手段的资产阶级才能真正享受法律上的那些权利。斯大林曾经指出:"资产阶级的宪法通常限于规定公民的形式权利,而不注意实现这些权利的条件,实现这些权利的可能,实现这些权利的手段。它们空谈公民平等"。② 事实正是这样。资产阶级法律规定公民有平等的被选举权,可是,资产阶级并不给无产阶级以竞选的条件。资本主义国家要竞选总统、总理,往往要花上上百万上千万以至上亿美元的竞选活动费用,这对无产阶级来讲是根本办不到的事,怎么可能去参加竞选呢?因此,被选举权实际上是由少数的百万富翁享受了。资产阶级法律规

---

① 《马克思恩格斯文集》第 2 卷,人民出版社 2009 年版,第 484 页。
② 《斯大林选集》下卷,人民出版社 1979 年版,第 402 页。

定公民有言论出版自由,可是,印刷厂、报纸、电台,绝大部分都操纵在资产阶级手里,无产阶级想发表自己的言论是十分困难的。资产阶级法律规定公民有平等选择职业的权利,可是失业的无产者又怎么可能去享受这种自由!

第三,当无产阶级举行推翻资产阶级统治的革命时,资产阶级就会撕下平等的假面具,进行血腥镇压。为了缓和无产阶级的革命斗争,资产阶级可以作适当让步,进行某些改良,让无产阶级享受某些权利。但是,无产阶级享受这些权利必须以不妨碍资产阶级的统治为限,超出这个限度就不允许了。法国《人权宣言》明明写着公民有反抗压迫之权,但当巴黎公社的战士们拿起武器反抗压迫时,资产阶级就收起了伪善的面孔,露出了狰狞面目,把巴黎公社淹没在血泊之中。

第三节　我国公民权利与义务的本质与特点

社会主义国家公民的基本权利和义务,是建立在社会主义公有制和人民掌握政权的基础之上的,是消灭了阶级剥削和阶级压迫的产物,是调整社会主义制度下公民同国家与社会之间以及公民与公民之间相互关系的手段,是建设社会主义强大国家的工具。

我国公民基本权利和义务的社会主义本质,具体表现在这样四个特点上,即:公民权利的广泛性,公民权利的真实性,公民权利与义务的平等性,公民权利与义务的一致性。下面,我们就来阐述这四个特点。

一、公民权利的广泛性

我国公民享有最广泛的权利,是我国公民基本权利与义务的一个重要特点。这是由经济制度的公有制与国家政权的性质决定的。同资本主义国家相比较,资产阶级民主的基础是很狭窄的。社会主义制度下公民权利的广泛性,是同资本主义制度相比较而言的。具体说来,可以从以下两个方面进行分析。

（一）享受权利的主体的广泛性

为了说明这个问题,首先有必要弄清楚,在我国,公民是指哪些人。由于过去的几部宪法对于这个问题一直没有作出明确规定,因此长期以来人们对此存在一些不同的理解。现在这个问题已经解决。宪法第33条明确规定:"凡具有中华人民共和国国籍的人都是中华人民共和国公民。"这就是说,公民同人民是两个不同的概念。人民这个概念虽然在宪法上和法律上也常使用,但它基本上是一个政治概念。人民是相对于"敌人"来说的。在我国,有些被剥夺了政治权利的人,不属于人民的范围。这些人大致有两类:一类是同人民民主专政的政权与社会主义制度为敌的人,包括反革命分子、敌特分子、叛国分子等;一类是与社会为敌,即严重危害社会安全与社会利益的人,包括罪行极严重的杀人犯、放火犯、强奸犯等。"公民"是一个法律概念。它在我国的宪法和全部法律中,是作为权利义务关系的主体出现的。它包括全体人民和上述那些被剥夺了政治权利的人在内,即全部公民应当都是我国法律制度中权利与义务关系的主体。不过由于人民同敌对分子在我国的法律地位有着原则的不同,他们在享受权利、承担义务方面有很大差别。因此在阐述我国公民权利与义务问题的时候,要把他们加以区别。

在我国,人民的范围是十分广阔的。他们不仅包括工人、农民、知识分子和其他劳动人民,还包括一切拥护社会主义的爱国者和拥护祖国统一的爱国者。据1981年全国普选时统计,具有选举权的公民占18周岁以上公民人数的99.97%,即被剥夺政治权利的人不到0.03%。

而且新中国成立以来,人民的范围是在越来越扩大,专政对象的范围是在越来越缩小。今后,这种发展趋势一直会继续下去。在我国,人民是国家的主人,国家的一切权力属于人民,人民充分享受着我国宪法和法律所规定的一切政治、经济、文化和社会方面的全部权利。我们常说,社会主义民主是绝大多数人所享有的民主,因为人民的人数占总人口的绝大多数,他们在国家里当家作主,个人所实际享有的权利十分广泛。资本主义国家却相反。在那里,实际上是少数资产者及其代理人在掌握政权,只有他们才能真正享受得到宪法和法律所规定的各种政治、经济、文化和社会的权利;而广大劳动人民则处于被剥削、被压迫的地位,是被统治者。由于政治、经济和思想文化方面的种种原因,他们实际上很难享受到宪法和法律所规定的各种权利。我们说,社会主义制度下公民的基本权利具有广泛性,首先是从这一事实出发的。

这里还有两个问题需要明确。在我国,已被判处刑罚正在服刑的犯罪分子中,凡是没有被剥夺政治权利的,这部分人,从原则上说,应当享受人民所享有的全部权利。不过,由于他们犯有各种罪过,正在接受应得的惩处,并且处于服刑的被剥夺人身自由的特殊环境里,因而他们的一部分权利实际上是不能行使或不能充分行使的。例如,按照我国宪法的规定,他们享有选举权,但他们没有被选举权,宪法规定的言论、出版、集会、结社、游行、示威的自由,他们暂时不能行使,宗教信仰自由和通信自由只能部分享有,劳动权、受教育权、科学研究与文学艺术创作自由受很大限制,被当作专政对象看待。

另一个问题是,那些被剥夺了政治权利的人,他们在我国的法律地位如何,他们还享受什么权利,应尽什么义务,也是需要明确的。按照我国刑法的规定,剥夺政治权利的内容是四项:即(一)选举权和被选举权;(二)言论、出版、集会、结社、游行、示威的自由;(三)担任国家机关职务的权利;(四)担任国有公司、企业、事业单位和人民团体领导职务的权利。因此,所谓"剥夺政治权利",并不是剥夺公民应当享有的全部政治权利。例如,宪法所规定的"申诉权""控告权",他们没有被剥夺,也是不应被剥夺的。"剥夺政治权利"更不是意味着剥夺全部"公民权"。公民权的含义很广,它不仅包括政治权利,而且还包括人身权利、经济权利、文化教育权利、社会权利,以及广泛的民事权利等。那些被剥夺了政治权利的人在我国的法律地位问题,情况很复杂,需要专题研究。但有一点可以肯定,决不是他们的全部公民权都被剥夺。

(二)享受权利的范围的广泛性

我国公民基本权利的范围,涉及政治、人身、经济、文化、社会和家庭生活的各个方面。从宪法的具体规定看,这些权利集中反映在"公民的基本权利和义务"这一章中。但是有些内容是规定在"总纲"和"国家机构"的有关条文中。我国公民的基本权利,大致可以作以下分类:(一)民主权利。包括:选举权和被选举权,对国家机关及其工作人员进行监督、批评、建议、申诉、控告的权利,民主管理国营企业和集体经济组织的权利;民主管理基层社会生活的权利。(二)基本自由。包括:言论、出版、集会、结社、游行、示威的自由;宗教信仰自由;通信自由;婚姻自由;从事文化艺术创作、科学研究及其他文化活动的自由。(三)人格和人身权利。包括:人格权;人身自由权;住宅不受侵犯权。(四)经济、文化和社会权利。包括:受教育权;劳动权;休息权;伤、老、病、残时获得帮助的权利;私有财产权与继承权;男女平等权;华侨及归侨、侨眷的权利。以上列举的内容,只是公民基本权利的主要方面,并没有把它的全部内容概括无遗。

同资本主义国家相比较,我国公民基本权利的广泛性,主要表现在两个方面：

1. 有些权利是资本主义国家根本没有的，而我们国家却有。例如，我国公民享有管理国营企业和城乡集体经济组织的权利，就是属于这种情况。这一权利属于政治权利的范畴，而政治权利是所有公民权利中最根本的权利，因为这类权利直接体现了人民是国家的主人这一原则。毛泽东同志曾经说过，劳动者管理国家、管理各种企业、管理文化教育的权利，是社会主义制度下劳动者最大的权利，是最根本的权利，没有这个权利，就没有工作权、受教育权、休息权等。[①] 在资本主义国家里，企业属于资本家个人所有，当然不能容许工人群众管理工厂，决定工厂管理中的一切重大问题。我们的国家是公有制经济，工人、农民、知识分子是国营企业和城乡集体经济组织的主人，他们有权对企业和经济组织实行民主管理，这是很自然的。又例如，我国公民享有广泛的社会自治权。这也是资本主义国家没有的。现在，这一权利已经庄严地记载在宪法中，足见国家对它的重视。在我国，社会自治有着最广阔与远大的发展前途，因为它是属于直接民主的范畴，是社会主义民主在社会生活中的具体体现。居民委员会和村民委员会等群众性自治组织，是群众自己教育自己，自己管理自己的重要形式，是基层政权组织联系群众的桥梁和纽带。它对提高人民对公共事务与公益事业的社会责任感，对巩固与发展社会主义制度下人与人之间的平等互助和居民之间的和睦相处、团结友爱的新型社会关系有很大作用。

2. 有些权利虽然在资本主义国家的宪法上有规定，但是公民在行使这些权利的时候，要受种种限制，而在我国，公民享有与行使这些权利则十分充分。例如，选举权与被选举权就是属于这种情况。在资本

---

① 参见叶剑英：《中华人民共和国宪法　关于修改宪法的报告》，人民出版社 1978 年版，第 28 页。

主义国家里,选举权的行使,要受到财产、性别、种族、教育程度、居住期限等方面的限制。这种限制实际上是对资产者有利,对无产者不利。而在我国完全不存在这种情况。在我国,选举权与被选举权的年龄都是 18 岁。这在世界上是比较低的。如瑞士为 20 岁,瑞典为 23 岁,丹麦为 25 岁,日本为 26 岁。享有被选举权的年龄,美国的众议员为 25 岁、参议员为 30 岁。这种年龄的比较,也可从一个侧面看出我国选举权的广泛性。特别是从参选率看,我们国家要比资本主义国家高得多。比如,我国 1981 年直接选举的参选率是 96.56%,而美国 1980 年总统选举,在 1.6 亿选民中,只有一半人参加投票。资本主义国家广大选民对选举没有兴趣的根本原因,是大多数劳动人民已经看清楚那种选举只是对少数资产阶级政客有利,这些人并不能真正代表选民的利益。又例如,在经济、文化和社会方面的公民权利,社会主义国家远比资本主义国家广泛得多,原因就在于这些权利同经济制度的联系更为直接和密切。在社会主义社会里,公民权利的广泛性是发展变化的。这种变化取决于两个方面。一是客观上的经济文化条件,二是主观上的重视程度与经济积累。从条款的数重看,我国 1954 年宪法为 19 条,1975 年宪法 4 条,1978 年宪法 15 条,现在则扩展为 24 条。这种马鞍形的出现是不正常的,它反映了我国民主与法制建设所走过的曲折道路。现在的宪法同过去几部宪法相比,有的公民权利是完全新增加的,如人格尊严不受侵犯;有的公民权内容更加丰富,规定更加具体,如公民的人身自由、宗教信仰自由、通信自由以及公民对于任何国家机关和工作人员有提出批评和建议的权利,对于任何国家机关和国家工作人员的违法失职行为有提出申诉、控告或检举的权利,因权利受侵犯而遭受损失的人有取得赔偿的权利,等等。今后,我们国家的经济文化发展水平将得到稳定的发展和提高,我国公民的基本权利也必然会逐步得到扩大。

二、公民权利的真实性

我国宪法所明文规定的各项公民权利,在实际生活中,公民都能得到充分享受。这就是我国公民权利的真实性。它同资本主义国家公民权利的虚伪性形成鲜明的对照。真实性是我国公民权利的重要特点之一,是我国公民权利的社会主义本质的一个重要表现。

我国公民权利的真实性,主要表现在三个方面:一是有公有制经济作基础,有充分的经济条件作保障;二是从实际出发,规定切实可行;三是有法律的和政治的保障。

首先,由于我国公民的权利是建立在公有制基础上,因此公民权利的实现有充分的经济条件作保障。

法律规定的权利是属于上层建筑的范畴,归根到底,它受经济基础的决定、影响和制约。由于资本主义国家公民的权利是建立在私有制基础上的,因此不仅法律规定的本身要受这种制度的决定,而且它的实施也要受这种制度的决定和影响。这种影响主要是通过掌握国家权力的资产阶级运用自己在经济上的优越地位和手段来实现的。还以选举为例。在日本,宪法第44条虽然规定,两院议员及选举人的资格不因财产或收入不同而有差别,但这个国家的《公职选举法》第92条又规定候选人必须交纳保证金,最高的200万日元。如果选举结果竞选人得不到一定的票数,保证金就被没收。在这种情况下,劳动人民的被选举权,实际上是无形地被剥夺了。再以美国第95届国会(1977—1978年)的成员为例,在参议院、众议院实有的531名议员中,有律师227名,金融家、企业主95名,农、牧场主20名,政府官员22名,教育界、新闻界人士和医生80名,其他87名。可见,劳动人民是很难进入美国议会的。我们国家的选举,则完全不受金钱的支配,从各方面依法保证大家都有平等的选举权和被选举权。

很多民主自由权利的行使,是要有物质条件作保证的。在社会主义制度下,公民的民主自由权利的行使,不仅没有经济制度方面的障碍,而且国家尽力为公民行使这些权利提供物质条件。

公民在经济、文化教育和社会方面的权利的实际享有程度,更需要物质条件作保证。在我国,从宪法的规定,到实际生活中的具体措施,都表明国家对这方面问题的重视。例如,关于劳动权,宪法规定:"国家通过各种途径,创造劳动就业条件,加强劳动保护,改善劳动条件,并在发展生产的基础上,提高劳动报酬和福利待遇";"国家对就业前的公民进行必要的劳动就业训练"。关于休息权,宪法规定:"国家发展劳动者休息和休养的设施,规定职工的工作时间和休假制度。"关于保障公民在年老、疾病或丧失劳动能力的情况下获得物质帮助的权利,宪法规定:"国家发展为公民享受这些权利所需要的社会保险、社会救济和医疗卫生事业";"国家和社会保障残废军人的生活,抚恤烈士家属,优待军人家属";"国家和社会帮助安排盲、聋、哑和其他有残疾的公民的劳动、生活和教育"。关于受教育权,宪法规定:国家要举办各种学校、发展各种教育设施,并鼓励集体经济组织、国家企业事业组织和社会力量举办各种教育事业。现在,由于我们的生产力发展水平还低,国家还不富裕,因此,我们还不能为公民享受经济、文化教育和社会权利提供足够的物质条件。但是,我们的社会制度却为提供这方面的物质条件开辟了最广阔的前景。

其次,由于我们的立法是从实际情况出发,因此,宪法关于公民权利的各项规定能够做到切实可行。

从实际出发,是我国立法工作的一项重要原则。这项原则是中国共产党的实事求是的思想路线在立法工作中的具体运用,是我国法制建设实践经验的科学总结。立法不是为了好看,而是为了它在社会生活中得到执行和切实遵守,以充分发挥它的应有作用。法律要切实可行,必须符合自己国家的国情,因为法律的实施要受到现实生活中各种客观因素和条件的制约与影响。正如马克思所指出:"权利决不能超出社会的经济结构以及由经济结构制约的社会的文化发展。"①因此,我们在确定公民权利与自由的范围、内容时,要充分考虑我国现阶段整个国民经济发展的实际水平和整个民族的思想文化发展水平。鉴于过去的经验教训,我们国家在制定宪法时十分重视贯彻从实际出发的立法原则,因而能保证各项规定切实可行。从公民基本权利的各项规定看,宪法是从客观需要与可能出发,按照以下几种情况分别加以处理。

第一,现实生活迫切需要,而实际又能够做到的,就坚决定下来。"公民的人格尊严不受侵犯","公民在法律面前一律平等"等条款,就是属于这种情况。又如,宪法规定直接选举扩大到县一级,就是由于客观上具备了这方面的必要条件,特别是人民的思想觉悟、组织程度和文化水平的提高,交通、通信等物质条件的改善,选举经验的逐步丰富,现在同之前相比,已有很大不同。

第二,努力创造条件能够逐步加以实现的,就恰如其分作出规定,并提出创造条件的具体内容。例如,公民的劳动权、休息权、受教育权等,就是属于这种情况。

第三,暂时实现不了,以后条件具备时才能实行的,就留待以后去解决,暂时不作规定。例如,"公民的迁徙自由",就是属于这种情况。这是由于我国是一个人口众多的大国,较大一部分人口居住在农村,现在我国工业发展水平还不高,城乡之间的差别较大;加之新中国成立后

① 《马克思恩格斯选集》第3卷,人民出版社1995年版,第305页。

城市人口大量增加,在这种情况下,如果允许"迁徙自由",势必不能控制大量人口流入城市,造成劳动力的大量浪费,增加城市的各种负担和问题,破坏各项事业有计划按比例的协调发展,因而将严重危害国家与人民的整体利益。所以宪法不作"迁徙自由"的规定是完全正确的。

第四,权衡利弊得失,认为弊多于利,不写为好,就坚决不写。例如,宪法对罢工自由未作规定,就是出于这种考虑。在资本主义制度下,罢工是工人阶级同资产阶级作斗争的一种重要手段。由于生产资料是属于资本家所有,国家政权是资产阶级统治劳动人民的工具,在这种情况下,罢工对于改善劳动人民的工作和生活条件,对于发展无产阶级的解放斗争,都是有利的。但是在社会主义社会里,情况完全不同。因为我们的国家是人民自己当家作主,社会主义制度是建立在公有制基础上,国营企业和集体企业都是人民自己的财产,政府是人民自己的政府。如果采取罢工的方法来反对国营企业或集体经济组织的领导者,来反对自己的政府,那就会给国民经济造成无可挽回的损失,会给政府工作带来严重危害。这样做,既损害国家的利益,又损害包括罢工者自己在内的广大人民的切身利益。社会主义民主的内容和形式是多种多样的,宪法不规定罢工自由,并不意味着社会主义民主因此就不健全不完善了。为了维护自身合法权益,我们可以采取控告、检举以及其他手段和方法,并不是非用罢工不可。况且,取消罢工自由,还可以避免少数别有用心的人利用罢工来破坏安定团结,破坏四化建设。总之,宪法不规定罢工自由,是从我们的制度与国情出发,是符合国家与人民的根本利益的。

从上述四个方面可以清楚看出,宪法关于公民权利的规定,确实是体现了实事求是的精神。这样做,不仅有利于所有规定能在实际生活中得到切实贯彻执行,而且有利于维护宪法和法律的权威与尊严。

最后,我国公民基本权利的真实性,还在于它的实施能够得到法律的和政治的有力保障。

所谓法律保障,是指宪法关于公民基本权利的规定,通过其他具体法律来保障其实施。这种法律保障主要有两类:

一类是刑事法律和治安法规的保障,其作用主要是运用刑罚和治安处罚的手段,同侵犯公民权利的行为作斗争。在我国刑法中,"侵犯公民人身权利、民主权利罪"一章是专门为此而设置;同时,在"侵犯财产罪"章中也有一些条款,同保障公民个人的权利有关。例如,我国刑法第 238 条规定:"非法拘禁他人或以其他方法非法剥夺他人人身自由的,处三年以下有期徒刑、拘役、管制或者剥夺政治权利。具有殴打、侮辱情节的,从重处罚。"第 254 条规定:"国家机关工作人员滥用职权、假公济私,对控告人、申诉人、批评人、举报人实行报复陷害的,处二年以下有期徒刑或者拘役;情节严重的,处二年以上七年以下有期徒刑。"在这方面,我国刑法和治安管理法规的规定是比较完备的,对保障公民的权利发挥了重大作用。

另一类是民事、行政或其他法律法规的保障。其作用主要是通过这些法律法规使宪法规定的关于公民权利的原则规定具体化,以便国家机关和广大公民贯彻实施。例如,对国家机关和国家机关工作人员损害公民权利的行为规定纠正的方法及制裁,对民事权利受到损害的公民规定相应的救济和补偿方法。新中国成立以来,我们在这方面制定过一些法律法规,如《社团登记条例》《出版发行暂行条例》《广告管理暂行条例》《婚姻法》《民事诉讼法》,以及其他一些单行民事法律法规等。但是,这方面的立法还很不完备,今后应在认真总结经验的基础上加紧制定。

所谓政治保障,是指国家机关(尤其是专门的法律监督机关)、政党组织(特别是中国共产党)和社会团体,通过各种渠道,运用各种手段,监督宪法和法律的实施,保障公民的各项基本权利不受侵犯。其中一种重要形式,就是通过接待人民来信来访,受理公民的检举、控告和申诉信件。

三、公民权利与义务的平等性

"平等性"是我国公民基本权利与义务的重要特点之一,是我国公民权利与义务的社会主义本质的一个重要表现。宪法规定:"中华人民共和国公民在法律面前一律平等。"就是这一平等性在国家根本大法上的反映。

简单地说,我国公民基本权利和义务的平等性的含义是:在法律面前,我国公民不分民族、种族、性别、职业、家庭出身、宗教信仰、教育程度、财产状况和居住期限,一律平等地享受权利和承担义务。

前面讲过,资产阶级在它的革命时期曾经高举"法律面前人人平等"的旗帜,猛烈地攻击了封建特权,在反对封建制度的斗争中发挥过重要作用。但是资产阶级的"法律面前人人平等"是建立在生产资料私有制的基础上,这就决定了那种"平等"不能不具有很大的虚伪性。

社会主义制度下的"法律面前人人平等"与此不同,它是建立在生产资料公有制和"各尽所能、按劳分配"的基础上。人们在经济上的平等,必然要在政治上法律上有所反映。这就是社会主义制度下"法律面前人人平等"深刻的经济根源。这就决定了在我们的社会里不再存在资本主义社会那种以法律上形式上的平等,掩盖着经济上事实上的不平等的状况。这是两者的根本区别所在。因此,在社会主义制度下提出并坚持的"法律面前人人平等",是对资产阶级"法律面前人人平等"的批判继承,不是原封不动地照搬他们的口号。

我们讲"法律面前人人平等",并不是说在立法上也是平等的。由于我们的法律是反映人民的意志,敌对分子没有立法权,这就决定了立法上是不能平等的。1954 年宪法的提法是"中华人民共和国公民在法律上一律平等";1982 年宪法则改为:"中华人民共和国公民在法律面前一律平等"。这种提法的改变,正是表明我们并不认为在立法上人人都是平等的。我们讲"法律面前人人平等",是指法律的实施,是指具有阶级性的法律被制定出来以后,它在实施过程中,是用法律的同一尺度去处理问题,决不因人而异。比如,一个人违法或犯罪,不论他是什么职业,什么社会出身,过去功劳大小,或是否属于敌我矛盾,都适用法律的同一个标准去处理。因此,法律实施的平等性与法律本身的阶级性是两个不同的问题,两者是没有矛盾的。不仅没有矛盾,而且坚持"法律面前人人平等"有利于维护法律的统一和尊严,能够保证具有阶级性的法律得到彻底贯彻和实施。我国宪法所确认的"公民在法律面前一律平等",作为我国政治生活的一项重要准则,它的具体内容和作用范围是十分丰富和广阔的。我们对于它的科学含义,不能理解得过于狭窄。这里有三点值得注意:

一是宪法所规定的"公民在法律面前一律平等",同人民法院组织法、刑事诉讼法与民事诉讼法所规定的公民"在适用法律上一律平等",是有区别的。因为前者的内容要广泛得多。它不仅包括司法上的平等,还包括执法、守法、护法(即法律监督)在内。这就是说,不仅司法机关办案要实行这一原则,而且行政机关处理问题也要实行这一原则。比如,对违反行政法规的人需要给予纪律处分时,也要严格执行法律,不能因人而异。所谓守法,主要是指公民个人对宪法和法律的遵守。守法上的平等,就是要求每个人都不例外地,既享有自己应有的权利,又要尽自己所应尽的义务,不论你是国家主席还是普通工人或农民。就对宪法和法律的监督来说，人人都享有平等的权利，即任何公民都有对任何一种违法行为进行检举、揭发、控告、申诉的权利。

二是就司法机关适用法律来说，平等原则的具体内容也是广泛的。它既包括刑事案件，也包括民事案件；既包括适用刑法和民法等实体法，也包括适用刑事诉讼法与民事诉讼法等程序法。在这方面，平等的原则是一个，但具体内容与表现形式又各有不同。例如，就民事诉讼程序来说，有所谓"当事人平等原则"，即民事诉讼中的原告人和被告人，两者不仅在诉讼地位上是平等的，而且双方所享有的具体诉讼权利，以及他们所承担的诉讼义务也是平等的。法律对于任何一方当事人，不给予多于对方的任何诉讼手段以及运用这种诉讼手段的机会和条件。不论当事人任何一方的社会地位怎样，都享有提供证据、申请回避、进行辩论、请求和解、提起上诉、申请执行等平等的权利，任何人也没有权利使自己在诉讼中享有特殊优越的地位。这种"当事人平等原则"，是适用法律平等的具体体现；其具体形式，又是由民事案件的特殊性质决定的。由此可见，所谓适用法律平等，不只是意味着在处理刑事案件时定罪量刑要平等，在适用民法以及适用各种程序法时也要讲平等。

三是无论是司法机关、行政机关或是其他国家机关，在适用或执行法律时，平等原则的具体内容应当包括"惩罚"和"保护"这样两个方面。也就是说，一方面，对所有公民的各种权利和权益要一律地予以保护。例如，不能因为某些人社会地位高、家庭出身好，就给予特殊保护，而对于与此相反的情况就不予保护或保护不力。另一方面，对所有公民的违法或犯罪行为，又应当平等地追究其法律责任，依法予以同样的制裁。例如，不能因为某些人过去功劳大、现在职位高，就开脱或减轻其罪责，而对于与此情况相反的人就加重惩处。总之，我们既要反对法外特权，也要反对法外歧视。

四、公民权利与义务的一致性

公民的权利与义务相分离,是生产资料私有制的产物。在剥削制度下,经济上取得了支配地位的剥削阶级,同时也就拥有了政治上的无限权力;而丧失了生产资料的劳苦大众,则只被当作任意驱使的奴隶。权利与义务脱节,这是任何剥削阶级社会都无法医治的根本弊病之一。

在争取无产阶级和全人类的解放斗争中,革命导师明确地提出了实现权利与义务相统一的奋斗目标。1871 年,马克思在《国际工人协会共同章程》中指出:"工人阶级的解放斗争不是要争取阶级特权和垄断权,而是要争取平等的权利和义务,并消灭一切阶级统治"。① 同时,他还鲜明地提出了要实行"没有无义务的权利,也没有无权利的义务"的重要口号。1891 年,恩格斯针对当时德国社会民主党的爱尔福特纲领草案的错误观点又指出:"我建议把'为了所有人的平等权利'改成'为了所有人的平等权利和平等义务'等等。平等义务,对我们来说,是对资产阶级民主的平等权利的一个特别重要的补充,而且使平等权利失去道地资产阶级的含义。"②在这里,恩格斯坚持了马克思关于权利与义务不可分离的基本观点,并把它作为无产阶级民主制与资产阶级虚伪民主的显著区别之一。

在社会主义社会里,公民享受权利和履行义务不可分离,有其深刻的经济根源和坚实的政治前提。

社会主义就是意味着消灭阶级。在我国,随着生产资料公有制的建立和"各尽所能,按劳分配"制度的实行,阶级剥削与阶级压迫已经消除。我们这样的社会制度就不允许那种只享受权利而不尽义务,或

---

① 《马克思恩格斯选集》第 2 卷,人民出版社 1995 年版,第 609 页。
② 《马克思恩格斯全集》第 29 卷,人民出版社 2020 年版,第 285 页。

者只尽义务而不享受任何权利的现象存在。因为这种现象是同我们的制度的本性相违背的;而公民享受权利与履行义务的高度一致,正是社会主义制度优越性的生动体现。归根到底,政治和法律都是为经济服务的。在社会主义制度下,公民行使权利与履行义务,贯穿着一个共同的目的:就是充分调动亿万人民的社会主义积极性、主动性和创造性,促进四化建设,并在发展生产的基础上,逐步改善人民的物质生活和文化生活。

在社会主义制度下,公民享受权利和履行义务的一致性,也是由国家和人民的根本利益的一致性决定的。和一切剥削阶级国家根本不同,我们的国家和人民之间存在着二种完全是新型的关系。国家为人民,人民为国家;国家和人民结成了一个和谐的统一整体。在这里,国家利益与个人利益,国家命运与个人命运,是互相依存、相互促进的。国家所有活动的当前的和最终的目的,都是保障人民当家作主的权利,提高人民的物质文化生活水平;而人民群众则把建设自己的国家作为自己的事业。这种一致性反映在法律上,就是权利和义务的一致性。我国公民行使权利与履行义务,不仅具有同等重要的意义,而且彼此起着互相促进的作用。公民的权利越是能够得到有效的保障,就越有利于提高他们的政治热情和生产积极性,从而更能促使其自觉地履行义务。另一方面,公民越是自觉地、忠实地履行义务,四化建设就越能更快地发展,国家就越能繁荣富强,公民的权利也就越能得到保障。因此,公民正确地行使自己应有的权利,切实地履行自己应尽的义务,既是国家的根本利益所在,也是人民的根本利益所在。

我国的宪法根据马克思主义的基本原理,总结了新中国成立以来法制建设正反两方面的经验教训,对公民的权利与义务不可分离的原则,作了三个方面的新的具体规定。这些规定是过去三部宪法所完全没有的。

首先,宪法第 33 条规定:"任何公民享有宪法和法律规定的权利,同时必须履行宪法和法律规定的义务。"这一条是对我国公民权利与义务不可分离原则的最直接、最概括的表述。它清楚地表明,在我国,任何人不能只尽义务,不享受权利;任何人也不能只享受权利,不尽义务。这一条的立法旨意,是同序言与总纲中的有关规定联系在一起的。"总纲"的第 5 条规定:"任何组织或者个人都不得有超越宪法和法律的特权。"明确规定任何公民享有宪法和法律规定的权利,同时必须履行宪法和法律规定的义务,首先就是反对任何人在法律之外享有特权。要反对特权思想。同时,我们强调权利与义务的一致性,也要反对无政府主义。有无政府主义思想的人,只讲要权利,不想尽义务。上面这两种错误思想的共同特点,都是把权利与义务割裂开来,对立起来,把权利看成应由自己享受,而义务都应由别人去承担,是一种个人利己主义思想。我们要坚持权利与义务相统一的法制原则,就必须反对这两种错误思想倾向。

根据公民的权利与义务一致性的原则,我国的宪法在大大扩大与充实公民在政治、经济、文化和社会生活各方面权利的同时,也相应地增加了关于公民义务方面的内容,如规定公民有维护祖国安全、荣誉和利益的义务,不得有危害祖国的安全、荣誉和利益的行为,公民有依照法律纳税的义务,夫妻双方有实行计划生育的义务,父母有抚养教育未成年子女的义务,成年子女有赡养扶助父母的义务,等等。这些内容都是根据我们国家的具体情况和实际需要而制定的。这样,我国宪法关于公民的基本义务的规定,就比过去几部宪法更为完善了,这对于健全社会主义法制,维护国家和人民的利益,都是很重要的。

其次,1982 年宪法还把过去几部宪法规定的"公民有劳动的权利"，改为"公民有劳动的权利和义务"，把"公民有受教育的权利"，改为"公民有受教育的权利和义务"。这表明，在社会主义条件下，某些（不是全部）具体权利同义务，义务同权利已经由对立走向统一，由统一走向融合。即明确规定劳动和受教育，既是公民的权利，又是公民的义务，这从一个侧面，充分体现了在社会主义制度下权利与义务的高度统一。

我们讲劳动既是公民的权利，又是公民的义务，绝不意味着权利和义务是一回事，劳动权利与劳动义务是一个意思。因为，权利与义务之间是对立统一的两极，两者既密切联系，又有严格区别。法律所规定的权利是指法律关系的主体具有作出一定行为或者要求他人作出一定行为或不许作出一定行为的能力或资格，法律所规定的义务则是指法律关系的主体应该从事一定的行为或不应该从事一定行为的责任。因此，权利与义务是不能混为一谈的。

我们讲劳动既是公民的权利，又是公民的义务，是从不同的角度来说的，它们各有自己特定的含义。所谓公民享有劳动权，主要是指有劳动能力的公民有获得工作，并按照工作的数量和质量取得报酬的权利。与此相对应，国家则有义务采取各种措施来保障公民享受这种权利。所谓劳动是公民应尽的义务，就是要求凡有劳动能力的公民都应从事一定的劳动，不得不劳而获，做社会的寄生虫。就是要求每个公民都应以高度责任心和创造精神进行工作。

我们讲受教育既是公民的权利，也是公民的义务，两者也有各自的特定含义。公民享有受教育的权利，主要是指公民在国家或社会创造的各种教育环境里有学习科学文化知识的权利。教育的发展，不仅是整个科学文化发展的基础和人民群众思想觉悟提高的条件，而且是物质文明发展的不可缺少的前提。我国文化教育事业仍在发展中，国家要尽最大的努力兴办教育事业,并且采取多种形式,保证公民都享有受教育的权利。

公民受教育的义务,包括适龄儿童接受初等教育的义务,还包括成年劳动者接受适当形式的政治、科学、文化、技术、业务教育的义务,以及就业前的公民接受劳动就业训练的义务。接受教育是公民的义务,就要求每个公民努力学习科学文化知识和业务技术知识。有条件接受正规教育的,要充分利用国家创造的学习环境刻苦学习;没有条件接受正规教育,也要进行业务学习,自学成才。在我们的社会里,没有科学文化知识,就难以在建设事业中作出更大的贡献。因此,每个公民都应自觉地把受教育作为自己的光荣职责。

公民受教育的权利和义务是密不可分的,是相互作用、互相促进的。国家为公民创造的受教育的条件越好,公民受教育的权利越能得到充分的享受,公民接受教育的责任感和积极性就越强;公民越能自觉地把受教育看作自己对国家义不容辞的职责,就越能够充分发挥各种学习环境和条件的作用,并为自学成才开辟广阔的领域,使公民受教育的权利得到最充分的享受。

最后,宪法第51条规定:"中华人民共和国公民在行使自由和权利的时候,不得损害国家的、社会的、集体的利益和其他公民的合法的自由和权利。"这也就是说,公民的各项权利应受到宪法和法律的保障,同时又负有不得滥用这些权利的义务。这也叫作"权利不得滥用"的原则。这一原则,正是在社会主义制度下权利与义务一致性的重要体现,是实现权利与义务高度统一的必然要求。比如,一个人要享受言论自由权利,他就必须遵守不诽谤别人、不造谣惑众的义务;要享受人身自由权利,就必须遵守不侵犯别人的人身自由的义务;要享受信仰宗教的自由,就必须尊重别人不信教和宣传无神论的自由;要享受劳动的权利,就必须遵守劳动纪律,遵守规章制度,服从管理人员的指挥。在这些问题上,如果我们不遵守"权利不得滥用"的原则,不把行使权利与履行义务很好地统一起来,不仅国家的利益将受到严重损害,个人的自由和权利也得不到有效的保障。因为,一个搞绝对自由、不遵纪守法的人,看来好像自由,其实并不自由:由于你破坏了社会安全,因而也必然会给自己带来不自由;你对别人搞无政府主义,别人也会对你搞无政府主义;你不尊重法律对别人的安全保障,你自己的安全也得不到法律的保障。"文化大革命"时期的情况就是这样。

世界上从来就不存在什么绝对的、不受限制的自由和权利。为了保障国家的和集体的利益,保障绝大多数公民享受权利和自由,就必须对那些妨碍公民正常行使自由和权利的行为进行必要的限制,就必须同一切滥用自由和权利的行为作斗争。衡量一个人是否滥用自由和权利的标志是宪法和法律,是看他在行使自由和权利的时候,是合法还是违法。马克思说过,自由就是从事一切对别人没有害处的活动的权利。每个人所能进行的对别人没有害处的活动的界限是由法律规定的,正像地界是由界标确定的一样。由于宪法的条款比较原则,这就需要制定各种具体法律,才能使公民在行使宪法所规定的自由和权利时,有具体的规章可依。我们要强调宪法和法律的规定是检验自由与权利是否被滥用的界标,是为了避免有人任意作出各种解释和判断。但是具体法律的完善要有一个过程。因此在缺少具体法律的具体规定的情况下,我们应当依据法律的原则规定,按照是否"损害国家的、社会的、集体的利益和其他公民的合法的自由和权利",来衡量一种行为是否是滥用了公民的自由与权利。

通过上述分析,可以清楚看出,权利与义务的一致性,是我国公民权利与义务的一个重要特点。它充分体现了我国宪法和法律的社会主义本质,是社会主义制度无比优越的表现,是人民当家作主的国家性质的反映。在理论上和实践上坚持这一原则,有利于树立广大人民群众的国家主人翁感,有利于指导公民正确处理国家、集体和个人相互之间的关系,有利于培养公民的正确的民主观与法律观,有利于同专制主义流毒与特权思想残余以及资产阶级腐朽思想作斗争,有利于促进社会主义的物质文明和精神文明建设。

第十章 国家权力与社会权力

　　权力是一个复杂的话题,不同的人可能会以完全不同的方式看待它。权力可以被视为不同的主体所拥有的一种财产,一些主体比另一些主体可能拥有更多的财产。权力可以被视为社会系统的一种属性。权力也可以看成人们通过具体的行为来进行胁迫或支配,也可以看作一种潜意识的力量,它引导人们以一种方式而不是另一种方式思考和行为。政治权力或社会权力的核心是"权力",长期以来一直是政治科学和国际关系中的关键概念。有些西方的学者认为,尽管有些人区分了政治权力和社会权力,但没有理由认为权力的基本概念在它所适用的领域之间应该有所不同,也没有必要卷入关于什么是政治和什么是社会的口头争论。①

　　我们认为,这种观点是有道理的,政治权力实际上就是国家权力,是以政府及其组织机构的名义行使的权力。而对于社会权力的理解,我们可以从马克思恩格斯的观点出发进行阐释。在马克思看来,从国家中分离出来的"市民社会"也即资产阶级社会,它具有一种"资本权力",这种资本权力作为一种特殊利益也是一种"社会权力",并借此控

---

　　① See generally Keith Dowding, *Social and Political Power*, published online: 29 March 2017, https://oxfordre.com/politics/view/10.1093/acrefore/9780190228637.001.0001/acrefore-9780190228637-e-198.

制国家,形成资本主义制度。马克思认为,资本权力作为一种体现特殊利益的"社会权力",必然通过社会化过程而最终被体现着普遍利益的"社会权力"所替代,并为此寻求"科学论证"和革命的主体力量。在恩格斯看来,人民所获得的"社会权力"将给生产资料的社会性以充分发展的自由,最终的结果是:"人终于成为自己的社会结合的主人,从而也就成为自然界的主人,成为自己本身的主人——自由的人。"归根结底,"社会权力"是以公民权的复归为基础,并代表社会的普遍利益而对国家形成影响力、支配力。① 也就是说,在马克思和恩格斯看来,社会权力终将凌驾于国家权力之上,促使国家的消亡。

无论如何,从上述观点来看,国家权力和社会权力是同时并存的权力,而非简单的国家权力与公民的政治、社会权利两相对应的概念。因此本质上都是一种"权力"。而正如有学者所指出的,"权利就是我可以,而权力不单是我可以,而且是我能够。比如说有人欠了你的钱,你有权利向他要债,如果他不还,你可以提出诉讼,让法院来解决。但是你必须通过法院的权力,才有强制力让他还债。你有作为一个债权人的权利,但没有权力直接去实施强制力,如把对方直接抓起来,这是不行的。"②

"社会权力理论的逻辑起点是从国家与公民社会相对应的视角而言,它是相对于国家权力的。社会权力即社会主体以其所拥有的社会资源对国家和社会的影响力、支配力、强制力。社会资源包括物质资源与精神资源,还包括各种社会群体、社会组织、社会势力。这些社会资源可以运用来形成某种统治社会、支配社会进而左右国家权力的巨大

---

① 转引自华炳啸:《以社会权力制衡国家权力》,《社会科学报》2014年3月11日。
② 郭道晖:《社会权力与中国当代社会》,《南方都市报》2008年6月29日。

影响力、支配力。"①

但实际上,如前所述,西方的诸多研究其实并没有专门区分社会权力和国家权力,而是将它们都纳入了一个整体的权力框架中进行讨论,并划分不同的权力来源和表现形式。也就是说,权力作为一种影响力、支配力和强制力,无论是通过国家的代表机构行使,还是通过社会组织、群体,抑或是个人行使,都是在共同制约和平衡之中对整个社会的运行发挥着作用。

在社会科学和政治体系中,"权力"是一种对他人的行为、信仰或举止产生影响的能力。而"职权"或"权威"(authority)则经常用于描述在一个社会架构中被认可为具有合法性和正当性的权力。权力可以有正义和非正义的区分,有好和坏的区分。可以是为实现人本主义的目标而被继承或赋予的东西,而这些目标也将帮助和赋予他人权力。其实,权力的行使并不一定要通过强制力或者以强制力进行威胁而进行,一个不带有压迫性的权力的例子就是"软权力"(soft power)的概念。在政治学中,"软权力"指的就是通过吸引力而塑造别人的行为偏好的力量,保留文化、政治价值以及外交政策等。有国外学者曾这样阐释过"软权力":"最好的政治宣传不是政治宣传……在信息时代,信任度是最具有杀伤力的力量源泉。"②这一点无论是对于国家权力还是社会权力而言都是一样的。

当然,对于国家权力与社会权力的关系,我们可以以企业中"自上而下"的权力和"自下而上"的权力来做类比。在企业环境中,权力的道德工具是成就,因此这是一场零和游戏。简单来说,权力可以〔由

---

① 郭道晖:《社会权力与中国当代社会》,《南方都市报》2008 年 6 月 29 日。
② Joseph Nye, "China's Soft Power Deficit to Catch up, Its Politics Must Unleash the Many Talents of its Civil Society", *The Wall Street Journal*, 8 May 2012.

谁?〕表达为"向上"或"向下",即权力起作用的方向是自下而上还是自上而下。通过向下的权力,公司的上级影响下属以实现组织目标。而当公司表现出向上的权力时,下属的行为方式会影响其领导者或领导者的决策。在一个社会中也是如此,国家权力表现为一种自上而下的权力运行模式,而社会权力则表现为一种自下而上对国家权力运行模式的影响力量。

对于国家权力的论述汗牛充栋,因此在这里我们将更多地对社会权力予以一些基本的阐释。

社会权力是社会影响的潜力。当一个人必须对另一个人施加影响时,其适用的工具可能会导致另一个人发生变化。当然,社会权力和社会影响力是两个不同的概念。尽管社会权力是潜在的(可能会或可能不会被使用),但社会影响力是一种效果,是某人因另一个(或一群人)的行为或举止而在信念、态度、行为、情绪等方面发生的实际变化(或对自己现有信念、态度、行为、情绪等的有意维持)。作为影响源的个人或群体通常被称为影响性媒质,而被尝试影响或被成功影响的对象则通常被称为(影响的)目标。因此,我们可以说,影响性媒质具有社会权力,这种权力是他们可以用来影响目标的手段。[①]

就社会权力的背景和历史而言,社会权力是一个个人或群体能使得别人按照其意志行事的能力,这种能力早就引起了社会心理学家的关注。而正是对这一问题的长期关注引发了对社会权力不同的概念界定和衡量的研究。一项较有影响力的研究发现,当一个人试图影响他人的时候,最常使用的策略和资源有 6 种。当然,不同的资源和策略可

---

① See generally G.J.Gold,B.H.Raven,B.H.(1992),"Interpersonal Influence Strategies in the Churchill-Roosevelt Bases for Destroyers Exchange",*Journal of Social Behavior and Personality*,7,pp.245-272.

能在一种影响行为中被同时使用。这些策略和资源可以大致描述如下：

1. 信息。使用信息说服他人是一种比较理性的方式和能力。

2. 专家。这种社会权力类似于信息权力。由于受影响的目标信任影响媒质的专业性，所以不需要争论。

3. 参照物。所指类型基于受影响的目标对影响媒质的识别和喜好，因此，希望遵守影响媒质的要求。

4. 强制力。这种类型涉及惩罚威胁。

5. 奖励权力。这种社会权力类型源于影响媒质授予某种奖励的能力。

6. 正当性权力。基于一般社会通常对我们的期望而具有的权力，这包括：(1)正式的合法性(或职位性)规范，即仅根据职位或职位要求某事的权利；(2)互惠规范，即如果有人为你做了某事，你就欠他或她人情；(3)公平规范，即一个人应该帮助他人获得他们应得的东西的观念和规范，例如，如果你努力工作，你应该得到回报；(4)社会责任，即人们有义务帮助依赖他们的人。①

在影响尝试中使用的社会权力类型通常取决于一个人的动机。有时人们有意识地意识到他们的动机，有时他们没有。聪明的影响力媒质通常会根据潜在有效性和其他因素的考虑来选择他们使用的影响类型。这些因素可能多种多样。例如，有些人的动机是希望显得强大。为了感觉强大，影响力媒质可能会选择一种影响策略，让人感觉好像其控制着受影响目标。如果是这样，影响力媒质可能会选择在影响尝试中使用强制或奖励。同样，如果希望在他人眼中增强自己的权力感、地

---

① See generally D. Kipnis（1972）, "Does Power Corrupt?" *Journal of Personality and Social Psychology*, 24, pp.33-41.

位、安全感、角色要求、伤害影响目标的愿望以及自尊考虑,可能会导致人们选择更具控制力、更强或更严厉的方式(例如强制)。如果希望保持友谊或显得谦虚,则会更多地依赖信息资源。①

总的来说,人类作为个人和社会参与者所做的大部分事情都会影响到他人。当人们想要和需要别人的东西时,比如感情、金钱、机会、工作和正义,他们如何获得这些东西往往取决于他们影响他人实现他们的愿望的能力。此外,人也是他人影响企图的恒定目标。无疑,这些社会权力是平衡和制约国家权力的重要力量,也对国家权力的行使发挥着重要的作用和反作用。在研究社会权力的过程中,重要的是要了解是什么导致人们遵守他人的意愿,以及权力的行使如何影响受影响的目标和实施影响力的媒质。②

当然,从更为普遍的、典型的意义上而言,社会权力更多的是通过社会组织的形式体现出来的,通过社会组织来阐释社会权力也更容易令人理解。社会组织是一种机构,有管理者和被管理者,领导者和被领导者,这种管理权和领导权在该机构中是必须得到服从的,因此可以看作一种典型意义上的社会权力。在这里,社会组织这个概念应该取其广义概念,当然应该排除国家机构,因为国家机构所拥有的权力是国家权力。

在全面依法治国工作布局上,习近平总书记多次强调,坚持依法治国、依法执政、依法行政共同推进,法治国家、法治政府、法治社会一体建设。其中,法治社会的建成就要处理好社会组织和个人的关系,社会

①　See generally D. Kipnis (1972),"Does Power Corrupt?" *Journal of Personality and Social Psychology*,24,pp.33-41.

②　See generally B.H.Raven (2001),*Power/Interaction And Interpersonal Influence*:*Experimental Investigations and Case Studies*.In A.Y.Lee-Chai & J.A.Bargh (Eds.),The Use and Abuse of Power,Ann Arbor,MI:Sheridan Books,pp.217-240.

权利也要得到监督,不能胡乱行使。很多人认为,社会组织制定的内部规章是软法律,其实,在建成法治社会的过程中,这种软法的地位应该得到提高,甚至在进行相关司法案件裁决的过程中要考虑这种社会组织的规章,处理好社会权力和社会组织成员的权利之间的关系。比如,如果社会组织成员的行为是符合社会组织规章所允许的,哪怕这些组织规章和国家法律相违背,但在案件处理过程中,社会组织成员这种基于遵守社会组织规章所作出的行为,应该作为对其人身危险性作出较低评价的要素之一。

此外,还要防止将社会权力的概念扩大化的趋势。例如,国内有些学者在列举社会权力的主体时,将媒体、宗教团体等均列为社会权力的主体。[1] 在这种界定过程中,一定要注意区分究竟这些主体行使的是权利还是社会权力。以媒体为例,有学者认为,尽管任何新闻媒体本身都不具有国家强制力,因此其行使的"言论自由、结社自由、出版自由、知情权、信息传播权,特别是对政府的监督权,等等。这些都属于权利范畴"。[2] 但在这些权利的行使过程中,"新闻媒体作为社会组织,反映了社会主体的意志,集中地代表广大公民行使公民权(言论自由权、监督权等等),这相当于将无数公民的权利集于媒体一身,集体化行使,并以媒体特有的公开性、广泛而迅速的传播性、社会动员性以及形象性生动性等等优势,发挥作用,比之公民单个地行使权利,其影响力、支配力和社会强制力要大得多。有时通过媒体还可以形成一个声势浩大的社会运动。这时,集体权利就转化为集体权力,即舆论的压力、威力,从而形成有别于国家权力的社会权力,所向披靡。国家权力有时也不得

---

① 参见郭道晖:《社会权力与公民社会》,译林出版社 2009 年版,第六章。
② 郭道晖:《新闻媒体的公权利与社会权力》,《河北法学》2012 年第 1 期。

不甘拜下风"。① 也就是说,根据该学者的观点,当一种社会组织单一性地行使某些法律赋予的权利时,这些权利就是单纯的权利,而当这些权利的行使具有了社会动员性,由此获得了民众的支持时,就无异于像国家权力的来源理论一样,相当于集中了民众的众多权利,而这种众多权利的集合体就可以看作一种可以影响国家权力行使的另一种"权力",即社会权力。这种认识和前述西方对于权力的界定一样,将社会权力看成了一种影响力。当然,基于权力性质的复杂性,社会权力是否仅仅是一种影响力以及由影响力扩展而来的支配力,还是应该限定在社会组织内部管理与被管理的意义之上,可能还会在未来处于持续被争议的状态之中。

---

① 郭道晖:《新闻媒体的公权利与社会权力》,《河北法学》2012 年第 1 期。

第 三 编

法的价值

第十一章　法的人本价值观

　　马克思主义哲学应当由辩证唯物论、唯物辩证法、唯物历史观和人本价值观四个主要部分构成。"以人为本"属价值观范畴,就像对立统一规律是辩证法的根本规律一样,以人为本是马克思主义价值观的根本原理与原则。

　　西方历史上有人本主义、人文主义。早在古希腊,普罗泰戈拉就提出了"人是世间万物的尺度"。① 西欧人文主义者倡导人性高于神性,人道高于神道,人权高于神权,民权高于君权,是他们为人类文明做出的最大贡献。中国历史上也有人本主义、民本主义。如"民可近,不可下;民惟邦本,本固邦宁"。② "民为贵,社稷次之,君为轻。"③"君者舟也,庶人者水也,水则载舟,水则覆舟。"④当时它们都具有进步意义。今天我们讲以人为本,是人类历史上人本主义的继承与发展,是当代人类文明发展中有关这一命题各种进步理念的高度概括和理论升华,因而具有更为丰富、深刻、文明的科学内涵与时代精神。

　　我们今天讲以人为本,也是对马克思主义的继承与发展。马克思、

---

① 参见周辅成主编:《西方伦理学名著选辑》上卷,商务印书馆1996年版,第27页。
② 《尚书·五子之歌》。
③ 《孟子·尽心下》。
④ 《荀子·王制》。

恩格斯曾明确提出,他们理论的"出发点是从事实际活动的人"。① "人是人的最高本质","人的根本就是人本身"②;"人就是人的世界,就是国家、社会。"③无产阶级不但要解放自己,还要解放全人类。由于过去经济体制僵化、政治体制权力过分集中,以及以阶级斗争为纲的思想与政治路线,我们曾在一个很长时期里偏离了原来的理想。

和谐社会与法治国家相互依存与促进,是理想社会的两个基本特征。两者的构建都应当将"以人为本"作为核心的价值观。因为人类社会的一切主义、政策、法律、制度等,都应当从人出发,都是为人而存在的,都是为人服务的。

现代"以人为本"有丰富而深刻的科学内涵,具体表现为以下十点。从这些科学内涵可以清楚看出,始终坚持与切实实现"以人为本"的原理和原则,是现代人权保障和法律制度的根基,是实现社会公平正义、建设社会主义法治国家最根本的保证。依据"以人为本"的科学内涵指导社会主义法治建设,可以将其概括为"法的人本主义"或"人本法律观"。

第一,人的价值高于一切。世界上最宝贵的事物就是人自己。世界上万事万物都不能和人自身的价值相比。英国著名思想家莫尔说过,世界上没有一样值钱的东西像我们的性命那样宝贵。胡锦涛同志也强调:"人的生命是最宝贵的。我国是社会主义国家,我们的发展不能以牺牲精神文明为代价,不能以牺牲生态环境为代价,更不能以牺牲人的生命为代价。"④以人为本同"以物为本"相对立。我们现在说,保

---

① 《马克思恩格斯选集》第1卷,人民出版社1995年版,第73页。
② 《马克思恩格斯选集》第1卷,人民出版社1995年版,第9页。
③ 《马克思恩格斯选集》第1卷,人民出版社1995年版,第1页。
④ 《胡锦涛文选》第二卷,人民出版社2016年版,第432页。

险重保命,救灾先救人;处理劫机事件,乘客安全要紧;发展经济科技,生产安全第一。这些都是很有现实意义的。在我国汶川大地震的抢险救灾中,对人的生命的高度关爱,就深深地感动了全中国乃至全世界的广大人民群众。随着经济的迅猛发展,我国近些年来安全生产事故仍有发生,已经引起各级领导和广大群众的高度关注,并正在采取各种有力措施予以解决。又比如死刑,就和如何看待人的价值有关。在中国,大量减少死刑是学术界的共识。毛主席也一贯主张要"慎杀""少杀"。他曾说,韭菜割了长得出来,脑袋掉了就长不出来了。近年来,死刑核准权收归最高人民法院管辖,死刑案件二审必须开庭,是符合这一进步思想潮流的。还有,最近提出的"宽严相济"的刑事政策,也同"以人为本"有关。总不能不分对象、时间、地点、条件,都一概强调"严打"。这不仅是不科学的,也是对人的生命、自由的不尊重。

第二,人是目的,不是手段。国际上,康德提出的这个命题和观念,影响十分广泛和深远。他说:"人,总之一切理性动物,是作为目的的本身而存在的,并不是仅仅作为手段给某个意志任意使用的。"①实际上这也是马克思主义的一个重要观点。"不是国家制度制造人民,而是人民制造国家制度","在民主制中,不是人为法律而存在,而是法律为人而存在"。② 社会上的一切制度、政策、法律的制定和实施,都是为了人的需要,都不过是手段,人才是目的。我们不能把它们倒过来。比如说,我们搞群众运动是合理的,但不能搞运动群众!这种情况过去是存在的,像"文革"期间的做法,就是把人当作一种手段来使用。又比如说,我们要讲意识形态,但不能什么都意识形态化,不讲实际效用。

---

① 参见北京大学哲学系外国哲学史教研室编译:《西方哲学原著选读》下卷,商务印书馆 1982 年版,第 317 页。

② 《马克思恩格斯全集》第 3 卷,人民出版社 2002 年版,第 40 页。

再比如,邓小平同志提出的社会主义本质的三个内容,从终极的意义上看,发展生产力和以公有制为主体,都只是手段,实现共同富裕才是目的。现在有些地方搞"政绩"工程,不能笼统地说不对,但有些人为了搞自己的"政绩""面子",连他人的生命、财产和安全都可以不顾了,这是十分错误的。

第三,人是发展的中心主体。这是近一二十年以来国际上非常流行的一个观点,特别是在联合国通过的《发展权利宣言》和其他一系列国际人权文书中都有明确表述。这种发展,是经济、政治、文化的全面发展,而人必须是发展的享有者,也必须是发展的参与者。《发展权利宣言》第 1 条指出,"发展权利是一项不可剥夺的人权,由于这种权利,每个人和所有各国人民均有权参与促进并享受经济、社会、文化和政治发展,在这种发展中,所有人权和基本自由都能获得充分实现。"第 2 条规定:"人是发展的主体,因此,人应成为发展权利的积极参与者和受益者。"党的十六届六中全会又提出"发展为了人民、发展依靠人民、发展成果由人民共享,促进人的全面发展"。应当牢固树立人在发展中的主体地位,不能只见物不见人,不能为发展而发展。发展是手段,满足人的需要,实现人的幸福才是目的。必须大力加强发展过程由人民共同参与的体制,必须大力加强发展成果由人民共同享有的体制。对此,中国共产党已经予以高度重视。党的十七大报告提出,必须把解决好"三农"问题"始终作为全党工作的重中之重"。农业、农村问题归根到底是个农民问题;"三农"问题的核心实际上是农民如何平等参与国家的发展和平等享受国家发展成果的问题。

第四,促进人的全面发展。经济社会发展的最高目的是人的全面发展,这是马克思主义的一贯立场。马克思早在《资本论》中就已指出,人类社会发展的最高阶段就是"以每一个个人的全面而自由的发展为基本原则的社会形式"①。党在提出与阐释"以人为本"这一核心价值观时,也一再强调要促进人的全面发展。② 人的德智体美技,即品德高尚、知识丰富、体魄健全、追求美好和技能优良,既是历史发展与文明进步的力量源泉,又是人类生活幸福、美满的主要追求。经济社会发展的核心是人的全面发展,离开了人的发展就谈不上社会的发展。应当克服那些重经济发展轻人自身发展的片面认识。在坚持以经济建设为中心的同时,应将促进人的全面发展提高到发展的战略高度;在保证经济增长速度和国家综合实力提高的同时,应当认真贯彻落实《中共中央关于完善社会主义市场经济体制下若干问题的决定》提出的"构建现代国民教育体系和终身教育体系,建设学习型社会"的任务;应当逐步加大教育、文化、卫生、体育等事业的投入,并将各项政策惠及社会的每一个成员。

第五,崇尚和彰显人性。为什么古往今来人人都追求建立理想的法治国家与和谐社会? 其理论根据之一就是源自人性。有人说,人权不是抽象的,是具体的。也有人说,民主不是抽象的,是具体的。还有人说,只有具体的人性,没有抽象的人性。这些观点都是不正确的。世界上的万事万物都是抽象和具体、一般和个别、共性和个性的辩证统一。不承认有一般的"人",不承认有抽象的人性,人将不成其为人,也就不会有"人类"这一崇高的称谓。正是基于十年"文革"的教训,1982年宪法在我国制宪史上第一次明确规定:"中华人民共和国公民的人格尊严不受侵犯。"自从党提出"以人为本"的理念以来,在立法、执法与司法中,人的人性、人格、人道和人的尊严,越来越受到尊重。现在我

---

① ［德］马克思:《资本论》第 1 卷,人民出版社 2004 年版,第 683 页。
② 参见江泽民:《在庆祝中国共产党成立八十周年大会上的讲话》,人民出版社 2001 年版,第 43 页。

们翻开报纸,几乎每天都能看到,各个地方和部门都在搞人性化管理。毛泽东同志说,罪犯也是人,要把犯人当人看待。我国是《禁止酷刑和其他残忍、不人道或有辱人格的待遇或处罚公约》的缔约国,但刑讯逼供现象并非完全杜绝,非法证据排除规则的立法仍在进程中,这种现象的存在原因很多,需要我们更新观念。我国监狱管理部门近年来制定和推行的一系列人性化管理措施,标志着我国的狱政建设文明水准提高到了一个新的水平。

第六,坚持人的独立自主。自由是人的一种本性,也是人的一种本质。人的思想自由和行为自由是人区别于动物的基本特征,也是人能动地认识和创造世界的力量源泉。马克思主义实际上是很重视自由的。有个记者曾问恩格斯,你能不能用一句话概括什么是社会主义,恩格斯说,我愿意用《共产党宣言》里的一句话来表达:我们理想的那个社会是一个"每个人的自由发展是一切人的自由发展的条件"①的联合体。

第七,尊重人的首创精神。人是有理性的动物,能够能动地认识世界和改造世界,这是人类同其他动物的根本区别所在。"自由的有意识的活动恰恰就是人的类特性","有意识的生命活动把人同动物的生命活动直接区别开来。正是由于这一点,人才是类存在物"。②"如维科所说的那样,人类史同自然史的区别在于,人类史是我们自己创造的,而自然史不是我们自己创造的"。③ 而人民群众是社会实践的主体,因而也是人类历史与文明的创造者。我们并不否认不同时期不同国度英雄人物与社会精英的作用,但广大人民群众的积极性、主动性、

① 〔德〕马克思、恩格斯:《共产党宣言》,人民出版社 2018 年版,第 51 页。
② 〔德〕马克思:《1844 年经济学哲学手稿》,人民出版社 2018 年版,第 205 页。
③ 〔德〕马克思:《资本论(纪念版)》第 1 卷,人民出版社 2018 年版,第 429 页注。

创造性,是推动社会发展的决定性力量。我们应当坚持历史唯物主义的基本立场,在一切社会实践活动中尊重人的首创精神。自新中国建立,特别是进入改革开放新时代以来,从农村的改革到经济特区的设置,在经济、政治、文化、社会各个领域都出现无数第一个吃螃蟹的人,人民的首创精神显示出了巨大的活力和作用。各个领域的管理者,切不可认为自己什么都比被管理者聪明,一切自以为是。必须善于发现与集中民智。真理面前人人平等。任何领导者切不可把自己说的每句话都当成金科玉律,不允许他人有任何质疑与商榷。

第八,权利优位于义务。在过去一个很长时间里,我们不少人受封建主义历史传统观念的影响,把法律仅仅看成是一种工具,认为当官的是管老百姓的,用的手段是法律,法律是用来管老百姓的,老百姓只有遵守法律的义务,权利观念长期以来都非常淡薄。但是在市场经济条件下,我们必然也必须提倡权利优位于义务。计划经济是一种"权力"经济,而市场经济则是一种"权利"经济。况且,人活在这个世界上,理应享受自己的各种权利。人类社会里的各种主义、政策、法律和制度以及一切其他设施,归根到底,都是为了实现和满足人的需要与幸福。然而要享受权利就必须对社会对他人尽相应的义务,否则大家的权利都会享受不到。但义务是伴随权利而来的,是第二位的东西。也正是在这个意义上,人们才常说,"法学就是权利之学"。正确认识和处理这个问题,在我们的立法和司法里都是很有现实意义的。

第九,权利优位于权力。我们的法理学过去受西方一位学者的影响,把所有的法律都归结于"权利和义务"这对基本范畴,把权力看作权利的一部分。实际上,在私法领域,法律主要是调整自然人、法人之间的权利与义务的关系;在公法领域,主要是规范国家机构及其工作人员的职权和职责。

我们的法理学从来没有这样一章,专门研究国家的职权和职责这对基本范畴。很多国家工作人员对权力与权利的区别也不甚了解,甚至有些重要文件还多次出现过概念混淆。因此很有必要对此予以深入研究和广为宣传。笔者认为,国家权力和公民权利有以下8点区别:(1)国家的职权与职责相对应,在法律上两者是统一的;公民的权利与义务相对应,两者是分离的。(2)国家权力不能转让或放弃,否则就是违法或失职;公民的权利则可转让或放弃。(3)国家权力伴随着强制力,有关个人或组织必须服从;公民的权利在法律关系中则彼此处于平等的地位。(4)国家权力的本质属于社会"权威"这一范畴,不能将其归结为一种利益;公民权利的本质则是利益。(5)职权与职责,职责是本位的。法律赋予某一国家工作人员以权力,首先意味着这是一种责任;公民的权利与义务,则应以权利为本位。(6)对国家,法不授权不得为;对公民,法不禁止即自由。(7)是公民的权利产生国家的权力,而不是国家的权力产生公民的权利。(8)国家权力是手段,公民权利是目的,国家权力是为实现公民权利服务的。清楚了解与深刻认识以上区别,对于正确树立公民权利观特别是国家权力观,正确树立"执政为民"和"执法为民"的理念和原则,是至关重要的。

第十,尊重和保障人权。尊重人、维护人的尊严,首先要尊重人的利益。马克思曾说,人们通过斗争所要争取的一切都和利益有关。"我们党始终坚持以人民为中心的发展思想,把促进社会公平正义、增进人民福祉作为各项工作的出发点和落脚点,不断实现好维护好发展好最广大人民的根本利益。"①以人为本而不尊重、维护与实现人的利益,那就是一句空话。当然,这个利益是广义的,不仅包括经济、文化和

---

① 《习近平法治思想学习纲要》,人民出版社、学习出版社2021年版,第31页。

社会的各种利益,还包括人的人身、人格利益和各种思想与行为自由。在现代的民主法治社会里,人们的各种利益需求,就集中表现为人权。而且,人依据其人性和人的人格、尊严和价值所应当享有的权利,必须用法律明确、具体、详细地加以规定,使之成为法律上的权利,这种应有权利才能得到最有效的保障。前面列举的以人为本的九个方面的观念、原则与政策,最终都应当通过人权保障制度的完善得到体现与落实。而以人为本理念与原则的提出与实施,将成为我国人权保障制度坚实的理论基础与推动力量。1993 年,笔者在由刘国光、汝信教授主编的《中国特色社会主义经济、政治、文化》这本书里曾写道:"社会主义者应当是最进步的人道主义者,社会主义者也应当是最彻底的人权主义者"。基于对以人为本的理解,还应在这两句话的后面加一句:"社会主义者还应当是最坚定的人本主义者。"

从"以人为本"的以上十条科学内涵可以清楚看出,它应成为现代法律的最根本的价值准则。早在 1995 年,笔者在《现代法的精神论纲》一文中就已提出"现代法的人本主义"概念,指出:"一切从人出发,把人作为一切观念、行为与制度的主体,尊重人的价值与尊严,实现人的解放和全面发展,保障所有人的平等、自由与人权,提高所有人的物质生活与精神生活水准,已经或正在成为现代法律的终极关怀,成为现代法制文明的主要标志,成为现代法律创制与实施的重要特征,成为推动法制改革的巨大动力。"笔者在该文中也强调,"法的人本精神是法的最高层次的精神。"①自 2003 年党中央正式提出"以人为本"的科学概念以来,"以人为本"的理念在社会生活和法治建设中所起的巨大指导作用都可以并已经证明,笔者的上述判断是正确的。

---

① 参见李步云:《论法治》,社会科学文献出版社 2008 年版,第 216、218 页。

第十二章　尊重和保障人权

　　享有充分的人权,是长期以来人类追求的崇高理想,是历史上无数志士仁人终身奋斗的伟大目标。法与人权的关系是十分密切的。保障人权是法的根本目的,法是人权保障的主要手段。本章将探讨人权的概念、人权制度与理论的历史发展、法与人权的一般关系、人权与国内法、人权与国际法等基本问题。

第一节　人权的概念

一、人权的主体和客体

　　人权是人作为人依其自然属性和社会本质所应当享有和实际享有的权利。

　　人权的主体是"人",这里的"人"是指生活在这个世界上的所有的人。在一个国家里,它不仅是指这个国家的公民(或国民、臣民),而且包括非公民,如居住在这个国家的外国人、无国籍人和难民;它不仅是指个人,也包括人的一些特殊群体,如少数民族、妇女、儿童、残疾人等。在国际范围内,人权的主体主要是指国家,也包括民族或国家集团。个人在国际上也是人权的主体。如《发展权利宣言》规定:"确认发展权利是一项不可剥夺的人权,发展机会均等是国家和组成国家的个人一项特有权利"。在有的情况下,当个人的权利受到侵犯时,他有权向有关国际的或区域性的人权机构提起诉讼。

权利作为人权的客体,其内容是十分广泛和丰富的。在当代,它主要包括三大类:一是人身人格权利,如生命权、人身安全权、思想自由、信仰自由、信教自由、人身自由、人格尊严权、名誉权、隐私权等。二是政治权利,如选举权与被选举权、监督权、罢免权、知情权;集会自由、结社自由、罢工自由;言论自由、出版自由;请愿权、诉愿权、诉讼权;民族平等权、法律平等权。三是经济、社会、文化权利,如财产权、工作权、休息权、最低生活保障权;妇女权利、儿童权利、老人权利、残疾人权利、消费者权利;受教育权、科学研究自由、文学艺术活动自由等。在国际上,集体人权的内容,主要有民族自决权、发展权、自然资源永久主权、和平权、环境权等。

依据人权主体的不同,人权可分为个人人权与集体人权两大类。个人人权是指个人应当和实际能够享有的权利。集体人权在国内是指某些特殊群体的权利;在国际上主要是指民族自决权和发展权等。人身人格权、政治权利、经济社会文化权利的划分,是依据人权客体即权利内容的不同性质。在现代,各类人权是相互联系、相互依存、相互促进的,都应予以同样的重视。

二、人权的实质

人权是被人类的道德理想与伦理观念所承认与支持的人应当享有的各种权益。这是人权的实质。权利这一概念系由权威与利益这两个要素所组成。这里所讲的权威,既包括法律的权威,也包括某些社会组织的章程、宗教的教规以及传统与习惯的权威。这里所讲的利益,既包括物质的利益,也包括人身的、精神的种种利益。所谓人权,就是人生活在社会中,个人彼此之间、群体彼此之间以及个人、群体与社会(甚至包括国际社会)之间存在的利益相互矛盾和相互冲突中一定的权利主体(包括个人、群体、民族、国家等)在利益上的理想追求、合理分配和实际享有。离开利益讲人权是没有任何意义的,无论是在一国内还是国际间,在人权问题上经常存在的种种矛盾与斗争,都同一定权利主体的利益有关。然而,人权又受人们一定的伦理道德所支持和认可。什么样的个人或群体应当或可以享有什么样的人权,法律或其他的社会规范应当或能够对哪些人权予以规定和保障,总是受某些人类所普遍认同的道德伦理所支持和认可,其核心是人道主义、平等思想与自由观念。由于人们的道德观念在某些方面存在着差异,因而不同国家对应有权利的理解,对法律权利的规定,对实有权利的保障,又存在着一些差别。"利"与"义"都是人类所不可或缺的,它们是构成人权的两个基本成分,是决定人权本质的两个重要因素,是推动人权进步的两个主要力量源泉。

三、人权产生的根源

人权的产生根源于人的本性。人的自然属性和社会属性是构成人的本性或本质的两个统一的不可分割的方面。人类之所以需要人权,首先是为了满足自己的物质的、精神的、人身的种种利益的需求,这是由人的生理的和心理的自然属性所决定的,是人的种本能和天性。人的自然属性是人权存在的根本目的和主要根据,也是推动人权向前发展的动力。人的利益需求,人们要求过优裕的物质生活和美好的精神生活的愿望是无止境的,因而人权的发展与进步也是无止境的。人的社会属性是指人是社会动物,是一种有理性、能思维,可以认识与改造世界的社会动物,它不可能独自一人生活在世界上,而只能生活在人与人相互结合在一起的社会中。只要有社会存在,个人与个人之间,个人与群体之间,个人、群体与社会之间,在利益上,既有一致的一面,又有彼此矛盾和相互冲突的一面,这就需要各种社会规范首先是法律规范,运用权利与义务的形式,去调节与调整各种利益关系,防止一些人或群体去侵犯另一些人或群体所应当享有的各种权利,这就产生了人权问题。由此可见,人的自然属性与社会属性,是人权产生与存在的内因即内在根据。

同时,"权利决不能超出社会的经济结构以及由经济结构制约的社会的文化发展"①。在人们彼此之间所结成的经济政治、文化等错综复杂的社会关系中,经济的关系具有最终的决定性意义。因此,一定社会历史阶段社会关系的性质与状况以及与其相适应的社会经济与文化(包括道德)的发展水平,决定着该时期人权的性质、状况与发展水平。但是,这不是人权产生的根源,而是人权存在与发展的外因即外部条件。

四、人权与人权理论

"人权"与"人权理论"是既有密切联系,又有原则区别的两个不同的概念。人权是人身人格权利、政治权利与自由、经济社会与文化权利等各种权利的总和。它不是存在于人们的头脑中,不是观念形态的东西,而是存在于种种现实的社会关系(特别是各种法律关系)中。它本身就是一种社会关系。尽管人权受人们一定的伦理道德的认可与支持,但它们在现实社会生活中的客观存在并不以人们的意志(包括如

---

① 《马克思恩格斯文集》第3卷,人民出版社2009年版,第435页。

何认识、怎样评价等)为转移。人权理论是人们关于人权的概念、范畴、原理、原则及其发展规律的一种理性认识,它构成人权意识的主要内容和基本成分(人权意识还包括人权心理、人权情感、人权的感性认识等)。人权理论存在于人们的头脑中,是属于观念形态的东西。把"人权""人权制度"同"人权观念""人权理论"这两类不同性质的问题混为一谈是不正确的。但是"人权"与"人权理论"又密切相关。人权这一特殊社会现象是人权理论的认识对象与客体。因此,从总体上看,是先有人权现实,后有人权理论。但是人权理论的产生、存在与发展又有其相对独立性。在不少情况下,它对人权的产生与发展又起着重要的促进或制约作用。在古代,由于人权的内容是狭窄的与贫乏的,那时候就只有朦胧的人权意识。17、18 世纪资产阶级革命时期,社会生活为近代人权的产生提供了市场经济、民主政治和理性文化的充分的现实条件,当时启蒙思想家的人权思想和理论对近代人权的产生与发展起了重大的推动作用。

五、人权发展的内在矛盾

人权及与其相应的人权制度的发展变化,根本的动力是人类自身物质的与精神的各种需要应当得到满足和不断提高。同时,它还受社会经济、政治、文化制度以及生产力和文化发展水平的影响。此外,人权自身还存在若干内在矛盾运动。

一是,人权的共性(即普遍性)与个性(即特殊性)的矛盾运动。人权共性的理论基础是,人有相同的人格和尊严,人类存在着利益上的一致性与面临共同的危险,同时也存在着道德上的相同价值取向。人权个性的理论依据是,人类存在着利益上的对立与冲突,存在着道德上的不同价值判断;同时,人权的内容与形式还受一个国家的历史传统、民族与宗教的特点以及经济、政治、文化等条件的制约。一些基本人权得到各国法律的一致保护,不同社会制度的国家共同签署一些国际人权文书和在人权立法与人权保障上采取共同行动,是人权共性的表现。同一国家不同历史时期的人权内容与形式存在着重大的差异,不同国家在人权制度与人权政策上往往采取某些不同的立场和做法,是人权个性的反映。随着人类物质文明、精神文明和制度文明的不断进步以及不同民族与不同国家在经济政治文化方面的相互影响与相互依存日益加强,人权共性将不断扩大,人权个性将不断缩小,这是历史发展的总趋势。

二是人权理想与人权现实的矛盾运动。人的自由得到全面发展,人的需要得到全面满足,人人都享有平等的人权,这是人权的理想。但是,人权理想的实现却受到种种客观条件的限制。人权的理想是,人权不应存在着阶级的差异。但是,在阶级对抗社会里,人权又具有阶级性。然而,这并不是人权的本质,而是人权本质的异化。这种理想与现实的矛盾正在并将继续伴随着整个人类社会的日益进步而逐步得到解决,最后达到人权的理想境界。这虽是一个长久的历史过程,但它的最终实现是肯定无疑的。

第二节　人权制度和理论的历史发展

一、前资本主义的人权

人权有广义与狭义之分。广义的人权,自人类社会存在以来就有。因为,享有人权是人的心理的与生理的一种要求,是人的自然属性。而只要有社会存在,人与人之间就会存在这样那样的利益冲突,就需要有权利与义务为内容的社会规范去调整,否则这个社会就无法存在下去,这是人的社会属性所使然。狭义上的人权即近代意义上的人权,以自由、平等、人道为其主要原则和基本特征,则是资产阶级革命的产物。这一界限,既有它的绝对性,又有它的相对性。我们不可想象,资产阶级革命的某一天,人权会突然从天而降,而在此之前人类社会是根本不存在任何"人权"的。

　　从人权的广义看,资本主义社会出现以前的人权,可以区分为两个发展阶段。一是原始社会。由于当时经济与文化发展水平极其低下,人们所能享有的权利当然是极其有限的。但是,人们也并不是在当时的社会里一点"权利"都没有。例如,根据摩尔根经历 40 余年对易洛魁人古代氏族制度的研究,当时的先民在原始氏族社会里就享有生存权、名称权、财产继承权、选举与罢免酋长和首领的权利、参加氏族会议的权利等,这些权利通过氏族习俗来维系。马克思在《摩尔根〈古代社会〉一书摘要》中对摩尔根的研究成果和结论予以充分的肯定。马克思、恩格斯循着这一思路还对古希腊、罗马人的氏族制度作了进一步研究,肯定了原始氏族社会中存在十多项权利与义务。[①]　二是奴隶社会与封建社会。同原始社会相比,一方面,由于这一历史阶段的经济与文化的发展水平已大大提高了一步,因而人们在实际能够享有人权的广度与深度上向前迈进了一大步,一些人的生命权、人身安全权、人身自由权、财产权等,能得到法律的保护。这是人权发展史上的一个进步。另一方面,由于私有制和阶级对立的产生,出现了社会不平等,一部分人权的主体,主要是奴隶、农奴和农民,基本上或大部分被剥夺了他们本应享有的权利。这一时期人权的重要特点之一是权利与义务的分

---

　　①　参见周长龄:《原始氏族人权初论——对人权之源的几点质疑》,《法学研究》1992年第 4 期。

离。正如恩格斯所指出的:"如果说在野蛮人中间,像我们已经看到的那样,不大能够区别权利和义务,那么文明时代却使这两者之间的区别和对立连最愚蠢的人都能看得出来,因为它几乎把一切权利赋予一个阶级,另方面却几乎把一切义务推给另一个阶级。"①这是人权的异化。从这一角度看,这又是人权的一个退步。

二、近代意义的人权

狭义的,即近代意义的人权,是同资本主义商品经济联系在一起的。资本主义的商品经济是近代人权产生的经济基础,资本主义民主政治是近代人权存在的政治基础,18 世纪的资产阶级革命则是充当了近代人权降世的助产婆。恩格斯在阐述资本主义人权与资本主义商品经济的关系时曾指出:"大规模的贸易,特别是国际贸易,尤其是世界贸易,要求有自由的、在行动上不受限制的商品占有者,他们作为商品占有者是有平等权利的,他们根据对他们所有人来说都平等的、至少在当地是平等的权利进行交换。从手工业向工场手工业转变的前提是,有一定数量的自由工人……他们可以和厂主订立契约出租他们的劳动力,因而作为缔约的一方是和厂主权利平等的","由于人们……生活在那些相互平等地交往并且处在差不多相同的资产阶级发展阶段的独立国家所组成的体系中",因而资产阶级反对封建等级和特权的要求"就很自然地获得了普遍的、超出个别国家范围的性质,而自由和平等也很自然地被宣布为人权"。② 这就是说,资产阶级的经济要求,即自由与平等的权利要求,采取了包括一切人在内的"人权"形式。资产阶级革命以自由、民主、人权为号召,在革命胜利后又立即用法律的形式

---

① ［德］恩格斯:《家庭、私有制和国家的起源》,人民出版社 2018 年版,第 197 页。
② ［德］恩格斯:《反杜林论》,人民出版社 2018 年版,第 110—112 页。

和手段,来确认和保障自己已经争得的权利。美国的《独立宣言》和法国的《人权与公民权利宣言》,是资产阶级人权文献的代表作。同时,这些文献也确立了资产阶级民主政治的原则和基础,并作为资产阶级人权赖以存在与发展的政治条件。

人们通常将近代意义上的人权,划分为三个发展阶段。第一个发展阶段的人权,是指资产阶级革命时期以及这一革命在全世界取得全面胜利以后一个很长时期里的人权。这一时期人们所要争取和实际上已经逐步争取到了的人权,主要是人身人格的权利和政治权利与自由,其具体内容主要是言论、信仰、结社、通信、宗教等自由以及免受非法逮捕、公正审判等权利,它的诞生和基本确立是以美国的《独立宣言》和法国的《人权与公民权利宣言》为标志的。人权的第二个发展阶段,主要是受 20 世纪初反抗剥削与压迫的社会主义运动和革命的影响,其基本内容是经济、社会和文化方面的权利。它在宪法上的表现,在东方是以苏联的《被剥削劳动人民权利宣言》为代表,在西方是以德国的《魏玛宪法》为标志。人权的第三个发展阶段,主要是从第二次世界大战以后反对殖民主义压迫的民族解放运动中产生并发展起来的,其内容包括民族自决权、发展权、和平权、自然资源永久主权等国际集体人权。它已为一系列国际人权文书所确认。

在近代人权发展的三个历史性阶段中,人们可以清楚看出,社会主义运动对此做出了重大贡献。西方不少有识之士对此都有肯定的评价。例如,联合国教科文组织人权与和平司官员、著名人权理论家斯蒂芬·P.马克斯就曾公正地指出:"社会主义和马克思主义著作的哲学和政治观点,对十九世纪由于滥用第一代权利而引起的反对剥削的社会革命,起到了很大的促进作用。这些变革导致了一代新的人权的出现。这代新人权与第一代'消极的'权利有着本质的区别。第一代的各种自由对广大的工人阶级和被占领土地上的人民来说,意味着被剥削和被殖民的权利,这些权利被视为忽视了现实社会物质权利的'形式上的'自由。在墨西哥和俄国反对剥削的革命斗争后于1917年通过的宪法、国际文件,特别是1919年国际劳工组织的组织法和国际劳动标准,开创了第二代的人权。这是一代经济、社会和文化的权利,是一代以国家干预而不是国家弃权为特征的权利。"①实际上,马克思主义理论与社会主义运动不仅是第二代人权的直接动力,也是第三代人权的间接动力,因为它对20世纪汹涌澎湃的殖民地、半殖民地国家的民族独立运动起了巨大的鼓励和指导作用。

三、西方人权理论的三种主要形态

资产阶级的人权理论与人权制度是相互依存与相互作用而一起发展的。资产阶级第一次人权运动发端于17世纪的英国资产阶级革命,它的人权理论的第一个杰出代表就是英国思想家洛克。然后,这种人权理论经历了天赋人权说、法律权利说和社会权利说这三种主要理论形态的演变。天赋人权说的主要代表除了洛克,还有美国的潘恩和法国的卢梭。它以自然法学说和人性论作为自己的理论基础;它强调人生而自由、平等,人应享有的权利不可转让和放弃,也不能被剥夺。以天赋人权反对天赋王权,这是它的历史进步意义。但是它片面强调人的自然属性,否定人的社会属性,因而是不全面的。法律权利说的主要代表是边沁、戴西和密尔等人,实证主义和功利主义是其理论基础。它强调人权不是生而有之,而是法律所赋予的。他们认为,按照功利主义的逻辑,人权产生与存在的合理性与合法性,是完全可以证明的。它否

---

① [美]斯蒂芬·P.马克斯:《正在出现的人权》,载王德禄、蒋世和编:《人权宣言》,求实出版社1989年版,第161—162页。

认人权的伦理性,而强调人权的利益性。这一学说批评了天赋人权理论的"自然状况"的虚构性和自然法的神秘性。例如,19世纪美国著名政治思想家柯亨说:"认为所有人是生而自由与平等的,这种意见之无稽与错误,莫此为甚。"①实证主义与功利主义的理论有它的合理因素,但它完全否定人权的伦理性,不承认人权本身的目的性与根本价值,仅仅把人权看作人类避苦求乐的一种手段,则是片面的、不正确的。在本来的意义上,人权是一种应有权利,法律权利不过是人们运用法律手段对应有权利加以确认和保障。因而法律权利说在人权本原问题上是完全非科学的。社会权利说又称福利权利说。它从人是"政治动物""社会动物"的观点出发,认为人的社会性是人权产生与存在的根据。既然人们彼此之间存在错综复杂的社会关系与利益矛盾,这就需要由以权利与义务为形式的社会规范去调整。人权的产生就是基于这样的需要。既然人权来源于社会,人权是社会的产物,而社会是发展变化的,因而人权也是发展变化的,人权具有历史性。它认为,社会愈是落后与野蛮,人权就愈狭小而难以实现;社会愈是进步与文明,人权就愈能得到确实保障。由此亦可证明,自然权利说与天赋人权理论没有根据。社会权利说的一个重要特点,是承认经济社会权利也是基本人权,从而使人权发展成为不仅是一种"消极的受益关系",即个人因国家的不作为而得到人身人格与政治方面的权益,还是一种"积极的受益关系",即个人因国家的作为而得到经济文化社会方面的权益。社会权利说产生于20世纪初。它是资本主义社会科技与生产力高度发展与社会矛盾进一步激化的产物,也深受社会主义运动与马克思主义思想的重大影响。如果说,以天赋人权反对天赋神权与等级特权,是资产阶级在革

---

① [美]约·柯亨:《论政府》,弘文馆1986年版,第75页,转引自俞可平:《人权与马克思主义》,载《马克思主义与现实》第一辑,河南人民出版社1990年版,第79页。

命时期人权领域的主要理论表现,法律权利说反映了资产阶级在巩固了自己的统治地位后强调要以法律手段来维护已经建立起来的人权制度,那么社会权利说则反映了在新的历史条件下资产阶级愿意在个人与社会、自由与平等的相互关系问题上作出调整以适应与满足广大劳动阶层的权利要求。当然,这只是就人权理论发展的历史背景与社会条件而言。作为一种意识形态,人权理论具有相对独立性,有它自身的发展规律。资产阶级人权理论的三种主要形态的演变,在一定程度上,反映了在深度与广度方面理论认识的深化与扩展。在当代,天赋人权说仍在西方占有主导地位,但社会权利说对人权实践越来越发挥着重要的作用和影响。资产阶级人权理论的三种主要形态都包含一定的合理因素和成分,也都存在各自的片面性。只有马克思主义人权理论才是最严整的学说。

四、社会主义与人权

过去有人曾把人权当作资产阶级的口号,认为社会主义与人权无关,是错误的。马克思主义的创始人虽然对资本主义社会的人权制度和人权观念作过很多尖锐的批评,但他们从来没有对其作简单的全面的否定,而是充分肯定它在历史上的巨大进步意义和作用。他们更没有因为对资本主义社会的人权持批判态度而否定人权本身。他们只是认为资本主义社会的人权具有阶级的历史的局限性,社会主义和共产主义应把人权推进到更高的阶段。

人权的彻底实现是以人的全面解放、人的全面自由发展、人的需要的全面满足为标志。只有共产主义社会才能实现这一最理想的人权。这一理想社会是一个"自由王国",是人的全面发展的自由人的联合体。只有这样的社会,人权才能彻底实现。恩格斯在《家庭、私有制和国家的起源》这部著作中曾引用摩尔根评价文明社会的一段话作为全书的结束语:"管理上的民主,社会中的博爱,权利的平等,教育的普及,将揭开社会的下一个更高的阶段,经验、理智和科学正在不断向这个阶段努力。这将是古代氏族的自由、平等和博爱的复活,但却是在更高级形式上的复活。"①人道主义是人权的重要理论基础。一切为了人的解放,一切为了人的幸福,是马克思主义的出发点和最后归宿。实现彻底的人权,是共产主义的目的。从某种意义上可以说,共产主义者应当是最进步的人道主义者,也应当是最彻底的人权主义者。

近百年来,社会主义在实践中,在人权保障上,既有过重大成就,也有过挫折。这同理论认识密切相关。要建立一个比较科学的马克思主义人权理论体系,仍是长期的任务。为此,首先应在以下三个问题上有正确看法。

一是,马克思主义的人权理论应当是资产阶级人权理论的继承和发展,是以往一切人权理论的科学总结。它应吸取历史上与当今世界的一切非马克思主义人权理论与思想中各种有价值的科学成分,不应把马克思主义人权理论同一切非马克思主义人权理论完全割裂开来与简单对立起来。二是,马克思主义的人权理论应当是实践的总结。它不仅应总结社会主义人权实践的成功经验,也要总结它的失败教训,同时还要总结资本主义制度下人权制度建设正反两方面的经验,它的理论形态应与当今世界的时代精神相一致。三是,马克思主义人权理论是发展的,它应是千百万人的共同创造。它以马克思主义的辩证唯物论为其理论基础,它本身是一门科学。那种把革命领袖人物有关人权的言论加以摘编整理,以为这就是马克思主义的人权观,这种看法是不对的。

---

① ［德］恩格斯:《家庭、私有制和国家的起源》,人民出版社 2018 年版,第 198 页。

第三节　法与人权的关系

一、人权的三种存在形态

人权主要有三种存在形态,即应有权利、法定权利、实有权利。人权从本来意义上讲,是"应有权利",即人按其本性所应当享有的权利。它存在的合理性并不以人们是否承认和法律是否规定为转移。法定权利即法律规定的权利,是人们运用法律这一手段使人的应有权利法律化、制度化,运用国家强制力以保障它的最有效的实现。法律是由人制定的。由于受客观的和主观的各种条件所制约,在任何国家里,法律的制定、人权的法律化,都要有一个过程。由于受各种因素的影响,立法者是否愿意或者能否正确运用法律这一工具去确认与规范人的应有权利,也是不肯定的。在某些情况下,法律甚至可以公开地明确地剥夺人应当享有的权利,如南非前政府制定的种族主义法律即是如此。但是,人的应有权利一旦得到某一国家的法律的确认与保障,这种法律权利也就成了一种更明确、具体与规范化的人权,可望得到切实实现。人的应有权利在一个国家的法律没有给予它们以确认和保障的情况下,在社会现实生活中是客观存在的,并常常受法律之外的各种社会力量与社会因素的不同形式与程度的认可与保护,如政党与社会团体的纲领与章程,各种形式的乡约、社会的传统与习俗、人们思想中的伦理道德观念和社会意识,等等。但国家的法律应是保障人权最主要、最有效的手段。作为人权形态之一的所谓实有权利,是指人的应有权利在社会现实生活中能够得到真正实现的人权。在某种情况下,一个国家的法律所确认的人权,由于受各种主观因素与客观因素的影响与制约,并不

235

能得到真正的实现。评价一个国家的人权状况,固然要看这个国家的法律是否对人应当享有的权利作了全面的完备的规定,而是首先要看这个国家人所应当享有的权利在多大程度上能够实际享有。

二、保障人权是法的根本目的

提出"保障人权是法的根本目的",并非是有意抬高人权的意义和人权在法中的地位。这一命题可以从如下几个方面的分析得到证明。

首先,从法存在的根据看,人类社会之所以需要法,是因为人类社会始终存在的各种主要的社会矛盾的解决,各种复杂的社会关系的调整,都要求有法这种人人都须遵守的行为规则。所有这些归结起来,都是人权保障问题。如个人与社会的矛盾,其内容是人与人之间、个人与社会之间在利益与道德上的冲突。法律可以防止与解决个人的生命、安全、财产等免受他人或各种社会组织的侵害。法解决秩序与自由的矛盾也是这样,法维护社会秩序只是一种手段,其终极目的在于促进物质成果与精神成果的生产,以实现人权。而自由的保障则是人权保障的重要内容。法解决权威与服从的矛盾同样如此。被管理者赋予管理者以权力,管理者则不得侵害(不作为)被管理者的各种权益,同时有责任(作为)做好各方面工作,以满足被管理者各种物质与精神的利益追求与享有。归根到底也是一个人权问题。

其次,从法内容的实质看,法是以权利与义务为其内容和形式来规范人们的行为和调整各种社会关系。法律权利实际上就是人权。法律权利是人应当享有的权利的法律化。这里有两种情况:一类法律权利是直接人权,如宪法所规定的各项公民的基本权利,民法和刑法所保障的各项人身人格权、财产权、政治权利与自由,程序法中所规定的各项诉讼权利等,都是直接人权。另一类法律权利是间接人权,如各类合同的双方当事人所自主地、具体地约定的各种权利。它们是直接人权的延伸,也可称之为广义上的人权。在法律权利与法律义务的关系中,权利是中心出发点和落脚点,义务是手段。即要使自己的权利得到保障,就必须履行不得侵犯他人(包括国家权力、权利和利益)的义务。这是人权保障不可分割、相辅相成的两个方面。但保障人应当享有的平等权、自由权、受益权等方面的权益是终极目的。

再次,从法功能的意义看,法具有伦理性价值,它本身是社会正义的重要体现,是人类文明的重要标志。同时,法又具有工具性价值,它是认识与改造世界的工具,是人类谋求幸福的手段。法应当平等地属于每个人,应当为全人类的解放服务。不是人为国家和法律而存在,而是国家和法律为人而存在。公法领域法规范的一个重要特点是,以职权与职责为内容和形式来调整有关的各种社会关系。但在国家权力与公民权利的关系上,是权利(主要是选举权)产生权力;而不是相反;权利是目的,权力是手段。国家机关及其工作人员的权力是人民赋予的;权力的行使,归根到底也是为了实现和保障人的生存权这项首要人权以及各项具体人权。

第四节　人权与国内法

一、人权与立法

在一个国家里,通过法律手段保障人权,首先是立法。保障人权有法可依,这是前提。在法律上对人权保障作出完备的规定,不仅是采取司法手段保障人权的基础,而且也是采取政治的、经济的、文化的与社会的各种形式和手段保障人权的依据。人应当享有的人身人格权利、政治权利和自由、经济社会文化权利,其内容是十分广泛和丰富的,因此,几乎所有法律包括各种实体法和程序法都要直接或间接涉及人权问题,在制定各种法律时,都要关注这个问题,只是程度不同、视角有异。在以成文法制度为主的国家里,在法的规范性文件中,大体有以下三种情况。一是专门保障人权的法,如劳动法、妇女与儿童权益保障法、国家赔偿法等。二是调整某一领域的各种社会关系,但以人权保障为中心和基本出发点,如民法、刑法、各种诉讼法等。三是同人权保障没有直接关系,如某些国家机构和社会团体的组织法,计划法、银行法一类专业法等。这后一类法的一般原则和具体规定的设定,也应贯彻有利于和服务于人权保障这一根本宗旨。通过立法保障人权,有两个基本要求:首先,要有完备的法律体系,要有法可依。现在,我国还有不少法尚未制定出来,其中还包括一些直接同人权保障有关的法。其次,制定法律应以人权保障作为一项基本的价值性原则,使人权得到严谨周密、科学合理而又切合实际的保护。这是尤为重要的。人权是一个内容广泛而又充满内在矛盾和发展变化的体系。通过立法保障,在立法指导思想上有下列一些重要问题需要妥善处理。

1. 要正确处理权利保障同政府管理以及权利行使的合理界限,解决它们之间的相互关系。

过去我们在制定行政诉讼法等法律时,就曾经遇到过这种情况。一些法律之所以长期不能出台,一个重要原因就是在权利设定与限制方面如何确定一个比较合理的界限,人们之间还存在意见分歧,相关部门还难以作出决断。无疑,我们应当把权利的保障作为制定这些法律的出发点和着眼点,否则就从根本上违背了保障人权的立法宗旨。同时,这也是过去我们在制定这一类法律时存在的主要倾向和主要问题。当然,制定这类法律也要适当考虑与妥善解决加强政府管理和对权利行使的界限,并作出合理规定。但是,这两个方面的主从关系必须明确。归根到底,加强政府管理和对权利的行使作出合理的必要限制,其目的也是为了使人权能得到更好保障,而不是相反。

2. 要正确处理保障社会安全与保障个人权利的相互关系。

这在刑事立法中最为突出。我们应当强调这两种不同价值取向的统一,不能片面强调一个方面而忽视或轻视另一个方面。在社会治安状况恶化和不得不实行"从重从快"这一类政策的时候,尤其要注意这个问题。过去我们在这方面存在的主要问题和偏向,是过分重视社会安全的保障而忽视或轻视个人权利的保障。这同我们过去片面强调集体利益而相对忽视个人利益有一定关系。我们不应因为某些西方发达国家片面强调个人权利保护、忽视社会安全保障而走向另一极端。事实上,只要我们处理得法,是可以使两者协调一致的。

3. 要正确处理权力和权利的相互关系。

人民通过宪法和法律赋予政府及其工作人员以各种权力,这既是对政府的一种授权,也是对政府权力的限制。因为任何政府的权力都不应当是无限的,如果政府在行使权力时超越了宪法和法律的授权,那就是越权,就是非法。这样做,目的之一,也是要求政府既要合理运用权力,又要有效地保障广大公民的权利。我们不仅要充分运用分权与权力相互制衡的原理,以权力制约权力,来防止某些人滥用权力;而且要充分运用公民的权利来制约政府的权力,通过保障人民的知情权、参与权、表达权和监督权,来防止某些人对权力的滥用。

4. 要正确处理自由与平等的关系。

自由与平等都是现代人权的重要原则和内容。两者既有相互依存和促进的一面,又有相互矛盾和冲突的一面。过去,社会主义经济在实践中出现的主要弊端,是"平等"过头而走向了平均主义,"自由"太少

239

而束缚了各方面的手脚。社会主义制度的改革所要解决的一个重要问题是克服平均主义,打破"铁饭碗"、取消"大锅饭",给地方、企事业单位和劳动者以更大的自由度,借以调动广大劳动者的主动性、积极性和创造性,以生产出更多的物质的与精神的财富,使人民摆脱普遍贫困。同时,在保持高速发展物质生产与精神生产的前提条件下,采取新的税收政策建立全面的社会保障体系等措施,防止两极分化,实现共同富裕。采取"效率优先,兼顾公平"的方针,也是意味着要在平等与自由这两项主要人权原则的价值取向上,作出向自由倾斜的重要调整,以保证社会主义国家的全体公民能切实享有最广泛的人权。

5. 要稳妥更要积极地推进我国人权保障制度的建设。

实现充分的人权受多种因素的制约,因而必然是一个渐进的过程。我们既不能不顾各种主客观条件而操之过急;又要多方创造条件,积极推进人权保障制度的逐步完善。现在,我国的生产力发展水平不高,文化发展水平还比较落后。人们在经济、社会与文化方面的权利的实现,不能不受到这一重要因素的影响。因而,我国人权保障,特别是经济、社会、文化权利的改进和提高要逐步实现。但是,人权的许多内容,包括人身人格权和政治权利与自由的实现,并不直接地或全部地受经济与文化条件的限制。片面地强调经济与文化发展水平这一个方面的条件与因素而不去努力改善那些需要而又能够改善的某些人权领域的状况,也是不正确的。从总体上看,我国现在人权状况的发展水平还不高。随着现代化建设的发展,还要实现更高层次、更广泛的人权。我们决不能满足于温饱问题已经解决,应当积极而又稳妥地将人权保障事业不断地全面地向前推进。

二、人权与司法

在一个国家内,在依法保障人权的各种手段中,司法是人权保护最重要也是最后一道屏障。现代人权司法保障制度集中表现为一系列原则,主要是:(1)司法独立审判原则。其基本含义是,司法机关独立行使宪法赋予的职权,不受任何外界的非法干扰,任何其他组织都不能替代司法机关行使应由他们行使的职权。作为司法体制的一项组织与活动原则,其目的在于保证司法的客观、公正、廉洁、高效。(2)司法民主原则。包括实行公开审判、辩护、回避、上诉、期限等制度。(3)司法平等原则。如实行诉讼两造地位平等、任何人适用法律平等等制度。(4)无罪推定原则。包括"疑罪从无",即在诉讼期限内,无充足证据证明被告人有罪或无罪,应作无罪处理;刑事诉讼原告负举证责任;上诉不加刑等。(5)弱者受特别保护原则。如为经济困难者提供无偿法律援助,为残疾人、妇女、少数民族提供必要帮助等。(6)人道主义原则。包括充分保障犯罪嫌疑人和已决罪犯的经济、教育等各项法定权利,严禁刑讯逼供、打人骂人、体罚和变相体罚以及其他有辱人格等不人道待遇。(7)冤假错案赔偿原则。所有这些原则都属于诉讼人权的范畴。法律上完备上述种种原则和制度、实践上认真贯彻执行,对人权的国内保障意义重大。

第五节　人权与国际法

一、国际人权保护的产生和概念

人权的保护进入国际领域,主要是 20 世纪的事情。它标志着人权的发展进入了一个全新的阶段。人权国际保护的出现,是人类物质文明与精神文明发展水平极大提高和国与国之间在经济、政治、文化方面相互交往日益密切的产物,它是一种不以人的主观意志为转移、不以某些偶发事件为依据的必然现象和历史的进步过程。

从 19 世纪到 20 世纪中叶,国际上出现的废奴运动和第一次世界大战,对人权保护进入国际领域,起了重要的推动作用。第二次世界大战以后,人权全面进入国际法领域,人权国际保护因而进入一个全面发展时期。保障人权开始被确立为一项公认的国际法准则。第二次世界大战中,德意日法西斯践踏基本人权、灭绝种族的暴行,激起了世界各国人民的极大愤慨,人们普遍提出了保护人权的强烈要求和愿望。1945 年,联合国成立并通过了《联合国宪章》。该宪章在人类历史上第一次将人权规定在一个具有很大威望的国际组织的纲领性文件中。它庄严宣布:"欲免后世再遭今代人类两度身历惨不堪言之战祸,重申基本人权,人类尊严与价值,以及男女与大小各国平等权利之信念",根据该宪章的要求,联合国于 1948 年通过了《世界人权宣言》,1966 年制定了《公民权利及政治权利国际公约》和《经济、社会、文化权利国际公约》。人们通常称这三个文件为"国际人权宪章"。此外,在战后几十多年里,联合国还制定和通过了 7 个有关的宣言、公约和协议书,其内容涉及社会生活各个领域。基于此,国际人权保障体系已初步建立起来。

人权的国际保护有它特定的含义。人权的国际保护是指各国应当按照国际社会公认的国际法原则、国际人权宣言与公约,承担普遍的或特定的国际义务,对基本人权的某些方面进行合作与保证,并对侵犯人权的行为加以防止与惩治。所谓特定的国际义务,是指国际人权公约的缔约国必须承担贯彻实施这些公约的义务,应当在其国内采取相应的立法、司法、行政措施,保证公约条款的实现,并且承担按公约的规定进行国际合作的义务。这种特殊义务对那些非缔约国来说,是不适用的。所谓普遍的国际义务,是指作为国际组织(包括普遍性国际组织和区域性国际组织）的成员，必须依照该组织的章程承担保护人权的义务。如《联合国宪章》中涉及人权保障的共 7 个条款，所有联合国的会员国都有义务为促进其实现而努力。普遍性的国际义务的另一内容是指，国际社会的所有成员都要承担由国际人权宣言、原则、规章、规则等组成的国际人权习惯法所确认的保护人权的义务。国际习惯法是各国自愿同意的行为规范，它们对所有国家都有约束力。如世界各国现在都宣布尊重《世界人权宣言》的原则与内容，各国自然要受其约束，并为其具体实现而努力。对严重侵犯人权的国际犯罪行为加以防止和惩治，就是属于这类义务的范畴。

与此相适应，人权国际保护有两种基本方式。一是强制性的监督和制裁。这类方式包括如下两种情况：某些国际人权公约的缔约国，不履行自己承担的义务，公约的其他缔约国和国际社会可以对这些国家实施强制性的监督与制裁；或者国际社会的任何成员恶意违反国际法基本原则和强行法规则，如在政策上、法律上和实践上实行、鼓励或纵容诸如种族灭绝、种族隔离和种族歧视、奴隶买卖和奴隶制、侵略与侵略战争、国际恐怖、国际贩毒等国际犯罪行为，国际社会可以对其实行强制性的国际监督与制裁，如对南非的种族隔离、伊拉克侵犯科威特所实施的制裁。二是非强制性的指导和协助方式。除上述两类情况外，都采用这类方式。如就实现发展权、环境权实行国际合作，对由于战争或内乱造成的难民进行人道主义援助，对某些侵犯人权的事件与行为进行批评或谴责。

二、人权的国际标准

人权的共同标准或称人权的国际标准，是实施人权国际保护的准绳与尺度。如果没有一种人权共同标准，人权国际保护就将无所遵循。

这种"共同标准"是人权的共性在国际人权领域的基本表现,它的基础是全人类在人权领域存在着共同的利害关系与利益追求,是全人类在人权问题上存在共同的道德伦理的价值判断和价值取向。这种共同标准具体体现在以《世界人权宣言》与国际人权两公约为核心的整个国际人权文书的许多具体规范中。很多国家都宣布尊重《联合国宪章》维护人权的根本宗旨,都拥护《世界人权宣言》的基本原则,共同制定或签署不少国际人权约法,在国际人权的保护中采取共同立场和行动,充分证明国际上存在一种适用于所有国家的普遍性准则。《世界人权宣言》也明确确认了这种"共同标准"是存在的,而制定这一宣言的目的正是为世界各国制定一个共同遵守的国际人权准则。《世界人权宣言》指出:"发布这一世界人权宣言,作为所有人民和所有国家努力实现的共同标准"。而且,随着全人类物质文明的不断发展与进步,国际人权的"共同标准"的内涵将日益丰富,其外延将日益扩大。同时,我们也要承认,各个国家与民族还应有各自不同的人权标准。这是由不同国家与民族的不同经济、政治制度及历史文化传统和其他的具体国情所决定,是不同国家与民族的不同利益和不同认识所决定。这是人权个性在国际人权领域的具体体现。

承认与尊重这种国际人权的共同标准,是各国在国际人权领域进行合作的前提和基础。这种共同标准,不仅应由各国人民共同制定,要体现各国人民的共同利益和协调意志,任何国家都不能把自己的主张强加于人;而且在人权的实施上,任何国家都不能采取实用主义态度,对这种共同标准任意歪曲;不能对自己是一套标准,对别人又是另一套标准;对一个国家是一套标准,对另一个国家是又一套标准。只有这样,才能坚持国际人权共同标准的统一性、客观性与公正性,建立起国与国之间和谐、友好与合作的关系。同时,不能忽视目前世界各国的情况存在着重大差异。应允许各个国家,采取某些具体的不同做法,如是否签署某些公约;在签署某些人权约法时,是否保留其中某些具体条款。各国在制定本国的法律和人权政策时,一方面要考虑和尊重国际上已经获得普遍接受的人权原则,尽量使本国的法律规定与人权政策同国际上普遍接受的原则相一致,对已加入某些国际人权公约的国家,其法律必须与这些公约相一致;另一方面又有权在不违反国际上普遍接受的原则的前提下,根据本国的具体情况作出不同规定,实施自己的具体人权模式。任何国家都不应指责别的国家实行某种具体的人权政策与人权制度。不能要求别的国家实行与自己国家完全相同的具体人权模式。在人权问题上试图推行某种完全统一的具体模式,不仅是不现实的,而且也是有害的,它只会对世界和平与发展产生消极影响。

三、促进人权国际保护与尊重国家主权

要在人权问题上正确开展国际合作和正确实施人权国际保护,必须在理论与实践上处理好促进人权国际保护与尊重国家主权的关系。

国家主权原则是一项公认的国际法准则。《联合国宪章》第 2 条第 7 项明确规定:"本宪章不得认为授权联合国干涉在本质上属于任何国家国内管辖之事件,且并不要求会员国将该项事件依本宪章提请解决"。现今的国际社会是由一百多个主权国家所组成的。这些主权国家的地位都是平等的。尊重国家的主权,是在国际范围内进行政治、经济与文化合作的基础,是维护国际和平与安全的前提,是建立公正的合理的国际政治经济新秩序的保证,也是有效地实现人权的国内保护与国际保护的根本条件。

人权问题在一般情况下属于国内管辖事项,应由各个国家根据其主权自主处理。人权的促进和保障,主要依靠主权国家通过在法律、政

治、经济、文化与社会等各个领域创造条件予以实现;在人权遭受侵犯的情况下,也主要依靠主权国家通过国内立法、司法、行政措施加以救济。国际人权文书承认主权国家有权根据本国安全等需要,通过法律对某些人权加以合理限制,国际人权公约规定的国际监督程序,未经一个国家的明示同意,对它不发生约束力;在一国为某项国际人权公约当事国的情况下,也只有在用尽国内救济办法以后,有关国际人权机构才能开始处理有关该国侵犯人权申诉的程序。因此,人权的国际保护应当也只能以充分尊重国家主权为基础。从国内范围看,国家主权是实现人权的手段和保证;但从国际范围看,国家主权又是该国人民人权的实际内容和集中体现。某些国家或国际社会超出国际人权保障的合理界限而侵犯某些国家的主权,就是损害其国家独立权、平等权,就是侵犯了该国人民的根本利益,就是对该国人民的人权的严重侵害。

不干涉内政作为国际法的一项重要原则,是由国家主权原则引申出来的。它首先由《联合国宪章》第 2 条第 7 款所规定。后来的一系列重要国际法文件又重申这一原则,并对其具体含义作了不少规定。这一原则的基本含义可作如下概括:干涉是指一国或数国为实现自己的意图,使用政治、经济、军事等手段,采取直接或间接的、公开或隐蔽的方式干预另一国的对内对外事务,其中最直接最公开的方式就是武装干涉。

人权问题有其属于一国内政的一面,也有其国际性的一面。同国家的主权原则一样,人权的国际保护也是一项重要的国际法准则。按照《联合国宪章》和国际人权宣言和公约的规定以及联合国组织的有关决定,在某些特定情况下,联合国及其会员国对某些国家严重侵犯人权的行为,诸如侵略战争、种族灭绝、贩卖奴隶等有权进行干预;对国际人权公约的缔约国恶意违反公约的规定,不履行公约义务,其他缔约国可按公约规定的程序加以追究。所有这些,都不构成对一国国家主权的侵犯和对他国内政的干涉。

因此,我们既反对笼统地讲"人权高于主权",也不能笼统地讲"主权高于人权",因为这两种理论观念都不符合客观现实。维护国家主权和加强人权国际保护,都是国际法的重要原则,两者是统一的,并不相互矛盾。如果一定要讲谁高谁低,那就应作具体分析。当人权问题是属于一国国内管辖事项,国际社会与其他国家不应干预时,主权高于人权。当人权问题超出了一国管辖范围,国际社会或其他国家可以进行干预时,人权就高于主权。我们反对所谓"人权无国界",也不泛泛地讲"人权有国界"。因为在一般情况下,人权是属于国内的管辖事项,它应当是有国界的;在特殊情况下,国际社会对某些国家严重违背国际人权习惯法和强行法规则或严重违反自己国家所签署加入的国际人权公约的那些严重侵犯人权的行为,可以实行各种形式的制裁和干预,人权又是没有国界的。片面强调国家主权原则或片面强调人权的国际保护,都不符合世界人民的根本利益和共同愿望。

第十三章　自由与秩序[①]

一、法的精神的一般特征

法的内容、法的形式和法的精神,是构成法的三个基本要素。如果说,法的内容是法的骨骼和血肉,法的形式是法的结构和外表,那么,法的精神就是法的神经中枢和灵魂。

法的精神似乎看不见、摸不着,但它是客观存在的。它集中体现在法的内容上,同时在法的形式上也有体现。有时候,人们自觉地运用法的精神去观察与解释法律现象,去指导法的制定与实施;有时候,人们则是不自觉地在法学研究和立法与司法实践中运用它。

法的精神集中反映在立法旨意和法律原则中,无论是封建专制主义的君主"一言立法,一言废法",还是寡头政治的极少数决策者制定法律,总会这样那样地表现出该国家的立法旨意,反映出该时代的法的精神。现时代,在代议制民主的立法活动中的法律辩论,往往集中在对法的精神的不同理解与处理上,有时候还通过立法者的"法律说明"等方式,用文字的形式表现出该国该时代的法的精神。在以宪法为核心,以民法、刑法、行政法、诉讼法等法律为主体的法的体系中,一系列法律

---

①　该部分内容曾以《现代法的精神论纲》为题,发表于《法学》1997 年第 6 期,收入本书时略有修改。

原则集中体现出一个国家一个时期法的精神。

法的精神这一概念的内涵与外延,是十分丰富和宽泛的。人们可以从不同层面和不同角度运用它。但是它的中心思想或主要内容涉及五个方面的问题,并需正确处理这五个方面的关系:(1)法律与人类的关系;(2)个人与社会的关系;(3)利益与正义的关系;(4)效率与公平的关系;(5)权利与义务的关系。所谓法的精神,就是法律应当和是否在处理上述五个基本的关系上,作出既符合事物的本性和规律,又体现人类一定历史发展阶段的时代精神的正确选择。

正确处理法律与人类的关系,是法的精神应当回答与解决的主要问题。第一,法律的内容与形式要正确反映它所需要调整的各种社会关系的发展规律和现实要求,也要正确反映法律自身的性质与特点。但是,法是人制定的,也要人去实施它。因而立法者和执法者能否使法的制定与实施适合客观事物的性质与规律,就具有决定性意义。第二,法律应当是人类用以认识与改造世界的武器,法律不应当成为奴役人、压迫人的工具。第三,为全人类或人类绝大多数人谋取最大利益和幸福,应当是法的终极目的。这就是法律的人本精神。法的人本精神是最高层次的法的精神。

法是联结个人与社会的重要纽带。正确处理个人与社会的关系,是法的精神应当回答与解决的根本问题。个人是组成社会的细胞,谋求与保障社会上每个人的利益是组成社会和国家的终极目的。调动每个人的主动性、积极性和创造性,是整个社会发展的基础与前提。但是个人不能脱离社会而独立存在,保障社会的整体利益是个人利益实现的基本条件。因此,在个人与社会的利益与道德冲突中作出合理的兼顾与平衡,得到个人与社会的和谐存在与协调发展,是法的精神的重要内容与原则。正确处理社会秩序与个人自由、社会安全与个人权利的关系,都是属于个人与社会相互关系这一范畴,是它的具体表现和展开。

利益与正义是法的最普遍、最深层的本质。法是社会关系的调整器。人们之间错综复杂的社会关系,包括个人与个人之间,群体与群体之间,个人、群体与社会之间的关系,本质上是一种利益关系。以权利与义务为形式,以正义为基本道德准则,实现人们的利益需要和合理分配,是全部法存在与活动的轴心。满足人们的物质生活和精神生活追求,使人们的基本需求——利益与正义能够彼此兼顾和得到最大限度实现,并在它们相互矛盾时使其协调发展,是法的重要的基本使命。

效率与公平是法的体系中两个重要的价值。法以自身的特殊性质和社会功能,通过对人们行为的指引和社会关系的调整,一方面促进社会经济、政治、文化、科技的发展,另一方面又保障社会公平的实现。效率与公平在一般情况下是相互作用的,在特殊情况下又是互相制约的。从总体上看,应当是效率优先、兼顾公平。因为,只有全社会创造出更多的物质财富与精神财富,人们彼此之间才能在更高的水平上得到公正的合理的分配。

权利与义务是法的最基本的范畴,是构成法律关系的内容。无论是一般法律关系还是具体法律关系,都是法律关系主体彼此之间一种权利义务关系。在一般情况下,权利与义务是不可分的;在特定条件下,权利与义务又是可分的。在权利与义务的关系中,从价值取向看,应当以权利为本位,即以权利为出发点和归宿,以权利为重心和主导;权利是目的,义务是手段;义务的设定,目的在于保障权利的实现。这是因为,人们生活在相互依存的社会中,建立国家与创制法律的目的在于保障人们的各种利益的需要和满足,"人们为之奋斗的一切,都同他们的利益有关"①;人们对利益的追求,是一切创造性活动的源泉和

---

① 《马克思恩格斯全集》第 1 卷,人民出版社 1995 年版,第 187 页。

动力。

法的精神根源于它所调整的各种关系自身的规律和法律自身的特性,同时又受不同历史时代和不同国家的经济、政治、文化的现实条件的决定、影响与制约。因此,它是共性与个性的统一,也是一个动态的概念;不同的时代,有不同时代的法的精神。古代法的精神和现代法的精神是有很大区别的。凡是体现客观事物的一般规律和法律本性,符合那个时代经济、政治、文化的现实条件,又促进了那个时代的物质文明、精神文明与制度文明的发展的法的精神,就是正确的和进步的。反之,则不是。

法的精神既是客观的,又是主观的。其客观性是指,它有自身的性质、特点和发展规律,也真实地、具体地存在于一定国家和一定历史时期的法律制度中,而不以人们怎样认识它和如何评价它为转移。其主观性是指,在制定法律和实施法律过程中,人们的理论、思想和认识能力起着重要的作用。尽量使主观与客观相一致,是保证法的精神科学与进步的重要条件,也是法律工作者、政治家和学者们的重要任务。

法的精神既是应然的,也是实然的。法的精神的应然性决定于法调整对象的一般规律和法自身的特殊本质。例如法应当以人为中心,应当是为人类谋幸福的工具;个人与社会不应绝对分离与截然对立;利益与道德都是人类不可或缺的需要与追求;效率与公平必须兼顾与协调;权利义务应当以权利为本位。法体现正义,法要求平等,是法之所以为法的必然要求。所有这些都具有超时空的性质。法的精神的实然性则受时空的限定。它受制于一定历史发展阶段和一国具体国情的政治、经济、文化等客观条件(其中经济的发展水平与制度性质具有决定性影响),也受制于人们的伦理观念与认识能力。在某些条件下与范围内,法的精神的应然性与实然性完全背离,这就是法的精神的异化。

在古代,奴隶制把人作为工具任意买卖,封建制"轻视人,蔑视人,使人不成其为人"①;在近代,这种现象在个别国度与某个时期或一定程度上依然残存,就是例证。

二、现代法的精神的价值取向

现代法的精神与古代法的精神相区别的根本条件是市场经济、民主政治与理性文化。东西方之间由于在上述社会条件的三个基本方面有共同点,因而其现代法的精神的价值取向有它们的一致性。同时,由于文化背景、历史传统与具体国情不同,东西方之间现代法的精神又具有多样性,有时会呈现相反而又相成的面貌。

在法与人的关系上,现代法的人本主义(我赋予这一概念以人文主义、人道主义大体相同的含义)精神已经或正在实现中,法的应然与实然的人本精神正由古代法的异化而逐步实现复归。一切从人出发,把人作为一切观念、行为与制度的主体,尊重人的价值与尊严,实现人的解放和全面发展,保障所有人的平等、自由与人权,提高所有人的物质生活与精神生活水准,已经或正在成为现代法律的终极关怀,成为现代法制文明的主要标志,成为现代法律创制与实施的重要特征,成为推动法制改革的巨大动力。法的工具性价值与伦理性价值,已经或正在得到双重尊重,法由奴役人和压迫人的工具,已经或正在改变成为全人类谋幸福的手段。这一法的根本价值取向,正在成为越来越多的人的共识。世界上绝大多数国家和地区,尽管理性认识有高有低、道路方法有同有异、措施力度有大有小、实际进步有快有慢,但都已走上或正在走向这一现代法制文明的发展大道。

----

① 《马克思恩格斯全集》第1卷,人民出版社1956年版,第411页。原书此句指的是"君主政体"。

在历史传统上,东西方法的精神既有共性,也有特性。西方思想与制度史经历过由神性到人性、由君权到民权、由神权到人权的漫长而曲折的发展过程。文艺复兴时期人文主义的兴起与传播,在世界范围内发生过巨大的影响。但不能因此得出结论或产生误解,以为中国历史上没有人文主义、人道主义传统。中国古代的"民之所欲,天必从之","仁者爱人","民贵君轻","爱人利人者,天必福之,恶人贼人者,天必祸之","水可载舟,亦可覆舟","人为万物灵","己所不欲,勿施于人",一直到"法乃天下之公器",要以"天下之法"取代"桎梏天下人之手足"的"一家之法"等,源远流长。中国文化传统中重人、爱人、以人为本的特点,在中国法的精神中起过重大的积极作用;其内容之丰富,在世界文明发展史上也是不多见的。我们要继承与发扬自己国家历史上具有民主性与人民性精华的人本主义优良传统,同时也要重视借鉴与吸取其他国家一切具有科学成分与进步因素的人文主义的历史财富,来为建设我国的现代法制文明服务。

市场经济是现代法的人本主义精神赖以存在与发展的主要社会基础和巨大推动力量。发展市场经济的根本目的和意义在于,通过对价值规律与竞争机制的运用,更快地促进经济、科技与文化的发展,更好地实现人们的物质生活的满足与精神生活的充实。现代市场经济的特性在于,市场主体独立自主,契约自由,进行等价交换,坚持公平诚信原则,这就可以大大培养与增进人们的权利意识、自由思想与平等观念。市场经济与计划经济相比较,社会关系还将发生各种重大变化,如实现从身份到契约的转变,改变"大国家、小社会"的状况,形成利益多元与文化多元的格局。以上所有这些,都将大大有利于促进对人性的认同、对人格的尊重、对人道的肯定、对人权的保障。

在个人与社会的关系上,东西方历史文化的差异对现代法制也有重要的影响。西方古代有相对发达的简单商品经济,以民营为主要特点;加之城邦国家的分立、交往与融合,对个人地位的肯定,对个人权利的保障,比较重视;公民意识也比较发达。中国古代不同,自给自足的农业自然经济占据统治地位,虽有简单商品经济的存在,但以官商为主要特点。它重家国,崇宗法。此种情况一直延续了几千年。这就产生了两方面的结果:一是重视国家的整体利益,重视民族的团结凝聚,因而运用整体力量的优势,创造了伟大的文明;二是个人不能获得自主与自由,个人的地位与权利得不到应有的承认与保护,因而极大地束缚了生产力的发展与社会关系的改革。这正反两个方面传统对现代中国法制建设都有影响。扬其所长,弃其所短,有利于个人与社会得到和谐发展。

在经济体制转型过程中,依据市场经济的客观要求,我们正在寻求个人与社会更好地和谐存在与协调发展,并为此对政策的侧重点作出重要的调整。过去运用整体力量的优势,曾经取得了科技、教育、文化及社会权利保障等诸多方面的重大成就;由于历史文化背景的负面影响,特殊历史经历以及经济与政治体制中权力的过度集中,也存在个人权益保障不够重视的弊端。因而已经或正在采取一系列措施来解决这一问题,包括在保障社会秩序的同时,着重加强对个人自由的保护;在保障社会安全的同时,着重加强对个人权利的保护。在建立市场经济法律体系中,固然是以权利保障为其出发点;在众多公法领域也如此。以刑事诉讼法修改为例,诸如收容审查制度的否定、无罪推定原则的肯定、律师的提前介入、庭审方式的改革、类推制度的存废、非法证据的处理、免予起诉制度是否合理等,都在研讨之中。这些都同加强个人权利保障有关。

利益与正义关系的处理,在中外历史上都是一个富有争议的问题。

西方法理学三大主流派,特别是自然法学派与社会法学派(受功利主义学说影响很大)的论争,是同这个问题密切相关的。前者强调正义,后者强调利益。它们的兴衰起伏,都有特定的社会历史条件为其背景。在中国古代"利义"之争中,儒家主张重义轻利,法家则主张重利轻义;但墨子("兼相爱,交相利")和荀子("义与利者,人之所两有也")却倾向两者并重。在实际上,中国历史上占据主导地位的是儒家的主张。从孔夫子的"君子喻于义,小人喻于利",到朱熹的"存天理、灭人欲",这些思想不仅支配过古代人们的思想与行为的模式,也影响到现代。这都有其发生作用的社会经济、政治与文化条件。实行市场经济以来,人们既感受到了在物质上带来的重大好处,也看到了在道德领域诱发的种种消极现象,从而引起了广大公民、官员与学者的普遍关注和意见分歧。在建立市场经济法律体系及完善司法与执法体制中,如何使利义两者协调一致与和谐发展,大家的认识是比较一致的,也正在采取措施予以解决。然而对政策侧重点的选择,人们的看法之间仍然有距离。这同效率与公平的关系问题又是密切相关的。

效率与公平同自由与平等,有一定区别,又有内在联系。在全球范围内,这都是政策与法律论争的一个焦点。美国是自由主义占上风的国家,但两党政策分歧的重点还是这个老问题。瑞典是福利国家的典型。它的社会学家强调福利政策还要强化,而经济学家则持批判态度。原因在于西方个人自由不缺,而社会平等过少,问题成堆。工业发达国家日益走向福利国家,这是总趋势,是人类文明进步的一个重要表现。与此趋势有所不同,我们早已把经济建设作为中心任务,党的十四大又把"效率优先,兼顾公平",写进了正式文件。这里的现实情况是,"平等"过头,走向了平均主义;自由过少,束缚了各方面的手脚。改革开放一系列政策和措施,用一句话可以概括,就是"松绑",给地方、企事业单位和个人以更多的自由,借以调动各方面的积极性、主动性和创造性,加快物质文明与精神文明建设。这也符合生产力的提高是人类社会各方面进步与发展的最终决定性力量的原理。

权利与义务的关系问题,在西方并非热点。尽管现今世界是一个权利的时代,对权利的研究分析为学者所普遍关注。但权利与义务的相互关系问题在实践中并不十分突出。近代西方的工业与政治革命已完成由义务本位向权利本位的转化,近几十年又已实现或正在实现由个人权利本位向"个人——社会权利本位"的转变。中国情况有所不同。近年来,学者对权利本位论、义务中心论、权利义务并重论三种观点进行了热烈的讨论。但是有两个因素和事态发展强有力地支持了权利本位论。一是市场经济模式得到了人们广泛的认同和支持,而市场经济法律自然要以权利的设定与保障作为出发点和落脚点。二是人权理论与观念的肯定与深入研究。法律权利实际上就是人权,虽然在某些具体法律关系中的权利义务并不完全属于人权的范畴。人权理论中一系列基本原理,诸如:任何人都应享有人权;人权依其本义是一种基于人的价值与尊严所应当享有的权利,不是任何外界所恩赐;权利产生权力,权力作为手段是为保障人权服务的,等等这些都为权利本位观提供了坚实的理论依据。在立法与司法实践中,如何以权利为重心而不是以"管理""义务"为重点,是一个亟待解决的问题。

我曾给人权下过两个定义:一是"人权是人作为人依其自然的和社会的属性所应当享有的权利"。二是"人权是受一定伦理道德所支持和认可的人应当享有的各种权益"。人权的实现程度是人类文明进步的综合性标尺。"享有充分的人权,是长期以来人类追求的理想。"人权是个"伟大的名词",是无数仁人志士矢志不渝地努力奋斗的崇高目标。21世纪是一个和平与发展的时代,也是一个人权受到空前关注与尊重的时代。促进与保障人权的充分实现,是各国政府的神圣职责,也是人人都应参与的无上光荣的事业。

　　无论是在自然界、人类社会或人们的思想中,差异、矛盾、冲突与斗争是始终存在的。但是,万事万物又都处于一个统一体中而彼此一致、相依、共存与和谐。国家与国家之间要和平共处,民族与民族之间要凝聚团结,群体与群体之间要诚信相处,个人与个人之间要友爱相待,我们这个世界才会变得更美好。真善美与假丑恶是对立的,斗争不可避免也十分必要。但斗争只是手段,并不是目的。况且,矛盾与冲突还可以更多地经过沟通、协商、互谅、互让等各种形式来解决。相依、和谐、共荣,既是万事万物发展的原动力,是它们的理想存在状态,也是处理本章所涉及种种问题的总的指导原则。通过人们的共同的长期的努力,建设人的全面解放、人的全面自由发展、人的需要全面满足、人人平等与共同富裕、制度和文化多姿多彩的大同世界这一人类理想,是一定能够实现的。

第十四章　公平与效率

　　法律一词在其最初的含义中就被赋予了实现公平正义的目标和追求,而效率这个概念则是被逐步引入到法学研究之中的。"迟到的正义为非正义"(Justice delayed is justice denied)这一法律格言就体现了人们对实现正义过程中效率的追求和认知。这句格言最初是由谁说出口的已经难以准确考证,但其说明,人们在追求公平正义实现的过程中,逐渐认识到如果针对受害一方的法律救济存在,但却不能及时到来或者被实现,那就与没有这种救济措施是一样的效果。在现代司法的过程中,这一格言已经成为了法律改革者们的一句口号,用来针对司法机关或者政府解决法律问题时的行动迟缓,成为了要求加快法律体制中迅速审判或者迅速给予相应的权利救济的基础,以免受害者不公平地承担缓慢的法律救济所带来的持续伤害,甚至是二次伤害。中文世界中更常用的格言"正义可能会迟到,但不会缺席"及其变体,实际上是对这一格言的一种误读。

　　"效率"("效益")一开始是一个经济学上的概念,比如,维基百科对效率的定义是:"效率(Efficiency)是指在适当使用原料、能源、努力、金钱及时间的情形下,进行特定事务或产出预期成果的能力。以广义的定义来说,效率是可以成功把事情做好,且没有浪费的能力……效率(Efficiency)很容易和有效果(effectiveness)混淆。大致来说,效率是可以量测的概念,可以用可用输出除以总输入的比例来表示。有效果表示是否可以完成特定的成果,也可以用量化方式表示,但只需要用到加法即可。效率可以先考虑理想结果,再以理想结果的百分比来表示,例如在没有摩擦力或其他能量损失的情形下,燃料中的能量会完全转换为想要的功。"①有学者认为,效率本身不是目的,效率不是我们想要的,但效率可以让我们获得更多有价值的事物。②

对效率的衡量具有比较强烈的客观性特点,而公平却带有比较强的主观性,在不同的历史时期,对公平的认知也是不一样的,不同社会中的公平也被赋予了不同的含义。

在我国,对公平与效率关系的认识,最初体现在经济关系乃至法律中的经济法当中,这种认识是在几十年的社会主义实践中逐步走向成熟的,其间也付出了沉重的代价。比如,在分配制度领域,改革开放前我们推崇平均主义的收入分配理念,损害了效率。改革开放后的几十年,国家调节二者关系的指导思想也随着社会经济状况的变化不断调整:改革开放之初的否定平均,强调效率,转为后来的"兼顾效率与公平"和"效率优先,兼顾公平";再转到现阶段的"注重效率,维护公平",再到"更加注重社会公平"。在我国,公平和效率的侧重与社会发展的历史阶段息息相关。从新中国成立初建设社会主义的美好愿景下对公有制的绝对追求,到改革开放后对私有经济容忍度提高,再到以公有制为主体多种所有制经济共同发展的基本经济制度,反映出我们的经济制度受到国家方针政策导向、国际局势、社会发展阶段等多种因素的影响,而经济制度对公平与效率有着决定性的影响。

---

① https://zh.wikipedia.org/wiki/%E6%95%88%E7%8E%87.

② See generally Deborah Stone, *Policy Paradox: the Art of Political Decision Making*, New York: W.W.Norton & Company Inc.2012.

在我国,"公平观"强调的是有差别的相对的平等,它并不是要反对、取消法律和司法过程中合理的差别化处遇,而是要反对、取消不规范、不合理、不公平的差别化处遇。

不可否认的是,在很多情况下,公平和效率的实现是存在一定的矛盾的,追求效率往往会以丧失公平为代价,而追求公平又会以牺牲效率为代价。因此,对于具体的法律制度设计而言,在不同的历史时期,由于立法者、执法者认知中的首要价值目标和任务的不同,会对公平和效率谁优先于谁做出不同的回答。当然,在很多制度设计中,公平和效率一直处于动态平衡之中。

对公平与效率谁优先的问题,不同的学者给出了不同的答案。比如,罗尔斯认为,应该公平优先。罗尔斯两个正义原则中,第一个原则,即最大的均等自由原则,要优于第二个原则,即差异原则。[①] 弗里德曼主张效率优先。他主张按产品分配,以有效利用资源,反对利用国家手段达到结果的均等。他指出:"生活就是不公平的","一个社会把平等——即结果均等——放在自由之上,其结果是既得不到平等,也得不到自由。"[②]奥肯则认为公平和效率应当得到兼顾。他说,就平等与效率之间的关系而言,"罗尔斯有一个清晰干脆的回答:把优先权交给平等。密尔顿·弗里德曼也有一个清晰干脆并且是一贯的回答:把优先权交给效率。我的回答很少是清晰干脆的,况且,在这种意识形态争论中,那正是我常遇到的一个麻烦。在这里,就象在别的地方一样,我妥协了"。[③] 奥肯提出了一个著名的"漏桶规则",通过"漏桶"这一收入调节制度,达到既要适当的平均,又不能太多地损失效率。

---

① 参见[美]约翰·罗尔斯:《正义论》,何怀宏等译,中国社会科学出版社 1988 年版。
② [美]米尔顿·弗里德曼:《自由选择》,胡骑等译,商务印书馆 1982 年版,第 138、152 页。
③ [美]阿瑟·奥肯:《平等与效率》,王奔洲等译,华夏出版社 1987 年版,第 84 页。

公平和效率虽然一直以来是一组难以调和的矛盾，但不可否认，在某些特定的条件下，二者可以达成一致，服务于共同的目标。此外，要以发展的眼光看待公平和效率的矛盾问题，将其置于历史发展阶段中某一矛盾共存的两个方面，既有对立性，又有统一性，在矛盾运动中推动经济发展和社会进步，而非独立割裂地将二者对立起来。比如程序法中简易程序的设计，以及近年来三大诉讼法（刑事诉讼法、民事诉讼法、行政诉讼法）司法实践中同时进行的繁简分流改革，比如刑事诉讼法 2018 年修改推出的速裁程序，认罪认罚从宽制度，以及民事诉讼法对小额诉讼和简易程序的再造性试点，就是对于公平和效率追求过程中适应不同案件特点所作出的动态平衡的尝试。

这种动态平衡的调整有时候又是非常困难的，正如有学者所指出的："迟到的正义"虽然最终让正义得到声张，但是迟到就会造成程序不正义，而后者在这里之所以重要，是因为迟到期间，物证、人证和证词都可能已经产生变化，受害者被耽搁的正当权利无法挽回。而此处的"受害者"既可能是原告，也可能是冤案的被告。但程序法中表达为"及时性"的效率，实际上是指一种程序上不耽搁、方法上不匆忙的司法标准。过于急速将可能致使论证不充分，同时往往是受外界力量干预影响的结果，审判匆匆了事，急于"盖棺定论"。所以"迟到的正义非正义"，过于速成的正义也不一定就是正义。① 因此公平和效率的关系调和并非是一成不变的，而是永远随着时代的发展处于动态平衡中的一对关系。

---

① 参见陈瑞华：《看得见的正义》，法律出版社 2019 年版。

第 四 编

法的实践

第十五章　立法实践

　　立法实践的关键是人大立法要民主、科学。为什么要把人大民主、科学立法放在建设法治中国的第一条,道理很简单,因为无法可依也就无所谓法治,特别是法律还必须良好,如果不好,甚至是恶法,那就越多越糟糕。而要制定出良好的法律,就必须依靠民主和科学。因此,党的十八届四中全会决议强调,"法律是治国之重器,良法是善治之前提"。①

　　近代以来,法律的"立""改""废""释",在任何国家都是一种工作常态。因为时代在不断进步,国情在不断变化,执政党通常都是在立法机关提出议案,推动新法的制定和旧法的修改或解释,来推行治国理政的主张。今日之中国,正处在改革开放的伟大新时期,情况就更应如此。2011 年 3 月 10 日,十四届全国人大四次会议宣布"中国特色社会主义法律体系已经形成"以后,在实务界和学术界就开始产生和形成一种错误理解和思潮,认为在中国立法任务已经完成,认为今后中国法治建设的任务主要是树立宪法和法律的权威,严格依法办事。党的十八届四中全会决议否定了这种错误认识。决议在描绘法治中国蓝图的时候,就是从必须制定良法最先下笔。在"四个全面"战略布局中,全面推进依法治国在其中具有双重价值。因为法治既是人类社会文明的

————————

① 《中国共产党第十八届中央委员会第四次全体会议公报》,人民出版社 2014 年版,第 7 页。

主要标志,又是实现其他三个"全面"的手段。例如就"全面深化改革"来看,所有改革措施都有原则性、方针政策性,需要将它们予以具体化、条文化,使其成为法律,使其制度化,成为所有国家机关及其工作人员和广大公民的行为准则。党的十八届三中全会提出的所有改革措施,只是党的主张,必须通过宪法规定的民主程序,转化为法律,上升为"国家意志",才能保证其在全国和各地方得到统一的、有效的、全面的遵守。这是党依宪执政的必然要求。长期以来,我国实务界和学术界都把全部立法活动简称为法的"立改废",而党的十八届四中全会决议,将其概括为四个字,即"立改废释",这一字之加,完全是一项创新,具有丰富的内涵和重要意义,必须认真研究和在实践中充分地运用。

第一节　良法之真善美

法治的最终目标是保护人民自由、平等、安全和权利,维护社会稳定。实现这些目标,基本前提是制定良好的法律,确保制定出来的法律符合社会发展规律、反映人民意愿。法律良好是现代法治的本质要求,是社会主义法治的基本标志。判断一部法律是不是良法有多种标准,可以从真、善、美的角度来考察。①

一、良法之真

良法之真,指法律要反映事物规律、符合时代精神、体现国情特点。良法之真首先要求其必须符合客观规律。法律是社会关系的调节器,各种社会关系都有其自身性质和发展规律。作为人们行为准则的法律

---

① 关于良法是什么,后文第五编有专章详细论述。

规范,如果不符合不尊重这种客观存在的事物本质和发展规律,就不能发挥正常的法律调节功能,相反会阻碍社会进步。马克思说,"法律只是作为命令才起预防作用。法律只是在受到践踏时才成为实际有效的法律,因为法律只是在自由的无意识的自然规律变成有意识的国家法律时,才成为真正的法律","法律是不能预防人的行为的,因为它是人的行为本身的内在的生命规律,是人的生活的自觉反映"。① 例如,权力不受制约必然导致腐败,这是不以人的意志为转移的客观规律。所以,法律要监督制约权力行使,把权力关进制度的笼子里。一些法律也是基于对社会规律的把握制定的。比如我国婚姻法之所以规定禁止近亲结婚,也是出于尊重客观规律,以达到优生优育的目的。

随着社会变迁和人们对规律认识的深入,改革不适应生产力发展要求的生产关系和不适应经济基础的上层建筑是必然的。在现代法治社会,这种改革也需要纳入法治轨道,用法律来保障改革、促进改革。我国正处在全面深化改革的关键时期,应当注意将改革实践中的成功经验和有效做法及时用立法的形式固定下来,同时法治领域的很多问题也需要通过改革来解决。如此,才能保证法律真正体现事物自身性质和发展规律。2011 年,中国特色社会主义法律体系形成。完善这一体系还需要综合运用立、改、废、释多种立法形式,适应不同的立法需求和立法任务:变更制度,就要改法;规定过时的,就要废法;有些新的问题需要制定规范的,就要制定法律;实践中有理解偏差的,就要解释法律。这是提高立法质量的重要方式。

良法之真要求其必须符合时代精神。时代精神反映一个时代人类社会发展变化的基本趋势,符合人类共同利益和愿望。我国的法治建

---

① 《马克思恩格斯全集》第 1 卷,人民出版社 1995 年版,第 176 页。

设是同改革开放的时代精神和历史进程相适应的。法治是现代社会治理的基本方式。推进治理体系和治理能力现代化,关键是以创新精神解决法治建设领域与改革发展不相适应、不相符合的问题,充分发挥法治的保障作用。解决党和国家事业发展面临的一系列重大问题,迫切需要全面推进依法治国,从法治上为解决这些问题提供制度化方案,在法治上采取切实措施、迈出坚实步伐。

良法之真要求其必须从本国具体国情出发。法治是现代国家治国理政的基本方式,但由于各个国家的具体国情各异,经济文化发展水平不同,民族、宗教、历史情况等存在差异,法治的实现形式和过程会有很大区别。因此,法律的制定必须符合本国具体国情,充分反映一个国家的实际需要,而绝不能照搬照抄别国模式。中国是拥有 14 亿多人口的发展中社会主义大国,有自己的悠久历史和独特国情,绝不可能指望用别国法律来指导自己发展。中国法治创造了中国特色社会主义法律体系,坚持党的领导、人民当家作主、依法治国有机统一,坚持依法治国、依法执政、依法行政共同推进,法治国家、法治政府、法治社会一体建设,等等。这些都是中国法治道路具有独特秉性的体现,也正是在这些符合中国国情的选择上体现了良法之真。

二、良法之善

良法之善,指法律要符合人民利益、实现社会公正、保障促进发展。良法之善要求其必须符合广大人民群众根本利益。以民为本、立法为民是社会主义法治的精神追求。良法需要从人出发,尊重人的价值与尊严,实现人的解放和全面发展,保障人的平等、自由与人权,提高人的物质生活与精神生活水准。以民为本成为现代法律的终极关怀和现代文明的主要标志,成为现代法律创制与实施的重要特征,成为推动法治改革的巨大动力。立法就需要牢牢把握以民为本,把一心为民作为根本指导方针,切实维护人民群众合法权益,切实防止和纠正各种侵害群众利益的现象。

良法之善要求其必须维护社会公平正义。公正是法治的生命线。实体法要切实达到发展成果由人民共享的目的,程序法必须体现法律面前人人平等的原则。无论是普通群众还是领导干部,法律面前人人平等,不得有超越于法律之外或者凌驾于法律之上的特权。公平正义的最终实现,要靠制度保障。必须坚持法治建设为了人民、依靠人民、造福人民,保护人民依法享有广泛权利和自由、承担应尽义务,维护社会公平正义,促进共同富裕。逐步建立以权利公平、机会公平、规则公平为主要内容的社会公平保障体系,营造公平公正的社会环境。

良法之善要求其必须保障和促进发展。法律具有伦理和工具的双重价值。法治是社会文明的重要标志,法律又是认识和改造世界的工具。法律能集中多数人的智慧,又能调动多数人的参与,从而更好推动党和国家事业的发展。全面推进依法治国,就是要用好法治手段、法治方式,用法保证国家统一、法制统一、政令统一、市场统一,实现经济发展、政治清明、文化昌盛、社会公正、生态良好。

三、良法之美

良法之美,指法律的宏观结构严谨和谐、微观结构要素完备、概念内容清晰无误。良法之美要求法的宏观结构严谨合理。法律制定出来以后,其体系必须严谨、和谐、协调,各法律部门不能相互矛盾、抵触和冲突。一国法律会涉及几十个部门,包含成千上万的法律规则,各种法律共同构成一个有机联系的统一整体,即"体系"。不能平面地、机械地看待法律体系,而应综合研究国家法律应当有哪些法律部门,它们的划分标准是什么。法律体系还是一个立体的动态结构,即它的上下、左右、内外、前后应做到有机统一。下位法不能与上位法相抵触与冲突。各部门法之间界限应当清晰,不能相互矛盾,实体法与程序法不能彼此脱节。国内法与国际法在实体内容与程序规则上应衔接好,不能彼此矛盾。新法与旧法之间要做到不脱节,力求立一个新法的同时废除或修改旧法或其中的有关条款,或者对其做出新的解释。

良法之美要求法的微观结构要素完备。每个法律规则、规范或每部法律应具备三个基本要素,即行为主体、行为内容和行为后果。也就是明确法律对什么人适用,在什么情况下适用,以及违反了法律有什么样的后果。我国在立法实践中存在一些法律条文可操作性不强的问题,主要原因就是对行为后果的设定包括制裁或奖励规定不明。应当深入推进科学立法、民主立法,增强法律法规的及时性、系统性、针对性、有效性,努力使法律立得住、行得通。

良法之美要求法律条文准确无误。也就是法条涉及的概念和内容必须科学严谨,避免人们对该规则产生误解。要使人们准确理解法律的内容和要求,严格按照法律办事,就必须使法律条文的概念明确无误、表述准确严密,否则就会导致人们在适用法律时无所适从。应针对现行法律中存在的规定不明、表述不准确问题进行法律修订或者解释,保证法律的权威性、一致性。

第二节　民主立法

民主立法是社会主义宪法和法律的本质要求。因为我国的法律是全体人民利益和意志的集成,当然要人民自己的代表来行使这一权力,并广泛地充分地听取广大人民群众的意见和建议。因此,立法是否民主,也是我们的国家是否真正地是人民当家作主的原则问题。在我国,人民行使国家权力的机关是各级人民代表大会。因此,有立法权的各级人大,其主要的任务和权力就是立法。自进入改革开放的伟大新时期以来,党的历次代表大会的报告和决议都十分强调这一根本政治制度和健全完善加强民主科学立法。例如党的十八届三中全会决议指出:"要坚持人民主体地位,推进人民代表大会制度理论和实践创新,发挥人民代表大会制度的根本政治制度作用。完善中国特色社会主义法律体系,健全立法起草、论证、协调、审议机制,提高立法质量,防止地方保护和部门利益法制化。"除此之外,作者个人认为,为了提高各级人大在民主立法中的主导地位和作用,还必须注意解决以下问题。

一是提高人民代表的从政素质。各级人大代表自己不仅要有从政兴趣,更必须有从政能力。

二是,自党的十八大以来,从全国人大到各级人大,不少地方制造了形式和途径各不相同的人大代表与选民进行联系的制度,效果良好。但仍有可以革新之处。我主张应通过立法,给全国人大代表四个月,给有立法权的地方人大代表两个月的时间,专门从事有关立法等专项的人大工作。其工资可由国家专款和人大代表所在工作单位共同负担。这样做才能更好地发挥人大代表应尽的代表职责。

三是,在立法工作乃至整个人大工作中,各级人大常委会的作用至关重要。有鉴于此,党的十八届四中全会决定已提出:"增加有法治实践经验的专职常委比例。"①我希望未来五到十年内能实现从全国人大到各级地方人大常委会全部专职化。相应地,其会期由两个月改为全年都开,但每年有二至三个月的休会期,给常委们保留学习和休息的时

---

① 《中共中央关于全面推进依法治国若干重大问题的决定》,人民出版社 2014 年版,第 10 页。

间。这种制度在全国和省级两级人大是完全可以做到的。这样做,将从制度上有利于完全落实我国宪法规定的各级人大在政治体制中的地位和作用。

四是,党的十八届四中全会决定对人大代表如何更好发挥作用,给予了特别关注。如提出:"健全法律法规规章起草征求人大代表意见制度,增加人大代表列席人大常委会会议人数,更多发挥人大代表参与起草和修改法律作用。"①为了充分发挥人大在立法工作中的主导作用,一些很具体的立法程序问题都考虑到了,如规定"完善法律草案表决程序,对重要条款可以单独表决"。对立法民主化考虑得如此细致周到,是从来未有过的。

五是,党的十八届四中全会决定对立法民主化的思想非常宽阔。如提出"健全立法机关和社会公众的沟通机制,开展立法协商,充分发挥政协委员、民主党派、工商联、无党派人士、人民团体、社会组织在立法协商中的作用,探索建立有关国家机关、社会团体、专家学者等对立法中涉及的重大利益调整论证咨询机制。拓宽公民有序参与立法途径,健全法律法规规章草案公开征求意见和公众意见采纳情况反馈机制,广泛凝聚社会共识。"②上述党的十八届四中全会提出的关于民主立法的意见,都是我国实践经验的总结。今后的任务是将这些经验,如利益相关群体的立法"听证会"、法学专家的"立法论证会"、委托第三方起草法律法规草案、在网上公布法律法规草案听取社会各方面的意见等,作为各级立法的必经程序予以法律化和制度化。

---

① 《中共中央关于全面推进依法治国若干重大问题的决定》,人民出版社 2014 年版,第 11 页。

② 《中共中央关于全面推进依法治国若干重大问题的决定》,人民出版社 2014 年版,第 11 页。

第三节 科学立法

民主立法和科学立法是两个相互区别而又紧密联系的范畴。民主立法具有伦理性和工具性两重价值。其伦理价值是指人民的法律是人民利益和意志的集中体现,当然应当由人民自己制定,任何其他组织和个人都不能越俎代庖、包办代僭。其工具价值是指广大人民群众参与立法,能集中更多人的智慧,能保证更好地制定出真善美之良法。这也是"法治"优于"人治"的根本原因之一。即使是没有民主的古代社会,法律也通常是集中多数人的智慧制定出来。例如,在中国古代影响很大的唐《永徽律》,就是由房玄龄、长孙无忌等30余位大臣历经13年才制定出来的。影响人类法治文明数百年的法国《拿破仑民法典》,在制定过程中曾召开过100余次研讨会。所以,人们说,法治是众人之治,人治是一人之治。因此,可以说民主立法是科学立法的前提和条件。

科学立法的目的也是制定出"良法",其基本的要求是立法必须以正确的世界观和方法论作为指导思想。社会主义必须以马克思主义的哲学世界观和方法论作为指导。笔者认为,马克思主义哲学有狭义和广义之分。前者是指辩证唯物论和唯物辩证法。它运用于自然界、社会和人们的思想世界。后者是指历史唯物论和人本价值观。笔者主张的"法哲学"是指辩证唯物论和唯物辩证法在法现象包括法及法行为和法思想中的表现及其运用。笔者在《人民日报》发表的《法哲学为法学研究提供智慧》一文已对这种马克思主义法学理论作了概要说明。其基本特征是法学为体、哲学为用。故科学立法的要义,是指立法工作必须以法哲学为其根本的指引。它不能解决立法中各种具体知识和具体问题,但如果背离了它,就要犯大错误。故可以把法哲学在科学立法中的作用概括为这样一句话:"以其微观的无用,成其宏观的大用。"

法哲学的具体原理和内容由以下三部分组成,即:法的唯物认识论、法的辩证方法论、法的科学发展观。以上可视为法哲学三编。其基本范畴主要有:第一编,"法的两重性和基本矛盾""法与社会存在""法与法律意识""法的时空观""法律判决的两重性"(两重性是指它既是主观的又是客观的)。第二编,主要有:"法的本质与现象""法的内容与形式""法的共性与个性""法的整体与部分""法的应然与实然""法的秩序与自由""法的权力与权利""法的利益与正义"。第三编,主要有"法的稳定性与变动性""法的量变与质变""法的继承与扬弃""法发展的需要与条件"等。为了展示法哲学对科学立法的指导意义,下面举若干实例予以说明。

例如"法与法律意识"。法是调整社会关系的特殊现象,这是人们比较认可的法的最一般的定义。首先它是独立于人们意识之外的客观存在的社会现象,而它的特殊性在于它是立法者的主观意志的产生,还是按其主观意志可随时随地加以修改或废除。正确的法律理论必须是法律的本质及其发展规律以及立法、执法、司法实践的正确反映,同时又能够正确指导法的实践。

又如,"司法判决的两重性"是因为证据具有两重性,由于案件客观性加进了警察、检察官、法官的主观认识后才成为"证据",因此证据可能是真实存在的事实,也可能不是。司法判决是通过检察官、法官在依据证据、运用法律进行推理后作出的,而每个检察官、法官对法律的认识都有差异,加之他们每个人的价值观、道德水平、知识结构等都有不同,因此在司法中经常出现这种情况:检察官和法官依据的是同样的证据和法律,得出的结论却往往不同。因此,多数判决可能是合情合理又合法的,但也可能出现冤假错案,甚至错杀。为此,法官判案必须慎之又慎,做到宁可错放,也不能错判。关于死刑案件的证据不能有任何瑕疵,更要认真听取检察官和律师的意见。

又如,"法的形式和内容",法的内容主要是法的原则、概念和规则。形式是这些内容用什么样的形式组织起来和表达出来,即成文法体系和判例法体系之分。在成文法中,又有法典、单行法、法的逻辑结构等不同形式。我国"八二宪法"(即现行宪法)在体系安排上改变了前三部宪法的做法,将"公民基本权利和义务"一章置于"国家机构"一章之前,就是基于十年"文革"之后,立法者的民主意识、权利意识有了很大增长。因为,从根本上,国家机构是为人民服务,要为人民谋利益,否则它就没有存在的价值。因此,要把保障公民的各种基本权利放在首位。

再如,"法的变动性和稳定性",世上万事万物,变动是绝对的,稳定是相对的,当然法律也不例外。但就法律这一事物的特性而言,我们要注意处理好这两者关系,特别要重视如何保护好它的稳定性。这是法治不同于人治的一条重要原因,也是它自身能发挥更大作用所必需。正如邓小平同志所说:"为了保障人民民主,必须加强法制。必须使民主制度化、法律化,使这种制度和法律不因领导人的改变而改变,不因领导人的看法和注意力的改变而改变。"①中外历史上有些著名的思想家也都十分重视这个问题。如韩非子说:"法莫如一而固"②,"治大国而数变法,则民苦之"③。唐太宗说:"法令不可数变,数变则烦,官长不能尽记,又前后差违,吏得以为奸。自今变法,皆宜详慎而行之"。④ 掌握了科学世界观和方法论的马克思主义者,自然会更加重视和处理好

---

① 《邓小平文选》第二卷,人民出版社 1994 年版,第 146 页。
② 《韩非子·五蠹》。
③ 《韩非子·解老》。
④ 《资治通鉴》卷一九四。

这个问题。我国自进入改革开放伟大新时期以来,历届中央领导都十分重视这个问题,并在如何保持好法的稳定性问题上已经积累了不少经验。例如,党的十一届三中全会公报就已指出:"为了保障人民民主,必须加强社会主义法制,使民主制度化、法律化,使这种制度和法律具有稳定性、连续性和极大的权威,做到有法可依,有法必依,执法必严,违法必究。"①在保持法律的稳定性问题上已经有了一些好的经验:一是法要力求符合事物的本质和发展规律;二是要做到原则性与灵活性的结合;三是尽可能从体系安排、逻辑结构、概念内涵等方面做到严谨、准确、经得起推敲;四是宪法和一些基本法律尽可能不作全面修改,而多采用某些条款的"修正案"方式,"八二宪法"至今已用这种形式作过多次修订,1979 年制定的刑法已作过十余次修正案;五是尽可能多运用"法律解释"的方式,使法律原则、概念、条款的内容适应已经变化的社会现实。

---

① 《中国共产党第十一届中央委员会第三次全体会议公报》,人民出版社 1978 年版,第 12 页。

第十六章　法律监督实践

在我国,法律监督的实践主要是从检察机关的法律监督和监察部门的法律监督两个方面展开的。

第一节　公平正义对检察机关法律监督的价值导向作用

在全社会实现公平与正义,是法律监督的根本目的,也是它的政治使命和社会使命。法律监督在实现与保障社会公平与正义的政治、经济、文化体制中,具有独特的地位;在司法体制中,它也具有非常重要的和不可替代的作用。无论是在中国还是在世界范围内,预防和惩治权力腐败都具有重大的现实意义和深远的战略意义,法律监督未来只会日益加强而决不可能削弱。

为了实现我国检察机关"强化法律监督,维护公平正义"的工作主题,检察机关及其工作人员应当以实现公平正义作为自己工作的根本指导思想和价值取向,在思想上牢固树立以下一些基本理念,深刻理解其科学内涵,并以此指导工作实践、合理处置各种价值冲突、纠正各种错误作法。

一、要树立"法律尊严"的理念

司法公正首先是指司法活动必须"以事实为根据,以法律为准绳",切实做到严格执法、依法办案。早在 1978 年,党的十一届三中全会公报就已指出:"要树立法律的极大权威和尊严",要求司法工作人员做到"忠于事实真相,忠于法律与忠于人民利益"。要在检察干部中牢固地树立"法律尊严"的理念,就必须克服在我国长期存在的"法律工具主义"倾向。法律具有工具与伦理的双重价值。法律能集中多数人的智慧,比少数领导人的个人认识要高明;法律能反映事物的本质与规律,法律还具有稳定性和连续性的特点,不因领导人的看法和注意力的改变而随意改变;它具有规范、指引、预测、评价、统一、教育、惩戒等社会功能,因而它是认识与改造世界的一种工具。但法律不仅仅是一种工具,它还具有正义与公平的伦理价值。把法律单纯看作一种手段,这正是以往"以政策代替法律""以长官意志代替法律"等弊端产生的一个重要原因。法律并不是阶级斗争的产物,它产生与存在的合理性与价值,植根于人类社会自始至终存在的三个主要矛盾,即社会秩序与个人自由的矛盾,权威与服从(社会组织与个人,政府与人民)的矛盾,以及人们相互间的物质的与精神的利益冲突。法律(以前是禁忌、习惯、习惯法)正是调节这些矛盾与冲突,以维系人类社会和谐共存,并使社会文明得以存在与发展的纽带与制度。同时,法律自身还存在一般性、公开性、平等性与不溯及既往性等特性,因而是公平与正义的体现。在法律职业群体中培养与树立对"法律尊严"的理念和信仰,是中国法治建设的一项重要任务。

要树立法律的尊严,检察机关在实施法律监督的职能中必须自觉遵守两个方面的要求。一方面,要保障监督对象严格依法办事。监督对象是否违法或构成犯罪,应严格"以事实为根据,以法律为准绳",贯彻"一要坚持,二要慎重,务必搞准"的原则,要重证据,讲规则,排除来自各个方面的一切非法干扰,保障监督对象依法办事。法律监督方面还有待改进的主要表现在这样几个方面:一是有关政策或内部文件对法律的冲击。当政策或其他有关规定与既定的法律相冲突时,监督对象执行政策或相关规定而不依法办事。如纪委在案件调查中使用的"双规"手段,监察部门在案件调查中使用的"双指"手段都偏离了法律的规定,但有关部门在贪污贿赂等职务犯罪案件中运用这种手段收集证据,致使法律的规定无法得到有效的执行。二是执法人员或执法部门受到非法干预而不能依法办事。如司法人员受到来自行政机关、党的机关或权力机关的非法干预而不能依法办案等。这种现象尽管在法律实践中并不普遍,但由于其破坏了法治国家的法治原则,特别是破坏了司法机关依法独立行使职权的宪法原则,对法律尊严的损害较大。腐败现象的滋生与蔓延和执法、司法人员的徇私枉法有很大关系。受贪欲的驱使,个别执法人员往往把法律抛诸脑后,甚至不惜以身试法。对于这些不依法办事的现象,应加强法律监督。三是个别地方、人员为了狭隘的地方利益和部门利益而不依法办事。随着改革的进一步深入,利益呈现出多元化,一些地方为了本地方或小单位利益而不依法办案。四是执法、司法人员徇私枉法而不依法办案。在行政执法中随意执法、滥用执法权,监督保障法律得到一体遵循,是其职责所在。对于上述不依法办事的各种问题,虽然有的问题并不是法律监督部门所能解决的,如政策与法律冲突的问题,但法律监督部门依然可以发挥重要作用。如对执法部门受到各种不正当因素影响的,检察机关要在自己的职权范围内排除这些干扰。对有法不依、执法不严的问题要彻底查处和纠正。检察机关通过发挥自身的职能作用,塑造良好的执法环境,可以有力地推进执法部门依法办事。

另一方面,法律监督部门自身要依法监督。它同样有几层含义,一是法律监督部门在进行法律监督时要严格依照法律进行,以做到监督有据、有序和有效。如检察机关自身要严格依法办案,解决刑讯逼供、超期羁押的问题。二是在监督他人严格执法时,自身要接受监督。如检察机关通过对国家工作人员的犯罪侦查来监督执法部门的种种违法犯罪情况,但它自身的侦查如何接受监督是一个需要重视的问题。当前人民检察院采取了聘用人民监督员的措施以解决这个问题,但如何确保其制度化并且富有实效,仍需进一步研究。三是在履行法律监督的职责中,要敢于排除非法律因素的干扰,如行政权力的非法干扰、不理性的舆论影响,都应加以抵制,自觉地依法律的逻辑办案。检察机关自身严格执法与依法办案,要切实预防、纠正与惩治办"关系案""人情案""金钱案";严禁参与搞地方保护主义,损坏外地被告人合法权益,以及泄露机密,与律师勾结搞所谓"内引外联"等违反法纪的行为。从教育上、制度上采取多种措施,在各级检察官中树立"法律尊严"的理念,这具有重要的意义。

二、要树立"执法为民"的理念

"立检为公,执法为民"是我国检察工作的根本宗旨。"执法"是一种行使国家权力的行为,"为民"是要以维护人民的根本利益作为行使国家权力的出发点与落脚点。要树立正确的权力观,在理论上和思想上正确认识和处理国家权力与公民权利的关系。法学界不少人把权力视作权利的一部分,这是不正确的。国家权力与公民权利,存在以下八个方面的不同,必须严格加以区分:一是国家的职权与职责相对应,公民的权利则与义务相对应,前者往往是统一的,后者则是分离的。二是公民的权利可以转让或放弃,而国家职权则不可转让或放弃,否则就是违法与失职。三是国家职权伴随着强制力,有关个人和组织必须服从,权利在法律关系中则彼此处于平等的地位。四是职权在本质上不应视为权益,是属于社会权威,与服从相对应的范畴,而权利的基础和实质则是利益。五是职权不代表个人利益,权利可以体现国家的或集体的利益,也可以代表个人的利益。六是在职权与职责的对应关系中,职责是本位,任何国家工作人员都应当把自己手中的权力看作一种责任,而在公民权利与义务的对应关系中,权利是本位,义务是伴随权利而产生与存在的。七是公民的权利产生国家的权力,如公民行使选举权产生政府,而不是国家的权力产生公民的权利,权利(人权)是人应当享有的,不取决于法律是否规定。八是国家权力是手段,是为实现公民权利服务的,而公民权利是目的,国家与法律都是为人而存在,而不是相反。我们党提出的"情为民所系,权为民所用,利为民所谋",就是对国家权力与公民权利上述关系在理论上的高度概括。

要树立科学的权力观,就必须正确认识与处理以下一些理论与实践问题。首先,依法治国重在依法治官。在一个法治国家里,老百姓当然要守法,但根本的问题是政府要依法办事,因为直接治理国家的不是"民"而是"官"。强调依法治国首先要依法治官,才能反映与体现出现代法治文明的真谛。为此,必须改变那种把法律只是当作一种治理百姓的工具的旧的思维方式与行为准则。其次,权力腐败是一种后果最为严重的腐败现象。一般社会组织及社会成员的腐败所污染的只是"流",而国家机关及其工作人员的腐败所污染的则是"源"。检察机关作为国家法律监督机关,其根本任务是同权力腐败作斗争,如果检察机关自身存在腐败现象而不高度重视和切实预防、纠正和惩治,其政治与社会的影响与危害将是十分严重的。再次,我国检察机关的权力配置有其特殊性。它既承担范围广泛的法律监督职责(狭义的),又承担着对职务犯罪的侦查权(广义的法律监督),还是国家的公诉机关。这种权力配置本身受到了不少学者的质疑。这种权力配置要在理论上和实践上站得住脚,一个根本出路在于:要把功夫下在完善自身的外部监督和内部制约机制上。要主动接受党委领导,自觉接受人大与政协的监督以及社会监督、群众监督和舆论监督;要进一步充实与净化现在已有的各种内部制约机制。这几方面都要形成制度,并在实践上取得防腐治腐的卓越成效。

三、要树立"保障人权"的理念

法律是以权利与义务为内容和形式来调整各种社会关系的一种行为规则。这里的"权利"实际上就是人权或由人权所引申出来的权益。在古代,以义务为本;在现代,发展成以权利为本位。这是由君主主权转变为人民主权的必然产物。因此,现在法律的根本目的在于保障人权。在一个很长的时期里,我们曾把人权看成是"资产阶级的口号",这在理论上是一个很大的失误。其实,社会主义同人权保障最为密切。现代人权有五大支柱,即自由、平等、富裕、安全与人道。社会主义所向往并为之奋斗的理想社会,是一个"人人自由,人人平等,人人富裕"的社会,也是一个生命、人身和财产最安全,社会弱势群体最能得到帮助的社会。因此,社会主义者应当是最进步的人道主义者,社会主义者也应当是最彻底的人权主义者。1991年国务院新闻办公室发表的《中国的人权状况》白皮书开宗明义就指出:"享有充分的人权,是长期以来人类追求的理想",人权是一个"伟大的名词",是无数仁人志士仍矢志不渝努力奋斗的目标。继党的十五大和十六大将"尊重与保障人权"写进大会报告之后,2004年又将"国家尊重和保障人权"写进宪法,这在国内外都产生了良好的巨大反响。司法是保障人权和实行权利救济的最后一道防线。司法中的人权保障,涉及人的生杀予夺,历来都是国际社会和国内各界十分关注的问题。检察机关作为国家专门的法律监督机关,把"尊重和保障人权"作为自己最根本的执法理念和具体工作的指导原则,是理所当然的。在 2005 年 3 月,第十届全国人民代表大会第三次会议上,最高人民检察院在工作报告中第一次提到人权保障的有关内容,得到了人民代表、舆论界和众多学者的普遍好评,就是证明。

检察机关作为法律监督机关要充分发挥自身的职能作用,实践"人权保障"的理念,就要正确处理社会秩序的稳定与个人权利的保障、被害人与被告人的权利之间的关系。法律监督部门必须处理好它们之间的关系,在明确重点的前提下保持平衡,即要在重视个人权利、重视被告人权利的基础上,同时关注社会秩序的维护和被害人权利的保障。这就要求在司法实践中必须彻底贯彻"无罪推定"原则,克服有罪推定的种种表现,并认真研究沉默权等多方面的问题。

1948 年 12 月 10 日,联合国大会第 217A(Ⅲ)号决议通过并公布的《世界人权宣言》第 11 条第 1 项规定:"凡受刑事控告者,在未获得辩护上所需的一切保证的公开审判而依法证实有罪以前,有权被视为无罪。"无罪推定包括两层含义:一是任何人未经法院判决为有罪之前,应视为无罪;二是任何人未经证据证实为有罪之前,应推定为无罪。前者是无罪推定的程序性要求,后者是无罪推定的实体性要求,二者结合,构成无罪推定的完整含义。长期以来,我国立法、司法和法学理论界对无罪推定存在种种争议。1996 年修订后的《刑事诉讼法》第 12 条规定:"未经人民法院依法判决,对任何人都不得确定有罪。"第 162 条第 3 项规定:"证据不足,不能认定被告人有罪的,应当作出证据不足、指控的犯罪不能成立的无罪判决。"据此可以认为,我国接受了无罪推定的原则。但国家立法机关权威人士明确表示:"我们坚决反对有罪推定,但也不是西方国家的那种无罪推定,而是以客观事实为根据。"这似乎又否定了无罪推定的原则。应当说,《刑事诉讼法》的修改,吸收了"无罪推定"的合理内核,但没有与无罪推定原则相吻合。尽管对在我国是否确立了"无罪推定"原则学界有不同的看法,但在司法实践中,有罪推定的现象存在却是毋庸置疑的。主要表现在几个方面:一是无罪推定原则所要求的"疑罪从无",在司法实践中难以贯彻。公诉机关一般很难做出"存疑不诉"的决定,审判机关也很难做出"存疑无罪"的判决。而根据无罪推定原则的要求,证明结束时,若控方不能将事实证明至确实、充分或无合理怀疑的程度,法院应作无罪判决。二是犯罪嫌疑人或被告人有供述的义务,被强迫自证其罪,如刑讯逼供,其实质就是强迫被告人自证其罪。无罪推定原则要求控方负举证责任,被告人不负证明自己无罪的义务,但法律赋予被告供述义务甚至通过刑讯逼供来获取证据,实际上是要求被告自己承担自证其罪的责任,这与无罪推定的原则也是相违背的。三是没有充分遵守证据裁判原则。无罪推定原则要求任何人被认定有罪,必须有确实的证据证明,无证据或证据不足不能作有罪判决,并且在定罪前必须被视为无罪之人,而不能视其为罪犯。但目前却存在与此相背的现象,如公捕就属于变相审前定罪;公、检、法三机关本应全面如实收集对被告人有利和不利的证据,但控诉机关却只向法庭出示有罪证据而隐匿无罪证据;被告人及其辩护人有权进行辩护,但是又限制其取证和调查权等现象,都不符合无罪推定原则的精神。在有罪推定观念盛行的司法实践中,非法拘禁、非法搜查、刑讯逼供、暴力取证等现象比较泛滥,人们的合法权利无法得到有效保障。真正贯彻无罪推定原则的国家,司法机关在追究一个人的刑事责任时非常谨慎,民众的合法权益能得到较好保障。因此,要充分保障公民的人权,就应彻底地贯彻无罪推定原则。而在充分贯彻无罪推定原则的法治社会里,可以逻辑地推出在司法实践中应推行不得自证其罪原则,这就要求赋予犯罪嫌疑人或被告人以沉默权。在我国现有的条件下,如何保障犯罪嫌疑人、被告人的沉默权,使其既不严重影响打击犯罪,又能体现人权保障,需要在理论中进一步探索。

四、要树立程序正义的理念

公平正义作为一个理想追求,必须通过程序正义来实现。公平正义的最大特点就是它强调必须以程序正义为载体、为前提来追求公正的结果。程序正义是司法活动过程的公正,是由立法公正通往具体现实社会关系公正的桥梁。它可以给人以形式上公正的感觉,也可以增加司法活动在一定程度上的可预见性。公平正义要求程序正义,不仅是由于正当性程序有着其自身独特的伦理性价值,因为在程序中,民主法治、人权、平等与自由等理念和原则可以得到充分实现;同时,也是因为其有着保障结果正义功能的工具性价值,因为它就像生产流程与工艺,可以保证产品的质量。根据英美正当程序的理念,充实和重视程序本身就可以保障结果本身的可接受性。因此,在某种意义上,强调程序正义也就是对公平正义的强调。近年来,随着学界对程序正义的研究日益加深,人们对正当程序的价值和作用有着越来越深刻的认识,然而在司法实践中,对正当程序的遵守和执行却不尽如人意,因此,我们要做好以下两方面的工作。

首先,要认真对待被监督对象的程序性违法问题。法律监督是公平正义的基本保障,要求监督对象的执法或司法活动要遵守正当程序是题中应有之义。长期以来,在我国的司法实践中,重实体轻程序,对于程序性违法,往往认为不影响结果公正而予以忽视,因此司法实践中忽视程序正义的现象还比较严重。在目前暴露出来的一些冤假错案中,其发生往往不是因实体法适用不正确,而多是执行程序法不严格造成的。就法律监督而言,目前在司法实践中要着重解决这样几个方面的问题:一是要注意解决羁押、审判的超期问题。我国非法羁押问题在司法实践中还依然存在,特别是超期羁押、超期审判现象还较常见,尽管近年来检察机关每年都提出纠正意见,但是边清边超、前滞后超问题重复出现,严重超期羁押、久押不决案件得不到纠正,甚至有的超期羁押长达十几年,严重侵犯了公民的合法权益,妨碍了刑事诉讼的公平和效率。检察机关要下大力气,从机制上加以完善,有力监督有关机关超期羁押与超时限审判问题,以防止出现"超了清,清了又超"的怪圈。二是要加强对非法取证的监督。程序正义要求程序理性,不但要求执法行为合法,而且要"合乎理性"或者说是"合理的"。在取证中则要求侦查机关可以用轻缓的侦查手段就不能用严厉的侦查手段,比如,能够取保候审的就不必实施逮捕,以此来增加程序理性。当然,对刑讯逼供、暴力取证等非法取证行为更应加以禁止。三是对执行判决中的问题应加强法律监督。所谓"迟来的正义非正义",程序正义要求遵循程序及时性原则和终结性原则。如果一个有效判决迟迟得不到执行,或者在执行中不依法执行,就会使当事人所渴望的公平正义得不到实现,它将极大地损害法律权威。对判决执行难问题的解决,也是程序正义的基本要求。同时,要加强监督刑罚执行中的减刑、假释和监外执行,特别是社区矫正制度,即"让罪犯回家服刑",在执行中要防止其脱离法制轨道,对容易滋生司法腐败的环节应加强监督。

其次,法律监督机关自身要严格按程序办事。检察机关作为法律监督机关,通过法律监督实现公平正义,自身必须严格按照程序办事,这是法律监督得以有效实施的前提,也是公平正义对法律监督机关的基本要求。法律监督机关自身要按程序办事,第一,是法律的要求。法律要求任何国家机关在行使国家权力时都必须遵守法律,同时不允许任何国家机关有超越法律的特权,法律面前一律平等,因此即使是监督法律实施的机关也要遵守法律,按程序办案就是依法办案的具体体现。第二,这是其自身职能的要求。目前,我国的法律监督属于程序内监督,程序内监督是对法官裁判行为的监督,对确保裁判公正实现起到直接的、决定性的作用,是司法监督的核心。法律监督机关自身是否依程序办事。对执法司法机关有强烈的示范作用,所谓"正人必先正己",监督机关在对其他部门违反程序办案的行为进行监督的同时,如果自身不按程序办案,将失去公信力,人们也将更强烈地质疑,谁来监督监督者? 因此其自身职能要求法律监督机关要依程序办事。第三,是公平正义的内在要求。公平正义是一个普遍性的要求,它要求所有国家机关在行使权力时都应考虑到公平正义的实现,因此,不仅在其他执法部门的执法中要体现公平正义,在法律监督机关的法律监督中也要体现公平正义。法律监督机关自身要严格按程序办案,要求法律监督机关对自身存在的问题应切实加以解决,如在检察部门同样存在不遵守法定程序办案、超期羁押、非法取证等问题,检察机关应率先解决。

五、要树立公正优先的理念

公正与效率,是司法制度所追求的两种基本价值,做出何种价值选择,不仅对我国司法制度的建设有现实意义,而且对公平正义在全社会的实现有着重要意义。诉讼公正,就是司法机关在适用法律的过程和结果中应坚持和体现公平与正义的原则,依法公平地对待诉讼当事人,保障其应有的诉讼地位和权利,公正而不偏袒地作出符合社会正义

（给予每个人以其应得的东西）要求的裁判。诉讼效率是指在刑事诉讼中所投入的司法资源（包括人力、物力、设备等）与所取得的成果之比例。讲求诉讼效率就是要求以一定的司法资源投入换取尽可能多的诉讼成果，即降低诉讼成本，提高工作效率，加速诉讼运作，减少案件拖延和积压的现象。公正是人类对司法实践的一种永恒期待，具体而言是对人们之间的权利或利益合理分配的一种追求。效率是相对时间而言的，是对各种主体行为的速度与有效性的反映与要求。从应然的角度来讲，二者作为司法价值目标，是相互包容、密不可分的。公正是有效率的公正，效率是在符合公正前提下的效率，即理想的司法制度是既有公正又有效率。然而公正与效率这对价值目标在司法实践中并不总是协调一致，而是有所冲突。在二者的冲突中，笔者认为根据我国目前的现状，应坚持"公正优先、兼顾效率"。司法被认为是实现社会正义的最后一道防线，而公正是司法制度追求的核心价值，在公正与效率之间，公正是第一位的，效率是第二位的。因为首先，只有公正的司法判决，双方当事人才能自愿服判，使扭曲的法律关系迅速恢复到有序状态。其次，司法公正除了能对个案"定分止争"外，还具有导向作用，使人们自觉地遵守法律、服从法律，从而树立法律权威。再次，司法公正能从最深处满足人们的心理需要，使整个社会从中得到鼓舞并汲取力量，对全社会的有序运转非常有帮助。

要做到公正优先、兼顾效率，就要处理好几个方面的关系：一是要正确处理严打中从重从快与法律规定的关系。严打中的"从重、从快"在一定的条件下有某种合理性，特别是在社会治安形势非常严重的情况下，这种注重司法效率的要求是可以理解的。然而在某种特殊时期的要求不能作为法律制度运转的一种常态，并且即使是这种从重从快也要在法律规定的范围内进行，不得超越法律的规定。二是正确处理公正与法律规定的时效的关系。追求司法公正也应遵守法定期限,不得超越法定期限进行。即使是现行法律规定的一些不合理的时限,也应由立法机关加以调整。三是正确处理普通程序与简易程序的关系。人们要求公正,必然要求一套周密的、具体的、在某些情况下甚至是繁琐的程序。过于简单的程序有时会使当事人怀疑司法审判的公正性,认为自己的意见不能充分表达和得到尊重。当前正在推行的刑事案件普通程序简化审,是适当简化审判程序的环节与过程,突出重点,节约诉讼成本,提高诉讼效率的一种庭审方式。但在简化审理过程中,必须保证被告人的诉讼权利,避免被告人对此审理方式的怀疑和担忧,要在充分保障公正的前提下提高效率。

第二节　新时代监察制度的建立

2018 年第十三届全国人民代表大会第一次会议修改《中华人民共和国宪法》及通过《中华人民共和国监察法》后,设立中华人民共和国国家监察委员会,综合派驻国家发改委、国家统计局、国家能源局、国家粮食和物资储备局 4 家单位。中华人民共和国国家监察委员会与中国共产党中央纪律检查委员会的机关合署办公,从而开启了我国法律监督的新篇章。中国的法律监督机关职能从由检察院承担到检察院和监察委分工合作,走出了一条特色化的法律监督之路。

党的十八大以来,党中央把党风廉政建设和反腐败斗争提到新高度。随着反腐败工作的深入,中央纪委的权力也不断强化,不过中央纪委和地方各级纪委作为党纪维护机关,职权不够全面,也缺乏法律制度支持,同时为了解决现有行政监察覆盖范围过窄、反腐败力量分散等问题,中共中央决定设立国家监察委员会和地方各级监察委员会。

2016 年 11 月,中共中央公布《关于在北京市、山西省、浙江省开展国家监察体制改革试点方案》。随后,北京市、山西省、浙江省开始设立地方各级监察委员会,由同级人民代表大会选举产生,组成人员由地方纪委的人员兼任。2017 年 1 月 6 日召开的十八届中央纪委七次全会,确定"筹备组建国家监察委员会"为 2017 年重点工作之一。会议公报称,"在党中央领导下,由中纪委抓总,落实改革方案,推动制定国家监察法,筹建国家监察委员会"。

2018 年 3 月 11 日,第十三届全国人民代表大会第一次会议通过的《中华人民共和国宪法修正案》,在宪法中增加了关于监察机关的规定,在第三章"国家机构"中增加第七节"监察委员会"。其中第 123 条规定:"中华人民共和国各级监察委员会是国家的监察机关。"第 124 条第 1 款:"中华人民共和国设立国家监察委员会和地方各级监察委员会。"第 125 条规定:"中华人民共和国国家监察委员会是最高监察机关。国家监察委员会领导地方各级监察委员会的工作,上级监察委员会领导下级监察委员会的工作。"第 126 条规定:"国家监察委员会对全国人民代表大会和全国人民代表大会常务委员会负责。地方各级监察委员会对产生它的国家权力机关和上一级监察委员会负责。"

2018 年 3 月 17 日,第十三届全国人民代表大会第一次会议通过《关于国务院机构改革方案的决定》,批准《国务院机构改革方案》。方案规定:"监察部并入新组建的国家监察委员会。国家预防腐败局并入国家监察委员会。不再保留监察部、国家预防腐败局"。同时,最高人民检察院渎职侵权检察厅、最高人民检察院职务犯罪预防厅亦并入国家监察委员会。

2018 年 3 月,中共中央印发的《深化党和国家机构改革方案》称,"组建国家监察委员会。为加强党对反腐败工作的集中统一领导,实现党内监督和国家机关监督、党的纪律检查和国家监察有机统一,实现对所有行使公权力的公职人员监察全覆盖,将监察部、国家预防腐败局的职责,最高人民检察院查处贪污贿赂、失职渎职以及预防职务犯罪等反腐败相关职责整合,组建国家监察委员会,同中央纪律检查委员会合署办公,履行纪检、监察两项职责,实行一套工作机构、两个机关名称。""国家监察委员会由全国人民代表大会产生,接受全国人民代表大会及其常务委员会的监督。""不再保留监察部、国家预防腐败局。""主要职责是,维护党的章程和其他党内法规,检查党的路线方针政策和决议执行情况,对党员领导干部行使权力进行监督,维护宪法法律,对公职人员依法履职、秉公用权、廉洁从政以及道德操守情况进行监督检查,对涉嫌职务违法和职务犯罪的行为进行调查并作出政务处分决定,对履行职责不力、失职失责的领导人员进行问责,负责组织协调党风廉政建设和反腐败宣传等。"

根据 2018 年 3 月 20 日第十三届全国人民代表大会第一次会议表决通过的《中华人民共和国监察法》,监察机关对下列公职人员和有关人员进行监察:

(一)中国共产党机关、人民代表大会及其常务委员会机关、人民政府、监察委员会、人民法院、人民检察院、中国人民政治协商会议各级委员会机关、民主党派机关和工商业联合会机关的公务员,以及参照《中华人民共和国公务员法》管理的人员;

(二)法律、法规授权或者受国家机关依法委托管理公共事务的组织中从事公务的人员;

(三)国有企业管理人员;

(四)公办的教育、科研、文化、医疗卫生、体育等单位中从事管理的人员;

（五）基层群众性自治组织中从事管理的人员；

（六）其他依法履行公职的人员。

监察委员会拥有的监察权限包括谈话、讯问、询问、查询、冻结、调取、查封、扣押、搜查、勘验检查、鉴定、留置等12项。具体表述为：（1）监察机关行使职权，有权依法向有关单位和个人收集、调取证据；（2）对涉嫌贪污贿赂、失职渎职等职务犯罪的被调查人，监察机关可以进行讯问，要求其供述涉嫌犯罪的情况；（3）在调查过程中，监察机关可以询问证人等人员；（4）根据工作需要，可以依照规定查询、冻结涉案单位和个人的存款、汇款、债权、股票、基金份额等财产；（5）监察机关可以对涉嫌职务犯罪的被调查人以及可能隐藏被调查人或者犯罪证据的人的身体、物品、住处和其他有关地方进行搜查；（6）履行严格的批准手续，可以采取技术调查措施；（7）经省级以上监察机关批准，可以对被调查人及相关人员采取限制出境措施。

第十七章　守法实践

第一节　人民掌握法律的战略意义①

全国法制宣传教育工作会议已经作出规划，要求用五年左右时间在全体公民中基本普及法律常识，这是一件很有意义的大事。党的十一届三中全会以来，我国的社会主义法制建设，无论是法律的制定，还是法律的实施，都取得了很大的成绩。正如邓小平同志所说，现在"全国人民都看到了严格实行社会主义法制的希望"②，但是从长远看，我们现在所做的工作，还只是万里长征走了第一步。目前，我们虽然在一些重要的和基本的方面，可以说是有法可依了，然而健全法制的中心环节是依法办事。要在全国范围内切实做到这一点是很不容易的。它首先要求，我们的法律要为全国人民所了解、所掌握，在我们的社会里，人民是国家的主人，也是法律的主人，社会主义法制的力量源泉存在于广大人民群众之中，因此，我们必须切实做好法律常识的普及工作。让人民握法律这个武器，对于我国的社会主义现代化建设和国家的长治久安，不是一件无关痛痒的小事，具有重大的战略意义。这可以从以下十

---

① 此部分内容原发表于 1986 年第 1 期的《法制建设》，署名为李步云、王修经。原题为《十亿人民掌握法律的战略意义》，收入本书时，略有调整。

② 《邓小平文选》第二卷，人民出版社 1994 年版，第 243 页。

个方面充分表现出来。

1. 人民掌握法律,是建设社会主义物质文明的重要条件

社会主义现代化建设是以经济建设为中心,法律对于经济的作用是多方面的,就直接作用来说,法律可以调整经济活动中人与人的关系,把各种经济关系和经济活动准则用法律形式定下来,以促进生产的发展,还可以调整生产活动中人与自然的关系,用反映自然规律的各种技术规范为发展生产服务;就间接作用来说,法律可以通过经济基础这一中介作用于生产力,通过调整生产关系的各个环,巩固和发展社会主义的基本经济制度,保障国家、集体的公共财产和全体公民的合法权益不受侵犯,来促进经济的发展;还可以通过调整政治领域和社会生活领域的各种人与人的关系,以及保障社会安全、维护社会秩序来为经济建设服务。随着社会主义建设的深入进行和商品经济的不断发展,法律在经济建设中的各种作用,将越来越显示出它的重要性。社会主义的经济建设,是由亿万人民直接地积极地参加的一项宏伟事业。在社会主义社会里,劳动者是国家的主人,广大干部和群众都需要了解和掌握各种必要的法律知识,才能把各项工作做好。因此,在我们的国家里,法律一旦为亿万人民所掌握,就将变为改造自然和改造社会的巨大物质力量。

2. 人民掌握法律,是建设社会主义精神文明的重要内容

社会主义精神文明建设的一个重要方面,是要求人们树立社会主义的权利义务观念和遵纪守法观念。社会主义的宪法和法律,本身就是体现了民主与集中、自由与纪律、权利与义务的高度统一。它在民主的基础上产生,又是集中了广大人民的共同意志;它充分确认人民的各项政治自由,同时又要求人们用法纪约束自己;它充分保障公民在政治、经济、文化教育、社会生活各方面的权利,又严格要求公民必须忠实

地履行自己的各种义务。因此,在全体公民中普及法律常识,不仅可以从思想认识上教育千百万干部和群众正确地对待这些关系,而且可以具体指导和严格要求他们在实际工作和生活中正确处理这些关系。同时,开展法制教育,普及法律常识,对于培养人们具有崇高的政治理想和高尚的道德情操,也有重要作用。因此,在公民中普及法律常识,还能够有力地影响着人们的革命理想和正确的政治观点的形成与巩固。法律与道德的关系更是十分密切的。一般说来,凡是社会主义法律所禁止的行为,大都是共产主义道德所谴责的行为;凡是社会主义法律所提倡和鼓励的行为,大都是共产主义道德号召和规劝人们去做的行为。因此,在公民中普及法律常识,也有利于在广大干部和群众中,反对各种旧道德,树立新的道德风尚。

3. 人民掌握法律,是促进各项改革顺利进行的重要手段

当前,我国正在进行的以经济体制改革为中心,包括教育、科技等等在内的各项改革事业,对于保障与促进我国的物质文明、精神文明与高度民主的建设,都有重大意义。社会主义的法律不仅不会妨碍或束缚这种改革,而且需要也能够对各方面的改革,发挥着指导、规范、评价和保障的作用。这就是说,社会主义法律可以为改革指明前进的方向,使其沿着正确的轨道向前发展;可以规范人们应当做什么,不应做什么,应当怎样做,不能怎么做,使他们在改革中有规可依,有章可循;可以把法律作为一种标准和尺度,去判断和衡量别人在改革中的行为究竟是正确还是错误、是合法还是非法;还可以把法律作为一种武器,去反对各种阻碍改革的行为,去制裁那些打着改革的旗号进行违法犯罪活动的分子。社会主义的改革,不仅是各级领导机关的事情,也是亿万人民群众的革命实践活动,如果广大干部和群众缺乏必要的法律知识和应有的法制观念,我们的改革就将无法顺利进行下去,就会遭受挫折

和重大损失。

4. 人民掌握法律,是发展社会主义民主的重要前提

法制与民主是密切不可分离的。这首先表现在,民主是法制的前提和基础,因为人民不掌握国家政权,就不可能制定出体现人民意志的社会主义法律;如果法律的制定和实施不充分发扬人民民主,社会主义法律就会失去最广阔最深厚的群众基础,甚至有可能改变性质;同时,法制又是民主的体现和保障。人民把自己的意志体现在法律中,并且严格监督各级国家机关切实执行,这是人民当家作主的重要形式;而国家的民主制度和公民个人的民主权利,也都需要有法律这一武器来保障其不受侵犯。由于对法律的无知而成为各种不法行为的受害者,这在我们的社会里并不少见,因此,在全体公民中普及法律常识,使他们都知道自己享有哪些法定的权利与自由,他们就会敢于和善于运用法律这个武器为维护自身的权利而斗争。同时,法律也是指导人们正确行使各种民主权利的规章。如果广大干部和群众了解法律、熟悉法律,就能在立法、司法、执法与守法等各个领域更好地发挥自己的作用。我们的政治,是民主的政治、群众的政治。广大人民群众只有知法懂法,才能更好地行使自己在选举、罢免、监督等方面的民主权利。民主与法制这个问题对于各级干部来说,尤其重要。如果我们的干部对法律是处于一种无知的蒙昧状态,法制观念极其淡薄,他们就有可能错误地把自己的意见或个别领导人的指示当作法律,就有可能抵制不住专制主义余毒与特权思想的侵蚀,就有可能使自己由人民的公仆变为人民的主人。

5. 人民掌握法律,是实现既有民主又有集中的生动活泼的政治局面的重要途径

我们党和国家的一贯方针,是要在我们的社会里建立起既有民主

又有集中、既有自由又有纪律、既有统一意志又有个人心情舒畅的安定团结与生动活泼的政治局面。这是实现国家各项根本任务的必要条件。我国的社会主义法律体现了全体人民的共同意志。法律通过对公民各项权利与自由的确认和保障,来保证每个公民都能够自由地按照自己的个人意志劳动工作与生活,并借以发挥每个人的积极性、主动性和创造性,来保持社会生活的丰富多彩与生机勃勃。但是,如果我们不通过制定和执行法律来体现全体人民的共同意志,并严格按照法律即这种共同意志劳动、工作和生活,而是每个人想干什么就干什么,我们的社会就将出现无政府状态,整个国家的经济建设、政权建设、文化建设就将失去统一的奋斗目标。没有统一的思想和行动,人民就会像一盘散沙,也就根本没有办法把国家建设好,尤其是我国的地域辽阔、人口众多,历史上曾长期处于小生产的自然经济状态,直到现在我们的工业和农业还没有实现现代化。在这种情况下,通过法律来集中全国人民的意志,来统一人民的思想和行动更是意义重大。我们在全体公民中普及法律常识,增强法制观念,就能大大促进我们所希望的那种理想的政治局面的逐步实现并使其长久保持下去。

6. 人民掌握法律,是健全社会主义法制的重要环节

健全法制有两个最基本的要求,一是要制定出比较完备的法律,二是要保证各种法律得到最严格的执行和遵守。而要做到人人都依法办事,一个前提条件是人人都要了解法律,增强法制观念。因此,只有在全体公民中普及法律常识,才能为法律在全国范围内和全体规模上得到切实实施奠定最广泛最坚实的群众基础。民主原则是社会主义法制的一项重要原则,我们不仅应实现民主法制化,用法律手段来巩固和发展民主制度;而且要实现法制民主化,即在法律制度的各个领域发扬人民民主,依靠广大人民群众的智慧与力量,来加强与健全立法工作和司

法工作。如果广大干部和群众不具备必要的法律知识,法制民主化就不可能真正实现。在我国,健全法制的一个重要环节,是要建立一个卓有成效的法律监督体系。这一体系应当包括各种专门机关对法律的监督,执政的共产党对法律的监督,各民主党派和社会团体对法律的监督,而基本的一环是全体公民对法律的监督。任何公民都有权监督法律的实施,这是近代法律的一项重要原则,我国宪法也对此作了明确规定。而只有普及法律常识,全体公民才有可能敢于和善于运用法律这一武器,去充分地有效地行使自己监督法律实施的权利。

7. 人民掌握法律,是预防违法犯罪、搞好社会治安的重要措施

减少违法犯罪现象的发生,使社会治安状况有一个根本好转,并使良好的治安状况长久保持下去,是保证"四化"建设顺利进行的必要条件。为了实现这个目标,一方面要有力地打击那些严重危害社会的刑事犯罪分子;另一方面要对社会治安实行综合治理。综合治理是我们党和国家搞好社会治安的一项根本方针。普及法律常识,增强人民的法制观念,是实行综合治理的一项重要内容。事实证明,犯罪分子中除了那些惯犯、累犯之外,有很大一部分属于"法盲"之列。他们有的是违法不知法、犯罪不知罪;有的则是法制观念薄弱,不能用法律来约束自己的行为。即使是对那些知法犯法的人,开展法制宣传教育也有利于制止或中止他们的想法,使他们不敢以身试法。一般说来,犯罪分子的犯罪想法,有一个产生和发展的过程。为了达到防微杜渐的目的,进行经常性的法制教育,是十分有效和必要的。

8. 人民掌握法律,是培养一代新人健康成长的重要条件

青少年是我们国家的未来,把他们培养成为有理想、有道德、有文化、有纪律的一代新人,我们的事业才能后继有人,社会主义的将来方可长青不衰。现在的青少年,许多是在十年"文革"中出生或成长起来

的,当时那种无法无天。的混乱局面,给他们中间一些人的思想带来了消极的影响。由于青少年的思想可塑性很大,在新的历史时期,他们也比较难以抵制西方各种腐朽思想和错误思潮的侵袭。因此,在青少年中进行法制教育,具有特殊重要的意义。全国法制宣传教育工作会议决定普及法律常识的重点对象,一是干部,二是青少年,无疑是完全正确的。党的十二大报告指出,从小学起各级学校都要设置有关法制教育的课程,加上其他各种形式的法制宣传,就能使广大青少年从小受到法制思想的系统教育与熏陶,这对新一代的健康成长是大有好处的。

9. 人民掌握法律,是加强和改善党的领导的重要因素

健全法制与加强党的领导,不仅不矛盾,而且是相辅相成的。社会主义法律是党领导人民制定的,是党的路线、方针、政策的具体化、条文化、定型化,是党的主张和人民的意志的集中体现。党领导国家机关制定和实施法律,把先进阶级的意志上升成为整个国家的意志,并且运用国家的强制力保证其实施,这就有利于巩固和加强党的领导地位,而不会降低削弱党的领导作用,事实证明,以党代政、以言代法、以政策代替法律,大小事情都凭各级党组织和领导个人说了算,只能削弱党的领导。因此,普及法律知识,把法律交给全国人民掌握,这就有利于党的路线、方针、政策在全国范围内得到最严格的和统一的具体的贯彻执行,就能更好地实现党对国家生活和社会生活各方面的领导作用。我们的国家正在从过去主要依靠政策,逐步转变到既要依靠政策又要按照法律办事的轨道上来,这是改善党的领导的一个重要方面,让全国人民都掌握法律这个武器,促进全国人民都依法办事,这就有利于使上述改善党的领导的措施,落实到广大干部和群众的行动上,以取得良好的成效。

10. 人民掌握法律,是实现国家长治久安的重要保证

新中国成立以来正反两方面的历史经验证明,要谋求国家的长治久安,就必须实行依法治国。"法治"的科学含义基本上是两条:一是要树立一个观点,即对于国家的长治久安来说,领导人的作用固然重要,但最根本的还是要建立一整套好的法律和制度;二是要确立一条原则,即法律的权威应当高于任何领导人的权威,任何领导人都要严格按照法律的规定办事:制度和法律不因领导人的改变而改变,不因领导人的看法和注意力的改变而改变。邓小平同志曾多次讲过这个问题。他在回答意大利记者奥琳埃娜·法拉奇提出的如何避免类似"文化大革命"那样的错误时指出:"这要从制度方面解决问题。我们过去的一些制度,实际上受了封建主义的影响,包括个人迷信、家长制或家长作风,甚至包括干部职务终身制。我们现在正在研究避免重复这种现象,准备从改革制度着手。我们这个国家有几千年封建社会的历史,缺乏社会主义的民主和社会主义的法制。现在我们要认真建立社会主义的民主制度和社会主义法制。只有这样,才能解决问题。"①邓小平同志在这里讲的就是强调法律和制度的好坏是国家长治久安的决定性因素。我们要依靠法制来保证国家的长治久安,最根本的是要使人民成为法律的主人,法律成为人民手中的武器。

从以上十个方面可以清楚,在全体公民中普及法律常识,让人民都掌握法律这个武器,事关全局;不仅具有重大现实意义,而且有着深远的历史影响。当然,要在我们这样一个人口众多、文化又不发达的大国普及法律常识,任务十分艰巨。但是只要我们提高认识,统一思想,各部门切实负起责任,组织好各方面的力量,扎扎实实地工作,我们的目

---

① 《邓小平文选》第二卷,人民出版社 1994 年版,第 348 页。

的就一定可以达到。

第二节　党必须在宪法和法律的范围内活动①

1982 年宪法的序言规定:"全国各族人民、一切国家机关和武装力量、各政党和各社会团体、各企业事业组织,都必须以宪法为根本的活动准则,并且负有维护宪法尊严、保证宪法实施的职责。"这里所说的"各政党",当然包括中国共产党在内。在国家的根本大法中强调中国共产党也必须以宪法作为自己根本活动准则,这在新中国的立宪史上还是头一次。

党的十二大报告指出:"新党章关于'党必须在宪法和法律的范围内活动'的规定,是一项极其重要的原则。从中央到基层,一切党组织和党员的活动都不能同国家的宪法和法律相抵触。"②这是我们党总结了新中国成立三十二年来正反两方面的历史经验所得出的一个结论,也是在新的历史时期我们党决心采取的一条十分重要的方针。这一规定从原则上明确了党的领导同国家政权的关系,不但给党的建设的理论增添了新的内容,也给马克思主义的国家与法的学说增添了新的内容。现在,这一原则又庄严地记载在宪法里。运用宪法来保证切实做到这一点,对于加强和改善党的领导,对于维护宪法的统一和尊严,对于发扬民主与健全法制,都有重大的现实意义和深远的历史意义。

强调各级党的组织必须以宪法作为自己的根本的活动准则,会不会贬低党的领导地位,削弱党的领导作用呢? 我们认为不会。社会主

① 本节内容原载于《光明日报》(1982 年 11 月 22 日),收入本书时略有修改。
② 《中国共产党第十二次全国代表大会文件汇编》,人民出版社 1982 年版,第 46 页。

义的法律是党领导人民制定的,是党的路线、方针、政策的具体化、条文
化、定型化,是党的主张和人民意志的统一。党通过领导国家的立法机
关、行政机关和司法机关,制定、贯彻和执行法律,把先进阶级的意志上
升为整个国家的意志,并且运用国家强制力保证其实施,这正是巩固与
加强党的领导地位,而决不是降低或削弱党的领导作用。既然党的路
线、方针、政策,通过法律的形式成了全国人民的共同意志,成了全体公
民都要严格遵守的行为准则,因此,要求各级党组织在宪法和法律的范
围内活动,严格依法办事,不仅不会削弱党的领导,而且更有利于党的
路线、方针、政策在全国范围内和在全体规模上得到最严格的和统一的
贯彻执行,从而有利于加强党的领导地位,更好地发挥党对国家生活和
社会生活各个方面的领导作用。事实证明,以党代政、以言代法、以政
策代替法律,大小事情都凭各级党组织和领导人说了算,只能削弱党的
领导。当党提出的意见、主张和方针政策为国家的权力机关所接受,形
成国家的法律和制度以后,各级党的组织就应该为维护这些法律和制
度而斗争,并且带头遵守这些法律和制度,还要教育和引导广大干部和
群众遵守这些法律和制度。从这个意义上说,各级党的组织遵守国家
的宪法和法律就是坚持和加强党的领导。

　　强调各级党的组织必须以宪法作为自己的根本活动准则,会不会给
党的工作带来"麻烦"和"不方便",从而降低党的工作效率呢? 我们认为
不会。社会主义的法律,是党领导人民,运用马克思主义的理论作指导,
在总结实践经验的基础上按照事物发展的客观规律制定出来的。正如
马克思所说,立法者"不是在创造法律,不是在发明法律,而仅仅是在表
述法律,他用有意识的实在法把精神关系的内在规律表现出来"。[①] 宪

---

① 《马克思恩格斯全集》第 1 卷,人民出版社 1995 年版,第 347 页。

法和各部门法不仅要反映各种社会规律,即社会现象中经济、政治、文化、军事等各方面的必然联系,还要反映自然规律,即各种自然现象彼此之间的必然联系,以及人们在生产斗争中人和自然界的种种必然联系。因此,各级党组织严格依法办事,实质上就是严格按客观规律办事,使党在各方面的工作增强自觉性,减少盲目性。同时,社会主义法律可以使全国各方面的工作有一个统一的行为准则,使一切党政机关和公民从法制中知道做什么和怎样做是国家允许的或不允许的。这样就可以使党组织在各种问题上容易做到思想统一、行动一致,避免许多由于领导成员彼此之间认识不同,而互相扯皮的现象,从而增强党组织的战斗力。

强调各级党的组织必须以宪法作为自己的根本活动准则,会不会束缚自己的手脚,使党组织不能充分发挥领导作用呢？我们认为也不会。因为,有的法律规定是比较原则的,如何具体执行,需要领导者去灵活运用;有的法律规定比较具体,但需要领导者进行大量的工作去组织实施。而且,即使法律制定得再完备,任何时候也不可能包罗一切;许许多多的问题,仍然需要领导机关和领导人员,在不违背宪法和法律总的精神的前提下,按照实际情况去处理、解决。这一切,都要求各级党组织放手大胆地工作,以充分发挥自己的领导作用。任何一种法律都是有一定"束缚"作用的。但是社会主义的法律决不会束缚那些为人民谋利益的正确思想和行动,它只是对那些习惯于个人专断或蔑视法律的人,玩忽职守、对人民的生命财产漠不关心的人,利用人民给予的权力搞特权或贪赃枉法的人,才会有所束缚。这样的"束缚",只会使党组织的肌体更加健康强壮,使党在人民群众中的威望更加提高。

要求各级党的组织必须以宪法作为自己的根本活动准则,是发扬社会主义民主的必要条件。在我国,国家的一切权力属于人民,人民行使国家权力的机关是人民代表大会。社会主义的法律是国家权力机关通过一定的民主程序制定或认可的行为规范。党的意见和主张只有经全国人大和它的常委会通过和决定才能成为法律,成为国家意志。各级党组织严格地以宪法作为自己的根本活动准则,就集中地、鲜明地表明我们党真正尊重国家权力机关的地位和作用,尊重人民管理国家的权力,尊重社会主义民主,切实按照民主原则办事。而且,社会主义的宪法和法律体现了全国人民的共同意志,因此,党组织严格依法办事,就是严格地按照人民的意愿办事,表明自己没有也决不享有超越宪法和法律的特权,就能进一步提高党在人民中的威望。同时,法律是明文公布而人人周知的行为规范。要求党组织在法律范围内活动,就能更好地把各级党组织的工作置于广大人民群众的监督之下;就可以更有效地约束各级党的组织和领导人员按民主程序办事,认真发扬民主作风,切实尊重人民群众的民主权利。

要求各级党的组织必须以宪法作为自己的根本活动准则,是维护社会主义法制应有权威的可靠保障。过去,由于种种原因,我们没有能把党内民主和国家政治生活的民主加以制度化、法律化,或者法律虽然制定了,却没有应有的权威,这是"文化大革命"得以发生和进行的一个重要条件。我们必须认真吸取这个教训。而要维护法制的应有权威,关键是各级党组织要带头遵守法律,严格依法办事。我们党是执政党,在全国各条战线、各个部门和所有基层单位中,党的组织都是处于领导者的地位。如果党的组织随随便便地把法律抛在一边,自己发布的决议和指示,可以任意和宪法与法律的原则精神或具体规定相违背,那就会严重损害法律的权威性,就难以教育自己的党员切实遵守法律,就无法要求其他社会组织严格依法办事。

要求各级党的组织必须以宪法作为自己的根本活动准则,也是加强与改善党的领导的有效措施。我们的党是全国人民的领导核心,这种领导地位得到了宪法的认可与保障。坚持党的领导作为坚持四项基本原则之一,已经庄严地记载在宪法的序言中。任何人否认或反对党的领导,都是违反我国宪法的。但是,如果没有法律作出明确的、具体的、详细的规定,党就难以领导好国家。国家要由党领导,但是党不是凌驾于国家和法律之上,而是通过民主的程序实施领导。对于宪法和法律,任何一级党组织都不能想立就立,想废就废,愿执行就执行,不愿执行就不执行。如果某些法律规定已不适应形势发展的需要,党组织应通过民主的、合法的程序,建议立法机关对某些法律进行补充、修订,而不能任意予以变更或不遵守。同时,党在对国家事务和各项经济、文化、社会工作的领导中,必须正确处理党同其他组织的关系,从各方面保证国家权力机关、行政机关、司法机关和各种经济、文化组织有效地行使自己的职权,保证工会、青年团、妇联等群众组织主动负责地进行工作。这是改善党的领导的重要一环。而要切实做到这一点,各级党的组织就必须严格依法办事,真正尊重宪法和法律赋予这些组织的职权。

现在,各级党组织都应以宪法作为自己根本的活动准则,已作为一项重要原则在宪法中正式确认下来。怎样才能保证各级党的组织都切实做到这一点呢?

第一,党中央在这方面要首先作出表率。党中央是全党的领导核心。党中央领导人民制定宪法和法律,也领导人民遵守宪法和法律。粉碎"四人帮"以后,特别是党的十一届三中全会以来,党中央领导全党和全国人民为发展民主与健全法制而斗争;今后也一定能在严格遵守宪法和法律方面,为全党和全国人民作出榜样,这是维护宪法的权威与尊严最重要的保证。

第二,各级党的领导干部要真正树立起法制观念,坚决克服与法制观念不相符合的各种错误思想、认识、作风和习惯。在这方面,最重要的是要树立起法治思想,坚决克服"权大于法"的现象。

第三,各级党的领导者必须认真学习法律,要执行好法律必先熟悉法律。如果根本不懂法律,也就无法保证党组织的活动符合宪法和法律的规定和要求。现在各级党的领导者中,熟悉法律的人还不是很多。采取各种办法提高他们的法学知识水平,是十分必要和非常迫切的。

第四,一切国家机关、各民主党派、各社会团体,都有权对各级党的组织是否严格依法办事实行监督。采取各种组织的、法律的、制度的措施,来保证这种监督切实有效,是非常重要的。过去,我们只讲或者只强调党组织对国家机关和社会团体是否守法实行监督这一面,是不全面的。

第五,维护宪法尊严,保证宪法实施,人人有责。依靠广大群众对各级党组织是否在宪法和法律的范围内活动进行监督,也是十分必要的。

第 五 编

建设法治中国

第十八章　法治的概念①

在关于法治与人治问题的讨论中,有的同志曾提出:"法治"这一概念"不科学",有"片面性",和坚持四项基本原则有矛盾;我们既然有法制的提法,也用不着再讲什么法治了,因此主张抛弃"法治"这个概念。我们认为,这种观点是值得商榷的。

第一节　"法治"概念是不是科学

有的同志说,如果"法治"指的是所谓"法律的统治",那么这一概念本身就是不科学的。因为,法律是统治阶级实现其阶级统治的工具,而不是统治的主体;统治的主体只能是组成统治阶级的人们。因此,世界上并不存在"法律的统治"。我们认为,这是纯粹从字面上来解释"法治"这个词,这样解释并不符合人们在使用法治这一概念时赋予它的特定的、真实的含义。的确,资产阶级讲法治,英文是 Rule of law、Government of law,或者 Rule by law,直译可以是"法律的统治",或者"被法律所统治"。但是,资产阶级在使用这一概念的时候,并不是这样解释它的;并不是说统治的主体不是人而是法律,是不会说话的法律

---

① 本章内容曾刊载于《法学研究》1982 年第 2 期。目的是回答法治与人治论争中"取消派"一派的种种论据。

在那里统治,而不是活生生的人在那里统治。如果我们细读一下提出资产阶级法治主义的各启蒙学者的著作以及多如牛毛的各种辞典和教科书,就会知道,他们讲法治,尽管说法不一,但有一个最基本的意思是相同的,即任何一个统治者或统治者集体,都应严格依照法律来治理国家。当然,这也只是法治这一概念的主要含义。除了这个意思以外,资产阶级主张法治而反对君主专制主义的"人治",还包括三权分立、法律面前人人平等、罪刑法定等内容在里面。总之,把"法治"说成是法律在统治,而不是统治者个人或集体运用法律,依照法律治理国家,那是望文生义的解释。法治这一概念存在了几千年。在近代,这一概念已经家喻户晓。但是在现实生活中究竟还有多少人认为是法律自己在那里统治,而不是作为主体的人运用法律这一工具在那里治国呢? 这种认识虽说不是完全没有,恐怕有也不多。显然,这样提出问题和论证问题,是不妥当的。

有的同志认为,法治这一概念是历史上剥削阶级提出的,又没有阶级性,是一个"非阶级或超阶级的观点",因此我们不能用。我们现在所使用的许多概念,比如民主、自由、平等、人权、人道主义等,都不是无产阶级自己的发明,而是历史上沿袭下来的。为什么这些概念可以沿用,唯独"法治"概念就不能沿用呢? 历史上有过的许多名词、概念,剥削阶级总是抹杀、掩盖其阶级性,但不妨碍马克思主义者揭示这些名词、概念的阶级属性,赋予他们以阶级的含义。一个名词、概念有没有阶级性,不能单从字面上看。问题是人们怎样解释它、运用它。比如"民主",从字面上看,是没有阶级性的,无产阶级可以利用它,其他剥削阶级也可以利用它。历史上,有过雅典奴隶主的民主,有过欧洲封建社会城邦国家的地主阶级民主,有过资产阶级民主,还有我们今天的社会主义民主。一切剥削阶级都不承认民主有阶级性,只有马克思主义者才认为民主具有阶级属性。"法治"也是这样。亚里士多德主张的法治,是奴隶主阶级的法治;韩非、商鞅等主张的法治,是新兴地主阶级的法治;洛克、卢梭等主张的法治,是资产阶级的法治;我们今天提倡的,是广大人民群众的社会主义法治。我们今天既然使用法治这一概念,当然和历史上有过的法治概念之间,存在着一定继承关系。但是,这种继承不是全盘照搬,而是批判地继承。社会主义法治同历史上各个剥削阶级法治,其继承之处在于,法治作为一种治国的理论和原则、方法,有某些相同之处。从法治的理论依据来看,法治论者都认为,一个国家是否兴旺发达、长治久安,起决定性作用的第一位因素,不在于一两个领导者是否贤明,而在于法律与制度的有无与好坏。从法治的标志来看,所有法治论者都大致强调以下几点:一是国家应该制定一套比较完备的法律,作为人们的行为准则;二是任何人包括国家领导者在内都要遵守法律,严格依法办事;三是法律面前人人平等,谁违法犯罪都要受到同样制裁。以上内容基本上是各种法治主张的共同点。它们之间的区别,首先在于阶级本质不同。这种不同,从根本上说,是由法律本身的阶级性决定的。既然法律体现着不同阶级的意志和利益,因此不同阶级所实施的法治,总是有利于维护本阶级的利益,有利于更好地实现本阶级的政治统治。其次是它们之间的具体内容和实现程度不同。比如近代意义上的法治是同民主分不开的,而封建主义的法治则同君主专制结为一体;三权分立是资产阶级法治主张的重要内容,而封建主义的法治则是立法、司法、行政大权都集中在君主一人之手。在严格依法办事和法律面前人人平等这些方面,不同历史时代的法治,在实现程度上都有很大差别。总之,法治这一概念并不是什么"非阶级或超阶级的观点"。只要我们对法治的概念及其作用进行科学分析,作出符合客观实际的理论说明,法治这一概念的阶级性是可以阐述清楚的,人们是不会对此有所误解的,我们是完全可以使用这一概念的。

有的同志还指出:虽然我们十分强调工业、科学等的作用,但不能提什么"以工业治国""以科学治国";非常重视军队的作用,但不能提什么"以军治国"。因此,提"以法治国"也是不科学的。这是一种不恰当的比喻和推论。因为,法律和工业、科学、军队的性质、特点完全不同。法律是集中体现统治阶级意志的、由国家制定(或认可)的并由国家强制力保证其统一实施的、人们必须严格遵守的行为规则。所谓"以法治国"或"依法治国"(即法治),也就是要十分重视运用法律这种行为准则并严格依照它的规定来治理国家的意思。由于法律只有上述那样的性质和特点,因此提"以法治国"和"依法治国"是确切的、科学的。正如叶剑英同志所说:"我们的国家要大治,就要有治国的章程。"[①]宪法就是治国的总章程,而刑法、民法、诉讼法、组织法、行政法、选举法、经济法、劳动法、婚姻法等,则是每个方面的治国的具体章程。有法才能治国,无法必然乱国。只有运用并严格依照法律这一治国的章程来全面地高度地统一全国人民的思想和行动,国家才能治理好,这是明白易懂的道理。而工业、教育、军队等的情况与法律完全不同。它们既不具有法律那种人人必须遵守的行为规则的性质,也不具有法律那种在政治、经济(包括工业、农业、交通运输、财贸、金融等)、文化、教育、军事等各方面都要统一执行的特点。有些同志完全撇开法律与工业、科学、军事具有完全不同的性质和特点这一前提,只抓住它们对治理国家都有作用这一点,来论证"依法治国"不科学,显然是没有什么说服力的。

有的同志还提出,"法治"的提法过于简单,容易引起人们的误解,

---

① 叶剑英:《关于修改宪法的报告》,人民出版社 1978 年版,第 41 页。

因此不宜使用。人所共知,"民主"也只是两个字,而且直到今天人们对它还存在着这样或那样的不同理解,但这并不妨碍我们使用这个概念。还有平等、自由、人权等也是如此。在我国的政治生活中,法治这个词的提出和普遍使用,实际上只是近两年的事情。只要我们通过研究和宣传,对"法治"这个词的准确含义作出科学的规定和阐明,人们对它是完全可以正确地掌握与运用的。

第二节　"法治"这一概念有没有片面性

有的同志提出,法治的提法有"片面性",因为它否定了党的领导的作用,否定了党的路线的作用和政权的作用,否定了政治思想工作的作用和共产主义道德教育的作用,否定了生产关系的作用和生产力的作用……总之,认为这一提法是肯定了法律制度的作用,而否定了其他一切,是鼓吹"法律万能"。

第一,从理论上看,要求一个概念的提出应该包括社会生活中的一切,否则就认为其有"片面性",这种逻辑是不能成立的,事实上也是根本办不到的。任何一个概念,都有特定的科学含义、特定的具体内容、特定的适用范围、特定的社会作用,不能要求它概括一切、包罗一切、代替一切。比如,"坚持四项基本原则"是我们今后的长远的一个带有根本性和全局性的立国之本,但它的含义只是强调了四项基本原则对治理国家的重要意义,而四项基本原则是属于政治与思想这个范畴,并没有包括发展生产这一重要内容在里面。而"实现四个现代化"则不同,它是从经济方面提出要求,是强调发展生产对建设国家的重要作用和意义。又比如,"加强社会主义民主,健全社会主义法制",也是一个带根本性和全局性的方针政策,但它也只是要求解决整个上层建筑领域中一个方面的问题；而"建设社会主义的精神文明"这样的重要方针，则又是从另一个方面提出要求，是强调精神文明对建设国家的重要作用和意义。如此类推，还有"自力更生""百花齐放，百家争鸣"等，都有它们各自的科学含义和社会作用。如果因为这些方针政策只是强调了某一个方面的事物、问题的重要作用和意义，就说它们有"片面性"，显然是不正确的。每一个概念、每一个方针，都有它自己特定的含义和范围，我们在解释和运用它们的时候，不能任意增加其内涵、扩大其外延。解释和运用法治这一概念也应该是这样。认为提法治就是鼓吹"法律万能"，就是否定了其他东西对治国安邦、建设国家的重要作用，正是违背了科学地解释和运用各种概念、方针的上述基本要求。

所谓"法治"，是相对于那种不重视运用法律手段、不严格依照法律规定来治理国家的人治主张而言的，它并不是说除了法律以外，其他东西不能治国，法律是治国的唯一手段。法治的基本含义，就是要善于运用和善于依照体现统治阶级集体意志和根本利益的法律来治理国家；国家的法律和制度应该比较完备，而且是按照严格的程序制定出来的，它一经公布施行，就要保持其连续性、稳定性和权威性；任何机关、团体和公民个人包括国家的领袖人物在内都要严格依法办事；坚持法律面前人人平等。如果一个国家切实做到了以上这些，也就是实现了法治。至于党的领导和党的路线如何重要，如何加强与改善党的领导，如何正确制定和执行党的路线，以及政权建设的重要性、道德和教育的重要性、发展生产的重要性、完善生产关系的重要性等，那是另一个方面、另一个范畴的问题，不能也不应和法治问题混为一谈。法治这一概念，自然包括强调法律与制度对治国安邦具有重要作用这个意思在内。但它并不意味着否定其他工具、其他手段对治国安邦的作用。世界上任何一个单独的事物，都不是万能的。法治只是一种（也仅仅是一种)治国的理论、原则、方法,它不应也不能代替任何一项具体工作。法治的对立物是人治,法治所排斥、否定、反对的,不是人的作用、道德和教育等的作用,而是那种认为法律可有可无、权大于法、办事依人不依法、依言不依法的"人治"理论和实践。由此可见,说提倡法治就是提倡"法律万能",这在理论上逻辑上都是站不住的。我们认为,上述这些道理,广大干部和群众是不难理解的。事实上,自我们的党和国家提倡法治以来,绝大多数人能够正确理解与掌握法治这一概念的基本含义,并没有因此就认为人的作用不重要了,道德和教育的作用不重要了,发展生产和完善生产关系的作用不重要了。至于极少数人对法治这一概念有片面理解,以为只要有了法律和制度,就可以解决一切问题,这种情况与法治这个概念和口号的提出时间还不长,我们对它在理论上正确阐述、在宣传上广为传播还很不够,有密切关系。这是属于我们在工作方面的问题,并不是这个概念和方针本身有什么"片面性"。

第二,从历史上看,有的同志说,法治思想最本质的特征是主张"法律万能",是认为法律的强制手段是治理国家唯一有效的方法。这是不符合历史事实的。就我们所了解的情况来看,历史上提倡法治的人并不主张什么"法律万能",并不否定国家的领袖人物以及道德与教育等对治理国家具有重要作用。这方面的事实是很多的。我们不妨简单地列举一些材料来证明这一点。比如,亚里士多德鲜明地主张法治,针锋相对地反对柏拉图的"哲人政治",但他并不否定领导人的作用。他就说过:"如果既是贤良为政,那就不会乱法",又说:"我们应该注意到邦国虽有良法,要是人民不能全部遵循,仍然不能实现法治"。① 他

---

① [古希腊]亚里士多德:《政治学》,吴寿彭译,商务印书馆1965年版,第199页。

也不反对道德的作用。他曾提出：一个人应具有一定的物质财富、健康的身体和良好的道德，其中良好的道德是最主要的。我国春秋战国时期代表新兴地主阶级利益的思想家韩非倡导法治，但他同时又主张"法、术、势"相结合；商鞅倡导法治，但他也主张："国之所以治者三：一曰法；二曰信；三曰权。"①他也并不否认国君的作用。法国启蒙思想家卢梭是一个资产阶级革命时期的法治论者，但他对教育的作用也十分重视，并专门写了《爱弥尔》（或称《论教育》）一书。

以上事实充分说明，历史上主张法治的人并不否认领袖人物以及道德、教育等对治理国家的重要作用，"法治"这一概念的含义并不是主张什么"法律万能"。同时，中外历史上主张"人治"的人也并不否认法律对治国安邦的一定作用。然而这个事实恰好说明，法治和人治的对立，并不是一个主张"法律万能"，一个主张领袖人物万能。正如我们在前面曾经指出的那样，法治与人治的对立，就其理论根据这一点来说，法治认为一个国家是否长治久安，第一位的具有决定性意义的因素，不是国家的领袖人物是否贤明，而是法律与制度的有无与好坏。而人治主张则持与此完全相反的观点。有些同志没有能够正确地把握住这一点，把法治主张法律与制度是国家长治久安的第一位的决定性的因素，误解或曲解成法治主张法律与制度是治理国家的唯一的手段和工具。显然，这是两个完全不同的问题，不能混为一谈。

第三，从实践看，我们的国家如果否定法治、实行人治，并不能正确地有效地发挥国家领袖人物道德、教育等的作用。相反，如果我们的国家否定人治、实行法治，局面就完全是另一个样子。1957年"反右"以

---

① 《商君书·修权》。

前和 1976 年粉碎"四人帮"以后的情况，就是很好的说明。下面，我们不妨就这个问题作一些具体分析。

在社会主义条件下，如果实行人治，认为法律可有可无，有法可以不依，凡事由少数领导个人说了算，其结果是长官的个人意志号令一切和指挥一切，而出现种种不按客观规律办事的弊端；如果实行法治，领导人自己带头严格按照法律和制度办事，就可以保证他们少犯全局性的错误，犯了这种错误也比较容易纠正。

再比如，实行社会主义法治，同加强共产主义的道德教育也是密切相关的。社会主义法制和共产主义道德的一致性，集中地表现在：凡是社会主义法制所禁止的行为，也是共产主义道德所谴责的行为；凡是社会主义法制所鼓励的行为，也必然是共产主义道德所倡导的行为。例如，保护社会主义公共财产，不仅是宪法对公民规定的义务，也是共产主义道德的要求。法制与道德的相互作用，具体表现在：一方面，加强共产主义道德教育，是维护社会主义法制的重要手段。因为一个有高尚的道德观念的人，一定会积极维护社会主义法制。另一方面，社会主义法制一个重要职能就是教育人民，传播共产主义道德；并且通过一定的强制手段，保证那些既体现在法律规范中也体现在道德规范中的行为准则得到切实遵守。制定法的过程，是形成和提高人民共产主义道德意识的过程。在实施法的过程中，结合法的适用，实行公开审判，开展法制宣传，惩罚犯罪活动，制裁违法行为，这对同剥削阶级的旧习惯、旧思想、旧道德观念作斗争，教育和改造违法犯罪者，培养人们的共产主义道德品质，都有极为重要的意义。如果我们的国家不是实行法治而是实行人治，人们无法可循或者有法不依，共产主义的道德教育就根本不可能搞好。以上这一切，都是新中国成立以来正反两个方面的经验教训所一再证明了的。

第三节　实行法治同坚持四项基本原则是否矛盾

有的同志认为,我们治理国家主要依靠坚持四项基本原则,法治的同它是矛盾的,所以不能用。我们认为,这种看法是不正确的。要治理好一个国家,涉及政治、经济、文化等各个方面,问题又十分复杂。因此,治理国家的原则不应该是一个,而应该是很多。"法治"是一项治国原则,但并不是说治国只能有这一项原则。坚持社会主义道路,坚持人民民主专政(即无产阶级专政),坚持党的领导,坚持马列主义、毛泽东思想,是治国的四项基本原则,但也并不是说治国只能有这四项基本原则,不能有任何别的治国原则。依法治国同坚持四项基本原则不仅不矛盾,而且相得益彰。无论从理论还是从实践看,实行法治大大有利于坚持四项基本原则;如果实行人治,则完全不利于四项基本原则的贯彻实施。

实行法治与能否坚持社会主义道路是密切配合在一起的。1954年,毛泽东同志在谈到我国宪法的原则时指出:"原则基本上是两个:民主原则和社会主义原则。"①又说:"用宪法这样一个根本大法的形式,把人民民主和社会主义原则固定下来,使全国人民有一条清楚的轨道,使全国人民感到有一条清楚的明确的和正确的道路可走,就可以提高全国人民的积极性。"②这里所讲的我国宪法的基本原则,也就是我国社会主义法制的一项基本原则。坚持社会主义道路像一条红线贯穿在我国全部社会主义的法律和制度中。社会主义法是建立、巩固和发展社会主义生产关系的重要工具。在我国,社会主义法曾为剥夺地主、

---

① 《毛泽东著作选读》下册,人民出版社 1986 年版,第 708 页。
② 《毛泽东著作选读》下册,人民出版社 1986 年版,第 711 页。

官僚资产阶级的财产,建立社会主义的国营经济和合作社经济服务,为限制、利用和改造资本主义工商业和农业、手工业的社会主义改造服务。生产资料私有制的改造基本完成以后,法制保护生产关系的突出作用,就是保护社会主义公有制、"各尽所能、按劳分配"原则以及社会主义生产中人与人的合理关系得到不断巩固、发展和完善;就是保卫社会主义的生产关系和公共财产不受侵害。社会主义经济制度的产生和发展有它自身的客观规律性。我们要正确认识与掌握这一规律性,单凭一两个领导者的个人智慧是不行的,而是要依靠全党和全国人民的集体智慧。只有依靠这种集体智慧求得对社会主义生产关系不断发展与完善的科学认识,并形成为法律与制度,使之成为统一全党和全国人民思想和行动的准则,才能保证我们的国家沿着社会主义道路健康发展。这一点,只有实行法治才能切实做到。如果我们的国家不是实行法治,而是处于那种认为法律可有可无、有法可以不依、凡事由少数领导者个人说了算的状态,国家就不可能沿着社会主义道路胜利地前进,就会左右摇摆,就会出现那种貌似革命而实则极左的严重弊病,把社会主义的经济制度搞得混乱,从而大大影响社会生产力的发展。

实行社会主义法治同坚持人民民主专政(即无产阶级专政)也是相互依存、相辅相成的。它们之间的关系,概括起来就是:人民民主专政决定社会主义法治的性质和内容,社会主义法治则是实现人民民主专政的有效手段。人民民主专政包括对人民实行民主、对敌人实行专政这样两个方面。实行依法治国,既有利于发扬人民民主,也有利于加强对敌专政。无产阶级在领导广大人民群众夺取了政权、争得了民主以后,应该运用社会主义法制的形式,将这个胜利成果加以记录、予以承认、给以保障。人民需要法律,首先就是为了保护自己的民主权利。在社会主义条件下,为了切实保障和充分发扬人民民主,需要运用宣传教育、道德规范、党的政策等工具和手段。但是,运用法律和制度来保障人民民主,具有特别重要的意义。因为法制具有行为规范的特性、国家意志的特性、强制执行的特性,这些特性是思想教育、道德规范、党的政策所不具有或不完全具有的。法制正是通过它的这些特性来发挥对人民民主的保障作用。社会主义民主的各个方面,公民的各项民主权利和自由,只有通过宪法和各方面的具体法律,把它们一条条、一项项明确地肯定下来,使之条文化、具体化、规范化,广大人民群众才能清楚地知道自己究竟享有哪些民主权利,才能充分调动他们的积极性,才能指导他们正确地运用这些权利去管理自己的国家。对各级国家机关和广大干部来说,只有做到民主制度化、法律化,才能使他们明确地、具体地知道,自己应该如何发扬人民民主,应该如何按照民主集中制原则进行活动,应当怎样尊重人民的民主权利,自己应该具有什么样的民主作风,怎样依靠广大群众做好各项工作。同时,民主一经制度化、法律化,发扬人民民主也就变成了国家意志,任何单位和个人毫无例外地应该遵照执行。无论谁破坏社会主义民主,都是违背国家的意志,违背全体人民的意志,都是违法行为;国家和人民就可以运用法律的强制力,对任何破坏民主的行为予以追究,给以各种形式的制裁。这一切说明,发扬人民民主是不能没有法治的。

再从加强对敌专政来看,只有实行依法治国,才能严格地运用比较完备的法律和制度,最准确有效地识别敌人、打击敌人、制裁敌人、改造敌人。对敌专政同非法专横是不相容的。"对敌狠",并不是说可以胡来。对敌人,要依照法律规定的程序进行惩治,要依照法律的规定定罪量刑,要依照法律的规定对敌人实行改造,做到既准确又合法。新中国成立以来的经验教训充分表明,是否实行依法治国,同能否坚持人民民主专政是息息相关的。在"文化大革命"期间,林彪、江青反革命集团大搞封建专制主义的"人治",在理论上把健全社会主义法制同加强人民民主专政对立起来,在实践上疯狂地践踏社会主义法制。他们非法专横,想抓谁就抓谁,想专谁的政就专谁的政,为所欲为,无法无天。结果是把人民民主专政变成了赤裸裸的封建法西斯专政。这一教训难道还不深刻吗?!

实行依法治国同坚持党的领导也是密切相关的。依法治国要有党的领导,党的领导也必须通过依法治国才能更好地实现。社会主义的法律是党领导制定的,是党的路线、方针、政策的定型化、规范化、条文化。党通过领导国家的立法机关、司法机关和行政机关,制定、贯彻和执行法律,把阶级的意志上升为国家的意志,并且运用国家强制力保证其实施,这正是巩固与加强党的领导,而决不是降低或削弱党的领导。我们的党是执政党,这种领导地位得到了宪法的认可与保障。我国1978 年宪法第 2 条规定:"中国共产党是全中国人民的领导核心。工人阶级经过自己的先锋队中国共产党实现对国家的领导。"因此,任何人反对党的领导,都是违反宪法的。但是,党对国家的领导如果没有法律来作出明确的、具体的、详细的规定,党就领导不好国家。无规矩不能成方圆。有法才能治国,无法必然乱国。毛泽东同志说:"一个团体要有一个章程,一个国家也要有一个章程"①。宪法就是治国的总章程,而各项具体法律则是治理国家的具体章程。只有依靠一套比较完善的、具有极大权威的治国章程来领导广大人民群众治理国家,才能增强自觉性、预见性,减少盲目性、随意性;增强稳定性,避免不稳定性;才能保证整个庞大而复杂的国家机器按照统一轨道精确而有效率地进行运转。依法治国要求党的任何组织与个人,从党中央总书记到每个普

_____

① 《毛泽东文集》第 6 卷,人民出版社 1999 年版,第 328 页。

通党员,都要严格依法办事,是为了使法律得到统一而严格的执行,这不是否定和削弱党的领导,而正是为了维护和加强党的领导。可是在一个相当长的时期里,由于否定法治,主张人治,因而不少同志蔑视和轻视法律,以为党的组织和领导人严格依法办事是限制和削弱了党的领导,以为不运用法律和制度去治理国家,而是以党代政、以言代法,事无巨细一律都凭党的各级组织和领导人直接发号施令,那才是体现了党的"绝对"领导,这不能不说是我们的党还缺乏统治经验的一种表现。这样做的结果,只能损害党的领导作用的发挥和领导地位的巩固,只能削弱人民群众对党的工作、党的干部和党员的监督,危害党的健康肌体。

党要以马列主义、毛泽东思想武装全国人民,要运用它指导各条战线的工作。但是,马克思主义不是法律,也不能代替社会主义法制。林彪、江青反革命集团的重要头目康生叫喊什么,哪有这个法、那个法,"马克思主义就是根本大法"。这是极其荒谬的。马克思主义是一种科学真理,只属于思想领域的东西。我们只能通过宣传教育,让人们接受马克思主义,而不能用强制的方法,使人们信仰马克思主义。法律则不同。法是统治阶级意志被上升为国家意志的、以国家强制力保证其实施的、人人必须遵守的行为规范。任何人违法犯罪都要受到制裁。因此,马克思主义与社会主义法制是两个范畴的东西,不能混为一谈;也决不可以用马克思主义代替社会主义法律。那种以为既然有了马列主义、毛泽东思想作指导,也就用不着再有社会主义法律的观点,是极其错误的。我们说,不能强迫人们信仰马克思主义,丝毫不是意味着可以允许人们肆意诋毁、攻击马克思主义。因为这是两个含义与性质完全不同的问题,不能混为一谈。

坚持马克思列宁主义、毛泽东思想,作为四项基本原则之一,已经明确地规定在我国宪法的序言中。宪法的这一规定，是完全合理和不可动摇的。如果谁要动摇这一基本规定，谁就是站在极其危险的道路上。谁要肆意谩骂、攻击、诋毁马克思主义，谁就是公然违背了我们国家的根本大法。我们就要根据各种具体情况，进行必要的制裁。我国宪法和各项具体法律包括刑法、民法、诉讼法、经济法、婚姻法等的制定、贯彻和执行，都是以马克思主义作为指导思想。在一定意义上可以说，马列主义、毛泽东思想是我国社会主义法制的灵魂，而社会主义法制则是马列主义、毛泽东思想的一个方面（不是全部）的具体体现和具体实施。因此，依法治国决不会贬低或削弱马克思主义的地位和作用，而是能更好地巩固和维护它在治理国家中的地位，提高和发挥它在革命和建设中的作用。马列主义、毛泽东思想既是人民革命实践经验的科学总结，又是指导人民革命斗争实践的理论武器。在马克思主义指导下，在总结实践经验的基础上，制定出政治、经济、文化、教育、军事、外交等各个方面的法律、规章和制度，作为人们的行为准则，并保证全国上下一体遵行，就可以更正确地、稳定地、全面地、有效地发挥马克思主义对指导人民革命斗争实践的伟大作用。相反，如果不搞法治搞人治，国家无法可循或者有法不依，凡事由少数领导者个人说了算，马克思主义对人民革命斗争实践的指导作用只能受到损害。新中国成立以来正反两方面的经验教训也充分证明了这一点。

通过上述分析，可以清楚看出：坚持四项基本原则，是实行社会主义法治的根本指导思想，并为社会主义法治提供了政治基础，指明了前进方向。实行依法治国则是坚持四项基本原则的重要手段和可靠保障。它们都是治理国家不可离开的重要原则。人为地把"坚持四项基本原则"同"实行社会主义法治"这两个口号对立起来，在理论上和实践上都是极为有害的。

第四节　"法制"为什么不能代替"法治"

有的同志提出,我们既然有了"健全社会主义法制"这一提法,也就用不着再提什么"要实行社会主义法治"。我们认为,这一理由也是不能成立的。因为,"法制"与"法治"是两个既有密切联系又有重大区别的概念,不能混为一谈。"法治"这一概念的作用是"法制"这一概念所不能代替的。

那么,什么是法制呢? 关于这点,我们法学界现在正在进行讨论,还没有取得一致的意见。虽然大家的看法并不完全相同,然而有一点是绝大多数人都能接受的,那就是"法制"是指法律制度;或者说,"法制"是法律制度的简称。人类自进入阶级社会以后,有了法律,也就有了法律制度。任何一个国家的任何一个历史时期,都有自己的法律制度。历史上,有过奴隶主阶级的法制、封建主阶级的法制、资产阶级法制和社会主义法制。所谓法律制度,既包括各种法律,也包括与法律的制定、执行与遵守有关的各项制度在内。前者包括宪法以及刑法、民法、诉讼法、婚姻家庭法、行政法、劳动法等部门法(又有成文法与不成文法即习惯法之分),后者则包括立法制度与司法制度。司法制度中又有审判制度、检察制度、律师制度等。审判制度中又有公开审判、合议、陪审、回避、辩护等制度。此外,贯穿在整个法律制度之中的,还有各项法制原则,如法制的民主原则、平等原则、独立审判原则、人道主义原则等。所谓"法制",也就是上述这些法律与制度的总称。因此,法制这个概念的内涵是十分丰富的,外延是十分广阔的。我们通常所说的"要健全社会主义法制",意思就包括了要健全所有这些法律与制度。

法治与法制不同。其区别主要表现在以下几个方面：第一，法律制度是属于制度这个范畴。它同一个国家的政治制度、国家制度、经济制度、军事制度、文化制度、教育制度等，是属于同一种类、同一系列的概念，是相对于这些制度来说的。"法治"则不一样。它是一种（仅仅是一种）治国的理论、原则和方法，是相对于"人治"这一治国的理论、原则和方法来说的。在政治法律思想史上或法理学上，无论过去或现在，法治与人治始终都是作为一组对立物而出现的。因此，法制与法治是属于两个不同范畴的概念。第二，作为一种治国的理论，法治与人治的根本对立在于，法治认为一个国家能否兴旺发达、长治久安，具有决定性意义的因素，是整个法律与制度的好坏，而不是少数几个国家领导者是否贤明。人治的理论则恰好与此相反。作为一种治国的原则与方法，实行法治的主要标志，是一个国家要有比较完善的法律与制度；并且特别强调，任何国家机关、社会团体或公民个人，包括国家的最高领导者在内，都要遵守法律，严格依法办事。这同那种认为法律可有可无，有法可以不依，凡事由少数领导者个人说了算的人治，是有原则区别的。以上这些，是法治这一概念的最基本的含义。法制这一概念的最基本的含义则与此不同，这已在前文论及。因此，法制与法治这两个概念，其内涵与外延都不一样。第三，任何一个国家在任何一个历史时期都也各有的法律制度，但不一定都是实行法治。一个国家的治理，如果是人治的理论、原则和方法占据着统治的、支配的地位，但仍然有它自己的一定的法律制度。比如，在希特勒统治德国和蒋介石统治中国的时期，也各有一定的法律制度，但绝不能说那时也是实行法治。由此可见，法制与法治是两个不同的概念，各有自己特定的科学含义，也各有自己特殊的社会作用。两者是不能等同的，也是不能相互代替的。

当然,这绝不是说,法治与法制这两个概念彼此毫不相干,相反它们是密切地联系在一起的。从严格的意义上讲,法治这一治国的理论、原则和方法的提出,就是直接地为建立、健全和完善一定的法律制度服务的。社会主义法制的建立、健全和发展,需要有各种正确的理论与原则作为它的指导思想。辩证唯物主义的宇宙观与方法论,马克思主义的上层建筑与经济基础相互关系的学说、国家学说、阶级斗争学说、两类矛盾学说等,都是社会主义法制建设不可缺少的正确指导思想。

法治的理论与原则,也是其中之一。新中国成立以来正反两方面的经验表明:如果坚持法治的理论与原则,社会主义法律制度的建设就前进,就兴旺发达;如果否定法治的理论与原则,社会主义法律制度的建设就倒退,就衰败没落。

历史上,法治与人治的论争及其对社会政治、经济、文化生活的广泛、巨大而深刻的影响,是一个客观存在;在各个不同的历史时期,法治的主张总是代表着一定的进步力量的利益,反映着当时社会进步的要求,也是难以否认的事实。法治这一治国的理论与原则之所以被人们反复提出来,并用以指导、影响、推动法制建设的实践,决不是某些人的心血来潮的产物和凭空创造,而是有它自身存在的合理性和社会价值。在社会主义时期,人们之所以极力倡导法治,情况也是这样。今天,在我国,越来越多的人强烈地主张法治,反对人治;法治的主张已经开始深入人心。这一事实本身就雄辩地证明,依法治国的方针具有强大的生命力,它是不会从20世纪80年代社会主义中国的政治生活和思想领域中被摒弃、被抹掉的。

第十九章　法治与人治的对立

第一节　法治与人治的根本对立①

在法治与人治问题的讨论中,有的同志提出:历史上从来没有过单纯的法治,也没有过单纯的人治,任何统治阶级总是把法治与人治结合起来的;社会主义时期,我们既要实行法治,也要实行人治。这种观点是值得商榷的。

在这里,问题的关键,是要弄清楚,究竟什么是法治,什么是人治。持上述看法的同志,有一个基本论点,就是"徒法不能以自行",法的制定、执行、遵守都要依靠人。正如有的同志所作的形象比喻:法是武器,人是战士,法治与人治的关系,好比武器同战士的关系,因此,有必要把两者结合起来。显然,这是把"法治"同"法""法的作用",把"人治"同"人""人的作用"这样一些不同的概念完全混为一谈了。如果这些同志的论点是正确的,那就只能得出一个结论:古今中外根本就没有什么"法治",而只有"人治"。我国 20 世纪 50 年代末期,一些小册子和文章正是从这一论点出发,得出了这样的结论:既然法自己不会产生,不会行动;立法的是人,司法的也是人;离开了人,法是死的,什么作用也

---

① 本部分内容曾发表于《西南政法学院学报》1981 年第 2 期,收入本书时略有修改。

没有;因此,所谓"法治"完全是一种"虚构",世界上只有"人治",根本就没有什么"法治"。自然,这不符合历史事实。

　　事实是,法治也好,人治也好,都不是一个空洞的抽象的概念。作为两种对立的治理国家的理论和原则、方法,尽管在不同的社会制度下,在不同的统治阶级那里,其具体内容和阶级实质有很大不同,但它们都有自身确定的含义。它们不仅是一种理论,一种治国原则和方法,而且也是一种社会实践,同一个国家实行什么样的政治法律制度密切相关。法治与人治概念的确定的含义和丰富的、具体的内容,决不是简单地可以用"法"与"人"、"法的作用"和"人的作用"这样的概念所能够替代的。法治与人治是相对立而存在、相斗争而发展的。它们之间的激烈论争,往往出现在社会发展的转变关头。这种论点的出现不是出于偶然,而是有它自身的客观必然性。在一定的历史条件下,法治的主张总是具有一定的革命性和进步性;人治的主张则总是具有一定的反动性或落后性,两者是不能结合的。历史上,有过奴隶主阶级的法治、地主阶级的法治、资产阶级的法治和社会主义的法治。它们逐步由低级向高级演变,是社会发展的客观要求,是人类进步的重要标志。

　　下面,我们就来具体考察一下几个不同的历史时期,法治与人治的根本对立,它们之间论争的具体内容及其社会意义。

一

　　古希腊奴隶制时期,代表中、小奴隶主阶级利益的亚里士多德主张法治,而代表奴隶主贵族利益的柏拉图则主张人治。

　　柏拉图主张的"贤人政治",实际上就是人治。他提出:"除非哲学家成为我们这些国家的国王,或者我们目前称之为国王和统治者的那些人物,能严肃认真地追求智慧,使政治权力与聪明才智合而为一;那些得此失彼,不能兼有的庸庸碌碌之徒,必须排除出去。否则的话,我亲爱的格劳孔,对国家甚至我想对全人类都将祸害无穷,永无宁日。"①他认为,一个国家的国王只要是个有知识的哲学家,就可以把国家治理好,而不需要借助于法律进行统治。在他看来,政治好比医学,统治者好比医生,被统治者好比病人,只要有个好医生,就能把病人治好;如果强调运用法律治理国家,就会把哲学家的手束缚住,犹如让一个高明的医生硬要依照教科书去看病一样。他认为,法律是呆板的固定的,不能适应经常变化的情况;法律原则性强,又不能适应各种特殊事例,而人们之间和他们行为中的差异,以及人事中的无限的不规则的活动,都不允许有一种普遍和单纯的规则,并且没有任何技术能够制定出一种应付千变万化的原则。尽管在柏拉图晚年所写的《政治家》《法律篇》这两部著作中,他对法律作用的看法有很大改变,但他的基本立场仍然是人治优于法治。例如,他认为,如果一个国家的统治者不是哲学家,而且在较短的时间内又没有好的方法把统治者变成一个哲学家,则法治要比人治好。然而法治只能称为"第二等好的"政治,终究不如贤人政治好。他说,在各种政府形式中,只有一种政府形式是最妥当的,它是真正的政府;这种政府的统治者懂得科学,而不是不懂科学。至于这种政府是否受法律的统治,或者没有法律,它的人民是否愿意被统治,那都是无足轻重的。

亚里士多德的法治论,是在批评柏拉图的人治论的基础上建立起来的。这种法治论与人治论的对立,主要表现在如下两个方面:

---

① [古希腊]柏拉图:《理想国》,郭斌和、张竹明译,商务印书馆 1986 年版,第214—215 页。

首先是理论方面。亚里士多德在回答"由最好的一人或由最好的法律统治哪一方面较为有利"①这一问题时,他认为"法治应当优于一人之治"。② 其理由主要是:

1. 法律是由许多人制定出来的,而众人所作的判断总比一个人的判断要可靠。他说:"城邦原为许多人所合组的团体;许多人出资举办的宴会可以胜过一人独办的酒席;相似地,在许多事例上,群众比任何一人又可能作较好的裁断。""大泽水多则不朽,小池水少则易朽;多数群众也比少数人为不易腐败。单独一人就容易因愤懑或其它任何相似的感情而失去平衡,终致损伤了他的判断力;但全体人民总不会同时发怒,同时错断。"③

2. 人难免感情用事,实行人治易出偏私;而法律有公正性,实行法治才能避免偏私。他说:"要使事物合于正义(公平),须有毫无偏私的权衡;法律恰恰正是这样一个中道的权衡。"④又说,"凡是不凭感情因素治事的统治者总比感情用事的人们较为优良。法律恰正是全没有感情的;人类的本性(灵魂)便谁都难免有感情。"⑤"常人既不能完全消除兽欲,虽最好的人们(贤良)也未免有热忱,这就往往在执政的时候引起偏向。法律恰恰正是免除一切情欲影响的神祇和理智的体现。"⑥

3. 法律有稳定性和连续性的特点,并不因领导人的去留而随意更改。然而一人为治的君主制,其皇位是世袭的;如果继任者是个庸才,

---

① ［古希腊］亚里士多德:《政治学》,吴寿彭译,商务印书馆 1965 年版,第 162 页。
② ［古希腊］亚里士多德:《政治学》,吴寿彭译,商务印书馆 1965 年版,第 167—168 页。
③ ［古希腊］亚里士多德:《政治学》,吴寿彭译,商务印书馆 1965 年版,第 163—164 页。
④ ［古希腊］亚里士多德:《政治学》,吴寿彭译,商务印书馆 1965 年版,第 169 页。
⑤ ［古希腊］亚里士多德:《政治学》,吴寿彭译,商务印书馆 1965 年版,第 163 页。
⑥ ［古希腊］亚里士多德:《政治学》,吴寿彭译,商务印书馆 1965 年版,第 169 页。

就会危害全邦。实行法治就能避免这种情况。

4. 实行法治可以反对专横与特权。他说："为政最重要的一个规律是：一切政体都应订立法制并安排它的经济体系，使执政和属官不能假借公职，营求私利。"①"一个城邦要有适当的法制，使任何人都不致于凭借他的财富或朋从，取得特殊的权力，成为邦国的隐忧。"②

5. 法律确实比较原则，也不能完备无遗，但它不能成为反对实行法治的理由。他说："法律训练（教导）执法者根据法意解释并应用一切条例，对于法律所没有周详的地方，让他们遵从法律的原来精神，公正地加以处理和裁决。法律也允许人们根据积累的经验，修订或补充现行各种规章，以求日臻美备。"③他还说，"就因为法律必难完备无遗，于是，从这些缺漏的地方着想，引起了这个严重争执的问题：'应该力求一个［完备的］最好的法律，还是让那最好的一个人来统治？'法律确实不能完备无遗，不能写定一切细节，这些原可留待人们去审议。主张法治的人并不想抹杀人们的智慧，他们就认为这种审议与其寄托一人，毋宁交给众人。"④

从以上材料可以看出，对于一个国家的长治久安来说，究竟是法治好还是人治好？应当承认，亚里士多德讲的一些道理，包含有许多合理的科学的成分在里面。

其次是原则方面。法治和人治的对立，反映出它们是两种不同的治国原则。这种对立的最核心的一条，就是法律的权威高于国家领导者的权威？还是国家领导者的权威高于法律的权威？亚里士多德说："法治应包含两重意义：已成立的法律获得普遍的服从，而大家所服从

---

① ［古希腊］亚里士多德：《政治学》，吴寿彭译，商务印书馆1965年版，第269页。
② ［古希腊］亚里士多德：《政治学》，吴寿彭译，商务印书馆1965年版，第268页。
③ ［古希腊］亚里士多德：《政治学》，吴寿彭译，商务印书馆1965年版，第168页。
④ ［古希腊］亚里士多德：《政治学》，吴寿彭译，商务印书馆1965年版，第171页。

的法律又应该本身是制订得良好的法律。"①他认为,合乎"正义"的法律,就是良好的法律;大家都要服从法律,当然包括国家领导者在内。他十分强调要保障法律的权威和尊严。他说,最后的裁决权力应该寄托于正式制定的法律。只是所有的规约总不能概括世事的万变,个人的权力或若干人配合组成的权力,只应在法律所不及的时候,方才应用它来发号施令,作为补助。他强调,"法律应在任何方面受到尊重而保持无上的权威,执政人员和公民团体只应在法律(通则)所不及的'个别'事例上有所抉择,两者都不该侵犯法律。"②相反,在柏拉图看来,一个城邦如果实行法治,就会妨碍哲学家的统治,因为哲学家掌握的知识是一种真理,它比国家机关所制定的法律要高明得多;他认为,国王的命令就是法律,他可以不按法律办事。

由此可见,亚里士多德的法治论同柏拉图的人治论的根本对立主要表现在这样两个方面:一是国家兴旺发达与长治久安的决定性因素究竟是什么? 人治论认为,希望主要应当寄托在有一个好的国王身上;法治论则认为,希望主要应当寄托在建立一个好的比较完备和具有无上权威的法律和制度上。二是法治论主张国家要有比较完备的法律,特别是全国的每个人包括国家最高领导者在内,都要遵守法律,严格依法办事;人治论则认为,法律可有可无,国王个人的权威高于法律的权威,要依照他个人的意志和智慧治理国家,他可以不按法律办事。这就说明,法治与人治是相比较而存在,相对立而产生和发展的。它们都有自己的特定含义,是不能简单地把法治同"法""法的作用",把人治同"人""人的作用"混为一谈的。它们的意思也并不是一个对法的作用

---

① [古希腊]亚里士多德:《政治学》,吴寿彭译,商务印书馆1965年版,第199页。
② [古希腊]亚里士多德:《政治学》,吴寿彭译,商务印书馆1965年版,第192页。

强调得多一点,对人(国家领导者)的作用强调得少一点;另一个对人的作用强调得多一点,对法的作用强调得少一点。如果按照有些同志的看法,历史上没有单纯的法治,也没有单纯的人治,从来都是法治与人治相结合,那么,亚里士多德就应当是既主张法治,也主张人治;柏拉图是既主张人治,也主张法治了。显然,这样讲是不符合历史事实的。的确,柏拉图主张人治,但并不完全否认法的作用,他在晚年甚至说过,没有法律,人们自己将无法区别于野蛮人。亚里士多德主张法治,也并不否认国家领袖人物的作用,并不抹杀领导者个人的才智。同时,不论是亚里士多德还是柏拉图都重视道德和教育的作用。然而,这并不能作为法治与人治应当结合的理由,而恰好证明法治论并不是主张什么法律万能。

在西方的政治法律思想史上,亚里士多德是第一个系统阐述法治理论的人。他的观点对后世产生过巨大的积极的影响。亚里士多德的法治论是代表着奴隶主阶级的利益,是为了更好地维护奴隶主对奴隶的统治。但是,在当时的历史条件下,他的法治主张反映着中、小奴隶主阶级的利益,比较进步;柏拉图的人治主张则是代表奴隶主贵族的利益,比较落后和反动,这是可以肯定的。

二

春秋战国时期是我国从奴隶制向封建制急剧转变的时期。法家主张"法治"和儒家主张"人治",正是封建制和奴隶制、新兴地主阶级与没落奴隶主阶级之间的斗争在理论上和政治上的重要表现之一。儒家的人治以"礼治""德治"为其重要内容。儒家讲"礼治""德治",实际上就是讲"人治"。

法家的"法治"与儒家的"人治"的根本对立主要表现在以下三个方面：(1)儒家认为，一个国家是兴旺发达还是衰败没落，主要的起决定作用的因素在于国君和将相是否贤明，而不在法律制度的有无与好坏，即所谓，"为政在人"，"其人存，则其政举，其人亡，则其政息。"①"法不能独立，律不能自行，得其人则存，失其人则亡。"②法家则反对这种看法，认为一个国家的治与乱、兴与亡，关键的第一位的因素是法律与制度的有无与好坏，而不在是否有贤明的帝王与将相。他们说："国无常强、无常弱，奉法者强则国强，奉法者弱则国弱。"③他们深刻地、针锋相对地批驳了人治的主张。尹文子说："圣人之治"，是"自己出者也"；"圣法之治"，是"自理出者也"；故"圣人之治，独治者也；圣法之治，则无不治也。"④慎到说：所谓人治，就是"舍法而以身治"，是"以心裁轻重"，"赏罚从君心出"，那就必然造成"同功殊赏"和"同罪殊罚"⑤等不良后果。韩非子说："明主之治国也，使民以法禁，而不以廉止"⑥，"释法术而心治，尧不能正一国"⑦，"今废势背法而待尧舜，尧舜至乃治，是千世乱而一治也"⑧。因此，他们鲜明地提出了"唯法为治"和"以法治国"等口号。(2)儒家主张把"礼"作为治国的根本，作为人们一切行为的最高准则。他们说："治人之道，莫急于礼"⑨；他们提出："夫礼者，所以定亲疏、决嫌疑，别同异、明是非也……道德仁义，非礼不成。教训正俗，非礼不备，分争辩讼，非礼不决。君臣上下，父母兄

① 《礼记·中庸》。
② 《荀子》。
③ 《尹文子·圣人》。
④ 《尹文子·大道》。
⑤ 《慎子·君人》。
⑥ 《韩非子·六反》。
⑦ 《韩非子·用人》。
⑧ 《韩非子·难势》。
⑨ 《礼记·祭统》。

弟,非礼不定。官学事师,非礼不视。班师治军,莅官行法,非礼不成不行。祷祠祭祀,供给鬼神,非礼不成不压"①。他们主张以"礼"作为人们一切行为的准则,极力反对公布成文法。晋国铸刑鼎,孔子就说:"晋其亡乎,失其度矣……民在鼎矣,何以尊贵。"②他极力主张仍然保持过去那种"刑不可知,则威不可测,则民畏上"③的状况。与此相对立,法家则主张:"事断于法"。他们从多方面论证了法的社会作用,并十分强调必须以法律作为人们的行为准则。管仲说:"法律政令者,吏民规矩绳墨也。"④商鞅说:"释权衡而断轻重,废尺寸而意长短,虽察,商贾不用,为其不必也。故法者,国之权衡也。"⑤他们明确主张公布成文法,认为只有这样,才能做到"天下之吏民无不知法者……故吏民不敢以非法遇民,民又不敢犯法"⑥。(3)儒家主张"礼有差等","法不加于尊","刑不上大夫,礼不下庶人";法家则与此相反,认为君主拥有至高无上的权力,但法律一经制定和公布,全国每一个人,包括君主在内,就都要遵照执行。如管仲主张:"君臣上下贵贱皆从法"。⑦ 商鞅也说:"法者,君臣之所共操也"⑧;"法之不明者,君长乱也""君臣释法任私必乱"⑨。他们极力主张"刑无等级""法不阿贵",要求"刑过不避大臣,赏善不遗匹夫"。

　　从上述法治与人治的根本对立中,我们可以清楚看出,尽管法家的法治主张,主要是为了更有效地统治当时的劳动人民,但它在封建制与

---

① 《礼记·典礼》。
② 《左传·昭公二十九年》。
③ 《左传·昭公六年孔颖达正义》。
④ 《管子·七元七臣》。
⑤ 《商君书·修权》。
⑥ 《商君书·定分》。
⑦ 《管子·经法》。
⑧ 《商君书·修权》。
⑨ 《商君书·修权》。

奴隶制激烈斗争的时代,主张以地主阶级的法治反对奴隶主贵族的
"心"治;主张以反映新兴地主阶级利益的、明令公布的成文法律,而不
是以体现奴隶主利益的、不成文的周礼,作为人们的行为准则;主张君
主与官吏也要守法,限制这些人恣意专横;主张适用法律平等,而反对
奴隶制的等级与特权,其重大历史进步作用是不能否认的。

儒家主张人治,但并不是根本不要法与刑。如孔丘说:"礼乐不
兴,则刑罚不中,刑罚不中,则民无所措手足。"①这是事实。同样,法家
主张法治,也并不是根本不要礼与德。如商鞅说:"法者所以爱民也,
礼者所以便事也。是以圣人苟可以强国,不法其故,苟可以利民,不循
其礼。"②这也是事实。然而,我们决不可以此作为理由,否定法治与人
治的根本对立。唯物辩证法认为,对立面是彼此相互联系、相互渗透
的。不能因为"你中有我,我中有你",就否定对立面之间的原则界限。
有的同志说,先秦法家只是侧重法治,儒家只是侧重人治而已。按照这
种说法,法家主张法治,也主张人治;儒家主张人治,也主张法治。这不
符合历史事实。有些同志之所以得出这样的结论,归根到底,还是由于
把"法治"同"法"、把"人治"同"人"混为一谈的缘故。

法家的法治主张,既有精华也有糟粕。他们主张严刑峻法,搞愚民
政策和文化专制等,就是属于糟粕一类。同样,儒家的整个学说,既有
糟粕也有精华,如孟子讲"民贵君轻",就是属于精华之列。这是并不
奇怪的。法治主张只是法家整个学说的一个方面;人治主张也只是儒
家整个学说的一个方面。我们现在不是全面评价法家和儒家的全部学
说。而且,法治与人治主张本身也是一分为二的,因为任何事物都有两
重性。但是,我们不应该由此得出结论说,法治与人治之间没有什么好

①　《论语·子路》。
②　《商君书·更法》。

与坏、进步与落后之分。唯物辩证法要求我们，对于复杂的现象，应该善于抓住其主流和本质。事物的矛盾的主要方面决定该事物的性质。如果我们承认，从总体上和根本上说，法家的法治代表着新兴地主阶级的利益，儒家的人治是维护奴隶制的等级与特权，我们就应该承认，在当时的历史条件下，法治主张是进步的，人治主张是反动的。有的同志以孟子的"民贵君轻"思想对比法家主张君主专制，就得出结论说，人治比法治"具有更多一点民主色彩"，这种看法不能认为是全面的和正确的。

是否实行君主专制，并不是区分儒家人治与法家法治的一个标志。孟子的"民贵君轻"不是反对君主专制，而是为了维护君主专制。当时的法治与人治，在维护君主专制这一点上，是殊途同归的。在生产力很低和封建生产关系的条件下，在我国的具体历史环境中，君主专制制度的存在有它的客观必然性，这不是当时人们的主观愿望所能决定的。法家一方面主张"以法治国""唯法为治"，另一方面又把君权绝对化，主张皇帝权力至高无上，这就使得其法治理论不能不经常处于不可克服的矛盾之中，使得"事断于法""君臣上下贵贱皆从法""刑无等级"等主张，在理论上和实践上不可能真正得到实现。正是在这个意义上说，在君主专制主义制度下，不可能有严格意义上的真正的法治。这一矛盾，只有在资本主义的政治法律制度建立以后才得到进一步解决。因此，尽管当时新兴地主阶级的法治相对于没落奴隶主阶级的人治来说，是进步的革命的事物；但是相对于资产阶级的法治来说，它又成了落后的和反动的东西。

三

资产阶级的法治理论，是在反对封建主义的革命斗争中提出来的，有它自己的特定的含义。资产阶级法治,作为一种理论,它体现和反映在资产阶级启蒙思想家洛克、孟德斯鸠、卢梭等人的著作中;作为一种社会实践,它就是资产阶级的"法治国",即实行法治的资产阶级民主共和国。资产阶级法治这一概念,绝不是可以用什么"法很重要""要重视法的作用"那样一些很一般、很抽象、很含混的意思所能概括、表达和代替的。

资产阶级法治的对立面是封建君主专制主义的人治。两者的根本对立突出表现在如下几个方面:(1)封建专制主义的人治,主张依靠君主个人的意志来决定国家的大政方针以治理国家。英国的詹姆斯一世说:"国王可以正正当当的叫做神,因为他所行使的神权和上帝一样,上帝有自由生杀予夺的权力,不对任何人负责。国王也是这样,要怎样做便怎样做,除掉对于上帝负责而外,并不对于任何人民负责。"①与此相反,资产阶级法治则主张依靠体现统治阶级集体意志和根本利益的法律来治理国家。洛克说:"谁握有国家的立法权或最高权力,谁就应该以既定的、向全国人民公布周知的、经常有效的法律,而不是以临时的命令来实行统治"。② 又说:"使用绝对的专断权力,或不以确定的、经常有效的法律来进行统治,两者都是与社会和政府的目的不相符合的。"③(2)封建专制主义人治主张君主的权威高于法律的权威,也可以不受法律的约束。詹姆斯一世说:"君主注意人民,如同头脑注意身体。一个慈爱的父亲,总在儿辈的幸福中得到快乐。故国王在人民之上,在法律之上,只能服从上帝和自己的良心。"④与此相反,资产阶级的法治则主张法律的权威高于任何国家领导者的权威,任何国家领导

---

① 转引自高一涵:《欧洲政治思想史》,东方出版社 2012 年版,第 301 页。
② [英]洛克:《政府论》下篇,叶启芳、瞿菊农译,商务印书馆 1964 年版,第 80 页。
③ [英]洛克:《政府论》下篇,叶启芳、瞿菊农译,商务印书馆 1964 年版,第 85 页。
④ 转引自高一涵:《欧洲政治思想史》,东方出版社 2012 年版,第 301 页。

者都要遵守法律,严格依法办事。卢梭说:"不管一个国家的政体如何,如果在它管辖范围内有一个人可以不遵守法律,所有其他的人就必然会受这个人的任意支配"。① (3)封建专制主义的人治,主张君主应该掌握立法、司法、行政等一切大权,极力反对分权的理论和做法。霍布斯说,如果要把主权分开,给这个人一点,给那个人一点,便是纷扰和内乱的原因。② 与此相反,资产阶级法治则要求三权分立,主张立法权由普选的议会行使,实行"司法独立"。孟德斯鸠说:"一切有权力的人都容易滥用权力,这是万古不易的一条经验。""从事物的性质来说,要防止滥用权力,就必须以权力约束权力。""如果同一个人或是由重要人物、贵族或平民组成的同一个机关行使这三种权力,即制定法律权、执行公共决议权和裁判私人犯罪或争讼权,则一切便都完了。"③(4)封建专制主义的人治主张法律不平等。封建主义的法律制度,不论是立法还是司法,都公开维护等级与特权。与此相反,资产阶级法治则主张法律面前人人平等。洛克说:"法律一经制定,任何人也不能凭他自己的权威逃避法律的制裁;也不能以地位优越为借口,放任自己或任何下属胡作非为,而要求免受法律的制裁。"④"法律不论贫富、不论权贵和庄稼人都一视同仁,并不因特殊情况而有出入。"⑤

通过以上对比分析,我们可以清楚看出,法治与人治都有特定的含义和具体的内容。从资产阶级法治的立场看问题,封建社会尽管有法律,但没有法治;资产阶级法治同封建专制主义人治是不能"结合"的。

---

① [法]卢梭:《论人类不平等的起源和基础》,李常山译,商务印书馆 1962 年版,第 52 页。

② 参见高一涵:《欧洲政治思想史》,东方出版社 2012 年版,第 327 页。

③ [法]孟德斯鸠:《论法的精神》上册,张雁深译,商务印书馆 1961 年版,第 154、156 页。

④ [英]洛克:《政府论》下篇,叶启芳、瞿菊农译,商务印书馆 1964 年版,第 59 页。

⑤ [英]洛克:《政府论》下篇,叶启芳、瞿菊农译,商务印书馆 1964 年版,第 88 页。

这一点,启蒙思想家讲得十分透彻。我们不妨再引一点材料。例如,孟德斯鸠就指出:"专制政体是既无法律又无规章,由单独一个人按照一己的意志与反复无常的性情领导一切。"①"人们曾经想使法律和专制主义并行,但是任何东西和专制主义联系起来,便失掉了自己的力量。"②

　　资产阶级法治较之代表地主阶级利益的法家的法治,不仅要进步得多,而且有性质上的不同。先秦法家的法治,是在肯定君主专制前提下实行以法治国;而资产阶级法治则是对君主专制主义本身的彻底否定。正是从这个意义上说,封建社会不可能有真正的法治;近代意义上的法治,是资产阶级革命以后才有的。但是,正如恩格斯所指出,资产阶级法治也仍然是"理论和实践处于极端的矛盾中"③。因为,这种法治是建立在私有制的经济基础之上,是建立在资产阶级与无产阶级这两大阶级的尖锐对立之上,是建立在剥削与压迫的现实生活之上。因此,这种法治,从资产阶级内部来说,有它的真实性,但对无产阶级和劳动人民来说,又有它的局限性、虚伪性和欺骗性。一方面,资产阶级需要利用这种法治所具有的超阶级外表的假象,来麻痹劳动人民的革命意识,以进行有效的统治;另一方面,他们又害怕人民群众利用资产阶级的民主和法治,训练队伍,积聚力量,因此他们总是想方设法限制人民群众的民主权利,直至在革命危机时期公开抛弃这种法治。从阶级实质上讲,资产阶级法治归根结底是为了维护资本主义私有制和资产阶级的政治统治。但是,应该承认,资产阶级法治主义的理论与实践,不仅在反对封建主义的革命时期起过革命作用,而且也是人类社会历

① 　[法]孟德斯鸠:《论法的精神》上册,张雁深译,商务印书馆1961年版,第8页。
② 　[法]孟德斯鸠:《论法的精神》上册,张雁深译,商务印书馆1961年版,第129页。
③ 　《马克思恩格斯全集》第3卷,人民出版社2002年版,第703—704页。

史发展的一个巨大进步。在帝国主义时期,资产阶级法治的历史作用虽然已经由原来是进步的事物走向了自身的反面,但它同公开抛弃法治的法西斯主义也还是有很大的区别。

资产阶级法治包括"人""人的因素""人的作用"在内,这是不言而喻的。资产阶级法治实行普选制、议会制,立法权由议会行使,就是否定君主立法,而要求由选举产生的资产阶级代表人物集体行使立法权。资产阶级实行"三权分立",搞"司法独立",就是否定君主司法,而要求由资产阶级的各级司法人员独立行使司法权。资产阶级法治主张法律应该具有至高无上的权威,就是否定君主或某些官吏可以高居法律之上而不按法律办事,目的是使体现资产阶级集体意志的法律在全国上下得到一体遵行,以维护资产阶级的根本利益。总之,在资产阶级法治的概念中,法和人是不可分割地联系在一起的。如果我们把资产阶级法治这样一个统一整体中的"法"与"人"割裂开来,把人的因素抽出去,在"资产阶级法治"和"资产阶级法律"这两个完全不同的概念之间画等号,所谓资产阶级法治就会变成一个抽象的、僵死的和毫无意义的概念,这是不符合资产阶级法治的本来含义的。在历史上,资产阶级法治的理论与实践,同封建专制主义的对立与斗争,是十分尖锐与激烈的。为此,英国的克伦威尔曾经把查理一世送上绞刑架,法国的罗伯斯庇尔曾经把路易十六送上断头台。资产阶级法治又怎么能够同封建专制主义人治相"结合"呢?

四

在社会主义制度下,无产阶级和广大人民群众治理自己的国家,也存在着是法治还是人治这样两种根本不同的原则和方法。我国法制建设所走过的曲折道路,同这一理论问题是否得到正确认识和处理密切相关,这已为新中国成立以来的历史所充分证明。

本来,我们党对于实行社会主义法治的问题一直很重视,所采取的立场也是正确的。早在五四运动前后,党的创始人李大钊等同志就曾经对儒家的人治进行猛烈抨击而极力推崇社会主义法治。在长期革命战争中,尽管党的中心任务是武装夺取政权,但我们党还是一直重视革命根据地的法制建设。新中国成立后,党和国家的各种重要文件以及领导人的讲话,都没有否定过法治。1954 年,毛泽东同志亲自主持制定了新中国的第一部宪法,并强调指出:宪法"通过以后,全国人民每一个人都要实行,特别是国家机关工作人员要带头实行,首先在座的各位要实行。不实行就是违反宪法"①。在法制建设上,新中国成立后的短短几年内,我们制定了一系列重要法律法令,全国上下也比较重视依法办事。这些说明,以前我们基本上是坚持了以法治国。而且这种法治,就其阶级性和社会性来说,是属于社会主义的历史类型。它不仅是对封建专制主义人治的根本否定,而且也同资产阶级法治相对立。虽然,这个时期我们在社会主义法治的理论上,认识还不是很充分、很自觉;法律制度也很不完备,但做上述这样的基本估计是必要的。

1957 年以后,情况发生了很大变化。由于种种原因,在广大干部中开始产生了一种否认法治、主张人治的思潮。不少主张实行法治的同志遭到了批判;在一些小册子和文章中,"法治"被说成是虚伪的、骗人的、反动的东西;认为历史上根本没有什么法治,只有人治。不少干部认为法律束手束脚,政策可以代替法律,法律可有可无;认为即使要

---

① 《毛泽东文集》第 6 卷,人民出版社 1999 年版,第 328 页。

有一点法律,但它只能作为办事的参考,权力应该大于法,领导人的意志应该高于法律,办事可以依人不依法、依言不依法;认为"群众运动"的"首创精神"可以高于法律,"群众运动"一来可以把法律当作废纸一样扔掉。这样一种否定法治、主张人治的理论、意见、看法和主张,在很长一个时期里,在我们的很多干部包括不少高级干部以及党和国家领导人中曾经相当流行。这种人治思想,虽然没有写成系统性的理论文章,但它确确实实是存在的。这一思潮给我国法制建设所带来的危害,已是人所共知。

那么,对于这种人治思想究竟应该怎样看待呢?

首先,这种人治思想同历史上的人治思想相比较,有它相同的地方,也有它不同的地方。从历史上看,作为一种治国的原则和方法,人治的一个重要特点,是国家领导人具有最高权威;法治的一个重要特点,是国家的法律具有最高权威。党中央曾经指出:法律能否严格执行,是衡量一个国家是否实行法治的重要标志。而在我国一个时期里出现的那种认为权大于法,办事可以依人不依法、依言不依法的观点和做法,同历史上的人治思想,就是一脉相通的。但是,这种人治思想又是产生在社会主义的历史时期,是在坚持社会主义的基本政治制度前提下存在的一种错误主张和实践。它的产生主要有以下几个方面的原因:一是党在思想、政治路线上的"左"倾错误,导致一些同志在法治与人治的理论问题上没有能够采取正确的立场;二是干部思想上的无知,以致有不少同志根本不了解社会主义法律的性质和作用,存在着轻视法律、蔑视法治的法律虚无主义态度;三是我国几千年来的封建主义思想,其中特别是专制主义和家长制思想的余毒在一些干部包括某些高级干部的头脑中作怪。虽然这种人治思想并不是要从根本上否定社会主义制度,并不是要搞封建专制主义;但从思想范畴来说,它决不是属于无产阶级的思想体系,而是属于非无产阶级的思想体系,是封建主义思想占主导地位并兼有小生产者思想的混合物。这种人治思想的存在,始终是健全我国社会主义法治最根本的障碍。这种人治思想不克服、不肃清,我们的法制建设是绝然搞不好的。过去是这样,现在是这样,将来也是这样。

其次,这种人治思想同"文化大革命"期间林彪、江青反革命集团的胡作非为是根本不同的,必须严格加以区别。前者是一度存在于我们党内和人民内部的错误思想和做法,后者是一小撮披着共产党外衣的反革命分子鼓吹封建法西斯主义;前者导致社会主义法制很不完备、很不健全,后者则是彻底毁灭社会主义法制,大搞封建法西斯专政。但是两者之间也有一定的联系。林彪、江青反革命集团怎么能够篡夺部分党和国家的领导权?重要原因之一,不就是因为我国的民主与法制不健全,选举、罢免、监督领导人的权力并没有真正掌握在人民群众手里吗?很明显,如果我们有健全的法制,林彪、江青一伙是很难平步青云、扶摇直上的;即使上了台,人民也可以把他们撤下来,甚至可以依法弹劾,交付审判。但是,各级人民代表、广大人民群众,并没有得到这种权力,没有那种具有极大权威的法律制度和法律手段去限制他们和制裁他们。同时,由于社会主义法制的观念没有在广大干部和群众中牢固地树立起来,实际上是人治思想占上风,也为林彪、江青一伙为所欲为地肆意践踏宪法、疯狂破坏法制,提供了一定的条件。这是历史留给我们的惨痛教训。

最后,在社会主义条件下,法治与人治之间存在着根本的对立,是不能相互"结合"的。社会主义法治要求"有法可依,有法必依,执法必严,违法必究";要求法律具有极大权威,一切党政机关和社会团体,包括党中央、人大和国务院,一切工作人员和公民个人,包括党和国家的所有领导人,都要一丝不苟地严格遵守法律;法律和制度应该具有稳定性和连续性,不能因领导人的改变而随意改变,不能因少数领导者个人的看法或注意力的改变而改变。而人治则认为:法律可有可无,权大于法,有法可以不依,凡事由少数领导者个人说了算。这两种完全不同的主张和做法,怎么能够彼此相容和并存呢? 认为在社会主义制度下,既要重视法的作用,也要重视人的作用,这就是法治与人治相结合。这种观点表面看来似乎很全面,实际上这是搞乱了法治与人治的本来含义和特定内容。社会主义法治的概念包括"人的因素"在内,社会主义法律的制定、执行、遵守都离不开人的作用,这是不言自明的。认为法律不是人制定的而是天上掉下来的,法律不要人去执行和遵守而自己会起作用,这样头脑简单的人,在现实生活中是很难找到的。如果把法治和法混为一谈,认为只要社会上有法律,就是有了法治,那么,社会主义法治作为一种理论与实践,它的基本原则、丰富内容和革命锋芒,就会被"社会主义国家也需要有法律,也要重视法的作用"这样一种很简单、很一般、很抽象、很含混的概念所代替和抹杀。法律必须具有极大权威这一重要原则也就一笔勾销了。如果认为一个国家只要有法律,就是实行法治,那么,党中央郑重提出的,法律能否严格执行是衡量一个国家是否实行法治的重要标志,这一极为重要的科学论断,也就是无的放矢而没有什么意义了。法治与人治"结合"论有一个前提:就是法治虽好,但有片面性,需要有人治作补充;"人治"虽有一定片面性,但终究还是一种很好的思想、主张、做法,人民非常需要它。显然,从这种理论出发,不可能总结好历史的经验教训,不可能准确地宣传和实行社会主义法治,也不可能有力地批判和克服那种健全社会主义法制最大的思想障碍,即权大于法、依人不依法、依言不依法的人治思想。而其实践结果,则必然是以人治代替法治。

第二节　人治与法治能相互结合吗①

在人治与法治问题的讨论中,有的同志认为,自人类进入阶级社会以来,从来就没有过单纯的人治,也没有过单纯的法治,任何统治阶级都是把人治与法治互相结合起来进行统治。在我们这样的社会主义国家里,也要既实行法治,也实行人治。我们认为,这种观点是值得商榷的。

一

现在,为什么有的同志主张实行法治,有的同志主张实行人治与法治相结合呢? 争论的焦点究竟在什么地方? 我们认为,争论的焦点,就在于对什么是人治、什么是法治,有不同的理解。理解不同,标准不一,结论当然不会一样。为了解决这个问题,就需要大家把什么是人治、什么是法治的看法摆出来,以便互相启发,集思广益,逐步求得问题的解决。

有的同志说,他们所说的人治的"人",是指的"统治阶级",人治即"阶级统治"。这种说法,乍看起来,似乎很有道理,其实是似是而非的。因为,在阶级社会里,甚至包括像我们这样已经消灭了剥削阶级的社会里,哪一个国家不是由统治阶级在实行阶级统治呢? 既然"阶级统治"就是"人治",法律又是统治阶级意志的体现,是统治阶级进行阶级统治的工具,那么,自人类进入阶级社会以来,一切国家岂不是都可以归结为是实行人治,岂不是就只有人治,没有法治了吗? 人治与法治

---

① 本部分内容曾发表于《法学研究》1980 年第 2 期,收入本书时略有修改。

相结合,也就无从谈起了。有的同志还用孟子"徒法不能以自行"①的话,来证明人治与法治相结合是有道理的。他们说,法是由人制定的,也要由人执行,离开了人,怎么能够实行法治呢?这些话,如果是用来说明实行法治,并不否定人的作用,当然是对的。但如果把法是由人制定的,也要由人来执行,归结为法治离不开人治,就是不对的了。因为,按照这种逻辑,就可以得出人治可以包含和代替法治的错误结论。过去,有的同志正是从法自己不会产生、不会行动,离开了人,法是死的,什么作用也没有,得出了法治完全是一种"虚构",世界上只有人治,从来就没有过什么"法治"的结论。这种看法,显然是不符合历史实际的。

　　还有的同志把人治的"人"理解为人民群众,认为人治就是由人民群众来治理国家,以此来说明人治与法治相结合是非常必要的。这种理解,是一种不恰当的引申。因为,在封建社会实行人治的时候,人民群众是无权治理国家的。至于在像我们这样的社会主义国家里,由人民群众来治理国家,已经有一个更准确的概念,那就是民主,由人民群众来当家作主。在我国,人民群众包括许多亿人,这么多的人,怎么样去治理国家呢?都当代表,不行;都当领导,更不行。唯一的办法,是通过他们的代表组成立法机关,把他们的意志变为法律,把他们的利益和愿望反映到法律当中,并选举和任命各级政权机关的领导人。各级政权机关的领导人,包括国家的最高领导人,都要服从人民的意志,都要依法办事;人民群众自己也都要守法。这并不是人治,而是实行法治的基本标志之一。

　　那么,究竟什么是人治,什么是法治呢?是不是由人管理国家,认

---

① 《孟子·离娄上》。

为国家领导者在治理国家中有重要的作用,就是人治? 只要有法存在,认为法律在治理国家中有重要的作用,就是法治呢? 我们认为,不能这样理解。在历史上,人治与法治,作为一种治国方法,一种法律和政治制度方面的理论,虽然在不同的社会制度下,在不同的统治阶级那里,是有发展和演变的,其具体内容和阶级实质是有很大不同的,但它们自身都有确定的含义,是相对立而存在,相斗争而发展的。下面,我们就来对三个不同历史时期,人治主张与法治主张的特定内容及其对立,作一番历史的考察。

二

儒家创始人孔子,多次讲到过刑或法的作用,例如他说,"道之以政,齐之以刑,民免而无耻。道之以德,齐之以礼,有耻且格"①,"礼乐不兴则刑罚不中,刑罚不中则民无所措手足"②;"听讼,吾犹人也,必也使无讼乎!"③那么,能不能因为孔子讲过这些话,就认为他也是主张法治的呢? 我们认为是不能的。因为,在这些地方,孔子总是褒礼贬法的,或者至少是把礼放在法之上的。而且,从最能反映孔子思想的《论语》来看,他讲礼、德、仁义是大量的,而讲刑或法的地方则极少。特别能说明问题的,是当孔子听到晋国把范宣子著的刑书铸到铁鼎上公布时,他大为光火:"晋其亡乎,失其度矣……民在鼎矣,何以尊贵……"④在孔子看来,老百姓知道了法,国君和贵族不能随便处罚他们了,便是"失其度",奴隶主贵族也便失去了"尊贵";只有"礼不下庶人,刑不上大夫"⑤;

---

① 《论语·为政》。
② 《论语·子路》。
③ 《论语·颜渊》。
④ 《左传·昭公二十九年》。
⑤ 《礼记·典礼》。

继续保持过去那种"刑不可知,威不可测,则民畏上"①的状况,才符合他的"度",才能保持奴隶主贵族的"尊贵"。请同志们想一想,他连把法律公布出来都反对,哪里还谈得上是主张法治的呢?! 而他主张人治,则是证据确凿的。最典型的,是鲁哀公向他问"政"时,他回答说,"为政在人","其人存,则其政举;其人亡,则其政息"。② 他在这里所说的"人",当然不是指一般的人,更不是指的人民群众。一个阶级的灭亡,例如中国的封建地主阶级的灭亡,是经过两千多年的。在这些阶级未"亡"的时候,这些阶级的"政举"与"政息",往往要经过许多次的兴替。因此,孔子这里所说的"人",只能是奴隶主阶级的所谓圣主贤君。

同样的,孟子也讲到过法或刑的作用,但也不能说明他是主张法治的。例如他说,"徒善不足以为政,徒法不能以自行……遵先王之法而过者,未之有也……上无道揆也,下无法守也。朝不信道,工不信度,君子犯义,小人犯刑,国之所存者,幸也"③;"贤者在位,能者在职,国家闲暇,及是时明其政刑,虽大国必畏之矣"④。孟子在这里虽然也讲到法或刑的作用,但他主要强调的,是遵行"先王"那一套统治方法,由"贤者在位"去搞"仁政"。而他讲的"五百年必有王者兴"⑤,"君仁莫不仁,君义莫不义,君正莫不正,一正君而国定矣"⑥,和孔子一样,是把国家的治与乱,系于国君仁与不仁,系于五百年循环出现的"王者"与"正君"身上。

---

① 《左传·昭公六年》孔颖达疏。
② 《礼记·中庸》。
③ 《孟子·离娄上》。
④ 《孟子·公孙丑上》。
⑤ 《孟子·公孙丑下》。
⑥ 《孟子·离娄上》。

　　与孔孟相比,荀子对法要重视得多。例如他说,"君人者,隆礼尊贤而王,重法爱民而霸"①,"人无法则伥伥然"②,"治之经,礼与刑,君子以修百姓宁"③。在荀子看来,"礼者,法之大分,类之纲纪也"④。在他那里,礼虽然高于法,但它们已经不是矛盾的了。他讲的"重法"的"法",就阶级内容来说,与法家讲的"法",也是一致的了。荀子认为:"法不能独立,类不能自行"⑤,"无君子,则法虽具,失先后之施,不能因事之变,足以乱矣"⑥,也是有一定道理的。因为,法律的制定和执行,总是离不开人的。即使有比较好的法律,如果国君卿相无德无才,仍然是治理不好国家的。但是,荀子因为这一点,就认为:"有治人,无治法""法者,治之端也;君子者,法之原也"⑦。"故有良法而乱者,有之矣;有君子而乱者,自古及今,未尝闻也"⑧,"无君子,则天地不理,礼义无统,上无君师,下无父母,夫是之谓至乱"⑨。这样极力夸大"圣人""君子"的作用,则是错误的。与孔孟一样,他也是把整个国家的治与乱,系于所谓圣君贤相身上。

　　这些事实说明,孔、孟、荀都不是主张法治的,也不是主张人治与法治相结合的,而是主张人治的。他们都把国家的兴亡治乱,系于国君是否贤明。认为出现了这样的贤明的国君,国家就会治;没有这样贤明的国君,国家就会乱,即所谓"人存政举,人亡政息"。这样的贤明的国君主要是用"礼"和"德"来进行统治,但也不是不要法,而是高于法。先

---

① 《荀子·大略》。
② 《荀于·修身》。
③ 《荀子·成相》。
④ 《荀子·劝学》。
⑤ 《荀子·君道》。
⑥ 《荀子·君道》。
⑦ 《荀子·君道》。
⑧ 《荀子·王制》。
⑨ 《荀子·王制》。

秦法家也并不否定所谓"圣主""贤君"的作用。例如韩非在谈到"势"的时候说，一个国君只有"势"还不行，还必须有"材"，龙蛇可乘云雾游，因"龙蛇之材美之也"，蝘蜓不能乘云雾游，因"蝘蜓之材薄也"①，用来说明尧与桀虽然都有"势"，何以会一治一乱的道理。但是，他们反对儒家把国家的兴亡治乱，完全系于"圣主""贤君"身上的主张。他们认为，尧、舜那样的"圣主""贤君"来治国，好是好，但尧、舜那样的"圣主""贤君"要"千世"才出现一个，怎么等得及呢？ 如果硬要等，就好像一个饥饿的人，宁可饿着肚子等好的肉吃，要不了多少天，他就会死去的。"今待尧、舜之贤乃治当世之民，是犹待粱肉而救饿之说也"②，这是不切实际的。而且，"释法术而任心治，尧不能正一国。去规矩而妄意度，奚仲不能成一轮……使中主守法术，拙匠执规矩尺寸，则万不失矣。"③就是说，即使出现尧、舜那样的圣主贤君，如果不搞法治，办事没有个准绳，完全凭"心治"是治理不好国家的。而一个只有中等才能的国君，只要"守法术"，"使法择人"，"使法量功"，"唯法为治"，"以法治国"，也可以把国家治理好。

韩非说，"法者，编著之图籍，设之于官府，而布之于百姓者也……故法莫如显"。④ 就是说，为了实行法治，就要改变过去那种"法不可知，威不可测"的局面，把法律公布出来，让大家都知道可以做什么、不可以做什么。而且，法律条文要"明白易知"，使"愚知（智）稿（遍）能知之"，这样就会"吏不敢以非法遇民，民又不敢犯法"⑤。他们还主张

---

① 《韩非子·难势》。
② 《韩非子·难势》。
③ 《韩非子·用人》。
④ 《韩非子·难三》。
⑤ 《商君书·定分》。

"法不阿贵","刑无等级","不别亲疏,不殊贵贱,一断于法"①,即使是"卿相、将军以至大夫"犯了法,也都"罪死不赦"②。特别难能可贵的是,他们还主张"君臣上下贵贱皆从法"(《管子·任法》),"明君置法以自治,立仪以自正"③,"不为君欲变其令,令尊于君"④。就是说,国君也要遵守法律,受法律的制约。先秦法家的这些主张,与孔孟主张的"贵贵""亲亲",以礼"定亲疏,决嫌疑,别同异,明是非"⑤,是完全不同的。

归纳起来,儒家的人治主张与法家的法治主张的根本对立,主要表现在以下三个方面:(一)儒家认为,一个国家是兴旺发达还是衰败没落,在于国君是否贤明,而不在于法律制度的有无和好坏;法家则反对这种看法,认为一个国家的治与乱、兴与亡,关键不在于是否有贤明的国君,而在于要制定并严格执行一套比较完备的适合实际情况的法律制度;(二)儒家主张实行"礼治",认为"治人之道,莫急于礼",故孔子极力反对公布成文法;法家则主张把法作为人们一切行为的准则,社会上发生的争执和诉讼都要"一断于法",故主张公布成文法;(三)儒家主张"礼有差等","礼不下庶人,刑不上大夫","法不加于尊";法家则相反,主张"刑无等级""法不阿贵","君臣上下贵贱皆从法"。这说明,尽管法家主张的法治,主要是为了更有效地统治当时的劳动人民;但在封建制与奴隶制激烈斗争的时代,主张实行地主阶级的法治,反对奴隶主贵族的人治,在一定程度上限制了奴隶主贵族的特权和恣意专横,是有历史进步作用的。

法家的法治主张,从管仲、李悝等起,经过慎到、申不害、商鞅,最后

---

① 《史记·太史公自序》。
② 《商君书·壹言》。
③ 《管子·任法》。
④ 《管子·法法》。
⑤ 《礼记·曲礼》。

到韩非,也是有发展变化的。而且,就他们主张的本身来说,也是有矛盾的。例如,管仲既主张国君要受法律的制约,又认为"生法者君也"①;韩非主张法治,但又主张"主威之重,主势之隆"②,认为"君无术则蔽于上,臣无法则乱于下,此不可一无,皆帝王之具也"③。既然"生法者君也",法是"帝王之具",那么,在实际上,法也就不可能约束国君,国君也就可以随心所欲"变其令"。这样,他们的主张,就与孔、孟、荀的人治主张,有了一定的共同点。应当说,这在当时的历史条件下,是很难避免的。试想,在当时,法不"生"于君,又由谁来制定呢? 法不是"帝王之具",帝王们根本就不会让你去变法。这种历史条件就决定,法家的法治主张是不可能真正实现的。

三

西方资产阶级在反对封建专制主义的斗争中,有两个重要的思想武器,一个是民主,一个就是法治。他们把两者紧密地结合在一起,以民主作为法治的基础,以法治作为民主的保障。他们运用这两个武器,同封建专制主义进行了长期的生死斗争,终于取得了资产阶级革命的胜利,在人类历史的进程中开辟了一个新的时代。资产阶级的法治论,并不是资产阶级革命的某些思想先驱凭空制造出来的,而是已经成熟了的客观经济、政治条件的产物。

资产阶级法治的对立面,是"朕即国家"的封建专制主义的人治。英国的詹姆斯一世宣扬"皇帝来自上帝,法律来自国王",法国国王路易十六说"法国的统治权全在我一身;唯吾有立法之权,唯吾有维持秩

---

① 《管子·任法》。
② 《韩非子·爱臣》。
③ 《韩非子·定法》。

序之权",就是这种封建专制主义人治的代表性言论。洛克、孟德斯鸠、卢梭等资产阶级启蒙思想家,曾经深刻地揭露和批判过这种反动的人治。孟德斯鸠指出:"专制政体的性质是:一个单独的个人依据他的意志和反复无常的爱好在那里治国","在专制国家里,法律仅仅是君主的意志而已"。① 卢梭也指出:"暴君是一个违背法律干预政权而依照法律实行统治的人;专制主则是一个把自己置于法律本身之上的人","凡是实行法治的国家——无论它的行政形式如何——我就称之为共和国"。② 他们有的主张君主立宪,有的主张实行共和,但不管采用哪种政体,"政府所有的一切权力",都"不应该是专断的和凭一时高兴的,而是应该根据既定的和公布的法律来行使"。③ 资产阶级革命家罗伯斯庇尔也曾提出,"人民是主权者,政府是人民的创造物和所有物,社会服务人员是人民的公仆","法律是人民意志的自由而庄严的表现"。④ 资产阶级法治和封建专制主义人治的根本区别,归纳起来大致有以下几个方面:针对"君权神授"和"主权在君",资产阶级提出了"天赋人权"和"主权在民";针对封建主义的君主专制,资产阶级提出了立法、行政、司法"三权分立",提出了普选制、议会制;针对封建君主的"罪刑擅断主义"和法外专横,资产阶级提出了"罪刑法定主义"和"法无明文不为罪,也不受罚";针对封建法律公开维护以皇权为中心的等级和特权,资产阶级提出了自由、平等、博爱的口号,主张"法律面前人人平等";针对封建主义的"皇权至上",资产阶级提出了"法律至上",认为法律具有至高无上的权威,任何社会组织和个人都不能凌驾

---

① [法]孟德斯鸠:《论法的精神》上册,张雁深译,商务印书馆1961年版,第19、66页。
② [法]卢梭:《社会契约论》,何兆武译,商务印书馆2003年版,第112、48页。
③ [英]洛克:《政府论》下篇,叶启芳、瞿菊农译,商务印书馆1964年版,第86页。
④ [法]罗伯斯庇尔:《革命法制与审判》,赵涵舆译,商务印书馆1965年版,第138页。

于法律之上,国家统治权的行使,必须以法律为根据。

那么,资产阶级讲法治,是不是否定了人的作用呢?当然没有。资产阶级实行议会制,只是否定君主立法,而由选举产生的资产阶级代表人物集体行使立法权;资产阶级搞"司法独立",只是否定君主"罪刑擅断",而由资产阶级的各级法官行使司法权;资产阶级主张法律具有至高无上的权威,只是否定封建君主或某些官吏高居法律之上,以便体现资产阶级意志的法律在全国上下得到一体遵行,而并不否定他们的总统、总理和各级官吏行使法律赋予的职权。美国马萨诸塞州宪法明文规定:"本州政治是依法而非依人而治"。"依法而非依人而治",即法治;但"依法而非依人"并不否定人的作用。因为,"依法",谁去"依"呢?当然是人。"依法而非依人",只是"非依"个别长官与法律相悖的意志和命令,而"依"体现整个资产阶级意志的"法"。在那里,州长和议员们可以不断更换,但他们的"法"却不因这些人的更换而改变。谁上台执政,都要"依"他们既定的"法"。这样的规定,并没有妨碍资产阶级的各级官吏忠实地积极地为垄断资产阶级服务。可见,人治与人,法治与法,虽然有一定的联系,但毕竟是两组具有特定含义的概念,既不能等同,也不能混淆。人治的"人",不是一般的人,而是特定的人,是所谓圣主贤君或国家的领袖人物;人治,也不是一般地讲国家领导者有重要的作用,而是把国家的兴亡治乱系于国君是否贤明,或者由国家的主要领导者来决定国家的命运。法制,是指法律制度;而法治,则是指统治阶级要以法治国,要有完备的法律,法律要有极大的权威,任何人都必须依法办事。

四

在社会主义制度下,虽然无产阶级和广大人民群众是国家的主人,但仍然存在着是搞法治还是搞人治这样两种根本不同的治国方法之争。我国几十年来法制建设所走过的曲折的道路,就与这个问题是否得到正确认识和处理密切相关。

在新中国成立前夕和新中国成立初期,我们党的一些负责同志的讲话和一些重要文件,对法治都未否定。在新中国成立以后的几年内,我们制定了宪法和一大批法规,全国上下也比较注意依法办事。

法律能否严格执行,是衡量一个国家是否实行法治的重要标志。我国在一个时期里存在过的那种认为办事可以依人不依法、依言不依法的观点和做法,同历史上的人治思想虽然有很大的不同,但也确有某些类似之处。这种思想,正是封建专制主义和家长制的余毒在我们一部分干部头脑中的反映,对无产阶级专政和社会主义制度是极为有害的。林彪、"四人帮"之所以能够上台,一个重要原因就是钻了我国法制不健全的空子。他们的罪恶行径说明,在实行人治的情况下,是没有什么法治的。那种认为既没有单纯的人治,也没有单纯的法治,任何时候都是人治与法治相结合的说法,是不符合事实的。因为,总不能够说,在林彪、"四人帮"横行时期,也是实行人治与法治相结合的吧?

有的同志可能会说,你们如此强调法治,是不是主张法律万能呢?当然不是。我们认为,对于治理国家来说,法律是极为重要的,但不是万能的。我们认为,实行法治,与坚持党的领导,是完全一致的。因为,党的领导主要是通过方针政策进行领导。我们国家的法律,就是党的方针政策的具体化和条文化。严格地执行法律,就是坚持党的领导。我们反对人治、主张法治,也并不否定党和国家的领袖人物在治理国家中的重要作用。实行法治,一切依法而行,人人遵守法制,才能做到令行禁止,有效地发挥这些领袖人物的聪明才智,顺利地开展各项工作,真正把国家治理好。同样的,我们主张法治,也并不否定政治思想工作、教育工作等的重要作用。我们只是认为,要做好这些工作,也要有章可循,依法而行。总之,我们主张实行法治,就是要在我们国家里,使民主制度化、法律化,真正做到"有法可依,有法必依,执法必严,违法必究"。

第二十章　法治与法制的区别与联系

第一节　法律与制度问题是国家
长治久安的根本问题①

　　邓小平同志运用历史唯物主义原理,深刻地总结了新中国成立以来正反两方面的经验,特别是"文化大革命"的教训,在党的思想建设上,第一次鲜明地、尖锐地提出了一个十分重要的理论问题,即:要治理好一个国家,究竟是少数领导人的作用更重要,还是制度的作用更重要? 他认为,"制度是决定因素"②。他在谈到如何总结新中国成立以来的历史经验时指出:"单单讲毛泽东同志本人的错误不能解决问题,最重要的是一个制度问题。"③在回答意大利记者奥琳埃娜·法拉奇提出的我们今后"如何避免类似'文化大革命'那样的错误"这一问题时,小平同志又说:"这要从制度方面解决问题。我们过去的一些制度,实际上受了封建主义的影响,包括个人迷信、家长制或家长作风,甚至包括干部职务终身制。我们现在正在研究避免重复这种现象,准备从改革制度着手。我们这个国家有几千年封建社会的历史,缺乏社会主义

---

① 本部分内容曾刊载于《资料与文稿》1982 年第 23 期,收入本书时略有修改。
② 《邓小平文选》第二卷,人民出版社 1994 年版,第 308 页。
③ 《邓小平文选》第二卷,人民出版社 1994 年版,第 297 页。

的民主和社会主义的法制。现在我们要认真建立社会主义的民主制度和社会主义法制。只有这样，才能解决问题。"①在《党和国家领导制度的改革》这篇重要讲话中，小平同志又指出：我们过去发生的各种错误，包括"文化大革命"这样的严重错误在内，固然与某些领导人的思想、作风有关，但制度方面的问题更重要。他说："不是说个人没有责任，而是说领导制度、组织制度问题更带有根本性、全局性、稳定性和长期性。这种制度问题，关系到党和国家是否改变颜色，必须引起全党的高度重视。"②

为什么说要治理好一个国家，制度问题更带有"根本性"呢？这可以从两个方面来看。首先，制度通常是由统治阶级的集体通过一定的程序共同制定出来的，因此，它总是统治阶级集体智慧的结晶。如果一个国家有一整套比较完善的制度，并且严格按照制度办事，这实质上也就是依靠统治阶级的集体智慧来治理国家。国家的领导者是否贤明，对治理国家当然有一定的作用；但是领导者个人的聪明才智终究有很大的局限性，其作用是无法同体现集体智慧的制度相比的。其次，从制度和人的相互作用来说，由于法律和制度都要靠人去制定和执行，因此领导者的好坏对法律和制度是起一定作用的；但是，制度的好坏却起着更重大的作用。因为，制度好，可以使好人能更好地发挥自己的作用，使德才兼备的干部大量涌现出来；也可以使坏人无法任意横行或比较易于被群众识别。制度不好，可以使好人无法充分做好事，甚至会走向反面；也可以使坏人更加肆无忌惮地为所欲为，或者玩弄两面派手法以售其奸。在制度和人的相互促进、相互制约的关系中，制度对人的影响具有决定性意义。因为，在正常的情况下，制度的制定应由统治阶级的

---

① 《邓小平文选》第二卷，人民出版社1994年版，第348页。
② 《邓小平文选》第二卷，人民出版社1994年版，第333页。

集体来决定,而不是由领导者个人说了算。因此,领导者个人对制度的影响应该是有限的。如果一个国家其制度的有无与好坏,全凭一两个领导者的意志来决定,那这个国家就是陷入了极端的个人专制与独裁的境地。在近代的历史条件下,这样的国家就一定会衰败没落。

为什么说要治理好一个国家,制度问题更带有"全局性"呢? 这也可以从两个方面来看。首先,制度总是体现着统治阶级的整体利益;制度是没有感情的,不偏私,有它自身的"公正性"。如果一个国家有比较完善的制度并严格依照制度办事,那么国家权力的行使就能符合统治阶级的整体利益。领导者个人则不然。全心全意、始终如一地为自己阶级的整体利益而工作的领导者固然有,但是谁也不能保证领导者个个都如此。如果领导者为自己的权力所诱惑而滥用权力,或者被自己的私心所驱使而为非作歹,其危害就不是局部性的,而必然是全局性的。其次,从制度和领导者对国家事务与社会生活的影响来看。如果一个国家有一整套好的制度,上自国家政治、经济、文化的根本大事,下至黎民百姓的日常生活,各级国家工作人员和广大人民群众,都有规章可依,有制度可循,国家的治理就有了基本保证。在正常情况下,领导人只能在法律和制度允许的范围内活动,以发挥自己的聪明才智;他们不可能也不应该规划一切、指挥一切;人民群众也不可能时时、事事都按领导者的意见去做,特别是国家大事,更不应该只是领导者个人说了算。因此,领导者的作用不可能有制度的作用那么重大、那么经常、那么广泛。

为什么说要治理好一个国家,制度问题更带有"稳定性"呢? 这是因为,法律和制度一般地说是客观规律的反映,具有一定的稳定性,不能也不会朝令夕改。如果一个国家建立一整套比较科学的、符合客观实际的制度,并且能够严格按照制度办事,国家机器的各个部分就能各得其所,各尽其应尽的职能;人民的政治、经济、文化生活就能有组织、有秩序地进行;国家就能稳定地得到发展,社会就不会动荡不定。与制度具有稳定性这一特点不同,领导者的思想、意见、主张、办法因经常受到主观与客观各种因素的影响而往往变化不定,可能今天是这样,明天又是那样。如果治理国家不是主要依靠法律和制度而是主要依靠领导者的意见、主张行事,国家就不能稳定地得到发展。这一点,历史上的很多进步思想家也是十分重视的。比如,卢梭就说过,一个国家如果不是依法而是依人而治,国家的治理"全视作为统治者的君主或其统治的代理人的性格而定",那么国家"便不能长期有一个固定的目标,也不能有一贯的行动。这样变化多端永远会使得国家动荡不定,从一种准则转到另一种准则,从一种政策转到另一种政策"[①]。

为什么说要治理好一个国家,制度问题更带有"长期性"呢?这是由制度具有"连续性"这一特点决定的。在通常情况下,制度不应该也不允许因领导人的改变而改变,即制度的存在和效力并不以领导人的去留为转移。尤其是国家制度、法律制度以及文化制度中一些最基本的成分、内容更是如此。历史上有五种社会经济形态,也有与此相适应的五种上层建筑。它们的存在并不以人们的意志为转移。制度的"连续性"首先就是建立在这一客观规律的基础上。从主观方面说,任何一个国家的统治阶级也总是不愿意、不允许制度能够因领导人的改变而随意改变。因此,只要制度搞好了,并保证这种制度具有连续性和权威性,国家的长治久安就有了希望。和制度具有"连续性"这一特点不同,领导人是经常变换的。即使在封建专制主义的君主终身制的情况下,君主也会有生老病死;而按照近代民主制的原则,领导者更会因民

---

① ［法］卢梭:《社会契约论》,何兆武译,商务印书馆 2003 年版,第 96 页。

主选举而变动频繁。如果把治理国家的希望主要寄托在一两个好的领导者而不是一个好的制度上，就不可避免地会出现那种"人存政举、人亡政息"的局面，国家就不可能长治久安。

要治理好一个国家，究竟是人的作用更重要，还是制度的作用更重要，从哲学上说，这是一个坚持历史唯物论，还是坚持历史唯心论的问题。因为，这里所讲的"人"，正如前面所说，并不是指统治阶级的集体，更不是指广大人民群众。而制度则是集中了统治阶级的集体智慧，体现了统治阶级的整体利益。在社会主义条件下，制度更是集中了广大人民群众的聪明才智，体现了他们的共同意志。所以，依靠法律和制度治国，实质上也就是依靠广大人民群众治国。比如，在我国，人民群众有十几亿，这么多的人，怎么去治理国家呢？都当代表，不行；都当领导，更不行。唯一的办法，是通过他们的代表组成立法机关，把他们的意志变为法律和制度，把他们的利益和愿望反映在法律和制度当中。因此，我们说，治理国家制度比人更重要，就是肯定了这样一个历史唯物主义原理：不是一两个领导者决定历史的进程，而是广大人民群众决定历史的命运。

邓小平同志指出："斯大林严重破坏社会主义法制，毛泽东同志就说过，这样的事件在英、法、美这样的西方国家不可能发生。他虽然认识到这一点，但是由于没有在实际上解决领导制度问题以及其他一些原因，仍然导致了'文化大革命'的十年浩劫。这个教训是极其深刻的。"①从本质上说，社会主义的民主与法制，要比资本主义的民主与法制进步得多、优越得多。但是民主与法制本身是否健全，是否具有极大权威，则是另一个问题。资本主义国家的民主与法制，经过了200多年

---

① 《邓小平文选》第二卷，人民出版社1994年版，第333页。

的建设,才达到现在这个样子。社会主义的民主与法制,从它的建立到逐步完善,也需要经历一个很长的过程,要使民主与法制具有极大的权威,更不是在短期内所能够做到的。我们一定要揭露和批判资本主义的民主与法制的阶级本质,但是对于他们的某些成功经验,我们也要学习。像英、法、美这样的资本主义国家,尽管它们的领导者像走马灯一样变动频繁,但他们的基本制度并不因此而动荡不定。主要的原因就在于他们已经建立起了一整套相当完备的民主制度与法律制度,特别是这种制度具有很大的权威,谁也不敢轻易触动它。这对维护资本主义的经济剥削和资产阶级的政治统治是相当有效的。这条经验就值得我们借鉴。马克思主义者的世界观是辩证唯物论。在这个问题上,我们也应当比资产阶级高明,应当更加懂得对于国家的长治久安来说制度是决定的因素这个道理。

可是,新中国成立以后,这个问题并没有得到比较正确的认识和处理。其突出表现是,在很长的一个时期里,在广大的干部和群众中,普遍存在着一种把一个国家、一个地区是否兴旺发达的希望完全寄托在个别领导人身上的思想认识和心理状态,而不懂得法律和制度对治国安邦的决定性作用。在“文化大革命”中,这种片面的、错误的思想认识被林彪、江青一伙所利用,并被发展到顶峰。一方面,他们制造现代迷信,大搞造神运动,宣扬国家的前途和命运完全是由一两个领袖人物所决定;另一方面,他们又拼命鼓吹“砸烂一切规章制度”。而在我们的队伍中,也竟然有不少同志在这种荒谬的“理论”面前,完全失去了批判和抵制的能力。

由于长期以来,我们在理论认识上没有能够很好解决在治国安邦中制度和人的作用这个问题,因而在实践上带来了以下种种危害。

一是不重视法律的制定和制度的建立。“文化大革命”前的 17

年,我们虽然先后制定了 1500 多件法律,但对我们这样一个国家来说,这些仍然是非常不够的,尤其是其中缺少一些最基本的法规。新中国成立 30 年后,我们才制定出刑法和刑事诉讼法;民法从《民法通则》到《民法典》,用了 30 多年;而经济法规、行政法规、劳动法规等,至今还是一些空白领域。与法律制定的状况相适应,制度的建立也是如此。因而,从总体上说,在很长一个时期里,我们的国家基本上是处于一种无法律规章可依、无具体制度可循的状态。

二是不重视法律的修改和制度的革新。由于社会条件和政治、经济形势的变化,法律又不作及时修改,因而过去即使有一批法规,但到后来多数也已经过时而不能运用。制度的改革,情况就更为突出。由于不重视制度的作用,加上长期以来自己看不到,也不许别人讲我们在制度上存在的缺陷,因此,像权力过分集中于个人等制度方面的弊病,始终没有得到根本解决。

三是不重视树立法律和制度的极大权威。长期以来,我们的理论工作、宣传工作、日常政治思想工作,十分重视树立各级领导人的极大权威,而十分轻视树立法律和制度的极大权威。其结果是,权力大于法、一言废法、一言立法的专制主义余毒得以滋长和泛滥;依人不依法、依言不依法的不正常状况几乎成了习惯。"文化大革命"时期,这种状况更是恶性发展,以致法律像废纸一样被践踏,制度像垃圾一样被抛弃,领袖的话成了"圣旨",谁敢说半个"不"字,就可以随意逮捕以致处死。

以上这些弊病,给我们的国家、我们的人民所带来的损失是极其严重的。新中国成立以后,我们所走过的曲折道路,我们所经历的几次严重失误,从根本上说,制度上的严重缺陷是主要原因。这一点,"文化大革命"的教训尤为突出。

　　有的同志提出,法律和制度是由人制定的,也要由人去执行。领导者不好,不可能制定出好的法律和制度;即使有一个好的制度,如果领导者不好,仍然很容易他否定和废弃。因此,在治国安邦中,领导者的好坏具有决定性意义。这种看法似乎有道理,其实是不正确的。因为,要制定一个好的制度,领导者的好坏固然起一定的作用,但决定性因素应该是统治阶级的集体。这本身就是一个民主制度、法律制度是否健全、是否完善的重要问题。同样道理,如果领导者可以不按制度办事,或者可以随意改变、废弃制度,这本身就是制度上的最大弊端。所谓制度的好坏,不仅要看制度是否完备,其内容是否符合客观实际、符合统治阶级的利益;更重要的是,要看这个制度是否具有极大的权威性和必要的稳定性、连续性,要看人们特别是国家领导者是否能够随意违背。

　　有的同志提出,在我们这样一个由共产党领导的社会主义国家,应该是路线决定一切;党的正确的政治、思想路线是治国的根本。这种看法也是似是而非的。因为,党的路线固然非常重要,但党要制定和执行一条好的路线,归根到底,还是受党和国家一些根本制度的有无与好坏所决定。如果党的民主集中制很健全,党的路线的制定和执行,完全是由党的代表大会以及党的中央委员会、政治局的集体意志所决定,而不是以一两个党的领导人的个人意志为转移,就可以基本上保证党的路线的制定和执行不致犯大的、全局性的错误;即使犯了这种错误,也比较容易纠正。党能否制定和执行一条比较正确的路线,也同国家的民主与法制是否健全、完善密切相关。如果党的路线的制定和执行不能严格地、切实地受到各级国家权力机关和广大人民群众的监督,党的路线的正确性也缺少可靠保证。

　　有的同志提出,如果强调治理国家制度问题具有决定性意义,强调制度方面的严重弊端是我们过去犯这样或那样错误的根本原因所在,会不会否定各级领导人的作用,会不会否定我们制度的优越性,因而引起所谓"信仰危机"? 这种担心也是不必要的。我们讲在治国安邦中制度和人的作用问题,是相比较而言,是说究竟哪个方面具有决定性意义,而并不意味着忽视各级领导人,尤其是党和国家领导人对治理国家的重大作用。党需要有自己杰出的、有权威的领袖,要求领导人在自己的职权范围内行使党的权力,在领导岗位上充分发挥他们的作用。但是对于无产阶级革命事业来说,一个人的天赋再高、能力再强、经验再多,也是有限的;况且每个人总有他自己固有的弱点和缺点,这就是人之所以是人而不是神。从整个社会历史的发展过程来看,随着人类文明的不断发展、进步,制度对社会生活的影响,将越来越显示出它的重要性。在这种历史条件下,更不可以把无产阶级领袖人物的作用,置于整个社会主义制度的作用之上。特别需要注意的是,领袖人物的正确识别、挑选、培养、使用,更同制度不可分离。封建社会君主是世袭的,社会主义社会就决不允许这样做。过去我们党内存在过的那种由个人指定接班人的制度,就带有浓厚的封建色彩。实践也一再表明,这种做法没有一次不是失败的。可见,无产阶级领袖人物的识别、挑选一定要反映广大党员、广大人民的愿望,一定要依靠、遵循党和国家的健全的民主集中制。我们讲,我们的国家在制度上还存在着许多缺陷和弊端,并不是说我们的制度不是社会主义的,也不是意味着社会主义制度还不如资本主义制度优越。这是两个完全不同的问题。只要我们注意把这一点交代清楚,人们是不会误解的。在部分群众尤其是少数青年中存在的所谓"信仰危机",是由多种因素造成的,需要我们从各个方面进行卓有成效的工作。对我们的制度进行认真的改革,也有利于这一问题的解决。

现在,摆在全党和全国人民面前的一项重要任务,是要对现行制度的弊端进行有计划、有步骤而又坚决彻底的改革,以进一步健全、完善我们国家的领导制度、民主制度、法律制度、干部制度以及各个方面的组织制度和工作制度。这是保证我们国家能够长治久安的百年大计。正如邓小平同志所指出的，"只有对这些弊端进行有计划、有步骤而又坚决彻底的改革，人民才会信任我们的领导，才会信任党和社会主义，我们的事业才有无限的希望"。① 而我们要做好这项工作，一个重要条件，就是要在理论上真正搞清楚制度对治国安邦的决定性作用，并大力宣传这一历史唯物主义论点。只有这样，我们才能统一全党的思想，提高广大干部和群众的认识，为改革好各方面的制度奠定一个必不可少的理论基础和思想基础。

第二节　关于法治与法制的区别②

党的十五大报告第一次在党的纲领性文件中明确提出了"依法治国，建设社会主义法治国家"这一治国方略和奋斗目标，具有非常重大的意义。在1996年八届全国人大四次会议通过的重要文件上，这一根本方针和奋斗目标的提法是"依法治国，建设社会主义法制国家"。

"法制"与"法治"这两个概念，既有联系又有区别。其联系是建设社会主义法治国家，必须要有健全完备的社会主义法律制度，它是实行法治的一个重要条件。但是这两个概念又是有区别的。其区别主要表现在以下三个方面。

一、"法制"与"法治"这两个概念的用法历来不同

"法制"一词，学术界虽然众说纷纭，但绝大多数人所认同的基本

① 《邓小平文选》第二卷，人民出版社1994年版，第333页。
② 本节内容原载于《人大工作通讯》1998年第8期，署名为李步云、陈贵民。

含义,是指法律和制度,或法律制度。也就是说"法制"是法律制度或法律和制度的简称。

我国古代的"法制"由"法"(主要指刑事、行政等法律方面的规范)与"制"(偏重典章制度)组合而成,就是指法律和制度。新中国成立后,最早明确提出法制概念的是董必武同志。1957 年 3 月 17 日,董必武同志在军事检察院检察长、军事法院院长会议上指出:"有人问,究竟什么叫做法制? 现在世界上对于法制的定义,还没有统一的确切的解释。我们望文思义,国家的法律和制度,就是法制。"①他的这一理解实际上得到了广泛的赞同和使用。我们认为还是把"法制"理解为"法律制度"的简称较为准确。所谓"健全法制",即建立齐全完备的法律制度。而法律制度是相对于政治制度、经济制度、文化制度、军事制度等社会的各项基本制度而言的。然而"法治",却从来都是相对于"人治"而言的。没有"人治",就没有"法治",反之亦然。古今中外,包括我们党内,从来都是这么用的。

"人治"与"法治"是两种根本对立的治国理论、原则和方法。作为一种治国的理论,它们所回答的问题是:一个国家的长治久安和兴旺发达,究竟主要应当依靠建立一个完善的法律制度,还是应该寄希望于一两个贤明的政治领导人。这种争论由来已久。在古希腊,柏拉图主张"贤人"政治,是典型的"人治论"。与之相反,亚里士多德在西方第一次经典地论述了他的法治理论。我国的春秋战国时期,代表新兴地主阶级政治利益的法家主张法治,而代表没落奴隶主阶级政治利益的儒家则主张人治。建立在民主基础上的近现代意义上的法治,是资产阶级革命的产物。在西方,法治作为一种治国理论,反映在资产阶级启蒙

---

① 董必武:《论社会主义民主和法制》,人民出版社 1979 年版,第 153 页。

思想家的著作中；作为一种社会实践，则体现为西方法治国家的一些制度和原则。比如，法律至上、主权在民、法律面前人人平等以及三权分立等。1780 年的马萨诸塞州宪法就曾规定：该州实行三权分立，"旨在实现法治政府而非人治政府"。我国的近代思想家，从黄宗羲、梁启超到孙中山，都针对封建专制主义的"人治"，提出了实行法治的思想。如黄宗羲提出要以"天下之法"取代"一家之法"，"有治法而后有治人"；梁启超主张讲"法治主义"；孙中山更是提出了一系列属于近代的法治思想和原则。

在我们党和国家的历史上，对于法治问题的认识，曾经历过一个曲折的过程。延安时期，毛泽东同志在回答黄炎培关于共产党执政后如何跳出历史周期率的提问时，曾指出："这条新路，就是民主。只有让人民来监督政府，政府才不敢松懈，只有人人起来负责，才不会人亡政息"①。新中国成立后到 1956 年，民主法制建设发展顺利，"法治"一词也还是使用的。但后来，"左"的指导思想与方针开始抬头并愈演愈烈，法治思想削弱，人治思想上升。后来发展到"法治"被视为资产阶级的口号而加以摒弃，"法治"遂成为研究的禁区。

党的十一届三中全会以来，邓小平同志总结国际国内正反两方面的经验教训，就如何才能保证国家的长治久安和兴旺发达的问题发表了一系列精辟的见解和科学的论断，全面而深刻地阐述了他的法治思想。他在党的十一届三中全会的讲话中说："为了保障人民民主，必须加强法制。必须使民主制度化、法律化，使这种制度和法律不因领导人的改变而改变，不因领导人的看法和注意力的改变而改变。"②在《党和国家领导制度的改革》一文中，他指出："我们过去发生的各种错误，固

①　黄炎培：《延安归来》，东北书店 1946 年版，第 30 页。
②　《邓小平文选》第二卷，人民出版社 1994 年版，第 146 页。

然与某些领导人的思想、作风有关,但是组织制度、工作制度方面的问题更重要。这些方面的制度好可以使坏人无法任意横行,制度不好可以使好人无法充分做好事,甚至会走向反面。即使像毛泽东同志这样伟大的人物,也受到一些不好的制度的严重影响,以至对党对国家对他个人都造成了很大的不幸。"①他还说,"斯大林严重破坏社会主义法制,毛泽东同志就说过,这样的事件在英、法、美这样的西方国家不可能发生。他虽然认识到这一点,但是由于没有在实际上解决领导制度问题以及其他一些原因,仍然导致了'文化大革命'的十年浩劫。这个教训是极其深刻的。不是说个人没有责任,而是说领导制度、组织制度问题更带有根本性、全局性、稳定性和长期性。这种制度问题,关系到党和国家是否改变颜色,必须引起全党的高度重视。"②后来,邓小平同志在谈到中国政治体制改革需要解决的根本问题时曾提出,要"处理好法治和人治的关系"③。邓小平同志这些精辟分析,归结到一点,就是只有实行法治,才能保证国家的长治久安和兴旺发达。邓小平同志还在不同场合和从不同角度一再反对和批判那种把国家的前途和命运寄托在一两个人威望之上的人治思想。

以江泽民同志为核心的党的第三代中央领导集体,也是在与"人治"相对立的意义上使用"法治"或依法治国这一概念。如江泽民同志曾郑重宣布和庄严承诺:"我们一定要遵循法治的方针"。④

二、"法制"与"法治"这两个概念的具体内涵有很大区别

"法制",或称法律制度,通常是指一个国家的一套法律以及相关

①　《邓小平文选》第二卷,人民出版社 1994 年版,第 333 页。
②　《邓小平文选》第二卷,人民出版社 1994 年版,第 333 页。
③　《邓小平文选》第三卷,人民出版社 1993 年版,第 177 页。
④　《江泽民等答中外记者问》,《人民日报》1989 年 9 月 27 日。

的各项制度,包括制定和实施法律的一整套制度如立法制度、司法制度等。"法治"作为一种治国的理论,主张国家的长治久安和兴旺发达,关键的因素和条件不在于领导人是否贤明,而在于法律与制度的有无与好坏。这是法治这一概念的应有之义,是它的精髓。而"法制"这一概念并不涉及这个问题。同时法治是与人治相对的一整套治国的原则和方法,它有自己的一系列具体内容和要求。一个国家有自己的一套法律和制度,但如果不具有法治所要求的一套原则,那也只有法制而无法治。人们一般认为,法治包括这样一些原则或内容:(1)要有良好的法律。亚里士多德提出:"法治应包含两重意义:已成立的法律获得普遍的服从,而大家所服从的法律又应该本身是制订得良好的法律。"①它应该反映多数人的智慧,尤其重要的,它应是正义的法律。(2)法律要有极大的权威。法律如果没有权威,那只能是掌权者个人的权威,他甚至可以以言废法,这显然与法治的本意相去甚远。潘恩指出:"在专制政府中国王便是法律,同样地,在自由国家中法律便应该成为国王"。②戴雪关于法治的三项标准中的第一条即:法律具有至尊性。(3)法律面前人人平等。亚里士多德提出实行法治以反对专横与特权:"一切政体都应订立法制并安排它的经济体系,使执政和属官不能假借公职,营求私利"。③洛克指出:"法律不论贫富、不论权贵和庄稼人都一视同仁,并不因特殊情况而有出入"。④我国古人更有"王子犯法与庶民同罪"的名言。

现在讲法治,还必然得包括这两项内容:(1)必须建立在民主基础之上。"人民主权"或"主权在民"是现代国家的一项基本原则,在人民

① [古希腊]亚里士多德:《政治学》,商务印书馆1965年版,第199页。
② [美]潘恩:《常识》,马清槐译,商务印书馆1959年版,第54页。
③ [古希腊]亚里士多德:《政治学》,商务印书馆1965年版,第269页。
④ [英]洛克:《政府论》下篇,叶启芳、瞿菊农译,商务印书馆1964年版,第88页。

与政府的关系上,"人民是主权者,政府是人民的创造物和所有物,社会服务人员是人民的公仆。"①现代国家一般都通过"代议制""普选制"等来实现人民主权,并保障公民的各项权利。在经济制度方面,通过主体自主、平等竞争的市场经济来体现民主,创建民主的社会基础,在我国还通过社会主义公有制来保证民主的真实性,而社会主义市场经济被公认为是社会主义民主的经济基础。对法律自身来讲,立法、执法和司法的各个环节都应该是民主的。尤其是立法,其内容必须实际地体现民主的精神和原则,为此立法程序也必须是民主的;执法过程应该强调相对人或公众参与;司法应坚持公开、辩护、回避等一整套民主原则。(2)要有分权,包括建立完善的权力制约机制和监督制度,反对权力过分集中在少数人手里。孟德斯鸠认为,"从事物的性质来说,要防止滥用权力,就必须以权力约束权力。"②孙中山先生也提倡五权分立的以权力制约权力的原则,主张人民享有选举、罢免、创制、复决四大权利,以实现"以权利制约权力"。从某种意义上说,权力分立与对权力的制约是法治的支撑点,离开了这一点,极容易形成权力集中而置法律于不顾的人治局面。而司法机关依法独立行使审判权和检察权显得尤其必要,因为法律的适用是由司法机关进行的。

以上这些法治原则,在邓小平同志的著作中,在党和国家的文件中,都依社会主义的理想与现代文明的精神,有精辟的和全面的论述。一个国家即使有法律制度,如果没有实现这些原则,也不是法治。

三、有法律制度不一定有法治

例如,蒋介石国民党统治的旧中国,有"六法全书",但由于蒋介石

①　[法]罗伯斯庇尔:《革命法制与审判》,赵涵舆译,商务印书馆 1965 年版,第138 页。
②　[法]孟德斯鸠:《论法的精神》上册,张雁深译,商务印书馆 1995 年版,第 154 页。

搞个人独裁,法律不正义,法律之外有大量专横现象,因此只有法制而没有法治。希特勒德国也是这样,虽然它存在着名义上的法制,实质上却是搞法西斯独裁,而其法律又是不正义的。在 20 世纪 30 年代,德国有一项法律制度"根据健全的大众感情认为应予惩罚"的任何行为都可作为犯罪予以惩罚。① 而臭名昭著的纽伦堡法,为了"保护"所谓的日耳曼人的高贵血统和荣誉,将矛头直接指向了其他种族,尤其是犹太人,剥夺了他们应该享有的最基本的人权。而二战后著名的纽伦堡审判,就将纳粹德国的"恶法"当作了审判的对象,从而恢复了人间的正义。② 有的同志说,我们不是有十六字方针吗?"有法可依,有法必依,执法必严,违法必究",提法已经很全面,因此法治的提法没有什么新的意义。我们认为十六字方针与法治的含义相比,是远远不够的。不可否认,十六字方针对我国的法制建设起过很大作用,也含有法治的一些意义,比如要求做到法律比较齐全、严格依法办事等。但是这十六个字放在古代也大致是适用的。我们说现在倡导的应是现代法治。例如,我们应当有体现社会主义本质和时代精神的良好法律,法律应建立在民主的基础上,要贯彻分权制约的原理,要充分保障人权等。因此,法治的含义比十六字方针要丰富和深刻得多,包含了许多十六字方针所不曾包含的基本要求,因而是不可替代的。

提倡法治究竟有什么现实意义呢? 它为什么会受到人们的普遍欢迎呢? 我们说,提倡法治具有非常大的针对性,理由如下:(1)将国家的长治久安和兴旺发达寄托在少数人身上,是我国过去民主与法制不健全的原因之一。倡导法治,反对人治,就是要树立一个指导思想,即

---

① 参见[美]伯尔曼:《法律与革命:西方法律传统的形成》,贺卫方、高鸿钧、张志铭、夏勇译,中国大百科全书出版社 1993 年版,第 29 页。

② 参见刘军宁:《公共论丛:经济民主与经济自由》,载刘军宁等编:《经济民主与经济自由》,生活·读书·新知三联书店 1997 年版,第 94、95 页。

保证国家的兴旺发达和长治久安,关键是要建立一整套良好的有权威的法律制度,而不能把希望主要寄托在一两个领导人的英明和威望上面。正如邓小平同志所说:"如果一个党、一个国家把希望寄托在一两个人的威望上,并不很健康。那样,只要这个人一有变动,就会出现不稳定。""一个国家的命运建立在一两个人的声望上面,是很不健康的,是很危险的,不出事没问题,一出事就不可收拾。"①(2)实行法治,就是要树立法律的权威,反对权大于法,反对个人说了算。权大于法,容易形成个人专制,容易使领导人的错误难于纠正,容易滋生腐败现象,从而使人民的权利和利益受损,导致法治的价值失落。所以明确倡导法治,反对人治,不仅具有现实意义,而且会得到人民群众的衷心拥护。

第三节　从"法制"到"法治":二十年改一字

一些同志认为,党的十一届三中全会以来,学术界才明确提出我国应实行以法治国的方针,并从理论与实践的结合上对此作了比较全面、系统的论述,但是,第一个提出法治与人治问题的是北大法律系前主任陈守一教授。1978 年 10 月,中国社会科学院法学研究所曾在北京市高级人民法院大法庭召开过一次学术研讨会。这是我国法学界"思想解放"、突破以往"理论禁区"的第一次学术会议。陈守一同志在发言中曾提出:"文革"前,主导思想是要人治不要法治,这样看究竟对不对,值得研究(大意如此)。然而,他只是提出问题,并未表明与阐述自己的观点。应当说,法学界思考法治与人治问题是从这次会议守一同志提出问题后开始的。据我的记忆,第一个公开发表文章探讨法治与

---

① 《邓小平文选》第三卷,人民出版社 1993 年版,第 272、311 页。

人治问题的是王礼明同志。他在 1979 年 1 月 26 日《人民日报》发表过一篇题为《人治和法治》的文章,主张法治。

　　1979 年 9 月,中国社会科学院在北京召开了"庆祝中华人民共和国成立 30 周年学术讨论会"。《论以法治国》是我提交给这次会议的论文。文章的第一个标题是"以法治国是历史经验的总结",观点是"只有实行以法治国,才能切实保障人民的民主权利,真正体现我们的国家是人民群众当家作主";"只有实行以法治国,才能防止林彪、'四人帮'一类野心家篡党夺权的阴谋得逞,巩固无产阶级专政";"只有实行以法治国,才能高速度地发展生产力,顺利地建设社会主义的现代化强国"。第二个标题是"克服以法治国的思想障碍"。观点是:"要实现以法治国,就必须彻底改变那种把以法治国同党的领导对立起来的错误观念";"要实现以法治国,还必须彻底改变那种'无产阶级要人治,不要法治'的错误观念";"要实现以法治国,还必须在全党和全国人民的心目中牢固地树立起法律具有极大权威的正确观念"。第三个标题是"健全法律制度,实现以法治国",内容包括:"全面加强立法工作。尽快地制定出一整套完备的社会主义法律,是实现以法治国的前提";"所有国家机关和党的各级组织,全体公职人员和公民都严格依法办事是实现以法治国的关键";"认真搞好党政机关的分工与制约,切实保障司法机关的独立性,是实现以法治国的组织保证"。全文共 1.8 万字。参加这次研讨会的共 500 多人。法学组的会议地点在公安部的一个大会议室,70 余人与会。9 月 30 日上午,我在法学组会议上就这篇论文的观点作了发言;研讨会印发了这次发言的简报。法学组的讨论实际上是围绕以法治国这个重要问题进行的。与会者一致反对要人治不要法治的传统观念和实际做法。但在是否应倡导法治反对人治、法治与人治是否应结合、以法治国概念与提法是否科学等问题上,意见分歧比较明显。

《光明日报》看中了这篇文章,但又不放心,于是征求中央有关部门的意见。当时在全国人大法制委员会工作的高西江同志告诉我,他是被征求意见者之一,并表示完全赞同这篇文章的观点。然而《光明日报》还是提出要改题目,理由是以法治国显然是一个带有全局性的口号,中央文件和领导人没有讲过,并且坚持这一要求。后来经过商量,篇幅作删节,内容不改,将题目改为《要实行社会主义法治》。这篇文章发表后,社会反响显著。有的同志告诉我,某中央机关有人曾将这篇文章抄成大字报,张贴在机关门口。这篇文章全文收入 1981 年群众出版社出版的《法治与人治问题讨论集》中。

1979 年冬,社科院法学研究所曾在北京市高级人民法院大法庭召开过一次法治与人治问题专题讨论会。参加这次会议的有近百人,北京法学界不少名家都曾与会。在这次会议上,法学界在此问题上三大观点的论争已经十分明朗,并且争论比较激烈。当时安排了 12 个人发言。第一个发言的是陶希晋同志。他在 20 世纪 50 年代曾担任过国务院法制局局长。他的看法是要倡导法治、反对人治。某大学一位老教授是持"法治与人治概念都不科学"的观点,本来同意在会上发言,后来为了慎重又不讲了。我是最后一个发言,观点是法治与人治不能结合。观点是我和王礼明同志共同商量过的。两人合写的《人治与法治能相互结合吗?》一文,后来发表在《法学研究》1980 年第 2 期。在我发言过程中,某大学的一位资深教授曾从座位上站起来情绪激动地打断我的发言,说:你们不正派,不应该把自己的观点塞进中央文件(指1979 年中共中央第 64 号文件)中去。我解释,文件是起草小组征求有关部门意见后反复研究过的,是政治局讨论通过的。

"64 号文件"即 1979 年 9 月 9 日《中共中央关于坚决保证刑法、刑事诉讼法切实实施的指示》。文件讲,"刑法、刑事诉讼法,同全国人民每天的切身利益有密切关系,它们能否严格执行,是衡量我国是否实行社会主义法治的重要标志"。这是党的十一届三中全会后,党内文件中首次提到"社会主义法治"。这个文件当时是胡耀邦同志提出要搞的。中央书记处研究室在征得法学研究所同意后,调我去参与起草这个文件。我回法学所召开座谈会征求意见,并执笔起草了第一稿。书记处研究室认为,文件涉及的问题和内容很广,又很复杂,决定增加力量参与起草。我推荐了王家福、刘海年同志参加,书记处研究室又增补了公安部的一位同志。文件前后共 8 稿。文件起草过程中,还邀请有关部门特别是全国人大从事法律工作的负责同志提意见。这个文件的一系列重要内容中,包括取消党委审批案件的制度。我曾到最高人民法院和最高人民检察院征求意见,都得到了赞同取消该制度的意见。

当时不少地方和学校举行过有关这个问题的讨论会,其中 1980 年 6 月在北京市委党校举行的会议影响较大。出席这次会议的有北京各单位众多著名学者,讨论集中在法治概念是否科学这个问题上,因此效果显著,推进了问题的深化与展开。

20 世纪 80 年代初,日本京都大学前法学教授针生诚吉先生曾在社科院作学术报告,当时法学所的领导指定我负责接待他。他的那份讲授提纲复印件我现在还保存着。他说这篇是"代表作",恐怕谈不上。至于说到"派",针生诚吉教授的提法显然不确切。尽管法治与人治问题是一个全局性问题,尽管当时在这个问题上曾经一度出现过三种截然对立的观点,但我国法律理论与实践方面的问题很多,在一个问题上存在不同见解,不能成也不宜讲"派"。近 20 年来中国法学界有没有不同学派?我坦率一点讲,是有的。一派是"教条主义"派,即在一系列法学的基本理论问题上教条式地理解与对待马克思主义,把少数马克思、恩格斯、列宁讲过的但依据今天的时代精神与现实情况应当修改、补充和发展的观点与结论死死抱住不放,甚至把自己的很多观点强加于马克思、恩格斯。这类学者为数极少。一派是"实事求是"派,即研究问题不是一切从本本出发,而是从实际出发,依据马克思主义的辩证唯物论原理,特别是邓小平理论十分强调的"实事求是"的思想路线,得出应有的结论。法学界老中青学者中99%以上的同志都是属于这一派。虽然这一派内部在很多问题上有这样那样的不同理解,但这是完全正常的现象。党的一贯方针是"百花齐放,百家争鸣"。上述"两派"是从纯学术而不是从政治上所作的一种划分。"两派"都属于"百家"的范畴。至于极个别的同志热衷于扣政治性帽子,喜欢编点材料打"小报告",法学界的绝大多数同志是很不以为然的。

否定法治或以(或依)法治国的论据或疑虑主要有:(1)法由人制定和实施,法是死的,任何国家都是人在治,而不是法在治;(2)法治是一个西方提出的概念,提以法治国没有阶级性;(3)法律不是万能的,既然可以提以法治国,那也可以提以教育治国、以科学治国、以军治国、以党治国,因此提以法治国有片面性;(4)一个国家要治理,领导很重要,单提法治,不提人治,有片面性;(5)实行以法治国同坚持四项原则有矛盾,势必导致否定党的领导;(6)法治与法制的含义没有什么区别,我们既然有了"健全社会主义法制",就用不着再提"实行社会主义法治"了。我个人在这类问题上的观点已在前前后后的一些文章中多次讲过。

为什么主张"法治与人治应当结合"的观点是不正确的。"结合论"的主要理由是,法要通过人去制定和实施,因此既要重视法的作用,也要重视人的作用,就好比毛泽东同志所说,只有把武器同战士相结合,才能产生最大的战斗力。这是将"法治"与"法的作用"、"人治"

与"人的作用"简单地等同起来了。实际上,法治与人治是两种对立的治国理论和原则(方略、制度)。作为一种治国理论,其对立在于:法治论认为,一个国家能否长治久安和兴旺发达,关键的决定性的因素和条件,是要依靠建立一个良好的有权威的法律和制度,而不在于一两个领导人是否贤明。作为一种治国的原则和制度,法治论主张国家要有良好的特别是要有极大权威的法律和制度;人治论则主张或默认法律可有可无,权可以大于法。当然讲现代法治,还要求实行一系列重要的原则与制度。说任何国家都是法治与人治相结合,那我们今天再讲这种"结合"就没有什么理论与实践意义了。如果我们倡导法治,反对人治,就能解决我国法制建设中的两个根本性问题:一是在指导思想上总是把国家的长治久安与兴旺发达主要寄希望于一两个好的领袖人物,而不知法律与制度的决定性作用;二是它能鲜明地反对权大于法、办事依人不依法。

　　法治与法制这两个概念的区别究竟在哪里? 如果两者没有重大区别,提"依法治国"没有太大意义。实行法治,当然要有健全的法制。两者区别在于:(1)法制是法律制度的简称,相对于政治、经济、文化等制度而言;而法治则相对于人治而言。(2)法制的内涵是指有一套法律规则以及法律的制定与实施等各种制度;法治则是与人治相对立的一种治国理论与原则、制度。法制不一定涉及前述的治国理论,但它却是法治应有之义;一个国家法律再多,如果不实行若干法治原则,那就不能说是实行法治。(3)从实践上看,历史上任何国家都有法律制度,但不一定是实行法治,蒋介石统治下的中国和希特勒统治下的德国,就是这种情况。对于两者区别的这一理解,我是一直坚持的,我在参加撰写《中国社会主义法律的基本理论》一书("六五"重点课题,1986年出版)时,主编沈宗灵教授主动提出要我把这一看法写进该书,因为当时很多教科书(包括沈老师自己主编的教材)还是认为法制与法治没有什么区别。作为一位在马克思主义法理学、西方法理学和比较法学等领域都卓有成就的著名法学家,他的这种高尚学风,令我十分敬佩。

1996年3月,八届人大四次会议的主要文件用的都是"法制国家";1997年9月,江泽民同志所作党的十五大报告改为"法治国家",时隔仅有一年半。这充分说明以江泽民同志为核心的党的第三代中央领导集体,洞察细微,能认真听取专家的看法,并果断决策,这一点是了不起的。

1996年2月8日,在江泽民同志作了《实行和坚持依法治国,保障国家的长治久安》的重要讲话后,我仍然听到一些同志提出,法制不单是一个静态概念,也是一个动态概念,我们长期以来就讲"有法可依,有法必依,执法必严,违法必究",这不是已经很全面了吗? 现在再提"依法治国,建设社会主义法治国家",究竟有什么新的含义? 16字方针是我国过去法制建设的基本口号,起了很大作用,今后仍然可以使用。但是16字方针的要求在古代也适用。中国古代法律也很"完备",管子也说过"君臣上下贵贱皆从法,此之谓大治"。而现代"法治国家"的标志则是上述16个字难以完全概括和表达的。例如,现代法治国家不仅要求有法可依,而且法律应当良好,要符合当今的时代精神。现代法治国家必须建立在民主的基础上,立法、司法和执法都应贯彻民主原则。现代法治要求立法权、司法权和行政权不能集中于一个人或一个机构手中,应实行权力分立与制衡。现代法治要求法治主要"治官",而不是主要"治民";要将尊重和保障人权作为基本出发点和落脚点;等等。因而,现在只提16个字已是远远不够了。这一看法,我曾在《依法治国:我国历史上的伟大创举》(《中国律师》1997年第6期)的访谈录中讲过。在现代,16字方针可以认为仅是"形式法治",而不是"实质法治"。"法治国家"这一概念和奋斗目标的提出,其内涵是很丰富的,意义是很大的。

那么,"法治国家"概念的提出最早是在什么时候?在 1996 年 2 月 8 日以前,在党和国家的文件以及领导人的讲话中,"法治国家"的提法似乎从来没有出现过。学者什么时候最早提过,我也未作专门调查,因而不敢肯定。也许王家福、刘海年和我合写的《论法制改革》(《法学研究》1989 年第 6 期)是较早提"法治国家"的论文。该文第二个大标题即"法制改革的目标是实现高度民主的法治国",并把这一目标概括为如下六条:确立法律至上的原则;建立完备的法律体系;法律必须能够适应社会生产力发展的需要;法律必须切实保障公民的权利和自由;建立对权力的制约机制;党必须在宪法和法律范围内活动。应当特别指出的是,司法部《关于实行依法治国建设社会主义法制国家的理论与实践问题》这个题目出得好。从"一五"普法到"二五""三五"普法,他们都提"依法治国",并创造与摸索出一套依法治理的制度和经验。他们在这方面功不可没。

党内最早提"法治"是 1979 年"64 号文件",不少党和国家的领导人在 1996 年前提过"依法治国"。最早是彭真同志。他在 1979 年 9 月 1 日中央党校所作《关于社会主义法制的几个问题的讲话》(《红旗》1979 年第 11 期)中说:"现在要依法办事,依法治国,你是领导,不懂法怎么行"。彭真同志的很多思想和主张同依法治国的精神是一致的。《彭真文选》两次提到要反对"人治",但用的是"法制"一词与之相对立,而未出现"法治"一词。李鹏同志 1994 年给《中国法学》杂志的题词是:"以法治国,依法行政"。乔石同志在 1992 年"纪念宪法颁布十周年"大会上的讲话,提过"依法治国"。江泽民同志在 1989 年 9 月 26 日中外记者招待会上的一段讲话颇为精辟。他说:"我们绝不能以党代政,也绝不能以党代法。这也是新闻界讲的究竟是人治还是法治的

问题,我想我们一定要遵循法治的方针。"(《人民日报》1989 年 9 月 27
日)他在这里所表述的法治与人治相对立、法治是方针、关键是处理好
党政与党法关系这三点,是抓住了问题的实质和关键。

第四节　法治:全人类文明的共同趋势①

　　法治这一概念有广义和狭义之分,广义的法治是古代就有的。法
治与人治这两种不同的治国理论(方针、指导思想)与原则(制度、方
法)的对立与论争,在中外历史上已经存在了几千年。古代的法治虽
然是建立在专制主义的基础上,但它在历史上的不同时期总是代表先
进的阶级、阶层或开明的思想家、政治家的利益、愿望和主张,同当时社
会的发展和进步相适应。狭义的即现代意义的法治是近代以来才有
的。它是建立在市场经济、民主政治和理性文化的基础上的。

　　新中国成立以来,我们国家的民主法制建设虽然历经挫折,但终于
从 1978 年起开始走上了法治的道路。党的十五大正式将"依法治国,
建设社会主义法治国家"作为治国方略确立下来,是这一历史性进程
中一个非常重要的里程碑。从广义上看,我们通常说的"依法治国"是
包括"建设法治国家"在内;但从狭义上看,两者又有一定区别。依法
治国是一项治国的战略方针,基本含义有两个:一是,依法治国是一种
治国的理论和指导思想,即国家的兴旺发达和长治久安,关键的决定性
的因素和条件,是要建立一套良好的有权威的法律和制度,而不应主要
寄希望于国家出现一两个圣主贤君:二是,依法治国是一种治理国家的
行动准则,即国家不能依照少数几个领袖人物个人的智忠、看法和注意

---

　　①　本节内容原是为俞荣根教授主编的"法治丛书"所撰写的总序,以《法治:全人类文
明的共同趋势》为题,刊载在马长生同志主编的《法治研究》一书上。

力来治理,而应依据符合事物规律、时代精神、社会理想与人民利益的法律来治理,不能权大于法。建设法治国家则是一项治国的战略目标,其主要含义在于,它是一个国家在政治法律制度上的一种模式选择;它是现代社会一种最文明、最先进的政治法律制度类型;它应具有一系列基本的标志和要求。根据国际的共同经验和中国的具体国情,社会主义法治国家的主要标志(或称法治原则)主要有如下十项,即:法制完备,主权在民,人权保障,权力制约,法律平等,法律至上,依法行政,程序公正,党要守法。这些要求表明,现代法治同古代法治相比,其内涵要丰富得多、先进得多、文明得多。

自近代资产阶级革命以来,一些工业发达国家的法治建设已经经历了约 200 年的长久过程。现在这些国家中的学者们和政治家们仍在关注法治问题。虽然他们面临的理论与实践问题,主要已经不是法治好还是人治好的争论,而是观念与制度上某些具体模式的比较与选择,但其文明的程度仍远远没有达到人们所希冀的境地。我们国家有过 2000 多年封建主义的历史,缺少民主与法治传统。要建设现代法治国家,必然是一个长久的历史过程,面临着一系列观念的更新与制度的变革,更需要人们进行艰难的探索与实践,这就为我国的学者研究法治提供了良好的机遇和广阔的空间。

现代法治文明是全人类的共同创造和宝贵财富。任何事物都有它的普遍性和特殊性,现代法治也是这样。由于经济发展水平、政治体制建构、文化与历史传统等方面的差异,各个国家在法治的理念和制度上不可能完全一样,但是,它们也必然存在着全人类所共同认可的一些理想与原则。社会主义法治国家的建设,在价值追求与制度设计上,自然有它自己的特色。然而,它理应吸纳历史与现时代不同民族在法治问题上一切具有民主性和科学性的成果,走全人类文明共同发展的大道。

第二十一章　依法治国与依宪治国

第一节　依法治国的理论依据和重大意义①

在我国,实行依法治国,并不是哪些人的心血来潮,也不是某种权宜之计,而是历史发展的客观规律,是社会进步的现实要求,是人类文明的重要标志,是全国人民的共同愿望。这可以从如下四个方面进行具体分析。

一、依法治国是实行市场经济的客观要求

依据马克思主义的基本原理,上层建筑最终是由经济基础决定,并必须也必然为经济基础服务。我国现在实行的市场经济,既为依法治国提供了现实的经济条件,也为实行这一方针提出了客观要求。社会主义市场经济同我国古代自给自足的自然经济和我国曾经实行过的计划经济相比较,它和法律制度的相互关系,有着根本的区别。市场经济只能是法治经济。市场经济的本质特点和内在规律必然要求依法治国。

与生产力水平低下和社会分工不发达相适应的自然经济,其经济

---

① 本节内容原载于《人大工作通讯》1996 年第 11 期,收入本书时略有修改。

活动特点是自给自足。这种经济活动的单一性,决定了复杂与完备的经济法律规范没有产生的客观条件和需求。这种经济关系通过和运用宗法伦理、道德规范和传统习惯就完全可以调整和维系。自然经济条件下的农民在政治上也不可能提出民主与法治的要求,而必然把自己和家庭的命运寄希望于国家出现少数明君贤相。计划经济是建立在经济主体之间具有隶属关系,其特殊的物质利益被忽略,经济自身的价值规律、竞争规律等不被尊重的行政经济,维系这种经济关系的主要方法是行政手段。在计划经济体制下,由于经济权力的高度集中以及伴随而来的政治权力的高度集中,计划就是法律,法律手段本身也丧失了独立的品格,其作用是十分有限的。因此,计划经济在本质上不是"权利经济"而是"权力经济",它内在地、本能地要求人治而不是法治。

市场经济是一种以交换为基础的经济形式,一切经济活动和行为都要遵循价值规律,各种生产要素都要作为商品进入市场,通过竞争机制和价格杠杆的作用,实现各主体之间的平等、自由的交易和各类资源的优化配置。市场经济建立在各经济主体之间具有自主性和平等性并且承认其各自物质利益的基础之上。利益主体多元化、经济产权明晰化、运行机制竞争化、市场行为规范化、宏观调控科学化是它的主要特征。具有自主、平等、诚信、竞争等属性的这种经济形态,除了依赖经济规律来运作,同时又主要依赖法律手段来维系,它必然从客观上要求法律的规范、引导、制约、保障和服务。社会主义市场经济建立和完善的过程,实质上是经济法制化的过程,具体表现在以下几方面。

1. 市场主体的资格、它们之间的平等地位,需要依法确立。市场主体多元化所产生的复杂的产权关系和产权的经常性的流动和重组,需要法律规则加以规范和明确。市场经济的微观基础是政企分开、自主经营、自负盈亏的企业,企业是独立的商品经营者。市场经济条件下法律的主要任务之一,是确认和保护各类市场主体人格独立,确认和保护他们意志的自由,确认和保护他们地位的平等。

2. 市场主体行为,各主体在经营、交换中彼此的权利和义务需要法律的规范和保障。通过规定人们的法定权利和义务来调整社会关系,是法的一个基本特征。市场经济是一种权利经济,是以权利为本位,企业的义务由其所享有的权利所派生。如果在计划经济体制下,经济主体是义务主体,那么在市场经济体制下,经济主体就应成为权利主体。市场经济行为的自主性、平等性、竞争性、契约性,必然要求运用法律手段来规范和保障经济主体在交换、经营中的权利义务关系,以维系市场经济的正常运行,保证意思自治、交易公平、竞争平等、经营正当。

3. 统一的市场规则,有序的市场活动,需要依法确认和保障,以建立公正的市场法律秩序。优胜劣汰是市场经济的客观需要,也是它的自然法则。市场经济作为竞争性的经济形态,它在合法运作与公平竞争的同时,也会出现种种非法运作和不公平竞争,如投机倒把、坑蒙诈骗、假冒伪劣、权钱交易、地区封锁、行业垄断,以至行贿受贿等,这些只有通过法律手段才能预防和消除。法的规范性、明确性、公开性、公正性、稳定性、权威性等特性,使法律在规范市场活动中具有其他手段都无法替代的功效。

4. 健全的经济宏观调控系统需要法律的建立、完善和保障。市场经济具有自发性和盲目性的特点,这是其自身的弱点和消极面。当今世界各国的现代市场经济,加强了国家对经济的宏观调控是其重要特点之一。以公有制为主体的社会主义市场经济,在宏观调控上有强大的物质基础。它有必要也有可能运用宏观调控来解决市场经济的自发性和盲目性,以保持经济总量的基本平稳,促进经济结构的优化,调节好种种利益关系,引导国民经济持续、快速、健康发展。生态环境的有效保护,推动社会的全面进步。法律手段可以保证宏观调控的客观性、科学性和稳定性,这是行政手段难以做到的。

5. 社会保障体系需要依靠法律手段建立和完善。市场经济条件下的自由竞争,必然导致一些企业的破产和部分劳动者的失业,两极分化的趋势也不可能完全避免。因此建立社会保障体系,包括医疗保险、养老保险、失业保险、工伤保险等制度,以保障劳动者的基本生活需要,减轻企业负担,促进产业结构调整,提高企业竞争力,保障社会安定,都是十分重要的。这比计划经济条件下的社会保障体制情况复杂,也需要有法律手段调整。

此外,对外开放是我国的一项既定国策。在今天世界经济一体化的趋势和格局下,我国的经济必须参与国际大循环,必须成为国际市场的组成部分,必须扩大对外贸易,引进先进技术和国外资金,开展科技文化的广泛交流。这就要求我们一定要有健全的法律制度,要求我们的法律按国际经贸和民商事领域的国际惯例和国际通行的规则办事。

二、依法治国是建设民主政治的基本条件

民主与法制是密切联系在一起的。概括地说,民主是法制的前提和基础,法制是民主的确认和保障。在我国,国家的一切权力属于人民,政府的一切权力都是人民所赋予,人民的各种经济、政治、文化以及人身人格权利应当得到充分的保障。在现代,通过法律保障人民主权原则的实现,已成定理。在我国,人民怎么当家作主呢,绝不可能人人都去执掌政权,而只能通过自由公正的选举产生政权机关,代表人民行使权力。为了保证这种权力的行使能符合人民的利益,根本的办法就是通过制定和实施体现人民意志和利益、符合社会发展规律的法律,并保证这种法律具有极大的权威,来确保政府为人民服务,为公众谋利

益。在这种情况下,政权机构严格依法办事,就是体现了人民当家作主。

在国家和社会生活中,人民的主人翁地位,公民的各种权利,没有完备的具有极大权威的法律予以全面确认和切实保障,是根本靠不住的。十年"文革"的悲剧就充分说明了这一点。

当时,全国人民代表大会有十年之久没有召开,宪法这一根本大法成了一张废纸,广大人民群众的各种权利遭到践踏是必然的结局。鉴于这一教训,邓小平同志十分重视运用法律手段来保护公民的民主权利,他提出:"为了保障人民民主,必须加强法制。必须使民主制度化、法律化,使这种制度和法律不因领导人的改变而改变,不因领导人的看法和注意力的改变而改变。"①在法制健全的条件下,公民权利的行使,可以得到有效的保障;公民的权利如果遭到侵犯,也可以得到有效的救济。

权力不受制约,必然腐败;绝对的权力,绝对的腐败。这是一条铁的规律。因此,国家的权力必须受制约。首先,国家权力要受法律的制约。人民通过宪法和法律分别赋予各类国家机关以立法权、行政权、司法权、监督权等,这既是一种"授权",即国家权力的获得有了合法性;同时,这也是一种"限权",即国家机构只能在宪法和法律赋予它的范围和限度内行使自己的权力,超越权限行使权力就是违法。可以设想,如果没有健全的法制,不通过法律对国家机构的权限加以设定,它就可能拥有绝对的无限的权力而使人民遭殃。其次,是以权力制约权力。我国公检法三机关的相互合作与制约,就是一种比较好的完整的权力相互制约的机制。立法、行政与司法机关相互之间,各机构内外、上下、

---

① 《邓小平文选》第二卷,人民出版社 1994 年版,第 146 页。

左右之间,都应建立某种权力相互制约机制。再次,是以权利制约权力。公民可以通过自己所应当享有的选举权、参政权、议政权、罢免权、监督权,来对国家政权机关行使权力进行监督,其形式和渠道是多种多样的。这后两种制约也需要通过法律加以制度化、规范化。建立强有力的监督机制是建设法治社会的重要一环,是以权力制约权力和以权利制约权力的基本形式。现在,我国这样的法律监督体系正在建立与健全的过程中。它包括权力机关的监督、执政党与民主党派的监督、政协和其他社会团体的监督、国家专门机关(检察系统、行政监察系统、审计系统等)的监督、广大群众和新闻舆论的监督,以及国家机构内部和上下左右的相互监督。完善这一监督体系,是防止权力滥用、政府腐败、干部变质最有效的办法和出路之一。

社会主义民主政治建设的关键,是加强和改善党的领导。实行依法治国是加强特别是改善党的领导的根本途径和可靠保障。只有依法治国,才能克服和消除"以党治国"的弊端。对于后者,邓小平同志早在 1941 年《党与抗日民主政权》一文中就已作出了最深刻的说明。他指出:"这些同志误解了党的领导,把党的领导解释为'党权高于一切',遇事干涉政府工作,随便改变上级政府法令;不经过行政手续,随便调动在政权中工作的干部;有些地方没有党的通知,政府法令行不通,形成政权系统中的混乱现象。甚有把'党权高于一切'发展成为'党员高于一切'者,党员可以为非作歹,党员犯法可以宽恕……结果群众认为政府是不中用的,一切要决定于共产党……政府一切法令都是共产党的法令,政府一切错误都是共产党的错误,政府没有威信,党也脱离了群众。这实在是最大的蠢笨!"①邓小平这段十分精辟的论

---

① 《邓小平文选》第一卷,人民出版社 1994 年版,第 11 页。

述,今天仍有现实意义。改变这种状况的办法,就是要彻底改变党政不分、以党代政的弊端,充分发展社会主义民主,善于把党的政策与主张通过严格的民主程序变为法律而上升为国家意志,治理国家由主要依靠政策转变到主要依靠法律。总之,就是实行依法治国。

三、依法治国是人类社会文明的重要标志

在中外历史上,从字源看,"法"字一出现就具有正义、公正等含义。在中国古代,"法"字象征一种可以判明是非曲直和正义与否的独角兽。在西方古代,人们就已经把法看作一手拿宝剑、一手拿天平的正义之神。法并不是阶级斗争的产物,而是根源于人类社会生活本身所始终存在的主要矛盾,包括个人与社会(含个人与他人、个人与群体)、秩序与自由的矛盾。法作为一种普遍性的社会规范;它的产生和存在,正是为了合理解决这些矛盾,使其和谐与协调,从而维护社会正义,推动社会进步。法的阶级性并不是法的本质,而是法的本质的异化。法应当是平等地属于人类社会的每一个人,是人类共同创造的文明成果,是人们希冀运用它来促进物质文明与精神文明的进步而为全人类的共同利益服务的工具。每一历史时代,法的内容与形式以及法的精神,都同该时代的物质文明与精神文明息息相关,密不可分,彼此适应,是该时代人类文明发展水平的综合性标尺。一部由低级状态向高级状态演变的法律制度和思想史,是整个人类文明由低级状态向高级状态发展历史的一个缩影。当然,理想和现实是有矛盾的。在阶级社会中,法律往往为在经济上因而也在政治上占统治或优势地位的阶级所利用,为其狭隘的一己的私利服务。但是,我们既是现实主义者,也是理想主义者,如果我们不承认法律应当是平等地属于全人类,法律应当是人类的共同财富,法律应当平等地对待每一个人,我们又有什么根据和理由,

去批判奴隶制和封建制法律的不合理性,去批判当代诸如南非曾经的种族主义法律的非正义性呢?

　　法制文明是属于制度文明的范畴。我国现代化事业的宏伟目标,是建设一个富强、民主、文明的社会主义国家。这里所说的"富强",即物质文明,是指社会生产力发展水平的极大提高和人民物质生活需求的极大满足。"文明"是特指精神文明,包括社会文化教育科技事业的高度发展和人们文化科学与思想道德水准的极大提高。这里所说的"民主",从广义上说,包括法制在内。民主与法制是属于制度文明的范畴。在现今的历史条件下,家长制、一言堂、搞特权、权大于法,政府权力不受任何制约,公民权利得不到有效保障,当然是不文明的。一个社会如果没有法律,要么专制主义盛行,要么无政府主义猖獗,自然也是不文明的。

　　在物质文明和精神文明的建设中,法律有其特殊的功能。法律的制定和实施,集中了人民的智慧,反映了人民的愿望,较之个人独断专行无比优越。法律能反映事物的发展规律,少数人决定问题难免主观臆断。依法治国就可以保证两个文明的建设高效而持续地发展。我们要铲除封建主义残余思想的影响,要抵制拜金主义、享乐主义的渗透,要消除腐朽生活方式的侵蚀,除了思想教育,法律应是最重要的手段。

四、依法治国是实现国家长治久安的根本保证

　　法治与人治的对立和论争,在中外历史上已经存在几千年。作为一种治国的理论,两者的对立与争论主要是集中在这样一个问题上,即国家的长治久安关键是要依靠一两个好的领导人及其威望,还是主要应寄希望于建立一个有权威的良好的法律和制度。古希腊亚里士多德主张"法治优于一人之治",他的老师柏拉图却认为,国家的治理好坏

与长治久安主要在是否有一个好的"哲学王"当政。这是两种完全不同的看法。中国古代法家倡导以法治国,反对儒家的"为政在人,其人存则政举,其人亡则政息"的人治主张,在理论上也是围绕上述问题开展论争的。历史已经证明,在当时的具体条件下,法治主张代表了先进阶级、阶层和开明政治家改革社会的要求和愿望,其法治优于人治的论据也是科学的、合理的。

在我们党和国家的历史上,对于这个问题的认识,曾经历过一个曲折的过程。毛泽东同志在延安回答黄炎培先生提出的共产党在执掌全国政权后怎样才能跳出"其兴也勃焉,其亡也忽焉"的历史周期率这一问题时,曾经正确地指出:"我们已经找到新路。我们能跳出这周期率。这条新路,就是民主。只有让人民来监督政府,政府才不敢松懈。只有人人起来负责,才不会人亡政息。"①新中国成立后到 1956 年这一时期,民主与法制建设发展顺利,成就显著。但是由于国际与国内的复杂原因,自 1957 年后,"左"的指导思想与方针开始抬头并愈演愈烈,导致民主与法制不健全,终于成为十年"文革"这场历史性悲剧得以发生和发展的根本条件。

1978 年党的十一届三中全会以来,邓小平同志总结了国际和国内正反两方面的经验教训,就如何才能保证国家的长治久安和兴旺发达,发表了一系列精辟的见解和科学的论断。他在《党和国家领导制度的改革》这篇极为重要的讲话中指出:"我们过去发生的各种错误,固然与某些领导人的思想、作风有关,但是组织制度、工作制度方面的问题更重要。这些方面的制度好可以使坏人无法任意横行,制度不好可以使好人无法充分做好事,甚至会走向反面。即使像毛泽东同志这样伟

---

① 黄炎培:《延安归来》,东北书店 1946 年版,第 30 页。

大的人物,也受到一些不好的制度的严重影响,以至对党对国家对他个人都造成了很大的不幸。"他接着指出,由于毛泽东同志"没有在实际上解决领导制度问题以及其他一些原因,仍然导致了'文化大革命'的十年浩劫。这个教训是极其深刻的。不是说个人没有责任,而是说领导制度、组织制度问题更带有根本性、全局性、稳定性和长期性。"①邓小平同志曾在不同场合从不同角度一再反对和批判那种把一个国家的前途和命运寄托在一两个人的威望之上的人治思想。如 1988 年,他说:"我有一个观点,如果一个党、一个国家把希望寄托在一两个人的威望上,并不很健康。那样,只要这个人一有变动,就会出现不稳定。"②"一个国家的命运建立在一两个人的声望上面,是很不健康的,是很危险的。不出事没问题,一出事就不可收拾。"③不久,他又指出:"我历来不主张夸大一个人的作用,这样是危险的,难以为继的。把一个国家、一个党的稳定建立在一两个人的威望上,是靠不住的,很容易出问题。所以要搞退休制。"④他在回答意大利记者的奥琳埃娜·法拉奇问题时指出,我们今后可以防止"文革"悲剧重演,办法就是"认真建立社会主义的民主制度和社会主义法制"。⑤ 这是邓小平同志关于健全民主与法制的理论基础和指导思想,是他的民主与法制思想的精髓和灵魂。这是一个在国际共产主义运动史上,在理论与实践两方面都长期没有能够解决的问题,是邓小平同志科学地深刻地作了回答。很显然,如果这一指导思想不明确,所谓发展民主与健全法制就只能是一句空话。

---

① 《邓小平文选》第二卷,人民出版社 1994 年版,第 333 页。
② 《邓小平文选》第三卷,人民出版社 1993 年版,第 272 页。
③ 《邓小平文选》第三卷,人民出版社 1993 年版,第 311 页。
④ 《邓小平文选》第三卷,人民出版社 1993 年版,第 325 页。
⑤ 《邓小平文选》第二卷,人民出版社 1994 年版,第 348 页。

早在 1989 年 9 月 26 日，江泽民同志在中外记者招待会上就曾郑重宣布和庄严承诺："我们绝不能以党代政，也绝不能以党代法。这也是新闻界讲的究竟是人治还是法治的问题，我想我们一定要遵循法治的方针。"①1996 年 2 月 8 日，在中共中央举办的法制讲座上，他又指出："加强社会主义法制建设，依法治国，是邓小平建设有中国特色社会主义理论的重要组成部分，是我们党和政府管理国家和社会事务的重要方针。"②1996 年 3 月召开的八届人大四次会议通过的一系列重要文件，又以国家最高权力机关的名义，明确确定了"依法治国，建设社会主义法制国家"这一根本方针和奋斗目标。它标志着我国实行依法治国进入了一个新的发展阶段。如果我们能够沿着这一正确方向和道路坚定不移地走下去，把我国建设成为一个"富强、民主、文明的社会主义国家"这一宏伟目标和理想，是一定可以实现的。

第二节　依宪治国的科学内涵与重大意义③

《中共中央关于全面推进依法治国若干重大问题的决定》提出了"依法治国首先是依宪治国""依法执政首先是依宪执政"的科学命题，并对依宪治国、依宪执政的科学内涵，即"人民民主""依法治国""保障人权""宪法至上"做了全面的高度概括和深刻分析。这是中国特色社会主义理论的重大发展，具有重要的实践意义。将依宪治国、依宪执政的意义摆到如此的高度，对其科学内涵作出如此全面丰富而又简明的概括，在党的历史上是第一次。如何从总体上把握其丰富的科学内涵

---

① 《江泽民等答中外记者问》，《人民日报》1989 年 9 月 27 日。
② 《江泽民文选》第一卷，人民出版社 2006 年版，第 511 页。
③ 本节内容曾发表于《法学》2016 年第 11 期，收入本书时略有修改。

和重大意义,是摆在学者面前的一个重要任务。笔者认为,"民主""法治""人权"是"依宪治国"和"依宪执政"的实体内容。"宪法至上"即宪法应具有至高无上的权威,是依宪治国、依宪执政的形式要件,即根本保证。民主、法治、人权是一个相互独立而又相互渗透、相互联系、相互作用的有机统一整体。

一、民主、法治、人权是依宪治国和依宪执政的实体内容

从广义上看,民主包含着法治与人权。当我们提及我们的目标是建立一个"富强、民主、文明、和谐的社会主义强国"时,这里的民主包括法治、人权在内。然而,从"依宪治国"的三个实体内容来看,民主、法治、人权是相互独立的概念,因此,必须从其狭义去理解民主。法治与人权没有广义与狭义之分。要正确理解和把握这三者的相互关系还必须搞清楚一个问题,即从终极的意义上看,民主与法治既是目的,又是手段,而人权只能是目的。

1. 民主既是手段也是目的。民主这一崇高的名词,其内涵常被人搞得空泛空洞、含糊其辞、模糊不清。为了对现代民主做简单明了的表述,笔者将它归纳为一个原则和四个方面的具体内容。"主权在民"是现代民主的根本原则,它是封建专制主义"主权在君"的对立物。我国宪法庄严规定国家的一切权力属于人民,人民是国家的主人,这是现代民主的根本原则,更是社会主义民主的根本原则。其他一切民主的内容和形式都是由它决定和派生出来的。四个方面的内容是指:(1)公民的民主权利和自由,包括选举权和被选举权、参政议政权、知情权、监督权、罢免权,以及各种政治自由,如言论、结社、游行、集会等。(2)国家政治权力等民主配置,即执政党和国家机关的关系,立法机关和行政机关、司法机关的关系,都应当依照分权与制衡的民主原则组建和运

作。不能过分把权力集中在某个机关和个人手里。（3）决策、立法、执法、司法、护法（法律监督）都应贯彻民主参与和民主监督原则。（4）民主方法和作风，即民主集中制、群众路线、批评与自我批评、让人讲话、不搞一言堂等。

西方学者通常把民主看作手段，社会主义学者则认为民主既是目的又是手段。之所以有这种区别，一个根本原因是，广大工农劳苦大众要想翻身得解放，第一步必须通过革命建立自己的政权，使广大人民群众成为国家的主人，使一切国家权力回归人民，保证自己的各种政治权利和自由。在这个意义上，民主当然是目的，而且首先是目的。但民主同时也是手段，因为民主能集中多数人的智慧，调动更多的人参与国家建设，激发其主动性、积极性和创造性，能更好地认识世界和改造世界。在这个意义上它也是手段。因此，邓小平同志反复强调，人民是国家的主人，政府的权力是人民给的，干部只能是人民的公仆，不能成为人民的主人。[1] 民主是社会主义的本质要求和内在属性。没有民主就没有社会主义。[2]

2. 在依宪治国、依宪执政的政治形态中，民主是基础，是依法治国、保障人权的决定性条件。这可以从近代宪法的产生得到充分证明。严格意义上的宪法，是近代民主革命的产物。当人民主权思想取代君主主权理论以后，人民大众成为了国家主人。但在一个国家里，不能由人民大众都去直接管理国家，而只能实行代议制。国家元首和行政机关、司法机关及其工作人员有可能滥用权力，因此就需要制定一部国家的根本大法即宪法来明确国家权力的界限，并详细列举公民的各项基本权利；并要求宪法成为国家立法的基础，具有至高无上的权威。这是

---

① 参见《邓小平文选》第二卷，人民出版社 1994 年版，第 332 页。

② 参见《邓小平文选》第二卷，人民出版社 1994 年版，第 327 页。

现代依宪治国、依宪执政产生和发展的必然逻辑和历史规律。

3. 和民主一样,法治既具有伦理性价值,又具有工具性价值;既是目的又是手段。早在 1956 年,董必武同志就在党的八大上讲过:"说到现代文明,法制要算一项。"①但学术界和实务界并没有重视和接受他的这一观点。绝大多数人把法律仅仅看作工具。既然只是工具,而且它又束手束脚,不如个人说了算或者靠开会、靠党的政策来得快、效率高。这是由法律工具主义进而导致法律虚无主义的重要思想根源。这种在社会主义基本制度下的人治思想甚至反映到了国家的最高领导层。正是由于这种错误认识,导致民主法治不健全,是"文革"浩劫产生并持续十年之久的根本原因。这场民族灾难使广大党员群众强烈思定、思治、思法,成为 1978 年党的十一届三中全会决定抛弃以阶级斗争为纲的路线,阔步进入改革开放的伟大新时代的思想基础和社会基础。1997 年党的十五大将"依法治国,建设社会主义法治国家"正式确立为党的治国方略和奋斗目标。在这之前,曾经历一场广阔而激烈的法治与人治大讨论。这首先要归功于当时坚定实行"双百方针",并因势利导,做出英明决策,果断抛弃那场学术争鸣三大派别中的两种错误认识,即"法治好,人治也不错,法治与人治应当结合""法治是西方骗人的东西,提依法治国有片面性和种种副作用,我们只提健全法制就可以了"。在依法治国的理论依据和重大意义上,全党达成了以下四点共识,即依法治国是市场经济的客观要求,是民主政治的必要条件,是人类文明的主要标志,是国家长治久安的根本保证。

和民主一样,法治既具有伦理性价值,又具有工具性价值;既是目的,又是手段。法治之所以是人类社会文明的主要标志,是由以下两个

---

① 《董必武选集》,人民出版社 1985 年版,第 450 页。

原因所决定的。(1)法律不是阶级斗争的产物,而是人类社会自始至终存在的三大基本矛盾的产物。一是秩序与自由的矛盾。社会生产的交换与分配以及公共生活必须有秩序,但人的自由、自觉的活动,是人类的本质,是人区别于一般动物的本质特征,是人能够认识世界和改造世界的力量源泉。但社会秩序与人的自由思想和行动之间是存在矛盾的。二是人有物质和精神两大利益需求,但个人与个人之间、个人与集体之间、不同利益群体之间、个人与社会之间,在利益上经常存在矛盾和冲突。三是社会组织与个人之间,后来是政府与人民之间存在着管理与被管理、权威与服从之间的关系,它们之间也经常会存在矛盾。这三大基本矛盾从原始社会到未来的共产主义社会会始终存在。它们在客观上要求有"法"去调整与解决,这个"法"最早表现为"禁忌",后来出现了"权利",有了"习惯"和习惯法、不成文法和成文法。如果没有法这种规矩和社会共同的行为准则,人类所共同追求的"公平"与"正义"等基本价值和社会文明将不复存在,整个人类社会自身是否能够存在与发展都是一个问题。因此,法不是哪个人或群体的创造发明,而是全世界各个民族和地区通过各种形式和过程自发产生的。(2)法治之所以是人类社会文明的主要标志,是由法自身的特殊本质与属性决定的。一是法的一般性。它是由国家统一制定和认可的社会行为准则,要求所有的社会成员,包括立法者和所有国家领导人也要毫无例外地遵守。二是法的公开性。内部规定不是法,用人们所不知晓的规定去处理人们的行为,当然是不公正的。三是平等性。如果允许法律面前有特殊人物存在,既表现社会存在不公正,也影响法律应有的权威。四是不溯及既往。用后来制定的法去处理过去发生的行为,当然不公道。

法作为手段,它的工具价值主要是由以下两个原因所决定的。

（1）法作为社会规范和人们的行为准则，具有自身独特的社会功能，即"规范"——规范人们的行为，"预测"——预测自身的行为后果，"评价"——评价他人和自己的行为是否符合公平正义和国家利益，"统一"——统一人们的思想和行为，成为建设社会的合力，"教育"——有利于促进道德教化，"惩戒"——让人们知道违法是要承担法律后果的。（2）法通常是集中多数人的智慧制定出来的。古代如此，现代更是如此。

　　4. 人权在终极意义上只能是目的。人权是个伟大的名词，是在1993年11月由国务院授权国务院新闻办公室制定和颁布的《中国的人权状况》白皮书第一段话中提出的。笔者将它概括为五句话：（1）保障人权是社会主义的崇高理想追求；（2）保障人权是实现为人民服务宗旨的具体保障；（3）保障人权是制定和实施社会主义法律的根本目的；（4）保障人权是实现科学发展的出发点和最后归宿；（5）保障人权是全人类的共同价值追求。① 人权是人作为人依据其人性、人格尊严和价值应当享有的权利，其内容十分广泛，凡人活在这个世上，他（或她）的一切幸福和需求都属人权的内容。为人民服务，就是为人民谋利益、谋幸福，否则为人民服务就是一句空话。国家权力本身不是目的，它只是为人民谋利益的一种手段；保障人权才是目的。经济社会要发展，国家要强大，但发展本身不是目的，发展是为了人民，要依靠人民，发展成果要由人民共享。由于以上原因，人权在终极意义上只能是目的。民主与法治的工具性价值，根本上都是为人民谋利益。也正因为如此，列宁曾说："什么是宪法，宪法就是一张写满人民权利的纸。"② 习近平总书记也十分强调："要坚持人民主体地位，切实保障公民享有

---

① 参见李步云、张秋航：《保障人权的重大意义》，《法学杂志》2013年第3期。
② 《列宁全集》第12卷，人民出版社1987年版，第50页。

权利和履行义务。公民的基本权利和义务是宪法的核心内容,宪法是每个公民享有权利、履行义务的根本保证。"①

既然民主和法治都具有伦理性和工具性的双重价值,因此就两者的相互关系而言,它们互为手段和目的。要处理好民主和法治的这种关系,要做到"民主法治化"和"法治民主化"。"民主法治化"是指民主的所有具体内容,包括公民的民主权利和自由,国家政治权力的民主配置和相互制约(权力不能过分集中于某一组织和个人,必须做到一切权力都受监督和制约),政治权力的民主程序(包括决策、立法、执法、司法、护法都要做到程序民主化——民主参与、民主监督)和民主方法(包括民主集中制、群众路线、不搞一言堂、开展批评和自我批评等)都要通过宪法和各种法律法规加以明确规定,并充分运用法律的权威保证其实现。"法治民主化"是指法治的各个环节和各个方面(即笔者提出的法治国家的十条标准)都要贯彻民主原则,即依靠公民的各种形式的参与和监督,运用他们的智慧和力量来推进法治中国建设。

二、"宪法至上"是依宪治国、依宪执政的形式要件

树立宪法的崇高权威,是现今社会在一个长时期内最重要的工作。为此,党的十八届四中全会决议采取了过去从未有过的新举措。如将每年的 12 月 4 日定为国家宪法日。在全社会普遍开展宪法教育,弘扬宪法精神,建立宪法宣誓制度等。这些制度的实施效果非常良好。

党的十八届三中全会通过的《中共中央关于全面深化改革若干重大问题的决定》指出,"要进一步健全宪法实施监督机制和程序,把全面贯彻实施宪法提高到一个新水平。"不到一年,四中全会又就此进一

---

① 《习近平谈治国理政》,外文出版社 2014 年版,第 140 页。

步强调要"完善全国人大及其常委会宪法监督制度,健全宪法解释程序机制。加强督查审查制度和能力建设"。2008 年,胡锦涛同志在首都纪念宪法颁布实施二十周年庆典上就已提出要"认真研究"宪法监督制度和程序。党的十八届三中全会已从"认真研究"上升到"要进一步健全宪法实施监督机制和程序,把全面贯彻实施宪法提高到一个新水平"。有人认为,全国人大有法律委员会,有法律法规备案处,已经在行使宪法监督职能。这是说不过去的。一个处级单位就可行使"宪法监督"职能,势必在国内和国际上贬损我国宪法的崇高地位和权威。法律委员会的任务主要是抓立法,已经够繁重,再说法律和宪法是有原则区别的。由法律委员会来代替行使"监督宪法实施"的职能,也有点"名不正,言不顺"。笔者已提出具体方案,其要点是在全国人大常委会下设立宪法委员会,其地位与性质与其他专门委员会基本一致。其任务有 10 项,而不仅是"法律法规的备案审查"。① 这种机构和机制的建立,完全不必修改宪法,全国人大有这个职权,也应有这个职责。

三、"依宪治国""依宪执政"法治原则的重大意义

"依法治国首先是依宪治国,依法执政首先是依宪执政",它的重大理论和实践意义如下。

第一,发展了党的十五大报告中提出的"实现党的领导、人民当家做主和依法治国的有机统一"理论,加进了保障人权和宪法至上的内容。依宪治国理论可概括为党的领导、人民当家做主、依法治国和保障人权的有机统一,保证宪法具有至高无上的权威,从而使这一政治体制形态内容更为丰富和完善。

---

① 参见李步云:《建立宪法监督制度正当其时》,《中国党政干部论坛》2014 年第 8 期。

第二,它使建设政治文明这一奋斗目标变得更为准确、具体而清晰。现在学术界对"政治文明"的科学内涵存在种种模糊不清和抽象空洞的认识。如认为政治文明是"政治成果总和""政治进步""所有积极的政治成果和政治进步"等。党的十八届四中全会对依宪治国、依宪执政科学内涵的全面概括正确而有效地解决了这一问题。因为一般国家工作人员和人民群众都能理解:民主是文明的,专制是不文明的;依法治国是文明的,人治、个人说了算是不文明的;人民有权是文明的,人民无权是不文明的。

第三,党的十八大以来,依宪治国、依宪执政的理念在党的治国理政思想体系中占有十分重要的位置,甚至可以说是其核心。因为这一理念对治国理政具有根本性、全局性、稳定性和长期性,是执政党执政地位能否长期稳固,国家能否兴旺发达和长治久安的关键所在。

第二十二章　法治国家与法治社会

第一节　法治中国的十条标准①

1999 年,"中华人民共和国实行依法治国,建设社会主义法治国家"这一治国方略和奋斗目标被庄严载入宪法后,我应邀为《人民日报》撰写了《依法治国的里程碑》一文,发表在这一年的 4 月 6 日。为了使国家工作人员和广大公民易于理解、掌握和记忆,我把这些标志和要求概括为十条共四十个字,即:法制完备、主权在民、人权保障、权力制约、法律平等、法律至上、依法行政、独立司法、程序正当、党要守法。前五条是讲法律要良好,后五条是强调法律要有权威。这十条得到了学术界的广泛认同。

党的十八届四中全会在起草《中共中央关于全面推进依法治国若干重大问题的决定》(以下简称《决定》)过程中,我又提出了建设法治中国新的八条标准,它们是:人大民主科学立法、执政党依宪依法执政、政府依法行政、社会依法自治、法院独立公正司法、完善法治监督体系、健全法治保障体系、弘扬法治文化。我之所以要提出新八条替代过去的老十条,是由于我在参与"法治湖南"及"法治余杭"的创建活动中感

---

① 此部分内容原发表于《光明日报》(2016 年 8 月 1 日第 10 版),收入本书时略有修改。

觉到老十条过于抽象,不太好落实到责任单位。《决定》发布后,我通过认真阅读和思考这一重要文件,把法治中国的八条标准又增加了两条,即:运用法治保障人权,坚持党的领导、人民当家作主和依法治国的有机统一,成为法治中国的新十条标准。下面,我对这十条标准的理论内涵和主要内容作一简要说明。

一是人大民主科学立法。时代是在不断发展变化的,因此世界上任何国家的立法工作都是一种常态,只有进行时。正处在伟大变革时代的中国,情况就更应如此。民主是社会主义的本质要求。民主和科学立法是制定良法的手段和保证。正如《决定》所强调的,"要恪守以民为本、立法为民理念""实现立法和改革决策相衔接,做到重大改革于法有据、立法主动适应改革和经济社会发展需要"。同时,要制定出良法,又必须科学立法,即善于运用马克思主义的世界观和方法论来指导立法。

二是执政党依宪依法执政。依宪执政的科学内涵,可概括为坚持"人民民主、依法治国、保障人权、宪法至上"。前 12 个字是依宪执政的实体内容,党要在宪法法律范围内活动是其形式要件和具体保证。

三是政府依法行政。关键是要做到,法无授权不可为,行使权力要严格按程序办事,也不能该作为而不作为。

四是社会依法自治。建设法治社会,是党的十八大以来提出的一个新概念、新目标。它和法治政府相对应,基本要求是:实行"政社分开",充分实现各种社会组织工作的自主性、主动性、积极性和创造性,要健全各类社会组织自身的各种规章制度,并保障其应有的权威。重点发展涉法的社会组织,如法律援助组织、人民调解组织等。

五是法院独立公正司法。《决定》的一大亮点是党对国家的领导作出了一个全新的表述,即"必须坚持党领导立法、保证执法、支持司法、带头守法"。"支持司法"即党要更加坚定和明确地保证法院、检察院独立行使审判权和检察权。

六是完善法治监督体系。权力不受制约必然腐败,绝对的权力导致绝对的腐败,这是一条已被人类文明史反复证明了的铁的规律。这一法治监督体系,我们现在已经部分建成,包括:以国家权力监督国家权力,主要是国家的检察、监察和审计机关与执政党的纪检机关,同时还有人大对一府两院的监督,以及党政领导体系内领导成员的相互监督等;社会权利对国家权力的监督,主要是各种社会组织和广大公众通过媒体、信访等渠道对国家机关和执政党及其工作人员的监督等。

七是健全法治保障体系。其主要内容包括律师、公证、法律援助、人民调解等制度。

八是弘扬法治文化。包括宪法日和宪法宣誓制度的确立、法治理论的创新以及法治教育的普及等。

九是运用法治保障人权。《决定》将此作为法治建设的一项根本原则予以特别强调,明确提出"必须坚持法治建设为了人民、依靠人民、造福人民、保护人民,以保障人民根本权益为出发点和落脚点"。

十是坚持党的领导、人民当家作主和依法治国的有机统一。《决定》明确指出,要全面推进依法治国,实现"建设中国特色社会主义法治体系,建设社会主义法治国家"这一总目标,其首要原则就是"坚持中国共产党的领导。党的领导是中国特色社会主义最本质的特征,是社会主义法治最根本的保证"。民主和法治互为手段和目的,实现其有机结合就是要做到民主法治化和法治民主化。

党的十八大以来,新的中央领导集体提出了"四个全面"战略布局。其中,推进全面依法治国既是目的,又是手段。因为,法治是现代人类文明的主要标志,它又是全面建设社会主义现代化国家、全面深化改革、全面从严治党的制度保障。

第二节　再谈依法治国十大标准①

建设法治中国,起点是1978年党的十一届三中全会,三中全会公报中提出一系列法治原则,强调要加强法制建设。这些原则,实际上都是现在法治国家应该具有的一些基本要求。所以依法治国这条道路的起点应该在1978年,路走了很长,走到今天已经取得了很大进展。

依法治国这条路上有两个里程碑,一个是"依法治国"1997年被写入党的十五大报告,1999年被写入我国《宪法》,它们联系在一起是第一个里程碑。它的意义是确立了法治的基本理论,即反对人治,依法治国。第二个里程碑是党的十八届四中全会通过《中共中央关于全面推进依法治国若干重大问题的决定》,这是历史上第一次用中央全会决议的形式把"依法治国"的方针和奋斗目标确定下来,并为建设法治中国规划了蓝图。

我之前曾经概括过"依法治国"十条标准,即法制完备、主权在民、人权保障、权力制约、法律平等、法律至上、依法行政、独立司法、程序正当、党要守法。前五条讲法律要良好,后五条强调法律要有权威。后来在党的十八届四中全会公报起草过程中,我参加了"法治湖南""法治广东""法治浙江"的文件起草,把这十项标准进一步具体化,形成了新的"依法治国"十大标准。我曾经简要阐述过这十项标准的主要内容,结合最近的形势,借此机会再深入说明。

第一项标准,人大民主科学立法。

四中全会说"法律是治国之重器""良法是善治之前提",人大制定

---

① 　此部分内容原发表于《中国法律评论》(2017年第4期),收入本书时略有修改。

良法,必须通过民主和科学的方法。我们已经有了一些好的民主做法,比如法律草案在表决之前上网公布,让老百姓看到,让学界看到,都可以提意见。另外,请专家起草法律草案,重视专家意见。什么叫科学?概括地说,就是必须用马克思主义哲学世界观和方法论作为工具来指导立法工作,把马克思主义的唯物论、辩证法作为方法来指导立法工作。比如说唯物论第一条要求必须从实际出发,即立法前必须把国情了解好,实际需要和可能需要都要考虑到。

人大民主科学立法,立法的目的不是为立法而立法,而是必须立良法。"良法是善治之前提",善治主要是法治,当然还有德治。什么叫良法?我在前文已概括了良法的九条标准,即真:反映事物规律,符合时代精神,体现国情特点;善:符合人民利益,实现社会公正,保障促进发展;美:宏观结构严谨和谐,微观结构要素完备,概念内容清晰无误。

目前人大在民主科学立法方面进步很大,但问题依然不少,例如,法律法规体系的脱节。在制定一部新法时,应该修改以前的法律或者出台新的解释,但是我们往往五年清理一次法规,作为一个成就,但那时新旧法冲突往往已经造成危害。所以我们要强调,立一个新法,如果旧法与之有矛盾,必须该废的废、该改的改、该做新的解释做新的解释。四中全会在过去通常说的法律的"立、改、废"后加了一个解释的"释",强调法律修改中解释手段的运用。

第二项标准,执政党依宪依法执政。

四中全会特别强调执政党要依法执政,特别是要依宪执政,而且提出党要领导立法,保证执法,支持司法,带头守法。

党领导立法,这是当然的,全世界都这样,任何议会立法都是执政党在支配。它要提出议案,通过立法来执政。但党不是最高国家权力机关,1978 年宪法就把这条规定删掉了,党中央不是在组织上领导全国人大,而是在政治上、思想上领导,国家权力机关是人民代表大会,这是人民当家作主的形式。

党支持司法,党委不允许干预司法,法院独立审判案件,这是巨大的进步。

中央政治局会议提出"五个体系"——完备的法律规范体系、高效的法治实施体系、严密的法治监督体系、有力的法治保障体系以及完善的党内法规体系,其中引起争议最大的是该不该把党内法规建设列入法治体系里。有人认为,党内法规不是法,不应该纳入法治体系。但我赞同纳入,为什么?执政党在实际领导国家、管理国家,在政治生活中,党内法规非常重要,各级领导、各级党组织不仅自己要带头守法,要支持司法,要保证执法,更要领导立法,所以国家的一切法治活动,实际是由党指导的。因此把党规范好,也是更好地依法治国。把党内法规纳入法治体系,四中全会这么做是合理的,对于法治国家建设非常重要。

但这里需要强调一点,严格意义上讲,党没有"法",党只有"规"。"法"是国家专有名词,四中全会文件提到党内法规体系,实际上是不严谨的,去年六中全会公报就变为"遵守党章党规和国家宪法法律""确保党章党规党纪在全党有效执行",用的"党规",将党规与国法配套,没有用"党内法规"。

从宏观上把党规纳入法治体系中是可以的,但是不能说党规是法律,二者不能画等号。国家法律体系包括宪法、法律、行政法规,还可以包括行政规章。社会有自己的规则体系,党也有自己的党规党纪,各自有管理范围,不能逾越。

人民代表开会,党的总书记也是人民代表,参加审议,参加立法投票,到小组会上发言,这些都表现了党的依法执政。党的很多改革主张通过立法来行使,变为法律。

在执政党依法执政这个方面,涉及最近一个比较热的话题,即监察委员会的成立,它把原来党的纪委、行政监察部门以及检察机构职务犯罪部门结合在一起。先在地方搞试点,然后在全国推行。我认为成立监察委员会是一个进步,一是它把党的纪委纳入国家法治生活,可以解决如"双规"的问题:"双规"是不是违宪,"双规"要不要取消,纪委是否可以审查党外人员?二是作为独立机构,解决了以前部门层级过低、监督不力的问题,像周永康、薄熙来这些"领导干部",检察院根本不敢调查,但将纪委、监察部门合在一起,对很多高级干部就可以启动调查程序。当然成立监察委员会要解决的问题也很多:它的权力不能太大,它自己也要受监督。一些重大案子,是由检察院提起公诉,还是由监察委员会直接向法院提起公诉,这些问题都值得研究。

第三项标准,政府依法行政。

政府依法行政是全世界的通例,80%的法律都是由行政机关行使。西方讲依法治国主要说政府能够依法治国,依法办事,依法处理问题。我们国家与西方国家体制不一样,还必须强调党要依法执政,所以第二项标准非常重要!另外,我们的人大与西方议会也不一样,我们以人大为权力机关,行政机关和司法机关都由它选举出来,我们不是三权分立,所以把人大放在法治国家标准的第一项是符合逻辑的。

第四项标准,社会依法自治。

这是党的十八大的一个贡献,建设法治社会,十八大以前没有这个概念,没有提过社会要依法自治。在党的十四大之前,叫社会要依法治理,政府要剥离开来。现在称为"政社分开",即提高企业、事业单位、学校、人民团体、行业组织的地位,让这些社会组织自治,政府不该管的不管,让它自治。社会依法自治,政府依法行政,二者并列。

社会依法自治是法治理论的一个发展,这个"法"包括软法,"组织"包括基层自治组织。但是目前与政府相比,社会组织还比较弱小。

第五项标准,法院独立公正司法。

这个问题比较大,比较敏感,现在有的人回避"独立"两个字。独立公正司法,应该可以提,为什么？一是历届党的代表大会都提,要保证法院独立行使审判权,检察院独立行使检察权,这不是党的十八大以后才有的。二是不提政治上不利,被人家抓住辫子,说我们国家司法不独立。世界贸易组织(WTO)有一个规则,法院必须独立。我们也签署了很多国际文件,同时是联合国安理会常任理事国,要负起大国责任。三是在党的十八大以后,在政法工作会议上,中央政法委书记也明确宣布政法委不再干预案件审理,保障法院独立行使审判权。我们是从这个含义上来讲"独立",与西方三权分立下的司法独立不同。

所以,我所强调的独立司法,是党不干涉司法,政府不干涉司法,包括人大也不干涉司法,这是我国《宪法》第126条规定的。我们现在已经有了很大的进步,"党要支持司法",没有说领导司法,没有说干涉司法,而是"支持司法",支持法院和检察院独立行使权力。

第六项标准,完善法治监督体系。

法治监督体系包括两部分:第一,国家权力监督国家权力;第二,社会权利监督国家权力。第一部分包括全国人大对"一府两院"的监督,专门机关对社会组织、政府组织的监督,以及领导机构内部的监督。第二部分最主要是舆论监督,其次还包括社会组织、人民团体对权力机关的监督,以及公民个人的监督。

现在人大对"一府两院"如何监督也是有争论的,例如,对"一府两院"提反对意见有没有法律根据？要不要个案监督？人大审议报告可不可以不通过？不通过怎么办？人大对"一府两院"的监督,还有很多工作要做。对一些重大的失职,要追究相关人员的责任,可以启动弹劾程序。原来我在建议宪法委员会的时候,十大任务里面就有弹劾,对领导干部可以弹劾。领导干部严重失职的,不管犯不犯罪,先启动弹劾程序,弹劾之后撤销其职务,构成犯罪的再走司法程序。

第七项标准,健全法治保障体系。

我认为法治保障体系中首要的是律师制度,还有法律援助、司法助理员、人民调解等。四中全会特别强调律师的作用,包括社会律师、公职律师、公司律师等。律师权利保障目前还存在一些问题,如个别法院抓律师,给律师定伪证罪,在社会上产生一定的负面影响。

第八项标准,弘扬法治文化。

法治文化这个概念全世界有 160 多条定义,非常广泛。在我们国家目前来讲,一个是法律意识,一个是法治意识,包括正确的法律观念。法治宣传、法治教育非常关键,比如法学教育培养人才,法官、检察官提升素养,这都属于文化范畴。

第九项标准,运用法治保障人权。

法律有两方面价值,伦理价值和工具价值。过去我们偏向法律工具主义,把法律看成工具,这是片面的。法律归根结底是保障人权,立法、执法、司法最后都是为了保障人的权利。人权不是一个可怕的概念、抽象的概念,它是人追求幸福、追求利益的权利。物质利益、精神利益,包括人身和人格的权利都是人权的范围,法律归根结底就是保护人权。

第十项标准,坚持党的领导、人民当家作主和依法治国的有机统一。

党的领导是我们社会主义法治建设的一个特点。实践证明,党领导政治体制是有活力的,因为这个政治体制保证了我们经济高速稳定发展,极大地改善了人民生活,国际上十个脱贫人口中有九个是中国人。这些经济发展创造了世界奇迹,现在我们是世界第二大经济体。经济的发展、社会的进步证明我们的政治体制是有活力的,是站得住的。

民主和法治怎么统一,概括起来就两句话:民主法治化,法治民主化。民主法治化,即民主的各个环节都要有法律来保证;法治必须民主化,就是立法、执法、司法都要体现群众参与和群众监督。如何处理好民主法治化和法治民主化,这里面也还有许多工作要做。

在党的领导与民主和法治的关系上,概括起来就是既要坚持党的领导,又要改善党的领导。改善党的领导,核心问题就是执政党依法依宪执政,纳入法治轨道,就是前面提到的保证执法、支持司法、带头守法,这是法治层面上的关系。在民主层面上,党的十八届六中全会《关于新形势下党内政治生活的若干准则》强调了党内民主和民主集中制,强调坚持集体领导制度,实行集体领导和个人分工负责相结合,这与政府的首长负责制是不同的。除了党内民主,党也必须尊重作为最高权力机关的全国人大,党不能凌驾于它之上;党员干部在人民代表大会上,也只是普通的参会代表,发表意见,享有一票投票权。

第三节　国家治理现代化:民主与法治①

我所理解的国家治理现代化,高度概括用"民主法治"四个字就可以了。但是,我先要说一下为什么我们要推进国家治理现代化。推进国家治理现代化是由我们国家的性质、我们国家的本质所决定的,这涉

---

① 此部分内容原发表于《西南政法大学学报》2016 年第 1 期,收入本书时略有修改。

及我们的国体和政体的问题。我在"八二宪法"颁布以后曾写过一篇关于国体和政体的文章,现在又作了一些修改。我们的国家叫"中华人民共和国","中华"表示我们这个人民共和国是 56 个民族组成的中华民族的大家庭,这个国家是 56 个民族的共同家园,人民是国家的主人,国家是人民当家作主的国家。《宪法》第 2 条规定:"中华人民共和国的一切权力属于人民。"即主权在民。所谓国体就是指什么样的阶级、阶层和利益群体掌握国家的权力。我过去把人民民主专政理解为国体,认为它不是一个阶级,不是一个阶层,不是一个群体,那是我过去的观点。我过去把政体解释为人民代表大会制度,也不确切,应该是共和。那么,就"中华人民共和国"这一国号而言,人民是国体,人民和公民是同义的,因为这不是政治概念,而是一个法律概念,所以凡是具有中华人民共和国国籍的人就是中华人民共和国公民,也是中华人民共和国的人民,这与国际通用的说法是一致的。

我把"共和"概括为"四共""四和"。什么叫"四共"?"四共"就是:国家的一切权力归人民共有;国家的一切大事由人民共决;国家的主要资源归人民共占;国家的一切发展成果由人民共享。什么叫"四和"?"四和"就是:官吏和民众和谐相处;民族与民族和睦相待;富人与穷人和衷共济;本国与他国和平相处。"四共"是我们社会主义的本质特征,"四和"是中华民族的文化瑰宝。我就是这么来解释"四共""四和",这么来解释我们的共和国的。这是我的一个新的想法。

党的十八大,特别是十八届三中、四中全会,揭开了中华人民共和国历史的崭新篇章,贯彻了"四共""四和"的基本观点。这样的一个人民共和国就要求我们的国家,必须实现国家治理现代化。国家治理现代化是党的十八届三中、四中全会提的一个新概念、新目标。过去我们讲国家要实现工业、农业、科学、国防的"四个现代化",而国家治理现代化是十八届三中、四中全会的一个核心思想、一个核心目标。我认为,要实现国家治理现代化的目标,用"民主法治"四个字就可以了。只有通过民主和法治才能实现科学治理,进而实现国家治理现代化。民主法治既是目的,又是手段;既有伦理性价值,又有工具性价值。民主作为一种目的,伦理性价值就体现在国家的一切权力属于人民,人民是国家的主人。西方把民主只看作一种手段,这是不对的。我们首先要肯定民主是目的,人民应该掌握国家的权力,这不是个手段问题。民主作为手段是因为它能够集中多数人的智慧,能让大家都来参与国家建设,所以在这个意义上民主是手段。集中大家的智慧,调动大家的积极性参与建设国家,在这个意义上民主是手段。1956年董必武在党的八大上讲过,说到现代文明,法制要算一项。当时所说的"法制"实际上和今天讲的"法治"是相通的,是现代文明的表现。法治的本性决定了法具有公平的性质,所以法治也是一种目的,是一种文明社会的必然要求。但法治又是一种手段,是集中多数人的智慧,来制定宪法法律,是用宪法法律的规则来治理国家,充分发挥法律的独特社会作用,最终规范人民的行为,评价人民的行为,教育、惩戒、指引人民,统一人民的思想。这是法律所独有的社会功能。通过集中多数人的智慧制定的法律,就是良法,在这个意义上民主又是一种手段,是认识世界、改造世界的一种手段。因此在手段的意义上,民主和法治是国家治理现代化的两个根本要求。这是我个人对于国家治理现代化的理解。

提出要科学治理是有道理的,但是科学治理要通过民主,集中多数人的智慧,通过法律把多数人的智慧集中起来、表达出来,用规则的形式表达出来并且要求大家都遵守才能实现,只有这样才能达到科学治理的目的。当然科学治理相对民主有其独立性,还有比较复杂的原因,是有道理的。所以，我个人认为，达到科学治理必须要民主法治，否则科学治理是实行不了的。个人拍脑袋、少数人说了算，不能实现科学治理；只有充分发扬民主，并且用一种规则，集中大家的智慧制定规则，才能保证达到科学治理，才能防止"个人说了算、少数人说了算"等现象的产生，违反客观规律的做法才能避免。

我对党的十八届四中全会有一个总的评价：它是我们法治道路上的第二个里程碑，它的基本特点可以概括为八个字，即"全面落实""加快建设"。这八个字的要求是党的十八大报告里面提出来的。"全面落实"和"加快建设"，具体体现在四中全会《决定》的全部内容上，党的十八大报告提出了 190 个新措施、新举措。

所以，在这个意义上，民主的突破可以从人大常委专职化着手。中央和省级两级常委都实行专职化没有坏处，只有好处，因为现在立法任务很重。三中全会的主题是全面深化改革，全面深化改革由什么来保证呢？由法治来保证，要把改革措施形成宪法和法律的规则，用宪法法律来落实全面深化改革的各项举措。所以，不落实各项举措，改革就是空的；只有通过宪法法律，才能把全面深化改革的各项举措落到实处。所以，按照我的理解，民主法治既是实现中国梦中政治文明的重要内容，又是保证中国梦实现的手段。

然后，是要进一步健全宪法监督制度的机制和程序，这也是我长期以来的主张。党的十八届三中全会提出了要进一步健全宪法监督制度。党的十八届四中全会进一步明确了全国人大及其常委会有这个责任。宪法规定，我们国家的宪法监督任务由全国人大及其常委会承担，所以四中全会比三中全会在此问题上又进了一步，特别点出了全国人大常委会有这个责任。

在我提出的关于法治国家的十条标准里，就有一条是"执政党依法依宪执政"。执政党就是要依宪执政、依法执政,要管好自己,把自己的制度建立起来。因此,把党规党法写进四中全会决定里,对于保证执政党能够依宪依法执政是有好处的。但是必须明确,党规党法对党外人士没有约束力,只是对党组织、党员有约束力,不能说对广大普通公民有约束力。如果说对所有人都有约束力,这就不太科学。

我曾写过一篇文章,阐述什么是良法。良法的标准概括起来就是三个字:真善美。这三条标准中,真是指法要符合事物的规律和本质,符合时代的心声,符合当时当地的实际情况;善是指法要符合广大人民的利益,符合社会的公平正义,能够促进社会经济文化的发展;美是指法律本身在宏观结构上要科学,在微观结构上要合理,在法律条文上要符合逻辑。"真善美"一共九条,在下一章详细阐述。

第二十三章　什么是良法[①]

　　良法有广义和狭义之分。[②] 广义的良法是指对社会发展起积极或推进作用的法。反之,对社会发展起消极或阻碍作用的法,就是不良之法。狭义的良法是指通常所说"恶法非法"指称中与"恶法"相对的法,而狭义的"恶法"则是指严重违背人类正义的法。本章对广义的良法的一般特征进行探究。从一定意义上说,广义的良法就是"真、善、美"的法。"真"是指法的内容的合规律性,即:符合事物性质,反映时代精神,适应客观条件。"善"是指法的价值的合目的性,即:体现人类正义,实现人民利益,促进社会进步。"美"是指法的形式的合科学性,即:结构严谨合理,体系和谐协调,语言规范统一。

一、良法之真

　　良法之"真"是指法律必须反映与符合客观事物的真实状态及现实条件。法律作为调整社会关系和规范人们行为的一种手段,它必须符合事物自身的性质和事物发展的规律,同时也要适应不同国家不同

---

　　① 　本章内容原载于《法学研究》2005 年第 6 期,署名李步云、赵迅,收入本书时略有修改。
　　② 　"良法"作为一个确定的概念,首先是由古希腊亚里士多德提出来的,他说:"法治应当包含两层意义:已制定的法律获得普遍的服从,而大家服从的法律又应该本身是制定得良好的法律。"见［古希腊］亚里士多德:《政治学》,吴寿彭译,商务印书馆 1965 年版,第199 页。

时期的条件和可能。法律不能虚构和脱离实际,否则法律就起不到自己应有的作用,甚至会对社会起负面效应。

(一)符合事物性质

法的内容和规则必须符合事物自身的性质。法的内容包括法律规则、法律原则、法律概念等三个要素。其中法的规则是构成法的基本的主要的成分。法的规则是指法所调整的各种社会关系,包括经济的、政治的、文化的、军事的、社会的如婚姻家庭、民族关系等各个方面的由行为模式、行为条件和法律后果所构成的规则或规范。这些法的规则、规范,最直接地和外在地为各种社会关系的性质与状态所决定。

法要维护、促进现实社会中各种社会关系的存在与发展,就必须使其自身符合各种现实社会关系的性质和状况,符合各种社会关系本来的面貌。在社会关系与法的相互作用中,前者是主动的,后者是被动的。正是在这个意义上,孟德斯鸠指出,应从各种事物的性质之中去把握对法的理解。他说,"从广义上来讲,法是由事物的性质产生出来的必然关系,一切事物都有其法。不同的事物的性质必然产生不同的关系及其相应的法"。① 立法者的任务就是探讨不同事物的性质如何产生不同的关系及其相应的法,揭示存在于法律和各种事物所可能有的种种关系之间的联系和对应性。社会关系是相对稳定的,又是绝对变动的;社会关系的不断发展变化推动着法的不断发展变化,并通过法的内容真实地反映与体现出来。一定历史发展阶段中现实社会关系的性质与状况,决定着法的内容,从而也决定着整个法的性质与状况。由此出现了古代的奴隶制法、中世纪的封建制法、近现代的资本主义法与社会主义法。从历史发展的全过程看,法由低级向高级的发展,是由多种

① [法]孟德斯鸠:《论法的精神》,孙立坚等译,陕西人民出版社 2001 年版,第 5 页。

社会关系的性质与状态从低级向高级的发展所决定的。

法的内容要符合事物自身性质的另一个表现是,社会关系(包括个人与个人之间、个人与各种社会群体之间、个人与国家之间的关系)在性质上发生根本性变化,必然导致和要求法的内容在性质上发生相应变化。近代和现代法律中出现的一系列原则,如民主、平等、法律至上、人权保障等,无不是由社会性质与社会关系发生根本变化所决定,在古代这些原则是不可能出现的。

(二)反映发展规律

良法必须反映事物的发展规律。西塞罗指出,"真正的法律"乃是"正确的规则"的主观表达和客观载体。[①] 马克思也提出,法律应当"是事物的法的本质普遍和真正的表达者。因此,事物的法的本质不应该去迁就法律,恰恰相反,法律倒应该去适应事物的法的本质"。[②] 他提出的"事物的法的本质"是指法所调整的各种客观的社会关系的必然性和规律性。法律要适应"事物的法的本质",就要求立法必须以客观事实为基础,以事物的本质为前提,以客观发展规律为依据。

从法的内容看,尽管法所调整的各种社会关系的内容纷繁复杂并且变化不定,但它们各自具有自身的规律,它们的存在和发展,总是受其规律性的支配。立法者必须很好地理解和掌握这种规律性,并把它们体现在法律中。例如,事物彼此制约的规律和事物彼此竞争的规律以及事物普遍性与多样性的规律,普遍存在于自然界、社会和人的思维中。立法者要善于通过建立某些具体的制约机制、竞争机制和某种共性与个性机制,来保障与促进事物的发展。譬如,在经济上,我国市场

---

① ［古罗马］西塞罗:《论共和国／论法律》,王焕生译,中国政法大学出版社 1997 年版,第 120 页。

② 《马克思恩格斯全集》第 1 卷,人民出版社 1956 年版,第 139 页。

经济及其法制对计划经济的取代,是对竞争规律、价值规律等的认可与尊重;在政治上,中国古代的御史制度、当代的各种权力制约制度和监督制度,是国家机构权力配置中权力互相制约机制的具体运用;在文化上,我国科学艺术领域里"百家争鸣,百花齐放"原则的确定和实施是对竞争规律和多样性规律的尊重和运用。总之,从总体上说,所有法律规范都是对社会发展客观规律的反映。经济性的法律规范反映了社会经济规律,表现为对经济惯例的尊重;政治性的法律规范反映了政治领域中的规律和内在精神;文化性的法律规范是对有利于统治阶级或全体人民的价值标准和道德标准的反映。

立法中尊重有关的自然规律也是必要的。"人类的一切活动必须受自然规律的规定、制约和支配。人类史上的大量立法,尤其是人与自然关系紧张以来（工业革命后）的大量立法,往往因自然规律之作用而通过立法者制定,立法是否符合自然规律,已是立法者必须首先予以关注的因素。"[1]例如,婚姻法必须根据人生长的自然规律来规定男女结婚的年龄,根据遗传的规律来规定婚姻的禁忌。婚姻法规定禁止近亲结婚,便是近亲结婚不利于优生这一遗传规律在法律上的反映。在现代,科学技术的发展日新月异,正在全面地迅速地改变着人类生产和生活样式乃至思维方式,改变着法律的内容,也在推动着法制现代化的进程。所有这些,都离不开人们对自然规律的认识和运用。环境保护法、自然资源法、科技法等众多法的领域,其规范的很多方面,都是对自然规律的认识和运用。马克思说:"法律只是在自由的无意识的自然规律变成有意识的国家法律时,才成为真正的法律","因为它是人的行为本身的内在的生命规律"。[2] 法律能够更多地反映与体现客观规律,

---

① 周世中:《法的合理性研究》,山东人民出版社 2004 年版,第 173 页。
② 《马克斯恩格斯全集》第 1 卷,人民出版社 1995 年版,第 176 页。

人们依法办事就能获得更大的自由。

法律还必须与社会改革和变迁相协调、相适应。法律应对社会改革和变迁起指导、保障和推动作用，或者说法律应对社会改革和变迁适时作出回应。要通过立法和进行相应的法律改革，消除或修改不适应改革的旧的法律秩序，建立为改革所要求的新的法律秩序；以法律的形式将改革的具体要求和步骤明确加以规定，对改革中出现的消极影响加以消除，从而推动当代中国全面改革的顺利前进和社会的正向变迁。这主要从三个层面表现出来：（1）制度和规范形态的层面。例如我国市场经济的建立和港澳回归使得旧刑法中的"投机倒把罪"和"反革命罪"变得不合时宜等情况，使对我国 1979 年刑法的"除旧布新"不可避免；近年来在中国出现了结构性腐败的蔓延，要求加大利用司法手段反腐败的力度，进而要求通过立宪主义的法制来制约权力，也是一个例子。（2）法律观念和意识形态层面。随着市场经济、民主政治和法治建设的发展，传统的权利观，即社会本位权利观、国家本位权利观和义务本位权利观，已发生向注重个人利益、强调公民的自主性、尊重和保障人权以及权利本位的嬗变。（3）应用和研究法律现象的方法论的层面。随着对外开放的扩大，国际交流的日常化提高了对法律制度与文化之间关系的认识水平等。

法制建设要适应社会改革和变迁的需要，法的体系不应是僵化的，而应当是开放的，与外界相协调的。立法是时代的反映，而要做到这一点，就需要我们的立法者"与时俱进"。同经济文化建设相比，发展民主、健全法治、保障人权，要贯彻求实创新的思想路线，所遇阻力和困难会更大，但舍此别无他路。

法作为一种特殊社会现象，有它自己的特殊本质和规律性。法律在人类社会的出现和存在有它的必然性和合理性，并不是某个人或某些人全凭自己的灵感和联想而纯粹偶然地发明出来的。它并不是你想要就要,不想要就不要的东西。法律有它自己的一般特性,如国家意志性、行为规范性、权利义务性、强制性等,以及由此而产生的其他一些特性如普遍性、公开性、确定性、不溯及既往、相对稳定性、继承性等。法律有自己的一系列特有的范畴,如法律关系、法的渊源、法的效力、违法与犯罪、法的责任等,所有这些,都有自己的特征和构成要素以及此事物区别于彼事物的特定界限,都有它的客观性、必然性和应然状态,而不以人们的主观意志和认识为转移。它们既不是人们单凭自己的喜好用几片布料可以任意剪裁与打扮的布娃娃,也不是人们单凭自己的想象用几块泥巴可以随心所欲地捏塑的小泥人。如果通过立法者的主观意志(包括愿望和认识)制定出来的法律不符合法律本身所应有的特征、特点和规律,它就是有重大缺陷的,以致它可能根本就不成其为"法"。这样的"法"不可能充分发挥其应有的社会功能,甚至可能起相反的作用,阻碍社会的发展。例如,法是国家制定和认可的,执政党的政策未经法定程序上升为国家意志就不是法。又如,法律必须公布,因此国家机关的各种"内部规定"就不具有法律的性质和效力。

我们肯定法的内容必须反映客观规律,承认社会关系的内容之规律性是法的决定性成分,肯定法自身的特殊本质和规律性,但是,规律本身并不是法。这是因为,规律被反映到法的内容中来,不是简单的复印,而是渗入了立法主体的愿望、智慧和能动性。由规律到法的形成,需要有立法者的主观努力;同时,需有国家权力作为中介。

(三)适应客观条件

事物的性质、特点和规律的表现形式和实现方式,随时间、地点、条件的不同而有所不同,一切以时间、地点、条件为转移。普遍性存在于特殊性之中。"法律是一种地方性的知识",一国法律是由该国的生产方式、人口条件、地理环境等社会物质条件所决定的,并受该国的民族精神、风俗习惯、社会心理等非物质条件的深刻影响,所以孟德斯鸠说一个国家的法律能够完全适应另一个国家,完全是一种偶然的巧合。因此,立法和法律移植要充分考虑一国的具体国情和历史条件。

例如,迁徙自由的问题。根据世界各国的普遍做法,我国 1949 年制定的起临时宪法作用的《共同纲领》确认了迁徙自由。但由于我国城乡经济、政治的"二元结构",迁徙自由在目前实际上难以做到。十届全国人大二次会议通过的宪法修正案,在将"尊重与保障人权"等条款写进宪法的情势下,依然没有将有些学者提出的"迁徙自由"入宪,还是基于中国目前的现实经济条件和情况仍然无法完全做到迁徙自由之故。

法应当反映与适应现实的条件和可能,一般说来,这也是立法者们的愿望,但能不能完全做到这一点,那是另一回事。由于人的各种主观因素,立法者们的认识有时能够正确反映现实条件与可能,并能科学地体现在立法之中,而在另一些情况下,立法者们做不到这一点,他们的认识可能与现实情况相差甚远,甚至背道而驰。因此法在不同时期、不同国家和不同立法者那里才呈现出千差万别的面貌,其作用有时大、有时小、有时好、有时坏。因此,我们必须反对立法中的主观主义和任意性,反对不做调查研究关在房子里纯凭主观想象起草法律,反对全然不顾自己的国情而主张一切都照搬外国的东西。

法要符合与适应现实生活的条件与可能,这是法学唯物论的基本原理。但是我们不能把这一公式绝对化,而同时要坚持辩证唯物主义的能动反映论,充分肯定人的能动作用,承认法对社会的巨大推动作用,承认法必须而且能够有一定的预见性和超前性,对新的社会关系的产生起一种指引与促进作用。在我国,有些同志由于在这些问题上这

样或那样地陷入机械唯物论的错误，因而认为法对社会的改造是完全
被动的、消极的；认为"法的超前性"命题不对，法只能是对"事实的公
认"，如此等等。这些不正确认识的根源之一，就是我们不承认或没有
充分认识法具有主观与客观的两重性。① 法的两重性要求我们在立法
活动中坚持从客观条件出发和充分发挥人的主观能动性与法的超前性
的协调和统一，防止它们之间的分离和冲突。

二、良法之善

法具有伦理性和工具性的双重价值。法的伦理价值，首先意指法
是公平、正义的体现，其次意味着法在调节与分配各种利益和处理各种
纠纷时，必须体现公平、正义的原则。法的工具价值，首先表现为法在
调整各种利益冲突时，要保护绝大多数人的根本利益；其次，它应能促
进社会经济、政治、文化的全面发展。

（一）体现人类正义

法应否是正义的体现，这是历代法学家们十分关注的问题。苏格
拉底把正义视为法律的最高标准，认为正义是立法的本质。亚里士多
德认为法律的好坏在于是否符合正义，立法的根本目的在于促进正义
的实现。斯多葛学派以"自然法"与"人类法"（实在法）的二元区分作
为理论基础，认为"人类法"只有在符合"自然法"时才是正义的。乌尔
比安说，"法是善良和公正的艺术"。西塞罗认为，正义是评判人类实
在法"正当性"、"合理性"与"合法性"的标准，不符合正义的法律是无
效的。托马斯·阿奎那也认为，"一种非正义的、非理性的法律，根本

---

① 法的主观性是指法是由人们（主要是立法者）依据其意志和愿望以及他们自己对
客观事物的认识而制定出来的；法的客观性是指法律所调整的对象——各种社会关系——
实际是客观的和应当是客观的。参见李步云：《法的两重性与基本矛盾》，《中外法学》1992
年第 1 期。

不是法律,而是对法律的歪曲"。①

对思想的历史从而对人类的历史产生重大影响的古典自然法理论认为,在人的主观意志所能决定的范围以外某个神秘的地方(宇宙、上帝之城、自然状态、价值领域等)早就存在着人类社会生活的最公正、最科学的自然法则。实在法必须依据这种自然法则(但实在法并不天然地符合这种自然法则,实在法与自然法之间有距离甚至相对立),否则,实在法就不能算是真正的法律,这种自然法则就是正义和理性。②

分析法学派根据正义的相对性和价值判断没有客观标准,对古典自然法学派的"理性主义"哲学尤其是"唯理论"哲学③的绝对性提出了质疑④,而坚持认为法律与道德之间没有必然的联系⑤,"法律的存在是一回事,它的优缺点是另一回事"⑥。一个法规,尽管在道义上是邪恶的,但只要是主权者以适当的程序制定和公布的就是法,即"恶法亦法"。

新自然法学派尖锐地反驳这种看法,并认为,法律的效力来自它的道德性,当实在法与自然法(应然之法)的冲突达到不可容忍的程度,实在法就不仅是不公正的法,而且完全失去了"法的本性和效力",即"恶法非法"。

---

① 《阿奎那政治著作选》,马清槐译,商务印书馆1963年版,第116页。

② 参见周世中:《法的合理性研究》,山东人民出版社2004年版,第123页。

③ "唯理论"哲学认为人类天生具有理性思维能力,可以通过理性演绎获得"普遍性和必然性知识"。它促使人类对解决自己的问题,诸如国家、宗教、道德、语言和整个宇宙的问题,充满了信心。参见[美]梯利:《西方哲学史》下册,葛力译,商务印书馆1979年版,第148页。

④ 分析法学派代表人物凯尔逊认为:"人类理性只能达到相对的价值,就是说不能使一种价值判断来排除相反的价值判断的可能性。绝对正义是一个非理性的理想,即人类永恒的幻想之一。"见[奥]凯尔逊:《法律与帝国》,中正书局1984年版,第3页。

⑤ H. L. A. Hart, Positivism and Separation of Law and Morals, *Harvard Law Review* (1957—1958), p.601.

⑥ J. Austin, *The Province of Jurisprudence Determined*, Weidenfeld & Nicholson, 1954, p.13.

"良法""恶法"的法理论战①和法律实践中希特勒纳粹的法令被视为不正义的恶法而被废除②,使战后各法学流派纷纷向古典自然法"正义理论"复归。③ 新分析法学的代表人物哈特承认,"不参照任何特定内容或社会需要而以纯粹形式的观点作出的法律和道德定义,会证明是不适当的"。④ 现实主义法学的代表人物卢埃林认为,法官具有使判决结果合乎正义的责任,法院对制定法的正常任务不仅是阅读法律,而且要根据目的和理性来实施法律。新自由主义法学的代表人物罗尔斯更是直截了当地指出:"正义是社会制度的首要价值,正像真理是思想体系的首要价值一样。一种理论,无论多么精致和简洁,只要它不真实,就必须加以拒绝或修正;同样,法律和制度,不管她们如何有效率和有条理,只要它们不正义,就必须加以改造和废除 ……"⑤纵观西方"法律正义"思想的流变,我们可得出如下一些结论。

---

① 在新分析法学派代表人物哈特和新自然法学派代表人物富勒之间的论战饶有兴味和富有启发。哈特提出,广义的法律包括良法(合乎道德的法)和恶法(不合乎道德的法);狭义的法律只承认良法是法。试图通过提出"广义的法律概念"来解决对于那些形式合法而在内容上不正义的法律应该如何看的问题。他说,认为恶法就不是法,只有良法才是法,是采用了"狭义的法律概念",是把"法律是否在形式上有效"与"法律是否正义"两个问题混为一谈了;而他认为这两个问题是可以分开的,可以存在一种形式上有效但却不正义的"广义的法律",说:"这是法律,但他们是如此邪恶以致不应遵守和服从。"富勒针对哈特的观点反驳说,一旦具体地来说,哈特所谓法律的广义的概念不仅无济于事,而且会引起混乱的结果:一个法院拒绝服从和适用它所承认是法律的东西。哈特的根本性错误在于,他忽略了法律的内在道德问题,缺乏这种道德的法律是根本不能为法律的。参见沈宗灵主编:《现代西方法理学》,北京大学出版社 1992 年版,第 72 页。

② 二战后联邦德国法院在审理卑鄙的告密者案件中,判决纳粹政府的法令因"违反了一切正直人的正当良知和正义感"而无效。

③ 其中最为典型的代表是德国著名法学家拉德布鲁赫,在痛苦地经历了二战给德国和世界人民带来的灾难后,深刻地认识到自然法思想所体现的永恒正义理念及其作为实在法的基础的必要性,他修改了原先的相对主义法律思想,转向自然法学。

④ [英]哈特:《法律的概念》,张文显等译,中国大百科全书出版社 1996 年版,第 194 页。

⑤ [美]罗尔斯:《正义论》,何怀宏等译,中国社会科学出版社 1988 年版,第 1 页以下。

　　首先,"理性"和"正义"是西方法律的两个基因。但是在哲学上,"理性"属于"真"的范畴,它讲究的是人们认识活动与实践活动的"合规律性";"正义"属于"善"的范畴,它关注的是法律是否具有正当性,讲究的是人们认识与实践活动的"合目的性"。"正义"以"理性"为前提,"理性"以"正义"为归宿。法律是人类的创造物,它既体现了某种客观规律性(包括社会的规律性和法律自身逻辑形式上的规律性),又体现了人类追求正义的价值目标。正义与理性的统一恰恰是良法的基本内涵。

　　其次,法律正义是相对的,但又是绝对的。各时代、各民族、各群体、各阶级、各国家的人们甚至每个个体的正义观念都是有差异的,但寻求和拥有某种共同的正义观是完全可能的,如对某些"基本权利",现代各国法律所体现的要求是一致的。"正义"作为法律追求的最高价值目标,具有一种"绝对超越"的取向,它对于现实法制始终具有一种阐释的批判的功能,在法律之外引导法律的发展,又在法律之内引导法律的进步。① 只承认法律正义的相对性而否认其绝对性,无疑会进一步否定法律正义的客观性和历史发展性,落入相对主义和不可知论的误区。

　　再次,在法与正义的关系问题上,把法与正义直接等同起来是不妥的,因为正义并不是法的全部,法也不仅仅是正义问题。认为法与正义毫无关系更是错误的,在理论上是否定法的价值追求和法的"二元理论"。主张"恶法亦法"势必在实践上导致纳粹一类暴政。法与正义密切相连,正义是评价法的良善邪恶的最重要的标准,是社会法律信仰形成的道义基础。法律只有符合正义,才能取得社会成员的普遍认同和

---

　　①　参见李龙主编:《良法论》,武汉大学出版社 2001 年版,第 85 页。

自觉遵守,并确立其至高无上的地位,法治由此而确立。可以肯定地说,法律缺乏基本的"法律正义"就不可能成为"良法"。因此法在制定时,立法者不能不以一定的正义观念作指导,并将这些正义观念体现在具体的规定之中。①

正义意味着公平、公正、公道、合理。正义的实质是要求在全社会以公平方式分配社会的权利和义务,合理地分配社会的利益。在我国法治建设中,正义应当成为我国社会法律体系的核心价值。

在当今世界,以正义原则指导立法者的立法活动,在司法活动中以正义原则弥补立法者理性认识的不足,又限制法官的自由裁量权,这已经成为各国法学家们的共识。肖扬曾提出,21世纪人民法院审判工作的主题是"公正与效率"。而有的学者更强调司法工作必须把公平与正义放在首位②,正义作为一种法的价值,相对于法的效率、自由、秩序等价值具有优先性。

(二)实现人民利益

不管何时,良法都应以实现人们的利益为根本目的。亚里士多德提出良法的首要标准就是其目的应该体现和保障公众利益。"法律是以合乎德性的以及其他类似的方式表达了全体的共同利益,而不只是统治者的利益。"③阿奎那指出,法律是直接为公益而设,法必须以整个社会的福利为其真正的目标,法律的首要和主要目的是公共幸福的安排。④

---

① 参见卓泽渊:《法的价值论》,法律出版社1999年版,第507页。

② 有的学者认为,司法工作与经济工作不一样,应当以公正为先。参见李步云:《谱写宪法新篇章》,《法学》2003年第1期。党的十六大报告明确指出:"社会主义司法制度必须保障在全社会实现公平和正义。"

③ 另外两条标准是:良法应该体现古希腊人珍爱的自由,良法必须能够维护城邦政体于久远。参见[古希腊]亚里士多德:《政治学》,吴寿彭译,商务印书馆1965年版,第137—138页。

④ 参见《阿奎那政治著作选》,马清槐译,商务印书馆1963年版,第104—106页。

霍布斯说:"良法就是为人民的利益所需而又清晰明确的法律。"①庞德认为,法的目的是尽可能合理地建筑社会结构,以有效地控制由于人的本性而不可避免地出现的社会矛盾和冲突,最大限度地满足社会中人们的利益。

可见,公益原理是评价国家政治法律的一项根本性的标准和尺度。一个政府,只有它的执政目的是为最大多数人谋取最大幸福时,才能是好的政府;一个国家的法律制度,只有其目的在于增进最大多数人的根本利益时,它才可能是良法。如果一个国家的法律只是为了少数人特别是社会强势集团的利益服务,而置社会多数人特别是社会弱势群体的利益于不顾,那么,这样的法律就不可能被称为"良法",而是"恶法"。

人类是有理性的高级动物,生活在彼此相互依存的社会中。人都有生存和生活得好的需求,这种需求可以高度概括与表现为"利益"(首先是物质利益,同时也包括政治的、文化的与社会的利益以及人身、人格等利益)。法是为实现与满足人类生存与生活得好的各种需求以及合理地处理各种社会关系(实质是利益关系)而存在的。

法怎样实现和满足人们的利益呢?法是调整人们行为的规范,法律以权利与义务的形式来调整社会关系,目的是实现权利(包括人身、人格权利;经济、社会、文化权利;政治权利与自由)。耶林说,权利是受法律保护的利益。立法者制定法律,考量的就是各种权利的配置或利益的分配,说"法是人民意志的体现",就是从法必须体现人民的基本权利或根本利益这个意义上来讲的。体现人民基本权利或根本利益

---

① [英]霍布斯:《利维坦》,黎思复、黎廷弼译,商务印书馆1985年版,第270页。

的立法和法的实施的过程,就是对人民权利或利益分配、实现和满足的过程。

对于权利或利益范围的认定和调整,要采取历史唯物主义态度。一方面,人类有共同的利益和道德准则,这是由人的本性和本质所决定的。如人人都有生的权利、人身安全权利、人身与思想自由权利、人格和尊严权利等。另一方面,利益的享有与合理分配,又受各种社会关系首先是物质生活条件的制约。这就决定了"法的时代精神"具有两重性,即法所应保障的利益,既有它的永恒性,又有它的社会性、历史性及时代性。体现在法的内容中,表现为法依照一定的道德原则和价值取向合理地确认、调整与保障各种社会关系及其所内含的各种利益关系。在个人与社会的关系上,任何历史时代和任何国家,都不能把个人利益与社会利益截然对立起来,只要或只顾及一方面而不要或不顾及另一方面。但不同历史时代和不同国家及不同发展时期,其关注和强调的侧重点又是不同的和变化的。在诸如权利与义务、秩序与自由、效率与公平等的价值选择中以及它们发生矛盾时的处理,都有这种情况。比如,法定权利必须与应然权利(道德权利)相一致,必须具有伦理性。否则,这种权利在社会中并不被认为是正当的。又如,在专制政府统治下,告密者有不承担任何责任的告密权,这是恶法中的权利,这种权利缺少社会正当性。反过来,法定义务也必须与应然义务相一致,即法律也不能将人们普遍认同的一种生活方式置于违法的境地。倘若如此,这样的法律是不合理的,也是行不通的。①

---

① 20世纪20年代美国禁酒法的失败,就是很好的例子。对于禁酒法失败的原因,科特威尔写道:禁酒法之所以失败,是因为人们对此有抵触情绪,"这种抵触情绪是由禁酒运动中的宗教因素引起的,它不可避免地与有的道德观念和生活方式的冲突相联系"。见[英]罗杰·科特威尔:《法律社会学导论》,潘大松等译,华夏出版社1989年版,第63页以下。

（三）促进社会进步

法律是一种文明。① 法律文明属于制度文明的范畴。② 制度文明是人类创造社会、改造社会、适应社会发展要求的各种制度和体制的成果。它有广义和狭义之分。广义的制度文明包括社会经济制度、政治制度和文化制度的建设成就和进步③，狭义的制度文明指政治制度文明（简称政治文明）④，主要内容是民主、法治、人权。

制度文明除其自身的价值，还对物质文明和精神文明起服务和保障的作用。法律文明是制度文明中具有特殊重要意义的环节和内容，因为法律是最强有力的社会规制手段。它使人们的活动和社会组织向有序化方向发展，而同制度有着天然的联系。法律化就意味着制度化。任何制度要普遍有效地发挥作用，必须通过法律化，才具有效力并得以巩固。所以法律对包括物质文明、精神文明和政治文明的其他内容都起着确认、维护、保障和促进的重要作用。⑤

---

① 董必武同志曾说："人类从进入文明社会以后，说到文明，法制要算一项，虽不是唯一的一项，但也是主要的一项。"参见《董必武政治法律文集》，法律出版社1986年版，第520页。

② 1996年后，一些学者在给中央领导机构讲法制课的时候，已经提出了包括民主与法制在内的"制度文明"的概念，将之同物质文明和精神文明并列。参见李步云：《实行依法治国 建设社会主义法治国家》，载《中共中央法制讲座汇编》，法律出版社1998年版，第142页。

③ 参见文正邦、赵政：《试论制度文明对建设社会主义精神文明的重要作用》，《四川大学学报（哲学社会科学版）》1997年第2期。

④ 政治文明是江泽民同志首先提出来的。在2001年1月10日召开的全国宣传部长会议上，他指出"法治属于政治建设、属于政治文明"。（《人民日报》2001年1月11日）在2002年的"5·31"重要讲话中他又指出："发展社会主义民主政治，建设社会主义政治文明，是社会主义现代化建设的重要目标。"（《人民日报》2002年6月1日）2002年7月16日，他在中国社科院又明确指出："建设有中国特色社会主义，应是我国经济、政治、文化全面发展的进程，是我国物质文明、政治文明、精神文明全面建设进程。"（《人民日报》2002年7月17日）

⑤ 参见文正邦、赵政：《试论制度文明对建设社会主义精神文明的重要作用》，《四川大学学报（哲学社会科学版）》1997年第2期。

例如,市场经济是法治经济,市场经济的主体地位、竞争规则、宏观调控、社会保障以及全球化都需要有法律的确认、服务与保障。再如,现代政治是民主政治,民主政治下的一系列重要制度和基本原则——如代议制度、选举制度、政党制度、监督制度以及人民主权原则、分权制衡原则、依法治国原则和保障人权原则等,都需要法律的确认和维护。又如,社会主义精神文明建设的地位、方针、社会基本道德义务的法律化,科学发明、知识产权的保护等,都需要法律的规范和保障。

因此,能否促进物质文明、政治文明和精神文明的发展和社会的全面进步,是评价法或制度的好与不好的重要标准。而在经济、政治、文化三个方面,推动经济(包括生产关系和生产力)的发展是决定性的。其中,促进生产力的发展又是第一重要的。这就是法的生产力标准。因为人类首先要解决衣、食、住、行的生存问题,然后才能从事政治的、艺术的、科学的活动。在任何社会中,物质资料的生产是整个社会发展的基础。生产力始终是最活跃、最革命的要素。物质文明是精神文明与政治文明进步的主要动力。因此,发展生产力是法的首要目的和根本任务。①

邓小平同志对马克思主义的一个重大贡献是提出了社会主义本质理论和"三个有利于"的标准,即社会主义本质是"解放生产力,发展生产力,消灭剥削,消除两极分化,最终达到共同富裕"②。衡量政治制度好坏的主要标准,是看它们"是否有利于发展社会主义社会的生产力,是否有利于增强社会主义国家的综合国力,是否有利于提高人民的生活水平"。③ 对社会主义法律也应作这样的评价。这就是法的生产力

---

① 参见李步云主编:《法理学》,经济科学出版社 2001 年版,第 389 页。
② 《邓小平文选》第三卷,人民出版社 1993 年版,第 373 页。
③ 《邓小平文选》第三卷,人民出版社 1993 年版,第 372 页。

标准。法和法律制度对生产力的推动或阻碍是通过经济基础发生作用的。假设一种经济基础是代表先进生产力的,这时如果法和法律制度与这种经济基础相适应,起着维护和促进作用,那它就是良法;如果起阻碍甚至破坏作用,那它就是不良之法。

三、良法之美

法律形式科学合理与否,对法律的好坏起一定的正面效应或负面效应。① 法的形式是法的内在要素的组成方式和外在表现,包括法的语言、逻辑、结构、体系等。形式是为内容服务的,形式科学合理,能有效地体现法律正确的价值取向。而从微观的规范三要素的结构到宏观的一国的法律体系;从法的语言文字,到法的逻辑,它们的规范、统一、和谐、协调,既是法这一社会现象的特殊本质所决定的,也是人类所追求的一种美。

(一)结构严谨合理

"法的结构"是一个多层次、多视角的概念,包括法律规则三要素的结构,法律内容三要素的结构,以及成文法与不成文法的形式结构等方面。这些法的结构都必须做到严谨合理。

---

①　古典自然法学家在论述良法问题的时候,也涉及了法律的形式方面的要求,他们认为,法律应当具有普遍性(见[法]卢梭:《论人类不平等的起源和基础》,李常山译,商务印书馆1996年版,第51页),法律条文应简洁、明确(见[英]霍布斯:《利维坦》,黎思复、黎廷弼译,商务印书馆1985年版,第270页)。正是在这个意义上,博登海默认为:"说霍布斯是现代现实主义法学和分析法学的先驱是不无道理的。"(见[美]博登海默:《法理学:法哲学及其方法》,邓正来译,华夏出版社1987年版,第48页)但是,将揭示实在法的形式结构作为法理学的任务的分析法学派,放弃了对法律的实体价值和实体内容的研究,转而研究"具有普遍适用性的形式":法律的概念、法律体系的结构、法律体系的同一性、法律推理的形式和结构化方法,推动了法的形式良性化的探讨。例如,哈特强调法律的概念要清楚,内涵要明确,语言表达要规整,法律条文固定化等,这些都表明分析实证主义法学对法的形式科学性有独特见解。

　　法的规则(或规范)是构成一国法律的细胞,是法的内容,即法的规则、法的原则和法的概念中最主要的成分和要素。所谓"法",人们通常就是指一国法律的千千万万个法的规则。法的规则的内在结构,包括事实假定、行为模式和法律后果三个基本要素。也就是说,一个法律规则必须包括"在什么样的时间、地点和条件下,发生了什么样的行为,就必须承担什么样的法律后果"。一部好法律或一个好的法律规则,应当对此作出明确的、肯定的、全面的规定。这样的法的规则才是可操作的和有实际效用的。在我国,违宪审查制度一直未能建立起来,违反宪法的行为无法得到应有惩处,这是我国亟待改进的地方。我国有些法律,如教育方面的不少法规,缺少有关法律后果的规定,使这些法律法规作用的发挥受到很大限制。我国立法法规定了立法如果违反了五种情况中的一种情况,该法规就被视为没有法律效力,即是一例。

　　法律内容的三个方面,即法律规则、法律原则与法律概念,它们彼此之间,必须构成一个逻辑严谨的整体,不能彼此脱节与冲突。法律原则与法律规范的逻辑联系,法律规范彼此之间的纵向与横向的逻辑联系,法律原则、法律规范同法律概念之间的逻辑联系等,必须严谨;法律概念的内涵与外延也必须准确、明晰。这样,以法律概念为基础并通过它联结起来的法律原则与规范之间,法律规范与规范之间的逻辑联系才能科学与合理。

　　一部成文法的总体结构有两个基本要求:一是必须符合它所表现和表达的法的内容在逻辑上的结构和顺序;二是要合理表现和表达法的宗旨、立法原则、法的规范各部类之间的关系,某些概念的内涵和外延的解释以及法的生效方式等,并做出科学的合理的安排。还要求在诸如权利与权力、权利与义务、权利保障与权利行使、公民权利与政府管理之间的关系等方面,做出恰当的处理。例如,我国 1982 年宪法改变了过去几部宪法的做法,把"公民的基本权利和义务"一章,放在"国家机构"一章之前,就是考虑到公民权利与国家权力的关系,是公民权利产生国家权力,国家权力存在的意义是保障和实现公民的经济、政治、文化以及社会的各种权利。

（二）体系和谐协调

一国法律规则千千万万,必须按照一定的原则和要求,上下（上位法与下位法）、左右（此部门法与彼部门法）、里外（国内法与国际法）、前后（前法与后法）,合理地结合成为一个内部和谐统一的有机整体①,这是法律体系的基本要求,具体包括以下三点。

（1）内容完备——要求做到法律各部门门类齐全,编织一张"疏而不漏"的法网,以保证社会生活的各个领域都有法可依。如果法规零零星星、支离破碎,有些最基本的法律部门都没有建立起来,也就无所谓法律体系,一国法律体系作为一个整体,也就谈不上是良法。我国现在的立法较之20世纪五六十年代刑法、刑事诉讼法这样的基本法律都没有的状况已取得长足发展,初步建立了社会主义法律体系,但还根本不存在西方有些国家法律过于庞杂烦琐的情况,仍然需要坚持"有比没有好"的原则,尽快使法律之网臻于完备。

（2）结构严密——要求法律部门彼此之间、法律效力等级之间、实体法与程序法之间,各种法律法规成龙配套,做到上下左右紧密配合,以构成一个有机整体。例如,仅有宪法不行,还要制定一系列法律,以配合与保证宪法的实施。我国现行宪法有不少这样的条文:"人民法院的组织由法律规定","地方各级人民代表大会代表名额和代表产生办法由法律规定"……这样的规定都要求制定出具体法律与之配套。

---

①　马克思认为,法"必须是不因内在矛盾而自己推翻自己的内部和谐一致的表现"。参见《马克思恩格斯选集》第4卷,人民出版社1972年版,第483页。

据统计,现行宪法共有这样的规定 29 处。到目前为止,我们还有不少这样的法律尚未制定出来,这使宪法的作用和权威受到影响。另外,还有立法权的合理配置问题,如上位法与下位法的关系和界限必须清楚。因为上位法的适用效力高于下位法,如果关系不清楚,司法与执法人员就会无所适从。

（3）内部协调——要求法的各个部门、各个规范和谐一致,不能彼此重复,相互矛盾。彭真同志在中国法学会成立大会上的讲话中指出:"立法要从实际出发,但也要有自己的法的体系,前后左右不能自相矛盾。"说的就是这个意思。例如,现在地方立法中,重复立法的现象比较严重,既浪费人力、物力,也影响上位法的权威。法律彼此之间,也缺少一种监督机制来处理各种法律冲突。又如,我们新制定一个法律,必须对照以前的法律,看是否在内容上有矛盾。凡需要制定新的法律规范,以前与此相抵触的规范,都要明令废止,否则人们也会无所适从。

（三）语言规范统一

成文法的概念、规范、原则及其他技术性规则、规定等全部内容都必须通过语言文字表达出来。同形象思维的文学艺术不同,法律必须使用科学的语言文字,以符合逻辑思维的要求。法律的实施关系到社会上每一成员的长远的和切身的利益以至于生杀予夺。因此,它全部的内容都要求有严密的逻辑性。正如美国的斯普尔特·切斯在其名著《词的威力》中就普通语义的原理所提出的 21 个命题所显示的那样。[①]语义同现实生活之间具有十分复杂的关系。所有这些,都要求法律所使用的语言文字包括各种定义,必须准确、明晰、严谨和前后一贯,不能含糊不清、模棱两可、晦涩难懂、前后矛盾。例如,1975 年宪法和 1978

---

① 参见李步云:《关于法系的几个问题——兼论判例法在中国的运用》,《中国法学》1990 年第 1 期。

年宪法关于国家武装力量的规定,使用的是"工农子弟兵"和"无产阶级专政的柱石"。这些提法不能准确表达军队的性质和它在国家中的法律地位。

我们必须特别注意法律语言文字的使用环境,它所反映和表达的现实生活的复杂多样性,以及现实生活和语言文字本身的发展变化。马克思说,对于科学的概念,不能把它们限定在僵硬的定义中,而是要在它们的历史和逻辑的形成过程中来加以阐述。例如,我国 1949 年的《共同纲领》使用"国民"一词作为宪法权利与义务的主体。"五四宪法"改为"公民",但其外延一直不明确。曾有人认为,在我国凡是被剥夺政治权利的人不是公民。从现实生活与逻辑分析看,这是不正确的。因为,我国宪法和其他法律都使用"公民"这一词汇作为权利与义务的主体。如果被剥夺政治权利的人不是"公民",那他们就可以不受宪法和法律的约束,或者必须为这些人另外制定一套法律。① 所以 1982 年宪法作出了这样的规定:"凡具有中华人民共和国国籍的人都是中华人民共和国公民"(第 33 条)。由上可见,正确运用法的词义,立法、司法、执法和守法以及法学研究才可以避免许多不应有的混乱,法的形式才能够很好地为法的内容服务。

法的语言要规范统一,还包括法规名称规范化、科学化,它可以保证法的位阶易于为人们准确掌握。实现法规名称的规范化,可以使人们从法的不同称谓上比较清楚地看出一个法律文件是由哪一级国家权力机关或行政机关所制定,它具有多大的法律效力,可以适用于什么范围,哪一级国家机关有权解释、修改或废除它。我们的法规名称相当庞杂混乱,仅国务院和各部委发布的法规,即有条例、办法、条款、规则、守

---

① 参见李步云:《什么是公民》,《人民日报》1981 年 12 月 18 日。

则、原则等几十种之多。这种情况要有所改变。有研究者建议，为实现法的名称的科学化，应只用宪法、基本法、法、法规、规章、授权规定、条例、变动案、实施细则等 9 种名称，并将各层次法的名称固定化。[①]

我们认为，良法的三个标准，关键是"善"。因为，法在"内容合规律性"和"形式合科学性"上若不够深刻和有些瑕疵（在立法实践中绝对或明显违背客观规律的情况应该是不多见和不大容易发生的。因为，但凡能享有立法权者，其智识和责任感当不在对明显违背规律的荒唐之事都能辨认并能预见其严重后果的一般人之下，否则，也难以享有立法权。何况，还有立法民主机制的保障），其后果只是这种法的实践效果没有预期的那么好或起某种程度的消极作用与负面影响而已，而法若严重违背基本道德和社会正义，人性中恶的天性及其恶性膨胀则是较容易发生和现实中较多见的，则这种法的实施所带来的对社会的破坏和对人类利益的损害将十分严重。仅就晚近的实践而言，希特勒的法西斯法律，南非前政权有关种族歧视的法律，以及国民党统治时期对共产党员"宁可错杀一千，不可漏掉一个"的那种法律，就是我们所说的狭义的恶法。

法有应然与实然之分[②]，法的应然与实然不应截然割裂开来和对立起来，"实然的法"应以"应然的法"为根据。这不仅是西方法哲学的理论观点，也是马克思主义法哲学的理论观点。马克思认为，"应然的法"即"事物的法的本质"是"实然的法"的根据。列宁也曾主张，宪法

---

① 参见周旺生主编：《立法学教程》，法律出版社 1998 年版，第 259 页。

② "自然法"和"实在法"，"法的应然"和"法的实然"，"法应当是什么"和"法实际是什么"，"法的理想状态"和"现实中的法"等这些二元论是研究良法理论的基本理论范式，换言之，"自然法""法的应然""法应当是什么""法的理想状态"是良法的基本标准。它们在自然法学那里，是"理性"和"正义"；在分析法学那里，是"形式的科学性"；在社会法学那里，是二者的双重关照。"理性"诉求的是合规律性，"正义"关怀的是合目的性。

有理想中的宪法和现实中的宪法。

上述三条九点标准，讲的是"法的应然"，现实中的法不一定符合这些标准。由此可以肯定，法理学应肯定"应然法"的概念和引入"良法"概念。法理学的一项重要使命是探索"法的应然"，认识良法的标准，这对我国社会主义法治建设具有重要意义。依法治国内在地要求依良法治国，"良法治国兴，恶法治国亡"是历史的规律。

良法的理论基础是"法的应然理论"，良法是符合"法的应然状态"的法律。"应然"的根据不是人们的主观愿望，而是事物的性质与规律，是人类的利益与正义。立法不是"发明法律"而是"发现法律"。立法者在制定法律的时候，自己的意志、愿望、要求和认识，必须符合法的调整对象，法的内容和形式所固有的性质、特点和规律以及法所应当具有的道德准则和价值取向。①

---

① 参见李步云：《法的应然与实然》，《法学研究》1997 年第 5 期。

策划编辑：陆丽云

责任编辑：江小夏

封面设计：胡欣欣

图书在版编目（CIP）数据

法理学 / 李步云著. -- 北京 ：人民出版社，2024. 11.

ISBN 978－7－01－026867－5

Ⅰ. D90

中国国家版本馆 CIP 数据核字第 2024UJ3309 号

法 理 学

FALI XUE

李步云　著

人民出版社 出版发行

（100706　北京市东城区隆福寺街 99 号）

北京汇林印务有限公司印刷　新华书店经销

2024 年 11 月第 1 版　2024 年 11 月北京第 1 次印刷

开本:710 毫米×1000 毫米 1/16　印张:28

字数:335 千字

ISBN 978－7－01－026867－5　定价:118.00 元

邮购地址 100706　北京市东城区隆福寺街 99 号

人民东方图书销售中心　电话 （010）65250042　65289539